DUAS GUERRAS NAS AMÉRICAS

VITOR IZECKSOHN

DUAS GUERRAS NAS AMÉRICAS

Raça, cidadania e construção do Estado nos Estados Unidos e no Brasil (1861-1870)

2ª edição revista e ampliada

FGV EDITORA

FAPERJ
Fundação Carlos Chagas Filho de Amparo à Pesquisa do Estado do Rio de Janeiro

Direitos desta edição reservados à
FGV EDITORA
Rua Jornalista Orlando Dantas, 9
22231-010 | Rio de Janeiro, RJ | Brasil
Tel.: 21-3799-4427
editora@fgv.br | www.editora.fgv.br

1ª edição: 2020 (Alameda)
2ª edição revista e ampliada: 2025

Preparação de originais: Sandra Frank
Revisão: Adriana Alves
Editoração eletrônica: Abreu's System
Capa: Estúdio 513

Dados Internacionais de Catalogação na Publicação (CIP)
Ficha catalográfica elaborada pela Biblioteca Mario Henrique Simonsen/FGV

Izecksohn, Vitor, 1961-
Duas guerras nas Américas : raça, cidadania e construção do Estado nos Estados Unidos e no Brasil (1861-1870) / Vitor Izecksohn. – 2.ed. rev. e ampl. – Rio de Janeiro : FGV Editora, 2025.
332 p.

Inclui bibliografia.
ISBN: 978-65-5652-351-4

1. Brasil. Exército – Recrutamento, alistamento, etc. – História – Séc. XIX. 2. Estados Unidos. Army – Recrutamento, alistamento, etc. – História – Séc. XIX. 3. Paraguai, Guerra do, 1865-1870. 4. Soldados negros – Brasil – História – Séc. XIX. 5. Soldados negros – Estados Unidos – História – Séc. XIX. 6. Estados Unidos – História – Guerra Civil, 1861-1865. 7. Brasil – História militar – Séc. XIX. 8. Estados Unidos – História militar – Séc. XIX. I. Fundação Getulio Vargas. II. Título.

CDD – 981.04

Elaborada por Mariane Pantana Alabarce – CRB-7/6992

Em memória de meu pai, Léo; para Clara,
com carinho, e para Júlia, com amor incondicional.

Sumário

Apresentação

*Francisco Doratioto**

Há 150 anos travava-se a Guerra do Paraguai (1864-1870) entre este país, governado por Francisco Solano López, e a Tríplice Aliança, composta por Argentina, Brasil e Uruguai. Este é, pois, momento oportuno para a reflexão histórica sobre as origens do conflito, sua dinâmica político-militar, seu contexto social e as consequências para os Estados que a travaram e suas sociedades. Cumpre essa função *Duas guerras nas Américas*, ao fazer análise comparativa, na Guerra Civil norte-americana e na Guerra do Paraguai, das questões relacionadas à raça, cidadania e construção dos Estados nacionais brasileiro e norte-americano. O livro de autoria de Vitor Izecksohn tem texto fluente e refinada análise interpretativa, e fundamenta-se em pesquisa em fontes primárias e secundárias e no sólido conhecimento do autor sobre os processos históricos brasileiro e norte-americano no século XIX. Temos, assim, este estudo comparativo de duas guerras travadas na década de 1860 por Estados de caráter político diferente: o norte-americano republicano federativo, e o brasileiro monárquico centralizado, mas que enfrentaram semelhantes desafios político-militares e sociais.

A Guerra do Paraguai, também conhecida como Guerra da Tríplice Aliança, foi o conflito internacional mais longo e sangrento da história da América Latina, repercutindo profundamente nas sociedades que a travaram. Daí o persistente interesse sobre ela, representado pela enorme quantidade de publicações em vários idiomas sobre o conflito. A produção brasileira começou ainda

* Professor associado do Departamento de História da Universidade de Brasília (UnB) e pesquisador do CNPq.

quando os combates eram travados no Paraguai, e desse momento destaca-se *A retirada da Laguna*, de Alfredo d'Escragnolle de Taunay, livro publicado em 1868. Seguiu-se uma vasta quantidade de obras sobre a guerra, com ênfase nos temas clássicos e na responsabilização de Solano López por seu início, ao ordenar o ataque ao Brasil e, em seguida, à Argentina. Essa historiografia tradicional foi contestada, nas décadas de 1970 e 1980, pelo revisionismo, que responsabilizava pela guerra a ação articulada entre as elites brasileira e argentina com o imperialismo britânico. Por esse raciocínio, tal articulação tinha como objetivo destruir um modelo paraguaio de desenvolvimento autônomo, que confrontaria interesses políticos e comerciais da Grã-Bretanha. Na década de 1990, consolidou-se a "Nova historiografia sobre a Guerra da Tríplice Aliança", designação dada pela historiadora argentina Liliana Brezzo (2003) à produção, nesses anos, de historiadores de diferentes países que questionaram e superaram a interpretação revisionista. Tal produção teve como preocupação central desvendar os acontecimentos da Guerra do Paraguai com base no método histórico, no uso intenso de fontes primárias diversificadas, e preocupando-se com a objetividade histórica e a coerência interpretativa. A nova historiografia demonstrou que a origem dessa guerra se encontrava no processo histórico regional do rio da Prata e não na predominância de fatores exógenos, e avançou no conhecimento de sua dinâmica e de sua dimensão social.

No Brasil, a nova historiografia tem origem na publicação, em 1985, do livro *O expansionismo brasileiro: o papel do Brasil na bacia do Prata – da colonização ao Império*, de Luiz Alberto Moniz Bandeira. Abrangendo desde o período colonial até as origens da Guerra do Paraguai, trata-se de trabalho cuja repercussão foi praticamente restrita aos especialistas acadêmicos. A ele juntaram-se, a partir da década de 1990, estudos feitos por historiadores de diferentes universidades do país, com análises semelhantes sobre as origens do conflito e novas interpretações e informações quanto a sua complexidade. Entre tais historiadores estava Vitor Izecksohn com o livro *O cerne da discórdia: a Guerra do Paraguai e o núcleo profissional do Exército* (Rio de Janeiro: E-papers). A esse trabalho seguiram-se outros de Izecksohn, sobre a Guerra do Paraguai e sobre a Guerra Civil norte-americana. *Duas guerras nas Américas* resulta dessa trajetória de Izecksohn e da maturidade intelectual dela decorrente. Este livro é a primeira história comparativa entre a Guerra Civil norte-americana e a Guerra do Paraguai, embora anteriormente diferentes autores tenham feito comparações pontuais sobre, por exemplo, o uso de balões de observação e/ou de navios blindados. No entanto, este é o primeiro trabalho comparativo abrangente, com uso de fontes primárias e teorização, no qual se apresentam duas experiências semelhantes quanto à mobilização, recrutamento, fortalecimento do poder político central e ampliação de seus exércitos regulares, "inadequados para as grandes campanhas militares que enfrentariam". Tanto a União quanto o Império do Brasil eram superiores demográfica e economicamente aos respectivos inimigos e, no entanto, tais vantagens não se traduziram em rápida vitória. Em outro ponto em comum, Pedro II e Lincoln visavam à vitória absoluta, recusando a paz negociada e exigindo a rendição incondicional do inimigo. Constata Izecksohn que na União e no Brasil uma das causas da dificuldade no recrutamento foi o fato de que ambas as sociedades "desenvolveram suspeita, ressentimento ou oposição aos Exércitos nacionais, preferindo milícias regionais comandadas por oficiais". No caso norte-americano esse sentimento tem origens no período colonial, enquanto no brasileiro isso ocorre em virtude dos acontecimentos que forçaram Pedro I à abdicação em 1831. Por outro lado, na União os negros eram livres, o que facilitava sua incorporação ao Exército, apesar de resistências racistas; já no Brasil a escravidão era impeditiva ao recrutamento e a alforria individual não era suficiente para criar um combatente motivado.

A longa duração da Guerra Civil e da Guerra da Tríplice Aliança expôs nos dois países a fragilidade estatal de fazer o recrutamento e, ainda, a incapacidade de instituições governamentais responderem, rápida e adequadamente, às demandas político-militares do conflito. Isso quando, em outro aspecto comum aos dois conflitos, a União e o Império tinham diante de si "Exércitos coesos e que estavam motivados para manter a luta mesmo sem qualquer possibilidade de vitória". De fato, a Confederação persistiu na luta apesar das perdas crescentes de território para o Exército nortista e, no Paraguai, Francisco Solano López manteve a luta, sem qualquer perspectiva de vitória a partir de meados de 1868. Os dois conflitos em tela têm suas origens em disputas de longa data.

Contrasta o fato de que a Guerra Civil resulta de tensões internas, enquanto a Guerra do Paraguai está relacionada ao processo de formação dos Estados nacionais na região do rio da Prata. Outro contraste destacado por Izecksohn é o de que as vitórias da União e do Império repercutiram diferentemente nas respectivas sociedades. A vitória norte-americana reforçou a modernização econômica e social do país, pois já antes da guerra havia industrialização e participação política ampliada no Norte. O Império brasileiro, por sua vez, era uma economia atrasada em 1864, posto ser escravocrata e agrária, características que permaneceram após a vitória. Esta, escreve Izecksohn, resultou em poucos benefícios práticos para os brasileiros e não gerou princípios ideológicos que orientassem o Estado monárquico rumo a novos horizontes.

Na realidade, as reformas feitas durante o Gabinete do Visconde do Rio Branco (1871-1875) não resultaram em modernização suficiente para reforçar o Império do Brasil, talvez devido a este ter se debilitado financeiramente com a guerra. Boa parte dos gastos do Tesouro imperial com o conflito foi feita no rio da Prata, com necessidades logísticas – mantimentos, cavalos, carvão para a Marinha de Guerra, transportes... – para manter as operações militares e sustentar a tropa brasileira a qual, por sua vez, gastou seus soldos nessa região. Findo o conflito, o governo imperial sofria de grave déficit em suas finanças, o que limitou sua capacidade de dar respostas satisfatórias a diferentes demandas da sociedade brasileira. Já os gastos da União com a Guerra Civil ocorreram no seu território, com encomendas às suas indústrias e com compras a comerciantes nortistas, fortalecendo a atividade produtiva e robustecendo a capacidade operativa do governo central.

Este livro contribui para a melhor compreensão da Guerra do Paraguai e da Guerra Civil norte-americana e, mesmo, para as trajetórias nacionais dos EUA e do Brasil em boa parte do século XIX. Ademais, *Duas guerras nas Américas* constitui-se, por seu bem-sucedido resultado, na demonstração da importância dos estudos históricos comparativos.

Prefácio da edição argentina

*Gabriel Di Meglio**

A Guerra Civil estadunidense de 1861-1865 – tradicionalmente conhecida em castelhano como Guerra de Secessão – e a Guerra da Tríplice Aliança de 1864-1870 foram dois conflitos de grande importância no século XIX e, respectivamente, os maiores enfrentamentos bélicos da história da América do Norte e da América do Sul. São, além disso, com a imediatamente anterior Guerra da Crimeia, na Europa, um ponto de inflexão na história dos modos de fazer a guerra, pelas mudanças logísticas, armamentistas e pelo número de baixas, entre outras questões.

Este livro aborda ambas as guerras americanas, centrando-se em um aspecto crucial: o recrutamento de soldados. O autor investiga principalmente acerca de um dos beligerantes de cada conflito: a União – como se conhecia o norte dos Estados Unidos – e o Império do Brasil. Menciona, da mesma forma, o que fez com que a Confederação – os estados sulistas escravistas – se separasse do resto após o triunfo presidencial de Abraham Lincoln, no primeiro caso, e o ocorrido na Argentina, no Uruguai e Paraguai, no segundo. Os dois conflitos se ampliaram muito mais do que seus protagonistas pensavam, e demandaram um esforço enorme para poder continuar a luta. A necessidade permanente de incorporar novos homens às fileiras foi um dos desafios mais complicados – talvez o maior de todos para os beligerantes –, e o modo de administrá-lo afetou não apenas o resultado do conflito, como também a organização dos Estados

* Doutor em história pela Universidade de Buenos Aires. Investigador independente do Consejo Nacional de Investigaciones Científicas y Técnicas (Conicet), com sede no Instituto de Historia Argentina y Americana "Dr. Emilio Ravignani".

vencedores, que centralizaram várias funções antes nas mãos dos poderes locais. O processo foi muito conflitivo e seus obstáculos são um tema central do livro, que os recupera em toda a sua complexidade, com sua combinação de negociações e coerção. Entre as autoridades centrais e os homens que terminavam indo ao combate, jogaram um papel importante distintos atores: os governadores dos estados da União e os presidentes das províncias do Império, os agentes recrutadores, diferentes personagens de peso local, os partidos políticos de alcance nacional e outras figuras que aparecem retratadas nestas páginas. E, por suposto, também contou a ação dos recrutados, que em ocasiões apoiaram e em muitas outras se opuseram – não poucas vezes com violência que inclusive terminou em rebelião aberta – aos intentos de mobilizá-los militarmente. Tudo isso é analisado aqui em profundidade.

Outro aspecto fundamental do recrutamento em sociedades com uma importante quantidade de população de origem africana foi a convocação dos negros para o Exército, que no Brasil implicava sobretudo os escravos. O livro se ocupa dessa questão a fundo: as discussões e as reticências das elites à mobilização dos negros, as formas como esta foi levada adiante, de todos os modos, dada a resistência dos homens para participar da guerra, e os efeitos que isso teve.

O método do livro é a comparação, que é executada com maestria. As comparações históricas são úteis, mas também rigorosas, particularmente quando se isolam casos em função de uma variante que se busca explicar, que pode debilitar o peso dos respectivos contextos e de épocas diversas (para usar um exemplo que foi importante faz algumas décadas, serão analisadas revoluções camponesas em distintos momentos históricos). Mas este trabalho trata de duas guerras que tiveram lugar durante a mesma década e se analisam duas configurações políticas – a União e o Império brasileiro – que eram bastante distintas, mas que também tiveram experiências comuns ante um problema similar em uma mesma etapa histórica, em relação à qual a comparação não é forçada.

Por sua vez, o autor é um especialista nos dois casos que compara. Vitor Izecksohn tem um longo e importante trabalho sobre as resistências brasileiras ao recrutamento e outras várias questões do Império durante esse período, mas também é investigador e docente da história dos Estados Unidos na época. Essa característica não é comum em historiadores e permite que este produto esteja muito realizado: Izecksohn se ocupa de ambos os espaços comparados com conhecimento e solidez.

Não obstante, há outro aspecto que favorece a comparação: as duas guerras ocorreram na mesma década, portanto, se desenvolveram no mesmo contexto mundial e se recortavam sobre alguns fenômenos amplos comuns a ambas, como o peso atlântico do abolicionismo, para mencionar só um ligado à questão escravidão – eixo crucial da guerra nos Estados Unidos – e também uma presença decisiva no Brasil (de fato, por então, somente esses dois países e Cuba continuavam com a escravidão legal nas Américas). Essa característica compartida permite que haja mais de uma comparação, unindo-as no trabalho, já que no Brasil em guerra com o Paraguai o exemplo do ocorrido então recentemente nos Estados Unidos foi levado em conta e formou parte dos debates sobre o recrutamento, em particular aquele dos possíveis soldados negros.

Izecksohn consegue não só brindar uma análise pormenorizada da temática levantada, como também capturar a atenção através de uma narração ágil e atrativa. Ao iniciá-la, dá vontade de continuar lendo, e esse é um grande mérito para um livro. A inclusão do título nesta coleção constitui uma notícia muito boa, e além disso, permite que o público argentino – e o de língua espanhola em geral – aceda a um panorama atualizado sobre a Guerra Civil e a Guerra da Tríplice Aliança a partir do trabalho com amplas historiografias estadunidense e brasileira, das quais pouco se traduz para o castelhano. Chama a atenção que, apesar da importância que sempre teve o Brasil para a história rio-platense, uma porção mínima da sua historiografia se consegue em castelhano, e é realmente ínfima para a história do Império. No caso dos EUA, da vastíssima bibliografia especializada sobre sua revolução e sobre a Guerra Civil, os títulos traduzidos são curiosamente muito escassos. Ainda que este livro trate de somente alguns dos muitos aspectos desses conflitos, os que aborda são centrais, e quem ler estas páginas aprenderá muito sobre as características das contendas analisadas, assim como também a respeito do Brasil e dos Estados Unidos da época.

Ao ler o livro desde a Argentina, o convite a incluir o país na comparação é muito tentador. A historiografia realizou aportes importantes nas últimas décadas para renovar o conhecimento sobre o período dessas guerras, sobre todo o entorno do clássico tema da formação do Estado nacional argentino, porém pese a que a importância cardeal da Guerra da Tríplice Aliança para o país é sempre recalcada, seguem sendo escassas as investigações que a tomam como principal objeto de estudo. Em particular, o problema decisivo do recrutamento, acerca do qual houve vários aportes ao longo do tempo, ganharia muito com uma atualização e mais investigação.[1] Oxalá a leitura deste magnífico livro incentive novos trabalhos a respeito.

---

1 Os efeitos da Guerra da Tríplice Aliança para o fortalecimento do Exército e do Estado nacional foram tratados por uma historiografia extensa há muitas décadas. Um artigo de Eduardo Míguez dialoga bem com os argumentos de Izecksohn sobre a debilidade do Estado e os modos de fazer a guerra no século XIX argentino. Sobre as formas e números do recrutamento, podem-se consultar De Marco (2013) e os trabalhos mais recentes de Garavaglia (2016) e Barrera (2016). Logo Fuente (2000) trabalhou ações populares distintas contra o recrutamento; Moreira (2005) o fez em Córdoba, em *Las experiencias de vida en el mundo del trabajo: los sectores populares en el interior argentino (Córdoba, 1861-1914)*, e Bragoni (2010) se ocupou do levantamento que começou em Cuyo frente ao esforço recrutador de 1866 em "Cuyo después de Pavón: consenso, rebelión y orden político, 1861-1874".

Prefácio

Este livro é o resultado de anos de pesquisa e de algumas obsessões. Durante certo tempo, meu interesse concentrou-se na história latino-americana, particularmente nos estudos sobre o processo de construção dos Estados na região do rio da Prata, ao qual posteriormente associei um interesse pela chamada "era da Guerra Civil americana". Essa aposição aguçou minha curiosidade pela possibilidade de comparar os dois maiores conflitos armados do continente, enfatizando a relação entre o recrutamento militar e a construção dos Estados nacionais do Império e da União durante a década de 1860. O texto partiu de uma primeira versão como tese de doutorado, concluída na Universidade de New Hampshire em 2001. Posteriormente, visitas frequentes a arquivos nos Estados Unidos permitiram enriquecê-lo com fontes que não pude coletar durante a primeira redação em função dos prazos. O apoio do CNPq, da Capes e da Faperj foi fundamental para que pudesse persistir com a pesquisa. Sou grato pela confiança em mim depositada por essas agências de fomento do governo brasileiro, essenciais ao desenvolvimento das pesquisas acadêmicas. Financiamentos adicionais provieram da Fundação Fulbright, do Gilder Lehrman Institute of American History, do Gilder Lehrman Center for the Study of Slavery, Abolition and Freedom e do Max Planck Institute of European Legal History. Aos pesquisadores e funcionários dessas instituições, minha gratidão.

A primeira versão deste livro foi publicada pela editora da Universidade da Virgínia em 2014. A distância entre o livro e a tese resultou da necessidade de fundamentar as hipóteses iniciais da pesquisa através da coleta de fontes primárias. Passei anos visitando arquivos e recolhendo fontes que pudessem dar substância à escrita original. Algumas dessas fontes modificaram conclusões iniciais. Outras abriram caminho para novos interesses de pesquisa, particularmente as questões relacionadas às formulações federalistas na Argentina.

Algumas das discussões presentes no texto foram anteriormente publicadas como artigos. Sou grato aos pareceristas desses trabalhos quando me ajudaram, em boa-fé, a refinar os argumentos. O texto é tributário da extensa bibliografia a respeito de cada uma das duas guerras, beneficiando-se das contribuições anteriores de vários autores que pesquisaram a Guerra Civil americana e a Guerra do Paraguai. Sem as informações contidas nesses livros e artigos seria impossível realizar um trabalho comparativo dessa envergadura.

Ao iniciar o processo de tradução para o português, percebi a necessidade de mudanças na estrutura. O trabalho original preocupava-se em informar um público norte-americano mais interessado no processo de internacionalização do estudo da Guerra Civil do que propriamente nos impactos de cada uma das guerras sobre os respectivos Estados e sociedades. Havia muitas introduções para tópicos que são de conhecimento do leitor brasileiro, pelo menos do leitor com alguma familiaridade com a Guerra do Paraguai ou com discussões sobre o Segundo Reinado. Tive de inverter as prioridades, no intuito de deixar o leitor brasileiro mais bem informado sobre diversos detalhes da Guerra Civil americana, enfatizando particularidades que, pela sua importância, precisam de explicações mais cuidadosas. Além disso, houve a necessidade de atualizar a bibliografia e as discussões que surgiram desde a primeira publicação. Atualizar o texto, sem corrompê-lo, revelou-se uma tarefa bem mais trabalhosa do que havia imaginado inicialmente.

A escrita original, feita em inglês, não teria sido possível sem a cooperação, a serenidade e o cuidado de Karen Alexander. Ela é uma ótima leitora, uma excelente copidesque e uma pessoa preocupada. Palavras não expressam a gratidão a essa amiga cuja prosa e ideias ajudaram a simplificar o conteúdo deste trabalho e cuja amizade tornou a vida mais simples, tranquila e feliz durante as várias estadias nos Estados Unidos.

O Programa de Pós-Graduação em História Social da Universidade Federal do Rio de Janeiro (UFRJ) é meu local de trabalho há 16 anos. Agradeço o apoio dado pela coordenação do programa para esta publicação. Manolo Florentino teve a paciência de responder a muitas dúvidas, principalmente nas questões relacionadas à escravidão. Seu conhecimento profundo do tema não será comprometido por eventuais erros que tenham sido cometidos ao longo do texto. Através dos anos, tive a ajuda de vários alunos com os quais pude discutir o progresso deste trabalho em cursos e laboratórios de pesquisa. Destaco entre eles Miquéias H. Mügge, Amanda Mesquita e Arnaldo Lucas Pires Jr. Miquéias preparou os mapas com seu habitual cuidado e competência. Arnaldo ajudou-me com questões de diagramação e Amanda foi sempre uma assistente dedicada na coleta e organização dos documentos, além de uma leitora atenta dos textos.

Sou grato a Clara Farias, cuja dedicação e carinho me ajudaram nesses tempos estranhos que vivemos. Desde que nasceu, minha filha Júlia tornou minha vida mais interessante e bonita, por isso o livro é dedicado a ela, e à memória de meu pai, um engenheiro que me ensinou a gostar de história.

A presente edição, revista e ampliada, incorporou pesquisas realizadas em arquivos argentinos, essenciais para a atualização do trabalho. Sou grato à FGV Editora pela oportunidade de apresentar uma versão expandida de pesquisas sobre o papel das guerras da década de 1860 nos processos de formação do Estado nacional em curso no Brasil e nos Estados Unidos.

Introdução

Os anos da década de 1860 foram tempos difíceis para os dois maiores países do continente americano. Durante esse período, ambas as nações estiveram envolvidas em guerras longas e penosas, que desafiaram sua unidade nacional e sua coesão política e social. Nos Estados Unidos, a crise da secessão, presente desde a fundação da nação, atingiu um novo patamar após a eleição presidencial de 1860. A vitória do candidato republicano Abraham Lincoln inflamou antigos temores entre os líderes do Sul. Essas lideranças eram partidárias de uma visão radical dos direitos dos estados e da expansão da escravidão para o Oeste. Temiam, portanto, os efeitos da interferência federal sobre os assuntos locais. Essas preocupações não eram novas, mas a eleição do primeiro presidente republicano, e sua associação à mensagem *free-soil*, limitando a expansão da escravidão aos territórios do Oeste, logo levou à secessão de vários estados, à formação de um novo país e finalmente a uma devastadora guerra civil que custaria mais de 600 mil vidas (Karp, 2016, p. 173-258).

Alguns anos depois, no Cone Sul do hemisfério, a interferência brasileira no Uruguai evoluiu de uma crise internacional localizada para um feroz conflito entre Estados envolvendo quatro países e afetando os arranjos de poder de uma maneira mais profunda e permanente do que os conflitos armados anteriores haviam feito. A subsequente invasão paraguaia das províncias do Oeste e do Sul do Brasil e ataques adicionais no Norte da Argentina iniciaram uma guerra que a maioria dos brasileiros e argentinos acreditava que seria curta e fácil de vencer. Os desdobramentos posteriores mostrariam a ingenuidade dessas projeções iniciais. Em meio à luta, conjuntos de províncias semi-independentes foram definitivamente incorporados a Estados nacionais até então semicentralizados; populações inteiras foram removidas arbitrariamente de suas cidades e vilas, e fome e doenças dizimaram o povo paraguaio, afetando a demografia bem como alterando os padrões existentes de organização regional e distribuição de poder na bacia do Prata.[1]

Este livro conta a história dessas guerras, enfatizando a negociação permanente que ocorreu entre cada Estado-nação e as pessoas envolvidas nos esforços de recrutamento para os exércitos da União e do Império. Ele compara o impacto da Guerra Civil dos Estados Unidos (1861-1865) e da Guerra da Tríplice Aliança (1864-1870) nas populações do Brasil e da União Americana. Esses dois países bastante diferentes apresentaram experiências semelhantes em termos de recrutamento, centralização e hierarquização das atividades militares. Tanto as forças da União quanto os exércitos do Império enfrentaram crises de recrutamento relacionadas à escassez de voluntários, o que levou ambos os governos a substituir os apelos iniciais ao patriotismo por recrutamentos obrigatórios dolorosos e, eventualmente, pelo ingresso dos libertos como soldados. Se o Exército brasileiro, que havia muito tempo recrutava nos setores menos favorecidos da sociedade, mostrou-se menos relutante em recrutar civis compulsoriamente e a aceitar escravos libertos para o serviço militar, o Exército da União teve de superar obstáculos constitucionais e o violento preconceito racial antes de recrutar um número muito maior de afro-americanos, a maioria deles vindos dos estados do Sul. Os desdobramentos dessas políticas contribuíram para a emancipação e a reconstrução no Sul derrotado e para a erosão da legitimidade monárquica e do governo parlamentar representativo no Brasil.[2]

Em ambos os países, as necessidades de guerra levaram à centralização do recrutamento, reforçando cada governo nacional e afetando profundamente as vidas e costumes das populações sujeitas ao recrutamento militar. Como

---

1 Entre os trabalhos mais importantes a respeito, destacam-se: Costa (1996); Doratioto (2002); Salles (2003); Capdevila (2010); Garavaglia e Fradkin (2016); Whigham (2017); Baratta (2019).

2 Uma comparação com a Confederação também poderia ser relevante, mas dois fatores evitaram que eu escolhesse os estados confederados como o foco da minha comparação: a Confederação não recrutou escravos até muito perto do fim da guerra e não sobreviveu como Estado-nação. Como o livro aborda o papel do recrutamento de escravos durante a guerra e a construção do Estado após seu final, uma comparação com a Confederação tornaria o argumento confuso. Uma comparação válida seria entre os estados confederados e a situação do Paraguai no fim da Guerra da Tríplice Aliança. Para as discussões sobre o recrutamento de escravos pelo Exército confederado, ver Levine (2006).

ambos os países contavam com pequenas burocracias centralizadas, cada governo central precisou do apoio de autoridades locais para alcançar a população. Assim, de muitos modos, a Guerra da Tríplice Aliança assemelha-se à Guerra Civil dos Estados Unidos mais do que qualquer outro confronto armado do século XIX. Também conhecida como Guerra do Paraguai, Guerra Grande ou Maldita Guerra, a Guerra da Tríplice Aliança foi o mais longo conflito internacional de larga escala na história das Américas. Quatro países – Brasil, Paraguai, Argentina e Uruguai – se envolveram numa luta que se estendeu por cinco anos e quatro meses. Como no caso da União, o Brasil possuía larga superioridade demográfica e recursos abundantes, mas essas vantagens não constituíam condições suficientes para uma vitória rápida. Para assegurar o triunfo, o governo brasileiro teve de mobilizar homens e suprimentos em níveis sem precedentes. A mobilização alicerçou-se no recrutamento em massa e na criação de uma infraestrutura militar para supervisionar o esforço de guerra na retaguarda. Essas inovações levaram à construção de longas linhas de suprimento supervisionadas pelo Estado imperial. Recursos financeiros para azeitar a máquina de guerra brasileira foram redirecionados dos investimentos ordinários do orçamento até a derrota paraguaia. Assim como ocorreu com a União, decisões que levariam à vitória incondicional prevaleceram sobre propostas alternativas visando a uma paz negociada. Nesse sentido, o esforço de guerra brasileiro apresentou muitos elementos de uma guerra total, embora ele nunca tenha de fato atingido esse ponto. A União chegou perto de alcançá-lo, mas, no longo prazo, o déficit burocrático e os limites de utilização da infraestrutura impediram os militares brasileiros e os da União de manterem força total durante cada um dos conflitos. Porém, a rendição incondicional se manteve como um objetivo, uma situação que mudaria os parâmetros sociais e econômicos nas sociedades derrotadas.

As demandas de guerra tocaram em questões delicadas nos países beligerantes: nacionalismo e patriotismo eram normalmente contrabalançados por ligações pessoais a regiões, estados ou cidades. Os esforços burocráticos dependeram de negociações entre representantes do Estado central e autoridades locais levando à criação de "tramas" através das quais cada Estado se apoiava na liderança de forças regionais que deveriam ser recompensadas por sua lealdade. A vinculação a partidos políticos desempenhou papel importante na disposição dos cidadãos em auxiliar os esforços de guerra, uma vez que essas organizações possuíam redes de clientela que as tornavam instrumentos úteis para mobilizar partidários ou recrutar adversários. Mas, por mais enraizado que um partido pudesse estar em determinada região, mobilizar eleitores constituía um trabalho infinitamente mais fácil do que designar recrutas para terras distantes.

A crescente intervenção governamental durante os períodos de guerra interferiu nas prerrogativas locais de cada sociedade através do recrutamento compulsório de soldados. A centralização política, uma consequência dos conflitos, geralmente resultou na perda de autonomia local através do impacto exercido sobre a estrutura de autoridade. Essas intervenções encontraram modelos diferentes de organização social em cada um dos países analisados e distintas variações regionais no interior de cada um deles. A política nos Estados Unidos era baseada em crenças que enfatizavam o localismo através dos direitos dos estados e das instituições regionais, embora poucas tivessem expressão nacional, como os partidos e os tribunais. A política brasileira era nominalmente mais centralizada, com presidentes de província indicados pelo Ministério do Império, portanto diretamente subordinados ao gabinete no poder. O governo imperial, porém, se envolvia com suas províncias principalmente através de negociações e compromissos, que precisavam levar em conta interesses regionais (Dolhnikoff, 2003). O rescaldo da guerra produziu dilemas semelhantes para o Rio de Janeiro e para Washington. As limitações estruturais para o recrutamento e abastecimento das tropas afetaram a distribuição de poder, desgastando o prestígio dos governos centrais. Cada Estado nacional tentou contornar essas limitações utilizando estratégias complexas, cujo fracasso representa um elemento importante deste livro.

Cada uma dessas guerras foi extensamente analisada, mas as duas nunca foram sistematicamente comparadas. Apesar dos claros paralelos entre elas, nenhum historiador realizou uma comparação significativa entre a União e o Império brasileiro durante as guerras da década de 1860, e nenhum trabalho publicado apresentou comparações no curto prazo, como aquelas que foram feitas entre a Guerra Civil dos EUA e as guerras da unificação alemã (Förster e Nagler, 1997).

Em 1986, Herman Hattaway e Archer Jones argumentaram que a Confederação teria resistido muito mais se os confederados estivessem dispostos a aceitar a taxa de mortalidade de quase 70% que a população paraguaia sofreu

(Berlinger et al., 1986, p. 440-442). Para os autores, a etnicidade indígena, associada à unidade cultural, estava no cerne da sua tenacidade suicida, que conformava um patriotismo determinado e fanático.

Doze anos depois, ainda destacando o declínio da disposição confederada, James McPherson chamou a atenção para o fato de que o esforço de guerra confederado, em que 5% da população pereceram, parece frágil quando comparado aos 56% de adultos paraguaios que morreram naquele conflito. Embora os dados de McPherson possam ser contestados, os números paraguaios ainda fornecem um contraste adequado ao declínio da disposição confederada em lutar, levantando a questão de até que ponto a defesa do território pode incentivar o sacrifício nacional. McPherson apelou para uma comparação entre a Guerra do Paraguai e a Guerra Civil dos EUA, mas a resposta foi limitada (Berlinger et al., 1986, p. 440-442; McPherson, 1988, p. 856).

Comparada à rica historiografia da Guerra Civil americana, a historiografia da Guerra do Paraguai ainda é relativamente pequena, a despeito da expansão de pesquisas empíricas e publicações em curso nos últimos 30 anos. Além disso, poucos autores estudaram o conflito paraguaio em relação a outros processos contemporâneos de mobilização militar e social, particularmente àqueles ocorrendo nas décadas de 1850 e 1860, quando um surto de guerras e revoluções teve lugar em diferentes partes do globo num processo que Thomas Bender (2014, p. 36) definiu como "uma crise federativa mundial". Uma análise comparativa envolvendo o Brasil e os Estados Unidos é essencial para captar o significado completo da mobilização militar, da centralização e da reforma das práticas políticas para os homens e as mulheres cujas vidas foram afetadas por esses eventos. A União apresentou uma mudança institucional em meio à Revolução Industrial, enquanto o estágio brasileiro era muito diferente. Se a industrialização nos estados do Norte aumentou a capacidade militar ao produzir equipamento moderno e competência tecnológica, qual foi a estratégia para um país agrícola como o Brasil, cuja principal fonte de armamentos proveio do exterior?[3]

Este livro se baseia em pesquisa realizada em arquivos nos Estados Unidos e no Brasil. Ele compara várias perspectivas, incluindo aquelas de uma ampla variedade de pessoas em ambas as sociedades envolvidas no recrutamento

---

[3] Embora os estaleiros e arsenais brasileiros tenham produzido alguns artefatos de alta complexidade. Ver Castro (2006).

militar: soldados, funcionários, jornalistas, escritores, religiosos, ativistas políticos, burocratas, escravos e libertos. Todos eles tiveram de se adaptar ou lutar em novos ambientes à medida que os esforços de guerra afetavam as condições ordinárias de exercício da autoridade em cada uma das sociedades. Ele enfatiza as limitações enfrentadas na construção do Estado pelas elites centralizadoras, destacando as estratégias utilizadas para superar ou contornar eventuais obstáculos. As negociações realizadas por funcionários do governo e líderes locais em seus esforços de conscrição enfatizaram o recrutamento seletivo, as dispensas, a penalização dos eleitores da oposição e a distribuição de benefícios financeiros aos aliados. À medida que as guerras se estenderam, o uso de tais ferramentas foi sendo reduzido, forçando os governos a dependerem mais de práticas coercitivas que, por sua vez, geraram uma crescente resistência, levando os núcleos centrais a encetar novas rodadas de negociações com as autoridades locais. A pesquisa se fundamenta nos trabalhos pioneiros de outros historiadores, essenciais para reunir os principais debates que se desenvolveram a partir de cada guerra. Essa comparação particular de duas guerras nas Américas também se associa aos esforços de pesquisa empreendidos por historiadores interessados em fazer um paralelo entre os conflitos armados do continente, especificando suas consequências para a aceleração (ou não) do processo de construção dos Estados nacionais a partir dos desafios que cada uma das guerras trouxe ao crescimento burocrático e aos problemas de extração/proteção em cada cenário específico.[4] Além disso, essa comparação ajuda a refinar nossa compreensão a respeito do republicanismo dos Estados Unidos em tempos de guerra e o significado do seu apelo político, os modos como a cultura cívica operava por meio de um equilíbrio delicado entre os ideais democráticos e as realidades do esforço de guerra conduzido pelo Estado, nem sempre de forma consensual. Ela nos ajuda a compreender a extensão e os limites da ideia de nação no Brasil ao longo dos primeiros meses do conflito, através das respostas da população aos chamados das autoridades e sua posterior aversão à participação na guerra. Resistência que envolveu a força da inércia e o recurso à violência mediante ataques às escoltas e cadeias quando todos os outros expedientes da desobediência fracassavam.

---

4 Para interpretações recentes das histórias norte-americana e brasileira em perspectiva transnacional, ver Doyle (2015); Bender (2006); Gleeson e Lewis (2014); Parron (2011); Marquese (2015). Para uma discussão sobre a crise global entre 1851 e 1871, ver Geyer e Bright (1996).

Vincular a guerra e a emancipação nos dois maiores países do continente americano coloca a Guerra Civil americana e a Guerra do Paraguai no contexto mais amplo dos longos e problemáticos processos de unificação nacional e de emancipação de escravos. O recrutamento militar de ex-escravos e as condições que regeram sua emancipação se tornaram uma política de governo tanto nos Estados Unidos como no Brasil, mas um conjunto de contingências assegurou respostas sociais e políticas distintas que impactaram os processos de construção do Estado. A guerra forçou as elites brasileiras a ampliar enormemente o Exército profissional. Esse esforço desgastou as estruturas de poder local, com as hierarquias sociais existentes e, finalmente, com a lógica da competição partidária no Parlamento. Nos Estados Unidos, a abertura das fileiras aos afro-americanos resultou das transformações na natureza da guerra que consolidaram o elo entre o processo de unificação e a abolição da escravatura, elevando a interferência do governo federal a patamares muito mais altos do que as autoridades haviam estimado no início das operações.

Para os Estados Unidos e o Brasil, países com tradições militares descentralizadas, essas guerras levantaram desafios que forçaram cada governo a rever antigas práticas e costumes. A descentralização se baseava na organização local por meio de milícias, tropas reunidas localmente sob o comando de líderes regionais. Na medida em que as guerras demandavam números crescentes de homens e recursos, elas expuseram a inadequação das estruturas governamentais nos dois países: cada um dos quais carecia de meios para recrutar as forças necessárias para lutar contra inimigos que organizaram exércitos coesos e que estavam motivados para manter a luta mesmo sem qualquer possibilidade real de vitória. Porém, as necessidades militares encontraram um forte antiprofissionalismo, resultando da experiência histórica, de ideologias políticas, da falta de recursos e do pragmatismo e que representou o mais claro obstáculo para que os esforços de guerra de cada país prosperassem sem problemas.

1. Duas tradições antimilitaristas confrontam a mobilização em massa

No Brasil e nos Estados Unidos, a desconfiança popular em relação a uma força militar profissional se estabeleceu entre o final do período colonial e a década de 1860. Ambas as sociedades desenvolveram certa suspeita, ressentimento ou oposição aos exércitos nacionais, preferindo milícias regionais comandadas por oficiais locais. Tanto os colonos da América britânica quanto os luso-brasileiros organizaram instituições militares localmente controladas, situação que prevaleceu após as independências. Comparar as conexões entre o desenvolvimento de diferentes níveis de administração em cada império e as respostas administrativas distintas a tais inovações fornece uma breve introdução aos problemas sociais e constitucionais que limitaram a expansão dos exércitos nacionais em meados do século XIX, cuja permanência obstruiu os esforços de guerra dos dois países na década de 1860. Várias questões emergem: qual era o *status* das relações entre civis e militares em cada domínio colonial? Havia semelhanças entre as atitudes antimilitares dos habitantes das 13 colônias e dos luso-americanos? Como tais atitudes se adaptaram à transição da soberania imperial para os regimes pós-independência?

A diversidade de regiões que formavam esses grandes impérios é uma consideração importante. A América britânica e a luso-brasileira consistiam de mosaicos de coletividades fracamente conectadas umas às outras. As variações regionais nos padrões demográficos e nas estruturas sociais tornaram difícil fazer generalizações; porém, apesar disso, ou talvez em função dessa enorme diversidade, tanto na América do Norte quanto no Brasil o centro não exercia o controle, pelo menos não quando se tratava da guerra ou de fornecer provisões para a guerra. Nessas arenas imperiais, as atividades militares envolveram menos centralização e menor acúmulo de poderes coercitivos por autoridades centrais do que ocorreu nas monarquias absolutistas da Europa, em que, na formulação de Charles Tilly (1992, p. 76), "a guerra teceu a rede de Estados nacionais [...] e a preparação para a guerra criou as estruturas internas dos Estados no seu interior".

Em contraste com os esforços europeus para estabelecer governos diretos através da criação de burocracias centrais fortes, a cooperação entre os agentes reais e lideranças locais constituiu a norma para a defesa imperial e nacional nos cenários luso-brasileiro e da América britânica. Tal cooperação resultou em baixa profissionalização dos exércitos e uma forte dependência imperial de forças auxiliares não especializadas para segurança colonial, tais como as milícias, os bandos armados e as guardas nacionais. Porém, os paralelos podem ser enganosos. Apesar das semelhanças no exercício do governo indireto e no caráter descentralizado da mobilização militar, as etapas realizadas na direção desse equilíbrio de autoridade não foram idênticas. Cada império obteve a cooperação, em nível local, de diferentes entidades por maneiras distintas. Os colonos luso-brasileiros e da América britânica estabeleceram padrões de organização militar que variaram entre si, do mesmo modo que foram diferentes dos caminhos da militarização dos europeus. Deficiências na capacidade militar profissional tornaram cada poder imperial fortemente dependente do auxílio de companhias de milícias privadas, localmente reunidas e lideradas, para reforçar a autoridade pública, bem como para manter a defesa externa e a ordem interna. Esses grupos transmitiram comandos e controlaram tanto as políticas coloniais quanto as nacionais, mediante barganhas complexas que conectaram os interesses de comunidades locais às prerrogativas dos agentes reais.

Quando confrontadas com a inevitável demanda por homens e recursos em períodos de guerra, cada sociedade respondeu com posturas que interligavam essas demandas aos padrões costumeiros de justiça e às identidades coletivas predominantes. O aspecto mais delicado da militarização colonial foi a transferência de homens de unidades auxiliares para unidades do Exército permanente. Ser incorporado ao Exército profissional trouxe o risco de lutar em locais distantes sob o comando de estranhos. A transferência de tropas locais para unidades de combate na linha de frente constituiu um dos principais problemas enfrentados por todas as autoridades coloniais envolvidas na administração da guerra e da defesa. Examinar as regras e circunstâncias de tais transferências permite uma compreensão mais ampla do impacto da guerra nos modos de vida coloniais, assim como na mudança das percepções sobre as obrigações militares, os direitos políticos e o patriotismo. As negociações realizadas entre os diferentes níveis de autoridade para transferir milicianos para unidades permanentes do Exército e os protestos gerados entre os líderes locais e seus apoiadores, preservados em registros governamentais, revelaram como pessoas comuns compreendiam seus direitos e obrigações em face da autoridade central e suas comunidades locais. Tal colaboração foi particularmente intensa nas 13 colônias britânicas durante as últimas décadas do domínio imperial, quando forças anglo-americanas lutaram contra os franceses e seus aliados indígenas na Guerra dos Sete Anos. Essa situação contrasta com as condições normais que prevaleceram na América portuguesa, em que apenas aqueles que queriam escapar da fome e da pobreza ou que esperavam obter a liberdade da servidão estavam dispostos a servir longe de casa por longos períodos, com exceções feitas às capitanias do Sul e São Paulo, áreas nas quais houve precoce especialização militar.[5]

Brasil e Estados Unidos seguiram padrões de organização bélica diferentes da grande Revolução Militar em curso na Europa continental, desde o século XVI. Na Europa, as fortes monarquias centralizadas dos estados emergentes da França, Suécia, Prússia e Rússia criaram poderosas organizações construídas para fins bélicos que elas promoveram extraindo recursos e poder de súditos e vassalos. Em contraste, as colônias da América britânica e luso-brasileira mantiveram estruturas descentralizadas de defesa. Enquanto a Revolução Militar europeia reforçou o poder direto do Estado, os Estados Unidos e o Brasil dependeram consistentemente de intermediários, que os ajudaram a alistar, abrigar, treinar e fornecer provisões aos soldados e, quando necessário, comandá-los no campo de batalha.[6]

As mudanças na organização das forças de terra após a independência não alteraram substancialmente os padrões estabelecidos durante o período colonial. Esses padrões refletiram as capacidades limitadas dos novos governos centrais em realizar as tarefas associadas à defesa militar e à remoção, ao recrutamento

---

5 Para as experiências coloniais da Nova Inglaterra, ver Anderson (1984, p. 63-164). Para a América portuguesa, ver Mello (2009, p. 51-94), Silva (2013), Silva (2001) e Puntoni (2002).

6 A referência principal aqui é o livro de Parker (2002, p. 6-44).

coercitivo de homens na sociedade. Para controlar grandes territórios com recursos financeiros limitados, as autoridades dependiam da ajuda de líderes locais. O controle territorial efetivo foi alcançado por meio da aliança com empreendedores, líderes de facções e outros setores das elites locais. Na década de 1860, os partidos políticos forneceram os principais canais através dos quais as forças sociais foram mobilizadas. Como se tratava de instituições de base regional, eles podiam ser um patrimônio ou um fardo, dependendo do estado das relações políticas e da disposição das lideranças locais em cooperar com o governo central.

Particularmente no caso do recrutamento para o Exército, decisões foram tomadas em relação à forma de obtenção de recrutas. Práticas locais facultativas definiam quem deveria ou não ser enviado, poupando certos indivíduos cuja lealdade ou posição eram importantes o suficiente para serem ignoradas. Tais isenções tornaram o alistamento uma atividade seletiva e pouco democrática, favorecendo categorias de recrutas baseadas no estado civil e na ocupação. Nas ocasiões em que as milícias foram federalizadas, as limitações enfrentadas pelos elementos nacionalistas por todos os Estados Unidos e a também disseminada resistência brasileira à mobilização para a guerra durante o reinado de Pedro I revelaram uma intolerância obstinada e universal aos exércitos profissionais durante a era da independência. Enfrentando uma resistência crescente na luta para criar instituições militares especializadas, elementos progressistas ou nacionalistas acabaram concordando em compartilhar um poder consensual.

Em meados do século XIX, consideráveis setores das elites brasileira e norte-americana se opunham à organização de fortes instituições militares em seus países. As vantagens estratégicas na manutenção de grandes exércitos profissionais eram superadas por sérios argumentos enfatizando as ameaças potenciais que eles representavam tanto para a estabilidade interna quanto para a hierarquia social. Aqueles preocupados com a estabilidade temiam a limitação da ordem pública e a perversão da virtude cívica por oficiais ambiciosos no comando de um poderoso Exército centralizado. Aqueles preocupados com a hierarquia social associavam exércitos permanentes a tumultos, protestos e à anarquia que poderia resultar do armamento de pobres, especialmente de libertos e escravos. O senso comum concluiu que instituições militares fortalecidas eram caras, pouco confiáveis e inerentemente arriscadas para a liberdade e a manutenção da ordem. A persistente desconfiança a respeito de uma ferramenta essencial das nações modernas tornou os processos de construção do Estado no Brasil e nos Estados Unidos distintos das trajetórias seguidas por França e Prússia. Enquanto essas monarquias europeias construíram seus Estados a partir da guerra, da centralização e do desarmamento dos civis, as elites norte-americanas e brasileiras construíram Estados que mantiveram apenas pequenos exércitos regulares estacionados nas casernas.

O antiprofissionalismo, um legado da experiência colonial, prevaleceu em ambos os países após a independência, com breves períodos de militarização seguidos de desmobilização e uma redução permanente dos contingentes. Porém, deve ser enfatizado que em nenhum dos dois casos houve consenso sobre a desmobilização. Os federalistas nos Estados Unidos e as forças conservadoras ligadas ao Regresso no Brasil nunca aceitaram completamente a desmobilização do Exército. Mas problemas na mobilização de tropas em países como esses, com grandes territórios, populações dispersas e governos centrais fracos, tornaram difícil superar sistemas alternativos descentralizados no que se refere à defesa interna e à segurança das fronteiras.[7]

O antimilitarismo não era rígido ou doutrinário, mas derivado organicamente da experiência colonial e das situações enfrentadas nas primeiras décadas pós-independência. A escassez de recursos era uma razão importante para optar por instituições militares profissionais mais fracas, e as concepções cívicas de nacionalidade também impossibilitaram aos governos nas Américas copiarem os países que haviam empreendido de maneira bem-sucedida a Revolução Militar no início da Europa moderna.

Apesar das semelhanças entre Brasil e Estados Unidos, no longo prazo as implicações da desmilitarização para cada país foram muito diferentes. Nos Estados Unidos, o serviço nas milícias era considerado uma obrigação honrosa, adequada aos cidadãos, mas a visão brasileira do serviço militar era pejorativa.[8] Mesmo as milícias auxiliares, como a Guarda Nacional brasileira, deixavam claro que essa opção oferecia principalmente uma maneira de evitar

---

7 A esse respeito, ver Souza (1999, p. 123-184).

8 É claro que existem exceções nos Estados Unidos. Na sociedade racialmente dividida da Virgínia, durante a Guerra de Independência, os recrutas desfrutavam de baixa estima. Segundo McDonnel (2007, p. 403-404), a liderança da Virgínia acreditava que "apenas as pessoas das classes mais baixas" deveriam fazer parte do Exército regular. O serviço no Exército continental era análogo à escravidão.

o serviço no Exército nacional. Exceto por um curto intervalo entre 1831 e 1850, o serviço na Guarda Nacional brasileira se integrou de forma relutante à vida cívica, subordinando-se, não sem contendas, às autoridades provinciais ou imperiais. Em função dessa peculiaridade, as isenções do serviço militar profissional reforçavam o poder senhorial e aumentavam a dependência dos clientes em relação à riqueza e ao prestígio dos chefes locais.[9]

As principais diferenças entre os Estados Unidos e o Brasil estavam localizadas nas atitudes que prevaleciam em relação ao serviço militar. Enquanto as elites dos Estados Unidos compartilhavam com a população branca uma apreensão sobre o crescimento potencial de um poder despótico apoiado por um Exército permanente, o antiprofissionalismo brasileiro era mais elitista e menos ideológico. Aqueles que se opunham ao crescimento das instituições militares estavam preocupados principalmente com a falta de recursos financeiros e os riscos para a ordem política e para a unidade nacional. Sendo assim, enquanto o antimilitarismo norte-americano poderia ser mais consistentemente atribuído a ideias e tradições religiosas, a desmilitarização brasileira resultou de uma decisão elitista baseada nas experiências da primeira década após a independência que incluíam a perda da província Cisplatina e os motins urbanos protagonizados por povo e tropas.

As origens da atitude antiprofissional brasileira eram substancialmente diferentes daquelas encontradas na tradição política norte-americana. O localismo não era especialmente valorizado como uma ideologia construtora da nação. Em meados do século XIX, membros influentes da elite política brasileira viam um governo central forte como a melhor garantia tanto da integridade territorial quanto da estabilidade social, a despeito da dificuldade para subordinar as províncias sem alguma forma de negociação (Needell, 2001; Barman, 1988, p. 189-216; Carvalho, 1981, p. 51-72). A hostilidade norte-americana em relação aos exércitos permanentes lembrava o posicionamento dos liberais brasileiros de meados do século XIX, mas diferia fundamentalmente em um ponto: os norte-americanos reservavam muito mais poder à autonomia do governo local do que os brasileiros. Os norte-americanos elegiam governadores estaduais, e esses governadores controlavam as milí-

[9] Trabalhos sobre a Guarda Nacional brasileira no período incluem: Castro (1979); Saldanha (2006); Fertig (2010); Ribeiro (2005, p. 169-290); Mügge e Comissoli (2011).

cias dos seus estados, enquanto no Brasil os presidentes das províncias eram escolhidos pelo ministro do Império a serviço de um regente ou do próprio gabinete indicado pelo imperador.

As ressalvas dos norte-americanos contra exércitos permanentes resultaram de sua suspeita em relação ao poder central, uma preocupação compartilhada tanto pelas elites quanto pelo povo, tal como afirmou um antifederalista no final do século XVIII: "Uma república livre nunca poderá manter um Exército permanente para executar suas leis".[10] Já no Brasil a desmobilização tinha sua origem na necessidade de preservar sua monarquia centralizada, ameaçada por uma força militar turbulenta, questão especialmente significativa durante o período regencial, conforme reconheceu um famoso panfletário: "Contra o motim e a insurreição empregou a democracia dois remédios heroicos, o licenciamento do Exército e a criação da guarda cívica" (Rocha, 1956, p. 180). Os chefes locais na maioria das províncias brasileiras encaravam o serviço militar de seus dependentes como um problema, aceitando-o apenas em ocasiões especiais. Eles se comprometiam com os líderes das províncias em nome da defesa de instituições hierárquicas como a escravidão e o clientelismo, enquanto os líderes nos estados norte-americanos controlavam diretamente suas milícias e ofereciam ou suspendiam seus serviços conforme os interesses locais.

Como veremos posteriormente, os dois países entraram na década de 1860 com pequenos exércitos regulares inadequados para as grandes campanhas militares que enfrentariam. Essas campanhas desafiariam os padrões aceitos de serviço militar, transformando a natureza das obrigações militares. Porém, o poder da inércia se mostraria um obstáculo formidável às mudanças institucionais e sociais, tensionando as relações entre o centro e suas periferias. Os chefes locais, que temiam uma extensão permanente dos poderes centrais, suspeitavam até de pequenas mudanças. Essas lideranças haviam defendido seus clientes mais próximos contra o recrutamento e possível realocação para as linhas de frente desde os tempos coloniais e se mostravam relutantes a submeter-se a um governo distante. Por sua vez, indivíduos e comunidades perceberam as mudanças, reagindo de acordo com sua capacidade e seu interesse a fim de evitar o recrutamento para as frentes de batalha.

---

10 De Brutus para os cidadãos do estado de Nova York (citado em Chambers II e Piehler, 1999, p. 103).

Competição regional, crise do sistema partidário e a deflagração da Guerra Civil americana

Os Estados Unidos pertencem ao grupo de países para os quais a ameaça separatista constituiu um elemento central na formação de uma orientação nacionalista e na cristalização da unidade territorial. O período anterior à Guerra Civil é particularmente interessante com relação ao debate político sobre a conveniência do Estado nacional. Isso ocorreu no contexto das lutas políticas que levariam à separação dos estados do Sul e à formação de um novo país, ainda que um de curta duração: os Estados Confederados da América. A presença da escravidão nos estados do Sul foi o elemento fundamental para a eclosão da guerra. Ela dividiu a União criada pela Declaração da Independência (1776) e pela Constituição norte-americana (1788) em duas regiões distintas: o Norte livre e o Sul escravista. Essa divisão geográfica levou a uma crescente diferenciação nos níveis de desenvolvimento econômico, no grau de liberdade, na escala de valores e na capacidade de cada região para elaborar, desenvolver e aplicar novas tecnologias aos seus ambientes. No longo prazo, essa divisão também permitiu a instituição de visões divergentes sobre o papel do governo, da divisão de poderes e do próprio exercício da democracia em cada uma das regiões. Da perspectiva aqui esposada, o separatismo foi um elemento fundamental para o processo de construção do Estado nacional dos Estados Unidos, principalmente porque a luta pelo controle do Estado nacional foi um importante componente da crise que precedeu o início das hostilidades.

Nos Estados Unidos pós-independência, o pequeno aparato estatal cristalizou-se naquilo que Stephen Skowronek (1982, p. 1-37) definiu como "um estado de partidos e cortes". Além dessas instituições, poucas agências, como as aduanas, o serviço postal e o pequeno Exército nacional possuíam uma abrangência territorial ampliada. Essas agências poderiam cooperar com o governo central, mas não respondiam necessariamente a uma cadeia de autoridade burocrática no sentido moderno do termo. Elas eram profundamente relacionadas a interesses locais, configurando um mosaico cuja articulação a políticas de mais longo alcance muitas vezes era difícil e desgastante. Elas também se moviam segundo uma lógica eleitoral que tornava a continuidade de seus membros nos cargos muitas vezes precária e imprevisível.

O segundo sistema partidário, estabelecido durante as décadas de 1820-1830, tinha como características principais um agressivo clientelismo político e um padrão de competição partidária que excluía o debate dos problemas nacionais, particularmente da escravidão. O clientelismo retardava o processo de construção do Estado na medida em que impedia a edificação de burocracias estáveis e insuladas. De acordo com David M. Potter (1976, p. 8), ambos, democratas e *whigs* "constituíam coalizões de organizações locais antes que instituições nacionais totalmente desenvolvidas". Democratas e *whigs* eram organizações nacionais com apoio em todas as regiões, mas estavam longe de constituir agremiações homogêneas. Sua composição expressava uma articulação complexa entre os interesses políticos, as afiliações étnicas e os problemas estaduais. Por mais de 20 anos, esses dois partidos demonstraram suas habilidades para conter e controlar as divergências e minimizar os conflitos entre o Norte e o Sul, impedindo que as questões seccionais exercessem maior influência nos debates políticos. Assim, as disposições para o compromisso e a organização das rotinas partidárias contribuíram para manter o antagonismo seccional fora da agenda política na medida permitida pelas circunstâncias. Isso implicava restrições para a discussão da escravidão no Congresso, tais como a Lei da Mordaça, que impediu o recebimento de petições nas duas casas legislativas.

Segundo Richard Bensel (1990, p. ix), o Estado que os nacionalistas norte-americanos tentaram estabelecer durante a convenção constitucional de 1787 havia se transformado, por volta de 1860, numa estrutura "cuja soberania era interpretada pela administração central como dependente do consentimento dos estados". Os estados se relacionavam com o governo federal através dos partidos políticos. O advento do segundo sistema partidário transformou os partidos em organizações com o poder de controlar temporariamente toda a administração federal. Como intérpretes das organizações políticas locais, esses partidos encontravam-se habilitados a mobilizar muitas das tarefas que seriam normalmente exercidas por organizações burocráticas permanentes em outros países.[11] Democratas e *whigs* mobilizaram o eleitorado norte-americano em todos os níveis da administração pública, usando o sistema de espólios dos cargos públicos para motivar seus quadros. O termo "sistema de

11 Para as relações entre o segundo sistema partidário e o processo de construção do Estado nos EUA, ver Bright (1984).

espólios" denota a capacidade dos partidos, quando no poder, de monopolizar as estruturas burocráticas e distribuí-las entre seus simpatizantes, o famoso "anjo exterminador" descrito por Nathaniel Hawthorne (2011) no conto "A Alfândega". William Marcy, um membro da Regência de Albany, descreveu essa prática em termos eminentemente bélicos, afirmando que os políticos triunfantes "proclamam como um fato estabelecido o direito às vantagens do sucesso. Eles não veem nada de errado na regra de que os espólios do inimigo pertencem ao vencedor" (Marcy apud Miller, 1985, p. 159).

Através da instituição do sistema de espólios, a democracia americana minou a possibilidade de criação de uma burocracia independente, nos moldes da Europa continental. A maioria dos postos governamentais se tornaria prerrogativa do partido no poder. Essa configuração reforçou o papel dos partidos políticos como organizações nacionais que intermediavam as relações entre o cidadão comum, as lideranças estaduais e o governo federal, numa escala dificilmente alcançada por qualquer instituição similar na Europa ou na América Latina. Sob essas regras constitucionais específicas, os partidos políticos se tornaram as maiores fontes de geração da ordem, da continuidade e da previsibilidade das operações governamentais. De acordo com Stephen Skowronek (1982, p. 24):

> O regime de mobilização dos eleitores, de construção de coalizões partidárias e de competição nacional entre dois partidos promoveu a estrutura extraconstitucional necessária para canalizar as energias e ambições dos funcionários no governo. A maquinaria partidária libertou a constituição da dependência das classes patrícias, despersonalizando as relações de poder, centrando suas atividades no interior da fragmentada estrutura institucional norte-americana.

Na ausência de uma burocracia profissional, o sistema de "partidos e cortes" forneceu as regras operacionais para as rotinas de governo. Mesmo as posições no pequeno Exército profissional estavam sujeitas à patronagem política. A identificação partidária permitiu a redução dos conflitos entre os vários níveis da estrutura constitucional, bem como alguma estabilização dos procedimentos administrativos através do clientelismo, da rotatividade nos postos e dos controles externos sobre os funcionários públicos. O sucesso da rotinização da administração pública não conseguiu, entretanto, banir completamente o problema do separatismo na política norte-americana.

Separatismo e crise institucional

Nos anos 1840, a integração dos territórios tomados ao México traria a escravidão para o centro do debate político. A contundente vitória militar estadunidense levou à assinatura do Tratado de Guadalupe-Hidalgo, que espoliou o México de quase metade do seu território. A partir de então, a integração das novas terras conquistadas ao território dos Estados Unidos tornou-se o grande obstáculo da política até a Guerra Civil.[12] De acordo com Ira Berlin (1974, p. 255-257), a expansão das culturas do algodão e do açúcar na região do vale do baixo Mississippi, que começou por volta de 1790, transformou em alguns anos uma sociedade com alguns escravos numa sociedade escravista. Os distritos ao longo do rio Mississippi entre Natchez e Nova Orleans continham as mais altas proporções de escravos na América do Norte. Um Oeste escravista, paralelo ao Oeste livre, estava faminto por terras. Ele era alimentado pela cultura do algodão e sua relação visceral com a produção têxtil nacional e internacional (Berlin, 1974, p. 255-257).[13] Em 1846, David Wilmot, um deputado democrata da Pensilvânia, apresentou uma resolução banindo a escravidão dos territórios conquistados onde ela não tivesse existido previamente. A Emenda Wilmot (Wilmot Proviso), como essa resolução ficou conhecida, foi fonte de debates violentos no Congresso, levando a nação à beira da secessão nos três anos seguintes. A emenda era uma tentativa de parte do mundo político para estabelecer limites ao expansionismo escravista. Uma resposta conciliatória negociada pelos membros mais moderados do Congresso aprovou uma série de resoluções em separado até chegar a um consenso mais amplo. O compromisso de 1850 foi a última barganha partidária bem-sucedida a manter a unidade americana por meios pacíficos. Mas esse processo também fragilizou a disciplina partidária.

A década de 1850 marca a desagregação do segundo sistema partidário e a radicalização da competição política seccional, com reflexos no Poder Judiciário e na opinião pública de ambas as regiões. As tensões relacionadas à expansão territorial não foram contidas pelo compromisso de 1850, levando à erosão dos

---

12 Para as consequências da invasão e anexação do Norte do México na política interna dos Estados Unidos, ver Greenberg (2013, p. 243-271).

13 Para a expansão da fronteira agrícola sulista e suas repercussões no tráfico interno de escravos, o trabalho mais completo é Tadman (1989). Ver, também, Deyle (2005, p. 15-39). Para a produção algodoeira e sua influência na política, ver Schoen (2009, p. 61-145) e Beckert (2015, p. 98-135).

dois partidos predominantes: o Democrata e o Whig, e à criação de uma nova força política mais radical no Norte, o Partido Republicano, cujo principal objetivo era conter a escravidão no interior das regiões em que ela já existia, impedindo sua expansão para os territórios do Oeste e diminuindo o controle exercido pelos setores escravocratas sobre a política externa e os departamentos militares. Os republicanos também estavam interessados na velha agenda *whig*, que incluía o apoio à industrialização, a expansão do mercado, um novo sistema bancário e obras públicas.[14] Eles encontravam-se profundamente comprometidos com uma forte intervenção governamental nas áreas de infraestrutura e no sistema judiciário. Alguns setores retratavam o partido como "o defensor do homem branco", numa clara rejeição das relações de trabalho escravistas. Em abril de 1860, o senador Henry Wilson abordou o mesmo tema de uma forma ainda mais radical, vinculando o controle do Estado à luta contra o poder da escravidão. Num discurso em Boston, ele prometeu que, no poder, os republicanos deveriam

> acabar com a expansão da escravidão e resgatar o governo das garras do poder escravista. Nós devemos apagar a escravidão da capital nacional. Devemos cercar os estados escravistas com um cordão sanitário de estados livres e, em alguns anos, não obstante os imensos interesses congregados na causa da opressão, nós devemos dar liberdade aos milhões em servidão.[15]

No campo da política partidária, o debate sobre a escravidão deu continuidade ao que David Davis (1975) denominou "estilo paranoico" da política do pré-guerra. Os republicanos afirmando que o Sul era dominado por uma conspiração escravista e os democratas respondendo que os republicanos eram abolicionistas enlouquecidos por um puritanismo fanático. De acordo com Philip Paludan (1988), todos os partidos acreditavam na capacidade de persuadir o povo de que sua sociedade corria o risco de destruir seus valores mais importantes. Essa ansiedade fortalecia os atritos entre o Norte e o Sul.

---

14 Muitos desses republicanos, como William Seward, Salomon P. Chase e o próprio Lincoln, eram antigos "*conscience whigs*", desiludidos com a posição conciliatória dos *whigs* do Sul (Holt, 1999, p. 804-835).

15 Congressional Globe (CG). 36ª legislatura, v. I, p. 2590-2603.

O acirramento da defesa escravista e a radicalização política do Norte levaram a evolução do quadro político em direção ao confronto. Os republicanos rapidamente substituíram os *whigs* em muitas áreas do Norte, conquistando governos estaduais e estabelecendo bancadas expressivas tanto nas assembleias estaduais quanto no Congresso Nacional. Dada a estrutura do sistema de espólios, que vinculava a distribuição de empregos públicos à lógica eleitoral, a conquista do governo federal permitiria aos republicanos varrer os representantes do escravismo dos seus postos no governo. Outros criticavam a organização social do Sul como um experimento social inferior e atrasado (Olmstead, 1856).[16] A posição antiescravista dos republicanos interferiria na força de trabalho, enquanto a mensagem *free-soiler* ameaçava a aliança entre os líderes escravagistas e os setores livres da sociedade sulista. A interferência federal poderia afetar a execução de algumas instituições essenciais, como o sistema judiciário e os correios, bem como a operação de práticas tradicionais de patronagem que envolviam as relações entre os estados e o governo federal.

A eleição do republicano moderado Abraham Lincoln, em novembro de 1860, instigou a crise final através da qual a maioria dos estados do Sul separou-se da União. Ela parecia confirmar a materialização dos piores pesadelos escravistas, quando alguns escravos na Carolina do Sul foram chicoteados após celebrarem a eleição de Lincoln. Eles entoavam um hino religioso cujo refrão repetia: "*We'll soon be free. Till the Lord shall call us home*". Testemunhas acusaram os escravos de modificar deliberadamente a letra do hino, cantando "*the Yankee*", em vez de "*the Lord*".[17]

O processo de formação do Estado nacional norte-americano foi um componente importante dos conflitos que resultaram na separação dos estados do Sul após a conquista do governo federal pelo Partido Republicano. Esse processo esteve essencialmente relacionado aos conflitos entre partidários do trabalho livre e do trabalho escravo. O acirramento dessa competição foi provocado por dois fatores principais: a expansão territorial da década de 1840 e o realinhamento partidário da década de 1850. Enquanto o sistema político mostrou-se

16 Resultado da compilação dos artigos enviados para o *New York Times*, para o que viajou ao Sul como correspondente em 1853, nos quais descrevia criticamente o funcionamento da sociedade e da economia sulista.

17 Esse incidente foi descrito nas memórias de uma ex-escrava, Susie King Taylor (1988, p. 32), que fugiu ao encontro das tropas do Norte.

flexível o suficiente para acomodar os interesses regionais diferentes, foi possível manter a unidade nacional norte-americana sem guerra. Mas a aquisição de metade do território mexicano na guerra de 1848 trouxe um conjunto enorme de tensões que não puderam ser acomodadas pelas ferramentas proporcionadas pelo segundo sistema partidário. O crescimento das divergências envolvendo a expansão da escravidão para o Oeste erodiu as bases dos compromissos iniciais, abrindo caminho para a formação de alinhamentos seccionais. Durante os anos 1850, esse sistema entrou em colapso devido à influência de uma forte competição regional. Sob a pressão desses interesses, o segundo sistema partidário foi destruído e uma organização claramente regional, o Partido Republicano, emergiu para reivindicar os direitos do Norte. O conflito sobre a permanência da escravidão não era novo, mas seu acirramento a partir de 1850 enfraqueceu os grupos que durante a primeira metade do século lutaram pela manutenção da União por meios pacíficos.

A desconfiança de que um dos lados utilizaria o controle do Estado para impor sua agenda imediata no que concerne à forma predominante de organização social selou o destino dessa divergência na direção da separação e da guerra. Os líderes do Norte acreditavam que os sulistas quebravam as regras estabelecidas nos anos 1820, ao mesmo tempo que tentavam dominar o governo federal para expandir a escravidão. O Partido Republicano proclamava que não interferiria com a escravidão nos estados em que ela ainda existia, ao mesmo tempo que não se dispunha a conceder influência aos sulistas no que se referia à formulação das políticas federais, incluindo a devolução de escravos fugitivos. Por sua parte, os sulistas não se mostravam dispostos a quaisquer movimentos conciliatórios, porque temiam que a perda de posições consolidadas no governo, como a Secretaria de Estado e as pastas militares, pudesse privá-los do poder de preservar a escravidão. Eles acreditavam que o confinamento da escravidão aos estados mais antigos iria destruí-la rapidamente ao privá-la das terras férteis do Oeste, que acreditavam essenciais para a perpetuação da instituição.

No final dos anos 1850, os sulistas estavam lutando contra a regra da maioria na medida em que buscavam a proteção do governo federal a seus direitos minoritários na política nacional. Em outras palavras, eles estavam lutando para incrementar e manter a aprovação extraterritorial de suas leis estaduais. Isso significava fazer com que os códigos escravistas do Sul fossem implementados e cumpridos pelo governo federal, agindo em favor dos interesses desses estados em outras áreas da União. Tal procedimento constituía uma barreira intransponível à expansão do Estado federal, porque a defesa bem-sucedida dos interesses da *plantation* apontava para a neutralização da autonomia estatal no que concernia à coordenação das regras e práticas que ordenariam a expansão para o Oeste. Essas ações fundamentaram a afirmação de Frederick Douglass (1973, p. 17), o mais importante dos líderes abolicionistas negros, segundo quem "a escravidão constituía um poder maior que o Estado".

Mapa 1
A secessão nos Estados Unidos

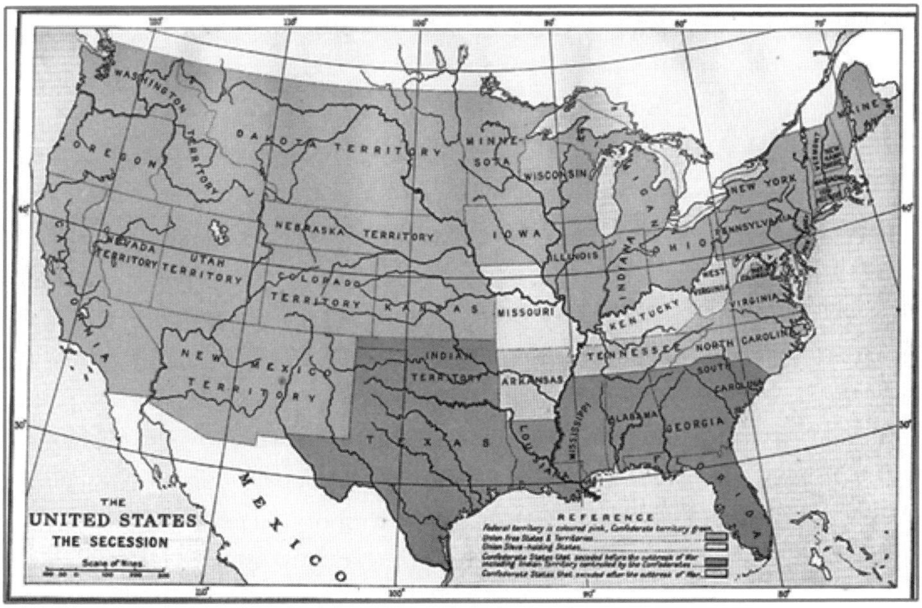

Fonte: repositório MAPS ETC/ University of Southern Florida. Disponível online em maio 2024.

A Guerra Civil decidiu a direção do futuro do país. Ela começou como uma cruzada para restaurar a União, mas terminou alterando fundamentalmente o tecido da sociedade norte-americana. O que começou como uma guerra limitada para restabelecer a soberania federal contra os estados confederados, se tornou uma guerra para reformar a sociedade do Sul, resultando em uma ação que remodelou os Estados Unidos como uma nação capitalista moderna. As primeiras unidades militares foram recrutadas por organizações religiosas, étnicas e fraternidades locais, bem como por partidos e líderes políticos que apelaram às unidades das milícias estaduais em busca de voluntários.

Entretanto, no longo prazo, as unidades voluntárias se mostrariam incapazes de lidar com a guerra industrial moderna. Alistamentos por cotas estaduais mínimas e outras formas de recrutamento compulsório se tornaram necessários para substituir os soldados no *front*. No limite, e de forma temporária, as medidas de alistamento coercitivo aumentaram o controle do governo federal sobre as vidas de seus cidadãos, levando a conflitos de jurisdição entre autoridades locais e delegados federais. Tais conflitos foram especialmente dramáticos nos anos 1862-1863, antes da instituição de um sistema de recompensas, do recrutamento de afro-americanos e de outros incentivos seletivos terem aplacado as tensões nos estados mais recalcitrantes. A economia industrial, padronizada, em desenvolvimento no Norte também demandou novos modos de controle e disciplina que se mostraram incompatíveis com a organização militar tradicional baseada no localismo e no voluntariado. Na frente doméstica do Norte, limitações ao poder do governo federal para convocar compulsoriamente se tornaram uma questão contenciosa em áreas menos dispostas a ceder às demandas federais.

A Guerra do Paraguai

O conflito internacional mais longo na história da América do Sul confrontou a República paraguaia com a Tríplice Aliança, formada pelo Império brasileiro, a República argentina e a República uruguaia. Embora ele tenha sido disputado por sociedades pré-industriais, apresentou muitos mecanismos característicos das guerras modernas, tais como o alistamento em massa, o uso intenso de novas tecnologias, como o telégrafo e os barcos a vapor, e a influência deliberada dos debates públicos mediante a propaganda na imprensa na mobilização das populações envolvidas. Em todos os países beligerantes, setores distintos da sociedade participaram intensamente como soldados e como civis, incluindo pessoas em condições de subalternidade legal, tais como mulheres, índios e escravos. Consequentemente, o "*front* doméstico" se tornou um suporte integral do esforço de guerra. No Paraguai, as mulheres assumiram a produção agrícola que abasteceu o Exército, mesmo à medida que a população era dizimada pela fome, fadiga, doenças e baixas nas batalhas. A guerra destruiu a primeira República paraguaia (1811-1870), bem como ceifou a maior parte da sua população masculina, inviabilizando a existência autônoma daquela república por décadas (Williams, 1979, p. 211-228; Leuchars, 2002, p. 211-232; Saeger, 2007, p. 159-162; Potthast, 2001, p. 77-92).

A Guerra da Tríplice Aliança emergiu de mudanças na estrutura do poder regional. Durante a década de 1860, os paraguaios se sentiram ameaçados pelas reconfigurações políticas que ocorreram no rio da Prata. Elementos agrários mais conservadores adeptos de governos paternais, os *blancos* no Uruguai e os federalistas na Argentina, estavam perdendo influência para elementos urbanos mais liberais nesses países, adeptos de uma influência centralizadora impulsionada pelas elites situadas nas cidades portuárias do Atlântico.[18] Essas divisões foram acentuadas por mudanças na política externa paraguaia que culminaram na decisão do presidente Francisco Solano López de responder pelas armas ao que entendia serem ameaças à honra e à integridade da República.

Nações são criadas por amor e ódio. O senso de identidade que mantém uma nação unida é a mistura de crenças compartilhadas, ideais e costumes, mas também de temores comuns e inimizades. Normalmente, no momento do nascimento, o medo de um inimigo comum é a força unificadora dominante – o medo do antigo regime corruptor ou do opressor estrangeiro. O Paraguai não foi exceção. A identidade nacional paraguaia foi cristalizada na segunda década do século XIX, a partir de vários fatores, entre eles sua precária posição na bacia do Prata, sua exposição permanente à instabilidade das províncias argentinas e seu isolamento em razão das rivalidades entre portenhos e brasileiros. Parte dessa diferença residia na oposição, estimulada pelas lideranças locais, entre a anarquia da Confederação Argentina e a tranquilidade do Paraguai. Os paraguaios responsabilizavam a política centralista da capital do antigo vice-reinado pela instabilidade, atitude que persistiu até a queda do governador Juan Manuel de Rosas e a posterior institucionalização da Confederação Argentina durante a década de 1850, tal como descrito num editorial do órgão oficial do governo, *El Paraguayo Independiente*, de 4 de julho de 1846: "Por vezes temos dito que uma das causas mais poderosas [...] para impedir o estabelecimento da ordem pública e conservar a Confederação Argentina em anarquia, guerra e devastação [...] [é] a política terrível dos governos de Buenos Aires".

---

18 Sobre o caráter paternal dos governos conservadores, ver Agüero (2016).

Uma consequência da forma como o Paraguai obteve sua independência foi a interrupção dos contatos regulares com o exterior. As guerras civis nas províncias argentinas e o longo bloqueio fluvial durante o governo de Juan Manuel de Rosas estancaram o comércio ao longo do rio Paraná. A limitação do comércio entre 1814 e 1852 isolou o Paraguai, contribuindo para a sensação de excepcionalidade, que era muito forte entre seus habitantes. O primeiro ditador do país, José Gaspar de Francia, El Supremo (1776-1840), nutria forte ressentimento contra a política espanhola de monopólios. Curiosamente, suas políticas de expropriação de terras acabaram por transferir os monopólios coloniais e oligárquicos para a alçada do recém-criado Estado nacional paraguaio, reproduzindo em escala nacional algumas das práticas que os antigos administradores Bourbon disseminaram em suas possessões americanas. Esse é um dos pontos nos quais as análises históricas produzidas nas duas últimas décadas contrastam com os trabalhos influenciados pela teoria da dependência. O excepcionalismo paraguaio não seria, portanto, fruto de um protossocialismo ou capitalismo de Estado, mas consequência de fatores locais que levaram a liderança do país ao aprofundamento de práticas protecionistas (Reber, 1995; Whigham, 1991; Chiaramonte, 2004).

O Paraguai havia adotado um estilo de governo fortemente centralizado desde a independência. José Gaspar Rodríguez de Francia forjou o controle estatal e a centralização por meio da vigilância territorial e da repressão de qualquer forma de oposição, suprimindo rapidamente a autonomia dos *cabildos* e neutralizando seus opositores entre os segmentos da reduzida elite *criolla*. Nenhuma outra instituição, nem mesmo a Igreja, podia desafiar o governo supremo que fortaleceu uma soberania centralizada que não admitiria competidores. A militarização da sociedade paraguaia desempenhou um papel fundamental na centralização de sua política. De acordo com Luc Capdevila (2010, p. 26), sob a liderança de Francia a principal missão do Exército "era o controle do espaço interno".[19] Como Fernando López-Alves (2000, p. 193-211) observou, essas circunstâncias excepcionais diferenciaram a organização nacional paraguaia da de outros países na bacia do rio da Prata. Sua precoce centralização e territorialização não encontravam paralelo em nenhum dos seus vizinhos.

---

19 Uma vez alistados, os soldados também realizavam trabalhos públicos compulsórios (Capdevila, 2010, p. 26).

A independência paraguaia ajudou a cristalizar uma identidade nacional enraizada na composição étnica da sua população, a maior parte da qual descendia de *criollos* espanhóis e nativos guaranis e no uso disseminado da língua guarani. Em seus esforços para evitar a submissão a Buenos Aires, Francia deu uma atenção especial ao campesinato. O ditador desenvolveu uma política de acesso às estâncias da pátria para as classes mais baixas e apoiou uma florescente economia de subsistência para expandir a base social do seu apoio entre os homens do campo. Essas medidas, aliadas à estrita vigilância, reforçaram as ligações entre o governo e a população. Fortalecido desse modo, o patriotismo se tornou um elemento central na sustentação da resistência nacional contra a invasão, décadas mais tarde. As práticas regulatórias do Estado, a concentração das terras nas mãos do governo e a perseguição a portenhos e peninsulares não eram bem recebidas em outras áreas do Prata, aprofundando o distanciamento entre as províncias argentinas e a nação guarani. A despeito da precariedade institucional, o governo de Francia estabeleceu as bases do padrão republicano que seria seguido nas duas administrações subsequentes (Brezzo, 2003).

Carlos Antonio López (1792-1862) sucedeu Francia, governando o Paraguai durante os 21 anos seguintes. Tendo herdado uma pequena nação unificada, López estava livre para buscar o desenvolvimento econômico. Os monopólios da comercialização da erva-mate e do tabaco deram ao governo as receitas necessárias para importar armas e equipamentos. A transformação da conjuntura platina, com a queda do ditador buenairense Juan Manuel de Rosas em fevereiro de 1852, favoreceu a abertura paraguaia ao liberar a navegação dos rios. Politicamente, a criação da Confederação Argentina, sob o comando do líder entrerriano Justo José de Urquiza, também colaborou para a distensão comercial paraguaia. Além disso, o tipo de autoritarismo de López não era particularmente cruel, e suas estratégias de política externa eram moderadas comparadas tanto com seu predecessor como com os desdobramentos futuros. López queria modernizar a república sem abrir mão do tipo de controle que garantia ao Estado e a seus ocupantes uma série de monopólios. Nesse sentido, ele prosseguia uma tradição que não foi descontinuada na região. Essa perspectiva era auxiliada por uma disciplina jesuítica, que conformou formas de respeito à autoridade que alargaram o poder do Estado guarani.[20]

20 Para detalhes sobre a importância da erva-mate para a economia paraguaia, ver Reber (1985).

Durante a década de 1850, engenheiros e técnicos estrangeiros, a maioria deles britânicos, supervisionaram um programa de modernização nacional. Os projetos principais do governo incluíram: o arsenal e estaleiro de Assunção, as forjas de Ibicuí e a construção da estrada de ferro Assunção-Vila Rica (concluída quando a guerra já estava em andamento). Todos tinham aplicações militares, uma política lógica diante da situação instável nas províncias argentinas vizinhas e das disputas territoriais com o Brasil. Apesar do elevado grau de controle estatal, os recursos paraguaios eram limitados, especialmente quando comparados à Argentina e ao Brasil. O país era pobre e, a despeito da militarização generalizada, as armas eram velhas e inadequadas. Além disso, as munições eram escassas devido às guerras civis na Argentina que, periodicamente, interrompiam o tráfego no rio da Prata, principal ligação comercial do Paraguai com o mundo externo. O trabalho dos técnicos estrangeiros ajudou a melhorar um pouco esse panorama, mas mostrou-se incapaz de superar o atraso no curto prazo. Para contrabalançar as disparidades seria preciso ganhar tempo.

Nas relações com o Brasil, os contatos foram sempre inconstantes, marcados por aproximações e recuos – empreendidos, em geral, em função das flutuações da política de Buenos Aires. Esse padrão foi mantido no caso do reconhecimento da independência do Paraguai, em 1844, frente à ameaça do expansionismo portenho sob Rosas. As alianças ocasionais, entretanto, não aproximaram os governos de forma permanente, e os dois vizinhos mantiveram-se divididos, tanto pelos contenciosos de fronteira como também em relação à navegação do rio Paraguai. Este último ponto era fundamental para os interesses brasileiros porque a rota fluvial oferecia acesso muito mais rápido à província de Mato Grosso. Não se tratava de mera retórica, mas de problema fundamental da integração nacional brasileira, agravado pela perda da província Cisplatina e pela guerra permanente no litoral argentino.[21] Na ausência de comércio sistemático, as oportunidades de confronto se sucederam, e a possibilidade de guerra entre os dois países nunca foi descartada pelos militares em ambos os lados, ainda que sua eclosão não parecesse um problema imediato.

Carlos Antonio López, segundo ditador do Paraguai, morreu em 1862 e deixou um legado progressista em termos de desenvolvimento econômico e maior estabilidade social. No entanto, a estrutura constitucional permanecia

---

21 Por litoral argentino entendem-se as províncias à margem do rio Paraná. Por interior, aquelas que não são banhadas pelo mesmo rio.

arcaica: o Congresso, por exemplo, se reunia apenas a partir da convocação presidencial.[22] A independência do Paraguai foi reconhecida por seus vizinhos, e relações internacionais foram estabelecidas com os Estados Unidos e as principais nações europeias, forjando um incipiente serviço diplomático. O governo enviou jovens paraguaios à França e à Inglaterra para treinamento específico, num processo que expressou a tentativa de modernização do regime por meio da capacitação de quadros para a administração pública (Huner, 2015). Quando Francisco Solano López sucedeu seu pai como presidente, essencialmente como ditador, ele herdou um país com poucos problemas internos e um alto grau de coesão social. Ironicamente, essa unidade básica provavelmente encorajou o novo ditador a entrar em uma guerra que destruiria seu país.

Em contraste com a diplomacia do seu pai, Solano López buscou aumentar a influência regional do Paraguai. Sob sua liderança, as relações externas assumiram um papel central na formulação da política interna paraguaia. A experiência adquirida durante sua missão diplomática na Europa, o papel de mediador da crise argentina e o alargamento das relações comerciais do país durante a década anterior provavelmente estavam por trás dessa guinada militarista. A expansão do Exército exigiu um alistamento crescente de soldados, um problema sério em um país com uma pequena população que era necessária para o trabalho agrícola. De acordo com James Saeger (2007, p. 94), mesmo antes do início da Guerra, "Francisco López alistou tantos homens nas forças armadas que o Paraguai se tornou 'mobilizado em excesso'".

Solano López iniciou mobilizações extensas da população paraguaia no campo, especialmente no campo de treinamento militar próximo de um depósito ferroviário em Cerro León.[23] No entanto, a diplomacia paraguaia, mesmo sob Solano López, parece ter sido governada por um sincero desejo de manter um discutível equilíbrio de poder na região a qualquer preço.[24] Os esforços do ditador López para pôr fim à guerra civil entre federalistas e liberais na Argentina

22 A estrutura constitucional paraguaia foi vista como o modelo tipicamente negativo por Juan Bautista Alberdi (1990, p. 57-60) na sua análise das constituições americanas.

23 No caso paraguaio, outro fator que motivou a decisão de entrar em guerra pode ter sido o que o historiador ateniense Thucydides (1972) chamava "honra", isto, é um sentimento de valor, respeito e prestígio. A adoção dessa perspectiva para a análise de conflitos contemporâneos foi sublinhada no livro de Kagan (1995, p. 15-80). Segundo Kagan, a honra induziu conflitos com mais frequência do que interesses econômicos ou políticos.

24 Sobre a ambivalência da aplicação do conceito de "equilíbrio de poder" no cenário platino, ver Brun (1987) e Izecksohn (2002, p. 10-27). Sobre o conceito em si, ver Haas (1961).

em 1859 destacaram suas ações para estabelecer, na Federação argentina, um poder rival para contrabalançar a influência do Brasil.[25] Os eventos futuros provaram que esse foi o erro fatal.[26]

Mapa 2
A América do Sul em 1867

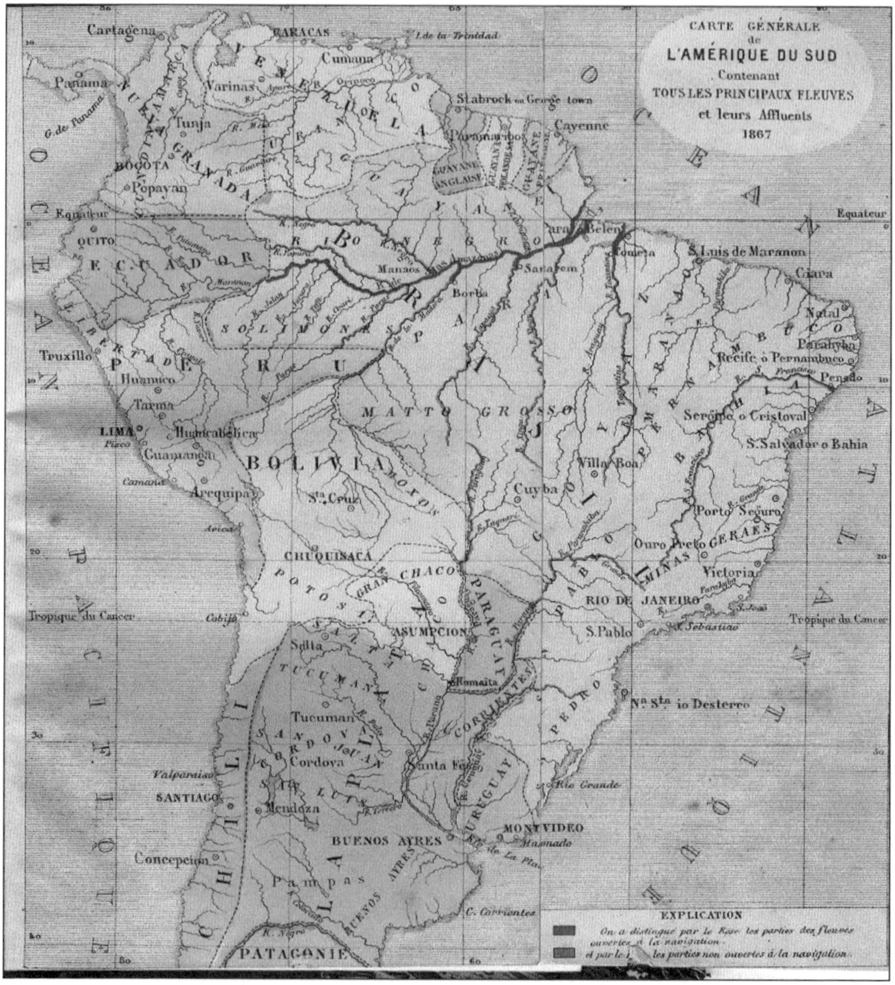

Fonte: panfleto anônimo intitulado "La Politique du Brésil ou La Femeture des Fleuves". Paris: Dentu Éditeur, 1867.

[25] Para uma versão positiva da história da diplomacia paraguaia durante a Guerra Civil argentina, ver O'Leary (1976, p. 23-92).

[26] Para uma avaliação do papel da Argentina no início da Guerra da Tríplice Aliança, ver McLynn (1979).

A crise uruguaia

A vida ao longo das fronteiras do sul do Brasil podia ser descrita como em "um violento estado de paz". As tensões vinham desde os tempos coloniais quando Portugal e Espanha competiam pelo controle do acesso à bacia do rio da Prata. Após a perda, em 1828, da província Cisplatina (atualmente Uruguai), a política externa brasileira foi redirecionada para a abertura à navegação internacional no Prata e para a resolução das disputas fronteiriças com as repúblicas vizinhas. As reivindicações territoriais conflitantes provocavam escaramuças a respeito de fronteiras internacionais mal delineadas. Mais importante, como os rios forneciam a rota mais rápida entre o Rio de Janeiro e a grande província fronteiriça do Mato Grosso, no extremo oeste do Brasil, o acesso às rotas de navegação era essencial para integrar o interior do Império às regiões costeiras. Entretanto, algumas dessas rotas localizavam-se fora das fronteiras brasileiras.

Para abrir canais de navegação, as autoridades imperiais combinaram missões diplomáticas com o uso intermitente da força. Como o Exército imperial era pequeno, a cooperação entre autoridades locais e nacionais era vital a fim de salvaguardar os interesses brasileiros na bacia do rio da Prata. Para manter a integridade da fronteira ao sul, a monarquia dependia de unidades da Guarda Nacional, que eram reunidas e controladas por estancieiros, charqueadores e comerciantes da província do Rio Grande do Sul cuja lealdade era recompensada com títulos de nobreza, doações de terras e sinecuras. Após o fim da Guerra Farroupilha (1835-1845), honras militares outorgadas por liderar escaramuças bem-sucedidas reforçaram a autoridade dos chefes locais sobre os homens que lideravam, fornecendo a eles prestígio suficiente para manter a autoridade provincial e reforçar seus laços com a monarquia. Essas mesmas características também conferiram um grau de autonomia de ação que, por vezes, colocou em xeque a execução da política externa do Império (Farinatti, 2010).

O Uruguai e a Argentina ainda eram repúblicas instáveis na década de 1850. Disputas entre líderes territoriais, comumente conhecidos como caudilhos, frequentemente perturbavam o comércio e a navegação. Alguns desses caudilhos lutaram pelo federalismo e pela descentralização, enquanto outros se alinharam com as forças que defendiam governos nacionais centralizados nessas repúblicas fraturadas. É certo que as ideias políticas não necessariamente respeitavam os espaços nacionais, repercutindo identidades marcadamente locais. Muitos brasileiros do Rio Grande do Sul possuíam fazendas no Uruguai e demandavam fronteiras internacionais abertas para transportar gado e escravos. Interrupções do comércio e da navegação prejudicavam a economia da fronteira e constantemente levavam os proprietários brasileiros a conflitos com autoridades do Uruguai e da Argentina. Fugas de escravos desestabilizavam a produção num momento em que o preço dos cativos aumentava, como consequência da interrupção do tráfico internacional na década de 1850 (Goldman e Salvatore, 2005, p. 7-30).

Mesmo após a independência do Uruguai em 1828, as forças brasileiras intervieram muitas vezes nas questões do país com o objetivo básico de defender os interesses dos sul-rio-grandenses ali residentes ou de salvaguardar a influência brasileira contra os interesses de Buenos Aires. Quando o Uruguai libertou seus escravos entre 1842 e 1846, o Rio Grande do Sul adquiriu um segundo problema de fronteira. A liberdade ao sul atraiu escravos fugitivos, apesar do risco de recrutamento nas milícias uruguaias. Alguns escravos cruzaram a fronteira para a liberdade e ocasionalmente os sul-rio-grandenses organizaram expedições além da fronteira para capturar os fugitivos. No início, a fraqueza institucional na frágil república uruguaia impediu que as eventuais invasões fronteiriças constituíssem uma disputa internacional. Porém, a luta política no Uruguai logo atraiu a atenção dos governos vizinhos, e confrontos locais sobre a soberania territorial se tornaram o epicentro de disputas internacionais mais complexas nas quais a escravidão desempenhou um papel importante. Segundo Keila Grinberg, é impossível compreender plenamente a invasão brasileira ao Uruguai sem levar em conta os incidentes iniciados a partir da abolição da escravidão naquela república e as reclamações dos estancieiros sul-rio-grandenses, que alarmaram o governo imperial temeroso de que o descontentamento de seus súditos levasse à eclosão de uma nova convulsão política na província de São Pedro (Souza e Prado, 2004; Grinberg, 2019).

Em 1863, uma guerra civil teve início no Uruguai envolvendo os *blancos*, então no poder, e os *colorados*, comerciantes e proprietários de terras baseados nos centros urbanos, cujo líder, Venâncio Flores, havia lutado em passado recente com os liberais argentinos. Flores, um amigo próximo e aliado do presidente argentino Bartolomeu Mitre, organizou uma nova rebelião contra a facção rival, os *blancos*. A situação dos brasileiros residentes no Uruguai deteriorou-se com o desenrolar do conflito. Enquanto isso, o ditador paraguaio Solano López ofereceu-se para mediar a disputa, tal como havia feito durante a última Guerra Civil argentina, mas o Brasil não levou a sério sua proposta. A monarquia estava interessada em uma solução rápida e permanente para a crise uruguaia que assegurasse a resolução das reclamações de seus súditos ali residentes de acordo com as normas estipuladas pelo tratado de 1851. Essas reclamações aumentavam, uma vez que não encontravam as respostas que os estancieiros do Rio Grande do Sul pretendiam receber por parte do governo *blanco*.[27]

Os brasileiros eram o elemento estrangeiro mais numeroso vivendo no Uruguai, sendo responsáveis por 10 a 20% de sua população e controlando 30% das terras uruguaias. Além disso, os sul-rio-grandenses frequentemente desrespeitavam a soberania uruguaia. O Partido Blanco, no poder em Montevidéu, tentou instituir uma política de "nacionalização das fronteiras", que taxava os cidadãos brasileiros e ameaçava controlar os movimentos do seu gado e escravos nas regiões da fronteira uruguaia. Os *blancos* também se recusaram a devolver escravos fugitivos, protestando contra a ação de grupos sul-rio-grandenses que invadiam o território com a intenção de reescravizar esses indivíduos. Os líderes gaúchos pressionaram o governo imperial para que apoiasse a rebelião colorada, que também agradava aos comerciantes buenairenses e à liderança mitrista. Essas lideranças reclamavam de roubos de propriedades e assassinatos de brasileiros residentes no Uruguai.[28] Mesmo dividido sobre a conveniência de fazê-lo, o gabinete brasileiro exigiu reparações ao governo *blanco*, subsequentemente costurando uma aliança com os argentinos e os *colorados*. Desse modo, José Antonio Saraiva, o plenipotenciário brasileiro no Uruguai, "apelou" ao governo *blanco* em 12 de maio de 1864 para que

> levasse em consideração nossas queixas em relação às graves ofensas feitas aos súditos brasileiros residentes no Uruguai, cujas propriedades, honra e vidas não encontravam proteção, a qual é garantida pela Constituição da mesma República, em razão da qual o Brasil e a Confederação Argentina consentiram com sua existência política.[29]

27 Para a aproximação diplomática entre os paraguaios e os *blancos*, ver Menezes (2012, p. 13-50).

28 Para a articulação das demandas dos representantes do Rio Grande do Sul no Parlamento do Império, ver Menezes (2012, p. 51-80).

29 Um resumo dos eventos uruguaios pode ser encontrado no relatório do ministro dos Negócios Estrangeiros (1865, p. 1-28). A "nota amigável" do plenipotenciário brasileiro está na p. 8.

Mas o governo uruguaio, que também tinha queixas contra as ações dos brasileiros, recusou aceder às demandas do plenipotenciário imperial (Guazzelli, 2009, p. 239-256).

Três meses depois, o Exército e a Marinha imperiais intervieram no Uruguai para depor o governo *blanco* a favor dos *colorados*, com o enérgico apoio dos sul-rio-grandenses estabelecidos dos dois lados da fronteira. A intromissão brasileira nas disputas internas do Uruguai derivou de pressões das lideranças sul-rio-grandenses sobre o gabinete no Rio de Janeiro. Não sem alguma hesitação, ele atenderia às demandas dos líderes militares da província de São Pedro, mobilizando sua Marinha de Guerra, em conjunto com forças da Guarda Nacional do Rio Grande do Sul e unidades do Exército de linha.[30] A intervenção do Brasil no Uruguai e o apoio militar dado a Venâncio Flores ofenderam o governo paraguaio, que possuía um tratado de defesa mútua com o Uruguai e encarou a invasão como uma ameaça à sua soberania nacional.[31] Entretanto, a avaliação paraguaia da crise de 1864 não levou em conta as importantes transformações institucionais ocorrendo na região. A consolidação e a centralização no interior dos Estados nacionais diminuíram o poder dos líderes das províncias. A emergência do líder liberal Bartolomeu Mitre como presidente de uma Argentina semiunificada acelerou essas alterações estruturais no governo por meio de um programa de modernização que transformou aquele país, integrando-o ao mercado mundial de uma forma acelerada. Tentados pelo progresso, modernização e ganhos materiais, muitos líderes de províncias argentinas optaram pela submissão à nova ordem centralizada, incluindo o ex-presidente da Confederação, o entrerriano Justo José de Urquiza. Além disso, o Rio Grande do Sul rebelde havia sido reintegrado ao Brasil em 1845, restaurando plenamente a capacidade do Império para intervir em conflitos de fronteira. A cavalaria do Rio Grande do Sul era potencialmente um importante patrimônio para o Império. Embora a integração nacional ainda estivesse longe de ser concluída, Brasil e

30 Segundo John Lynch (1987, p. 322-363), até 1855 o Império brasileiro manteve 5 mil soldados estacionados no Uruguai; 15% da população uruguaia da época eram formados por brasileiros gaúchos, que ocupavam 30% do território uruguaio.

31 Essa situação é definida por Brun (1987) como "transição de poder", isto é, uma condição na qual os líderes de uma determinada nação não conseguem entender corretamente as mudanças processadas num sistema de estados.

Argentina eram Estados muito mais estáveis em meados da década de 1860 do que jamais haviam sido antes.[32]

O governo paraguaio contava com o apoio dos "caudilhos federalistas" argentinos, oligarcas dissidentes que se opunham à centralização na longa luta de Buenos Aires pelo controle do processo de unificação da República. Em seus planos de guerra, Solano López contava principalmente com o apoio do seu aliado político, Justo José de Urquiza, governador da província argentina de Entre Ríos (e ex-presidente da confederação) para se contrapor à intervenção brasileira no Uruguai. Porém, o apoio de Urquiza nunca se materializou. Ao longo do tempo, o líder entrerriano havia gradualmente se acomodado às novas realidades políticas da Argentina, que trouxeram maior prosperidade às províncias do litoral (e regiões adjacentes) ainda que diminuindo a capacidade dos chefes locais para contestar as demandas do governo central. O ocaso do federalismo argentino teve lugar ao longo da década de 1860, a despeito dos protestos de líderes provinciais inconformados com a atitude de Urquiza e de seu círculo próximo.[33] López também esperava que a escravidão enfraquecesse a capacidade operacional do Exército brasileiro, mas seus cálculos tomavam como base relações internacionais desatualizadas, que o levavam a minimizar tanto o impacto das mudanças em curso na região como a consistência das lealdades provinciais ao imperador.

O Paraguai reagiu rapidamente à intervenção brasileira no Uruguai. Em novembro de 1864, as autoridades paraguaias em Assunção se apossaram do navio mercante brasileiro Marquês de Olinda, capturando sua carga e tripulação, que incluía o presidente designado da província de Mato Grosso, Carneiro de Campos, e sua esposa. Em dezembro, uma expedição naval aportou em Coimbra, na citada província brasileira e prosseguiu invadindo grandes porções do sudoeste daquela região. As áreas mais ao sul e a oeste do Mato Grosso rapidamente caíram em mãos paraguaias, gerando um processo de deslocamento da parcela da população que conseguiu escapar dos invasores (ver mapa 3, adiante).

32 Para uma descrição dos erros paraguaios durante a primeira fase das operações, ver Doratioto (2008, p. 21-81) e Whigham (2002).

33 Sobre os conflitos do federalismo e a erosão da liderança de Urquiza, ver Alabart (2015a, p. 101-131).

No início de 1865, López solicitou permissão à Argentina para enviar um Exército através da província fronteiriça de Misiones a fim de ajudar os *blancos*, que estavam sendo derrotados pelos *colorados* e seus aliados brasileiros. Porém, Mitre se recusou a conceder esse acesso. O partido da unificação argentina (Partido Liberal) apoiou a rebelião colorada no Uruguai porque via os *blancos*, históricos aliados dos federalistas argentinos, como uma ameaça à modernização e um aliado potencial de seus adversários federalistas. Além disso, Mitre temia as consequências que a passagem das tropas paraguaias teria para as relações com o Império. Como resultado da negativa de Mitre, tropas paraguaias invadiram a província argentina de Corrientes em abril de 1865. Essa ação consolidou uma aliança entre as duas mais poderosas nações no rio da Prata que interrompeu a maior parte dos contatos internacionais do Paraguai – talvez o pior desfecho possível. O isolamento foi agravado pela destruição da frota paraguaia na batalha do Riachuelo em junho de 1865. Um observador da política argentina escreveu que o Paraguai foi vítima de seus rios, pois ao mesmo tempo que as águas isolavam o território, também serviam como vias de acesso para seus inimigos. Sem possibilidades de receber suprimentos, a república teria de contar com seus próprios recursos para fazer frente a inimigos poderosos (Estrada, 1971, p. 97-98).

Em menos de seis meses, decisões militares imprudentes levaram o Paraguai a uma guerra internacional em duas frentes contra nações maiores e mais bem equipadas, uma estratégia que desperdiçou recursos valiosos. Ato contínuo, os *blancos* foram derrotados e um governo *colorado* foi instalado em Montevidéu. A união dos *colorados* uruguaios com os liberais da Argentina e o Brasil, lastreada por contatos diplomáticos anteriores, criou a Tríplice Aliança. Segundo as cláusulas do tratado secreto, firmado em primeiro de maio de 1865, as forças aliadas deporiam suas armas somente após infligirem uma derrota total ao governo paraguaio. As cláusulas também incluíam a desmobilização do Exército guarani e a resolução dos contenciosos de fronteira em favor da Argentina e do Brasil, além de pesadas indenizações.

López depositou suas chances de vitória em ofensivas iniciais rápidas nas duas frentes, mas as tropas estavam mal equipadas e sofriam um déficit de liderança, uma vez que seus comandantes não tinham experiência suficiente. Além disso, esses comandantes careciam de autonomia, dado que as relações de confiança entre López e seus operadores não eram das mais sólidas. Essas circunstâncias levaram ao desperdício de tempo e de recursos valiosos, já que a campanha de Corrientes fracassou tanto no apoio aos *blancos* como em relação à sublevação dos federalistas argentinos. A falta de material de guerra básico forçou os paraguaios a improvisarem a fim de manterem o Exército em campo. No entanto, foi difícil compensar a escassez de itens essenciais, tais como botas, suprimentos cirúrgicos, munição e uniformes. Epidemias, fome e a falta de roupas de inverno vitimaram muitos soldados antes mesmo que entrassem em combate.[34] Tendo cruzado vastos territórios desabitados sem o transporte e os suprimentos adequados, o Exército em inferioridade de condições perdeu seus melhores homens e munição sem destruir recursos vitais do inimigo ou suas linhas de suprimento. De acordo com George Thompson (1968, p. 83-92), um engenheiro britânico que participava do círculo próximo de López e que era um dos poucos estrangeiros com o título de tenente-coronel, de um total de 12.400 homens que marcharam na força expedicionária do Paraguai para o Uruguai, 1.900 morreram ou ficaram doentes. Dos restantes 10.500 soldados, 2.500 foram mortos na batalha de Yatay e 8.000 se renderam na cidade de Uruguaiana (Brasil). Thompson (1968, p. 83-92) destacou que a maioria dos rifles era tão velha que não podia repetir um tiro.

O Exército paraguaio nunca alcançou o Uruguai. Em novembro, a maioria dos soldados remanescentes havia recuado para defender a fronteira sul da República contra a invasão dos aliados. As forças expedicionárias restantes foram isoladas em guarnições distantes no Mato Grosso.[35] Incrivelmente, as fases subsequentes da guerra foram ainda mais sangrentas e difíceis. Os aliados se voltaram para a invasão e conquista do Paraguai, começando uma longa campanha de atrito que durou mais quatro anos. Durante esse período, os paraguaios ofereceram uma resistência feroz às tropas invasoras. Solano López buscava uma paz negociada, uma alternativa rejeitada pelos líderes da aliança, especialmente o imperador Pedro II. A guerra terminou finalmente em 1º de março de 1870, quando Solano López foi morto em Cerro Corá enquanto cruzava o país com os resquícios do seu Exército.

---

34 Para uma descrição dos erros paraguaios durante a primeira fase das operações, ver Doratioto (2002, p. 21-81) e Whigham (2002, p. 118-164).

35 As tropas paraguaias no Mato Grosso não possuíam um sistema de abastecimento regular. Uma das razões pelas quais o Exército imperial reconquistou a cidade de Corumbá através de um ataque surpresa deveu-se a que as guarnições paraguaias remanescentes estavam pescando quando os brasileiros se aproximaram. Lenda ou não, esse episódio foi descrito em detalhes nas memórias de um general paraguaio que sobreviveu ao conflito (Resquin, 1895, p. 74).

Mapa 3
Ofensivas paraguaias (1864-1865)

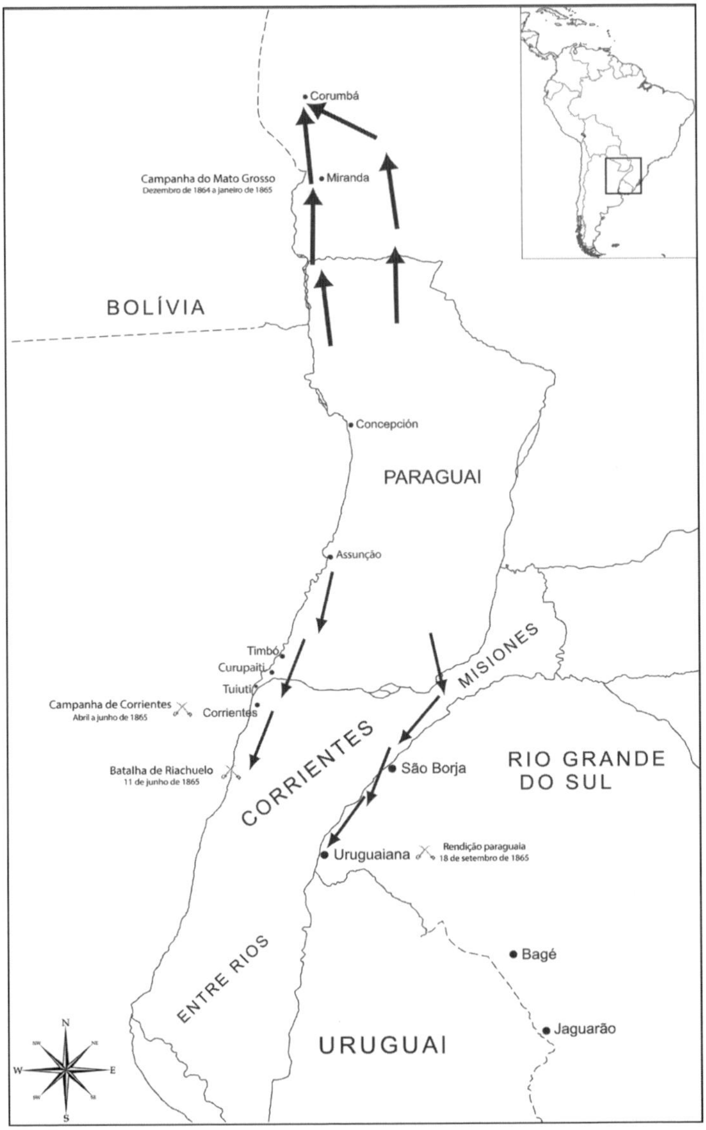

Fonte: cortesia de Miquéias Henrique Mügge.

As perdas demográficas do Paraguai permanecem objeto de intensos debates. Vera Blinn Reber (1988, p. 283-319) estimou que a guerra eliminou entre 8,7% e 18,5% da população paraguaia da época. Esses dados são contestados por Thomas Whigham e Barbara Pottash (1999, p. 174-186), que estimaram que as perdas de guerra atingiram de 60% a 69% da população paraguaia. Essas descobertas reforçam estimativas feitas por Luc Capdevila (2010, p. 20-21) e Ignacio Telesca (2016, p. 171-200) de que o Paraguai perdeu pelo menos metade de sua população anterior à guerra. A despeito da imprecisão dos dados, o que fica claro a partir do testemunho de viajantes é que ocorreu uma catástrofe demográfica, que criou um enorme desequilíbrio no número de homens e mulheres nas décadas seguintes.

O Tratado da Tríplice Aliança consolidou os acordos militares, políticos e diplomáticos que valeriam até o final do conflito. Ele proibiu o Paraguai de manter um Exército e uma Marinha regulares e resolveu as disputas de fronteiras desmembrando aproximadamente 50% do território reclamado pelo Paraguai e distribuindo-o entre os vencedores. A natureza desse tratado foi objeto de grande controvérsia. Ele deveria ter sido mantido secreto até o final da guerra. Sua revelação pelo embaixador inglês na Argentina resultou em críticas severas de vários governos, como os da Bolívia e do Peru, sobre suas cláusulas draconianas que suprimiam a autonomia paraguaia. As disposições severas do tratado foram denunciadas na imprensa paraguaia e se tornaram o ponto de partida para toda uma historiografia revisionista da guerra. Durante as décadas de 1960 e 1970, historiadores influenciados pela teoria da dependência viram aquela luta como o resultado da influência britânica na América do Sul. A partir dessa perspectiva, o Paraguai seria uma nação progressista lutando contra o imperialismo britânico e o subimperialismo brasileiro e argentino. Nessa chave, a resistência paraguaia é vista tanto como a epopeia que realmente foi como também uma antecipação de futuros conflitos anti-imperialistas. A Guerra do Paraguai teria resultado, segundo essa perspectiva, de uma grande conspiração envolvendo a Inglaterra e os países da aliança. Entretanto, fontes da época não corroboram a intervenção britânica ou mesmo seu desejo de intervir.

Conduta brasileira na guerra

Mesmo sem seus aliados, o Brasil ultrapassava em muito o Paraguai em termos de população, comércio, riqueza e capacidade produtiva. Essa superioridade levou as elites brasileiras a acreditarem que a guerra seria rapidamente concluída. Durante essa etapa otimista da mobilização, o imperador Pedro II escreveu que considerava a guerra "um bom choque elétrico para o nacionalismo"

(Magalhães Júnior, 1956, p. 68), mas os paraguaios ofereceram uma resistência tenaz que custou à Tríplice Aliança anos para ser superada. Após uma série de vitórias iniciais, as forças da Tríplice Aliança foram derrotadas na Batalha de Curupaiti. Esse evento reorientou o longo cerco de 16 meses da fortaleza de Humaitá, circundada por terreno pantanoso. Mesmo após a conquista de Humaitá, as forças da aliança enfrentaram o Exército paraguaio desmembrado em uma série de batalhas que estenderam a guerra até que as últimas tropas de Solano López fossem destruídas em Cerro Corá. Instabilidades no Uruguai e na Argentina resultaram no fato de os brasileiros terem, em última análise, assumido o ônus mais pesado da luta entre os aliados (ver mapa 4).[36] Fornecer os recursos exigidos pela campanha representaria, em última análise, um desafio às tradicionais hierarquias sociais no *front* doméstico brasileiro, especialmente para os pobres livres que dependiam fortemente das redes pessoais para proteger seu precário *status* econômico e social. O Estado imperial brasileiro tinha problemas em mobilizar sua população para a guerra. Consequentemente, ele podia contar apenas com uma mobilização parcial da população e dos recursos materiais que nunca pareceram suficientes. Essa demanda permanente logo tornou a guerra impopular internamente (Guazzelli, 2013).

O governo brasileiro mobilizou em torno de 140 mil homens para lutar na frente paraguaia. Essa cifra representava menos de 2% da população estimada do Brasil em 1865, cerca de 9,1 milhões de habitantes. Entretanto, de acordo com os registros do censo de 1872, apenas cerca de 4,2% da população – incluindo escravos – eram homens com idade para o serviço militar (15 a 39 anos de idade). Nessa taxa, a mobilização ainda convocou apenas cerca de 3,3% dos homens brasileiros em idade militar. No entanto, essa mobilização relativamente pequena criaria sérias tensões nas estruturas sociais, institucionais e políticas do Brasil (IBGE, 1990, p. 32-33).

Para a sociedade brasileira, a guerra contrastou um crescente patriotismo com as enormes desigualdades sociais e a escravidão, criando desafios que se acentuaram na infraestrutura deficitária. A defesa das fronteiras foi estimulada por meio de apelos à honra nacional que enfatizaram o papel do Brasil como defensor da civilização contra os bárbaros invasores paraguaios, uma retórica iniciada no Ocidente por Heródoto em sua descrição da guerra entre os gregos e os persas e que foi apropriada pelos discursos patrióticos dirigidos à opinião pública da capital e das províncias (Evans, 1994). É difícil medir a força de

36 Sobre as lutas internas na Argentina, ver Fuente (2000, p. 17-32).

tais apelos, especialmente em pequenas cidades e fazendas localizadas longe das cidades litorâneas e das capitais das províncias nas quais a circulação de periódicos e a atuação de organizações cívicas disseminavam o patriotismo com maior eficiência. Entretanto, as realidades geográficas, a escala dos sacrifícios e problemas na condução da campanha dificultaram a manutenção da ideia de uma séria ameaça externa que viesse de nação tão pequena.

Mapa 4
Ofensivas da Tríplice Aliança (1866-1870)

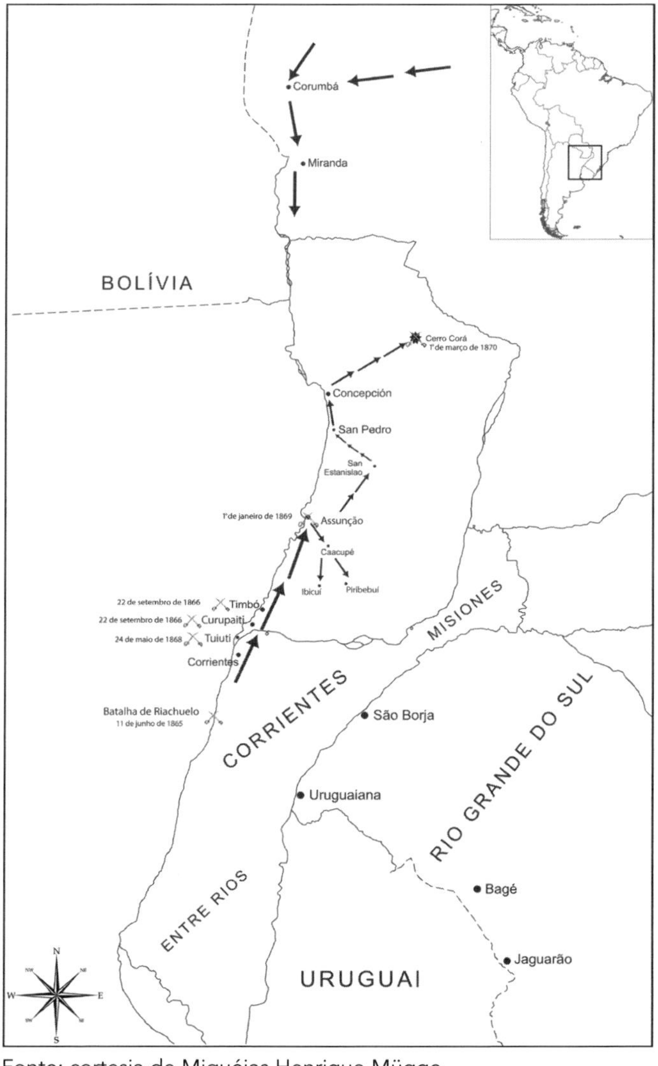

Fonte: cortesia de Miquéias Henrique Mügge.

Recapitulando

As origens da Guerra Civil americana diferem acentuadamente das origens da Guerra da Tríplice Aliança. A primeira foi precedida por longas disputas envolvendo diferentes visões da organização nacional dos Estados Unidos, enquanto a Guerra da Tríplice Aliança foi resultado de disputas territoriais, contenciosos pelo controle de rios e influências extraterritoriais. Os países da bacia do rio da Prata apresentavam graus de institucionalização diferentes, na medida em que os governos centrais da região ainda eram profundamente dependentes de lideranças locais, exceção feita ao governo do Paraguai, que havia estabelecido uma autoridade vasta, baseada na ação de juízes de paz e agentes recrutadores espalhados pelo território.

As principais diferenças entre a Guerra Civil americana e a Guerra da Tríplice Aliança se encontram na centralidade da escravidão para as disputas seccionais nos Estados Unidos. A escravidão passou a ser vista como um obstáculo ao desenvolvimento econômico do Norte. Embora ela fosse central para a economia brasileira na década de 1860 e ainda que tenha sido um elemento crucial da intervenção no Uruguai, ela não foi o fator central da luta contra o Paraguai. Sua principal contribuição restringiu-se à retórica entre escravidão e liberdade que prevaleceu no campo paraguaio. O Brasil não lutou contra o Paraguai para defender a escravidão, ainda que considerações sobre aquela instituição tenham perpassado os cálculos políticos dos planejadores brasileiros da guerra. Os norte-americanos também lutaram por concepções divergentes sobre o futuro da nação, que tiveram implicações para vários setores da vida social e política daquela república, enquanto os contendores na Tríplice Aliança lutaram pela consolidação das fronteiras territoriais e pela influência de seus respectivos governos nos assuntos do Prata. É claro que o patriotismo e o nacionalismo estiveram presentes no conflito sul-americano, mas os significados desses termos e o envolvimento da opinião pública durante o período que precedeu a eclosão da Guerra do Paraguai foram limitados quando comparados aos níveis do conflito norte-americano. A opinião pública e as lideranças políticas brasileiras pareceram ter sido pegas de surpresa pelas ações paraguaias enquanto o governo da União administrou a crise da secessão de acordo com os limites da opinião pública. Foi apenas em abril de 1861, após o ataque sulista ao forte Sumter, que a opinião pública apoiou decididamente uma reação militar.

Para entender como o recrutamento transformou a sociedade e o governo durante a Guerra Civil nos Estados Unidos e na Guerra da Tríplice Aliança no Brasil, é necessário seguir o curso de cada um desses conflitos. Quão eficazes e permanentes foram essas alterações em cada país? Quais hierarquias foram desafiadas? Como as pessoas responderam às alterações que afetaram seu cotidiano? Os capítulos a seguir tentarão responder a essas perguntas examinando a atividade militar nas frentes domésticas, particularmente como o recrutamento e a intervenção dos governos centrais afetaram as vidas das populações civis.

2. A crise do sistema de recrutamento do Exército da União, abril de 1861 a julho de 1863

Em 10 de novembro de 1862, uma multidão enfurecida abordou William A. Pors na cidade de Port Washington enquanto ele entrava no tribunal no condado de Ozaukee, Wisconsin. Semanas antes, Pors, um advogado local, fora indicado como delegado federal responsável pelo recrutamento do distrito pelo governador republicano do Wisconsin, Edward Salomon. Desde cedo, naquela manhã, um grupo numeroso de homens armados com pedras e porretes abriu seu caminho pela cidade em uma procissão informal. A multidão se reuniu em frente ao tribunal, onde ela confrontou o comissário. Ato contínuo, um grupo de mulheres desenrolou uma faixa em que estava escrito "Nenhum Recrutamento". Ainda na porta do tribunal, Pors foi avisado de que "se entrasse, ele seria um homem morto". Ele tentou persuadir a multidão a se dispersar, sem sucesso, e, "assim que a multidão viu a caixa com os nomes das pessoas a serem sorteadas para o recrutamento ela avançou e a fez em pedaços". As mulheres agrediram Pors, empurrando, chutando, puxando seu cabelo, rasgando suas roupas e batendo em sua cabeça. O delegado tentou abrir caminho pela multidão da melhor maneira possível, mas foi jogado ao chão nos degraus do tribunal.

Enquanto ele tentava se desvencilhar, a multidão se tornou colérica. Pors levou duas pedradas na cabeça. Apesar dessas lesões, o delegado ainda teve energia para correr para os correios em busca de refúgio enquanto a multidão rasgava as listas de recrutamento. Depois de destruir as listas, ela se voltou contra o prédio que abrigava a instituição. A multidão pretendia enforcar o comissário, mas foi contida pelo funcionário dos correios, um imigrante alemão, que evitou que entrassem. Mais tarde, naquele dia, Pors fugiu para Milwaukee escondido em uma carruagem coberta preparada pelos "cidadãos de bem". Depois que o comissário deixou a cidade, uma multidão de "muitas centenas" se voltou para sua residência, não sem antes depredar um moinho que ela atacou no caminho. Em seguida, arrombou a casa do comissário e destruiu tudo que havia dentro. Dois canários foram feitos em pedaços; as chaminés, janelas e toda a mobília foram destruídas. Finalmente, a multidão se voltou para as propriedades de vários outros cidadãos identificados com o Partido Republicano. O partido de Abraham Lincoln era então associado às políticas governamentais que demandavam mais recrutas para os exércitos da União. Os protestos duraram mais dois dias antes de a ordem ser restaurada por 600 soldados que impuseram a lei marcial na região.[37]

Por mais brutais que esses eventos tenham sido, Pors encontrou um destino menos dramático do que outros delegados federais que foram mortos na tentativa de recrutar arbitrariamente. No entanto, seu caso é emblemático dos conflitos que surgiram à medida que a administração republicana aumentou a escala da mobilização militar do governo federal em sua luta com a Confederação. Muitas comunidades do Norte e do Oeste reagiram contra o que elas consideravam mudanças inaceitáveis nas regras construídas socialmente que associavam o serviço militar com o voluntariado e a cidadania. Campanhas contra a centralização do recrutamento militar e contra a imposição de uma rígida disciplina foram comuns em outros estados da União.

Conflitos semelhantes também ocorreram no Brasil, mas aqui os agentes recrutadores normalmente tinham como alvo indivíduos que não eram protegidos por um líder local ou não pertenciam a uma unidade da Guarda Nacional, uma parte fluida, porém significativa da população que pode ser chamada de "pobres desprotegidos". Seu *status* dependia de conexões pessoais com as lideranças regionais. Nos Estados Unidos, os imigrantes recém-chegados estavam em uma condição semelhante à dos pobres desprotegidos do Brasil; exceto nas áreas urbanas, eles eram minoria da população. Ao contrário do que ocorria no Brasil, a maioria dos homens adultos brancos nos Estados Unidos vinha participando ativamente de eleições desde a década de 1830. Desse modo, a Guerra Civil americana foi incomum porque as autoridades tiveram de ne-

---

37 Miscellaneous Documents of the U.S. Senate, 38th Cong., 1st sess., doc. n. 71.

gociar desde o início com uma maioria de cidadãos que possuíam o direito de voto. Em ambos os países, as inovações nos procedimentos de recrutamento criaram conflitos com noções enraizadas de liberdade individual, poder local e concepções de nacionalidade.

Assim como na situação brasileira durante a Guerra do Paraguai, as consequências da Guerra Civil americana não se confinaram às regiões derrotadas do Sul. O conflito impactaria a maioria das áreas da União, uma vez que desafiava a autoridade dos estados sobre as milícias estaduais, introduzindo um equilíbrio diferente entre os governos federal e estadual. Do mesmo modo, os esforços de guerra brasileiros colocariam algumas das províncias do Norte à beira da rebelião, pois o recrutamento desafiava, ainda que temporariamente, alguns privilégios políticos tradicionais.

A escala de transformações sociais e governamentais foi subestimada porque todos pensaram que ambas as guerras terminariam rapidamente. As estratégias iniciais e os movimentos dos soldados apresentaram um nível de complexidade difícil de ser compreendido nos dias atuais, uma vez que a maioria das pessoas na União, na Confederação, no Império brasileiro e mesmo no Paraguai esperava uma guerra curta com algumas poucas grandes batalhas que definiriam o resultado e promoveriam a honra nacional. O tempo provaria o trágico engano de todos – como os espectadores da batalha de Manassas foram os primeiros a reconhecer. Nas cercanias de Washington, numa tarde de agosto de 1861, retornaram correndo para as linhas da União.

O contexto

A Guerra Civil foi o conflito mais devastador enfrentado pelos Estados Unidos durante o século XIX. Como uma guerra travada em muitas frentes, ela exigiu níveis inéditos de mobilização, recrutamento e treinamento. As populações civis – como vítimas ou como apoiadoras – se envolveram intensamente na guerra, que resultou em mais mortes norte-americanas do que quase todos os conflitos do século XX somados. As perdas da União foram quase tão grandes quanto todas as perdas norte-americanas na Segunda Guerra Mundial. O conflito demandou uma estrutura estatal capaz de lidar com um vasto e integrado esforço de guerra, transformando profundamente a organização burocrática e o funcionamento do governo. Essas mudanças redefiniram a soberania nacional nessas áreas assim como aceleraram a nacionalização do relacionamento entre o governo e os cidadãos e, por fim, transformaram escravos em soldados da União.

Algumas dessas mudanças afetaram os pressupostos tradicionais sobre assuntos vitais como a governança local, os direitos dos estados, as práticas do alistamento militar, as leis de liberdade pessoal, a centralização do poder nacional e o peso do voluntariado na composição do Exército. Elas também reforçaram o papel do governo federal como a principal organização recrutadora das Forças Armadas. A ênfase nos direitos dos estados, prática que deixava as principais prerrogativas da cidadania nas mãos das lideranças estaduais, foi progressivamente substituída pela centralização, com o governo federal se encarregando dos assuntos militares, da política fiscal, do sistema de fornecimento e do desenvolvimento econômico.[38]

Essas mudanças afetaram de muitas maneiras as vidas de pessoas residindo nos estados legalistas. Elas interferiram nas práticas políticas rotineiras, afetando as relações entre os indivíduos e suas comunidades. Essas transformações foram profundas o suficiente para comprometer a base social do apoio das comunidades aos esforços para alimentar e expandir o Exército. Como consequência, simultaneamente à luta com a Confederação, ocorreu nos estados nortistas um conflito sobre a identidade da própria União, um conflito que Lincoln classificou como "o fogo na retaguarda".[39]

A despeito da grande quantidade de trabalhos sobre a transformação econômica do Norte durante a guerra, nas últimas três décadas mais atenção foi destinada às alterações que ocorreram no recrutamento militar e seu impacto na organização social norte-americana. De que forma o controle do recrutamento foi transferido dos estados para o governo federal? Que tipo de conflitos resultou dessa transferência de autoridade? Sob que condições a cooperação entre líderes locais e funcionários federais se tornou possível? Quais transformações funcionaram de acordo com os pressupostos tradicionais e quais ocorreram de acordo com a modificação dessas práticas? Como as

---

38 Sobre o papel da burocracia militar em relação ao sistema nacional de suprimentos, ver Wilson (2006, p. 34-71).

39 A expressão foi utilizada durante uma conversa com o senador Charles Sumner em janeiro de 1863 (apud McPherson, 1988, p. 591).

populações interioranas reagiram à crescente intromissão do governo central em suas vidas?[40]

Essa nova situação foi provocada pela falência do voluntariado e pela introdução do primeiro sistema de alistamento da União, através da Lei do Alistamento (Enrollment Act), em março de 1863.[41] A aprovação, pelo Congresso, dessa importante medida de emergência militar foi parte de uma mudança mais geral na natureza da guerra: sua transformação em um esforço concentrado para destruir as bases da sociedade sulista. A partir dessa perspectiva, os eventos militares e a política de guerra assumiram um significado histórico ampliado porque eles revelam como a mobilização militar promoveu a centralização política e estabeleceu ligações mais diretas entre os cidadãos e o governo federal. Eles também produziram conflitos sociais em uma escala não experimentada previamente pelos cidadãos comuns nos Estados Unidos. Finalmente, eles ajudaram a delinear a multiplicidade de questões que emergiram como resultado da alteração constante e da interação complexa entre as crescentes necessidades militares da administração republicana e o forte comprometimento dos cidadãos com suas comunidades.

Como o recrutamento era uma questão crítica no conflito de secessão, exigiu uma abordagem ampla. Como no caso brasileiro durante a Campanha do Paraguai anos mais tarde, o período da Guerra Civil americana precisa ser encarado não como um ciclo de desenvolvimento monolítico, mas como uma situação fluida, mudando de acordo com as circunstâncias. Quando as ocasiões foram adversas para os esforços da União, o governo federal precisou criar as condições necessárias para manter o esforço de guerra em sua força máxima. Criar e reforçar um sistema nacional de alistamento em uma estrutura de governo tradicionalmente baseada na primazia da soberania dos estados levou a constantes problemas para a administração, criando um paradoxo para os

40 Embora o alistamento tenha sempre sido discutido nos estudos sobre a Guerra Civil americana, o foco nas repercussões políticas e sociais do recrutamento data da tese de doutorado de Robert Sterling (1974), intitulada *Civil war resistance in the Middle West*. Durante o início da década de 1990, contribuições adicionais concentradas na resistência ao alistamento surgiram em autores como Grace Palladino, Iver Bernstein e David Osher. Esses estudos ajudaram a estabelecer uma conexão entre o impacto da legislação federal e questões específicas locais de longo prazo. Ver Palladino (1990), Bernstein (1990) e Osher (1992).

41 A Lei do Alistamento dos estados confederados foi aprovada em junho de 1862. Ver Bensel (1990, p. 130-186).

líderes políticos. No relatório do ministro da Guerra em dezembro de 1861, Simon Cameron prenunciou esse paradoxo:

> Embora se admita que os soldados do Exército regular, sob o controle de oficiais com educação militar e experiência, sejam geralmente mais bem cuidados do que aqueles que se encontram no serviço de voluntários, é certo que a preferência popular se volta em grande parte para os últimos. Os jovens evidentemente prefeririam entrar em forças que têm como oficiais seus amigos e conhecidos.[42]

Criando as condições

Segundo Herman Hattaway e Archer Jones (1991, p. 274), o verão de 1862 marcou "a maior eficiência Confederada e a pior eficiência da União" de todo o conflito. A bem-sucedida resistência confederada nos campos de batalha da Virgínia provocou uma mudança por parte da administração Lincoln na direção da emancipação e da "guerra total", as consequências políticas e sociais mais importantes do conflito. Ambas as metas exigiram um apoio consistente da sociedade nortista aos "novos" objetivos de guerra, bem como um governo federal forte o suficiente para manter esse esforço. Durante esse período, a administração republicana recorreu a uma série de medidas sem precedentes para reforçar sua autoridade diante dos crescentes custos de guerra. A ação republicana pós-1863 chegou a ser descrita como uma fusão entre o partido e o Estado, algo análoga ao que aconteceria aos bolcheviques na Rússia a partir de 1917. Dessa forma, ao impor sua visão nacional, um partido regional conectou os ideais da União e da liberdade a uma nova concepção de nacionalidade nos Estados Unidos (Bensel, 1990, p. 292-295).[43] Essa visão tinha uma extensão nacional, exigindo a centralização de alguns procedimentos políticos e administrativos. Porém, os protestos e as revoltas populares em cinco estados demonstraram que muitos resistiram aos crescentes sacrifícios exigidos pela jornada de reunificação.

---

42 Simon Cameron. Report of the Secretary of War, dez. 1861, p. 10, mencionado na Message of the President of the United States, 3 dez. 1861.

43 Bensel compara a construção do Estado republicano às ações dos bolcheviques na Rússia revolucionária, particularmente no que se relaciona a uma fusão entre o partido e o Estado.

A nova forma de ativismo nacionalista nem sempre foi compatível com as noções enraizadas de prevalência dos direitos individuais e dos poderes locais. O dilema enfrentado por Lincoln e seus apoiadores se baseava no fato de que um esforço de guerra mais intenso testava os limites do poder estatal em áreas como as garantias da liberdade pessoal e o controle das milícias estaduais. As noções de liberdade e localismo encontravam-se historicamente entrelaçadas. No nível local existia consenso de que a defesa da nação era uma responsabilidade primária de cada cidadão, não uma responsabilidade reservada a um Estado central distante. Um panfleto anônimo publicado em Rhode Island durante o pico do debate sobre o recrutamento fornece um exemplo daquele tipo de descontentamento local: "A atual [lei] é a primeira tentativa nesse país de criar um Exército regular através de recrutamento arbitrário e é uma ofensiva audaciosa sobre os direitos estaduais e a liberdade individual como nunca antes se testemunhou em qualquer governo livre" (Freidel, 1967, p. 791).

Embora a maioria dos autores concorde sobre a importância dessas transformações na natureza da guerra, seus efeitos nas populações civis do Norte ainda são objeto de extenso debate. Todos os grupos sociais sofreram sacrifícios pessoais, mas alguns autores questionam se o fardo foi distribuído igualmente entre as classes, regiões e minorias étnicas. Essas medidas reforçariam a noção de uma guerra do homem rico usufruindo da luta do homem pobre, como alguns afirmam? Existiam alternativas possíveis ao recrutamento ou pelo menos soluções compatíveis com a estrutura burocrática do governo?[44]

O Norte e a política da secessão

Durante cerca de seis semanas, de 20 de dezembro de 1860 a 1º de fevereiro de 1861, a secessão da Carolina do Sul e do restante dos estados meridionais do Sul abalou a opinião pública dos estados do Norte enquanto dividia os sulistas a respeito dos riscos associados à desintegração territorial.[45] Apesar da gravidade

44 E impossível avaliar o impacto do esforço de guerra em todos os aspectos da sociedade do Norte. A enorme diversidade geográfica e social da União impede tal abordagem no contexto deste capítulo. Para um resumo do impacto nas regiões mais afetadas, ver Paludan (1988, p. 316-338).

45 Ver Stampp (1967, p. 179-203), Potter (1942, p. 134-155), Crofts (1989, p. 66-129) e Freehling (2001, p. 3-47).

da situação, ainda não era evidente se a secessão dos estados meridionais do Sul (*deep south*) iria prevalecer ou se décadas de discordâncias políticas finalmente levariam à guerra. A maioria das facções políticas do Norte apoiava algum tipo de negociação, visando a um "compromisso aceitável" capaz de restaurar a antiga União. O Partido Democrata, ainda uma máquina política relevante, era forte em ambos os lados do país. Durante as crises anteriores, compromissos foram alcançados e esperava-se que as forças conciliatórias novamente prevalecessem. Simultaneamente, muitos grupos nos estados setentrionais do Sul se opunham à secessão (Potter, 1976, p. 90-120; Ashworth, 1995, p. 366-492; Grimsley, 1993). Esses "confederados relutantes", como o historiador Daniel Crofts denominou os unionistas do Sul, temiam os riscos de uma guerra civil, a destruição e o derramamento de sangue resultantes desse conflito. Segundo Crofts (1989, p. xvii), "a sobrevivência de partidos de oposição competitivos nos estados mais setentrionais do Sul [...] durante a década de 1850 criou barreiras institucionais contra a secessão".

Mesmo nos estados mais meridionais do Sul que acompanharam a Carolina do Sul na secessão, existiam algumas áreas com fortes minorias pró-União. O voto pela secessão foi surpreendentemente dividido na Geórgia e em certas partes do cinturão do algodão, para não mencionar os estados limítrofes (*border states*), onde a escravidão não era tão significativa, ainda que as ligações com o Sul fossem fortes.[46] Adicionalmente, ambas as regiões compartilhavam uma mesma língua e a memória de uma herança comum, composta por símbolos nacionais e pela devoção aos mesmos pais fundadores. Ambas também compartilhavam uma reverência por aquilo que acreditavam ser a cultura da América republicana. Mesmo naqueles estados que optaram pela secessão, as diferenças eram muito estreitas. Segundo David M. Potter (1976, p. 496-497), na Louisiana, a diferença pró-secessão foi de 1.763 votos de um total de 38.665. No Alabama, os assim chamados "cooperacionistas", que se opunham à secessão imediata, tinham entre 36% e 43% dos votos: a diferença era de 7.500 votos de um total de 28.100. No Texas, o governador Sam Houston era contra a secessão e se recusava a convocar a Assembleia. Exceto pela Carolina do Sul, as margens a favor da secessão não eram fortes o suficiente para fazer com

46 Para registros sobre a força dos unionistas na Geórgia, ver Freehling e Simpson (1992, p. 51-114) e Johnson (1977, p. 79-107).

que qualquer pessoa tivesse certeza de que a separação era inevitável. Porém, essas iniciativas e pontos de convergência não poderiam ignorar uma questão básica: a elite sulista concederia o controle do governo a uma maioria hostil antiescravocrata? Um dos maiores temores entre os sulistas era de que uma administração republicana em Washington levasse a uma onda de insurreições de escravos apoiada pelo governo federal.[47]

Apesar do seu tamanho reduzido e da estrutura descentralizada, o governo federal anterior à guerra era forte o suficiente para amedrontar os proprietários de escravos quanto a uma intervenção na ordem social escravocrata e na sua ascendência sobre os brancos pobres. A potencial interferência federal poderia vir através do funcionamento das instituições governamentais, tais como os correios ou o sistema de tribunais federais, ou através da manipulação das tradicionais práticas de clientelismo envolvendo os estados e o governo federal. De acordo com David M. Potter, em 1860, as elites sulistas temiam acima de tudo "o poder de indicar os juízes da República, os coletores de impostos e os funcionários do correio no Sul".[48] Tal poder, elas acreditavam, afetaria o controle de suas plantações. Seu modo de pensar foi muito bem representado em um editorial publicado pelo *Charleston Mercury* em outubro de 1860:

> Se, na nossa posição atual de poder, tivemos o ataque de John Brown [...] quais não seriam as medidas de insurreição e radicalismo que devem se seguir a nossa notória e abjeta prostração à regência abolicionista em Washington, com todo o clientelismo do governo federal e a organização da União no sul para apoiá-lo?[49]

Thomas R. R. Cobb, da Geórgia, resumiu a precariedade da posição pró-escravidão sob um executivo republicano:

> Somente o setor executivo do governo pode nos proteger. Somente o presidente pode convocar o Exército e a Marinha. Somente o presidente pode designar comissários, delegados e juízes para executar a lei dos escravos fugitivos. Somente o presidente pode nos proteger de invasões armadas e dos conspiradores incendiários. Se já é

47 Ver Degler (1971, p. 47-51); Stampp (1956, p. 132-140); Jordan Jr. (1993, p. 1-19); Channing (1970, p. 252-298); Dew (2002, p. 4-21); Ashworth (2008, p. 471-650).

48 Ver Potter (1976, p. 477).

49 *Charleston Mercury*, 11 out. 1860 (apud Stampp, 1991, p. 151).

tão tênue o que podemos esperar de um presidente amigo – o que podemos esperar de um adversário?[50]

Apesar da tensão separatista que existia no país, havia uma predisposição ao compromisso, especialmente em função da posição indeterminada dos estados setentrionais do Sul (*Upper South*), em especial do mais importante deles, a Virgínia. Muitas pessoas acreditavam que, se a porção norte dos estados do Sul permanecesse na União, a secessão não duraria muito tempo. Tal perspectiva prevaleceu durante os primeiros 18 meses da Guerra Civil, ignorando a extensão da adesão confederada à independência. Essa crença no compromisso teve enormes repercussões para a política da União; pois, como consequência, seus líderes foram lentos para adotar uma postura mais agressiva em relação à condução da guerra que incluísse a abolição durante o primeiro ano do conflito.

Primeira fase: entusiasmo

Em 1861, o Norte era uma sociedade heterogênea e multiétnica envolvida num processo contínuo de desenvolvimento econômico e expansão territorial. A maioria dos *yankees* apoiava uma doutrina de localismo que era básica para sua cultura cívica. Robert H. Wiebe descreveu a organização social pré-guerra como a de "ilhas de comunidades", uma vez que a criação de um mercado nacional ainda não havia destruído as estruturas paroquiais prevalentes na maioria dos estados (Wiebe, 1995, p. 44-75; Ferraro, 1991, p. 333-350). O censo dos EUA de 1860 registrou uma população de 22.339.989 para toda a região, excluindo as áreas do oeste da Virgínia, leste do Tennessee e outros bolsões confederados leais à União. A rede de ferrovias do Norte compreendia 35.157 quilômetros, e seu 1,3 milhão de trabalhadores industriais eram empregados em 110 mil indústrias. Os estados do Norte produziam 97% das armas do país em 1860, 94% das suas roupas, 93% do seu ferro-gusa e mais de 90% de suas botas e sapatos. Apesar desses números impressionantes, a evolução da guerra mostraria o quão pouco a superioridade de recursos significou contra um inimigo coeso, determinando a alcançar e manter sua independência.

---

50 Discurso secessionista de Thomas R. R. Cobb, noite de segunda-feira, 12 nov. 1860 (apud Freehling e Simpson, 1992, p. 25).

Quando os defensores da causa confederada abriram fogo contra o Fort Sumter em 12 de abril de 1861, esse ataque impulsionou o sentimento legalista no Norte, unificando a opinião pública da União, algo que havia se perdido durante o inverno de 1861 à medida que as propostas de uma saída negociada da crise eram discutidas. Ao atacarem, os confederados se tornaram os agressores e passaram a ser vistos como traidores da causa da nação. Sentimentos patrióticos unificaram o Norte e penetraram profundamente na maioria de suas cidades e condados. Durante os dois primeiros anos do conflito, a maioria dos soldados que se alistaram no Norte o fez porque "escolheu agir dessa forma" (McPherson, 1997, p. 16). Alfred Bellard (apud Donald, 1975, p. 2), um aprendiz de carpinteiro de Nova Jersey, escreveu em seu diário: "Quando Fort Sumter foi alvejado pelos rebeldes [...] meu espírito militar entrou em ebulição, junto com o resto dos demais estados do Norte".

O presidente Lincoln anunciou, em 15 de abril, que existiam no Sul "combinações poderosas demais para serem suprimidas" e convocou 75 mil soldados para um período de serviço de três meses. Essa convocação é normalmente reconhecida como o início oficial da mobilização no Norte. Porém, as ações informais adotadas por alguns governadores de estados já estavam preparando as milícias estaduais para a guerra. O governador John Andrew, de Massachusetts, um republicano comprometido com o abolicionismo, também era um entusiasta das milícias estaduais. Em janeiro de 1861, Andrew informou à legislatura do estado, "em relação à boa conduta, disciplina, espírito e capacidade proporcionais à sua força numérica, estou informado que nossos soldados cidadãos em atividade nunca estiveram em condição de maior eficiência" (Andrew, 1864, p. 8).

Esses governadores estaduais, muitos dos quais haviam assumido o poder antes da posse de Lincoln, não se limitaram às cláusulas que restringiam as ações preventivas oriundas do presidente ou do seu ministro da Guerra. Eles tomaram medidas concretas para transformar suas milícias estaduais em unidades de combate, antecipando a convocação presidencial. Durante os primeiros meses da guerra, os líderes estaduais também controlavam o sistema de abastecimento para suprir as tropas. Após a convocação presidencial e durante a maior parte do primeiro ano, os governadores prosseguiram com a máxima energia em suas atividades de recrutamento, sempre mantendo em suas mãos a responsabilidade pela mobilização de tropas.

Como ocorreria no Brasil durante a guerra contra o Paraguai anos mais tarde, as convocações iniciais produziram enormes manifestações de massa e cerimônias de despedida nas quais as bandeiras dos regimentos foram apresentadas, os soldados foram abençoados e discursos foram proferidos. Mesmo para uma sociedade acostumada ao voluntariado, as primeiras exibições de entusiasmo surpreenderam muitos observadores. Um jornal de Wisconsin relatou:

> O Norte está motivado para a tarefa. Do Maine a Minnesota, em cada vila e aldeia ressoa o som das armas; e centenas de milhares estão se alistando para a luta. Cada Estado e cada região [do Sul] deve aprender a grande lição de que não é algo trivial espezinhar a Constituição e as leis e que todas as tentativas de romper com a União encontrarão uma resposta terrível.[51]

Durante essas primeiras semanas, a convocação de soldados encontrou poucos problemas. Sentindo-se indignados pelas maquinações da "conspiração sulista", milhares de voluntários se alistaram espontaneamente em milícias organizadas sob os auspícios dos estados. Esses voluntários possuíam muito pouca experiência militar porque, na maior parte, as atividades das milícias em tempos de paz eram muito limitadas, raramente chegando ao ponto de um verdadeiro treinamento militar.[52] No momento da primeira convocação, o sentimento geral era de que a guerra seria curta e que os rebeldes logo seriam reincorporados à União. James McPherson descreveu essa maneira de pensar como "*rage militaire*" – uma expressão comumente associada à experiência francesa em combate. Desconhecendo os riscos e consequências do conflito sangrento que iriam enfrentar, muitos voluntários pensavam na guerra como uma aventura, uma oportunidade para ver um mundo muito diferente daquele ao qual estavam acostumados.[53]

Comícios em apoio da União se espalharam pelo país. A febre de guerra se estendeu a todas as idades e classes, cruzando as divisões partidárias. Um jornal de Indiana refletiu o espírito apartidário em abril de 1861: "Agora, olhando

---

51 *Madison Wisconsin Daily State Journal*, 19 abr. 1861 (apud Perkins, 1942, p. 810).

52 Ver Whisker (1999, p. 95-190).

53 Ver Whisker (1999, p. 16). Nesse sentido, muitos jovens voluntários estavam experimentando alguns dos mesmos sentimentos das campanhas finais da Guerra dos Sete Anos na América colonial, como descrito por Anderson (1984, p. 26-62).

para o Norte, encontramos homens quase unânimes a favor do governo. As divisões partidárias estão ocultas".[54] No mesmo mês, um jornal de Springfield, Massachusetts, declarou que as divisões no Norte não eram mais partidárias, destacando:

> Não conhecemos outros nomes além de patriotas e traidores [...]. Outrora sofremos para nos tornarmos maus pelo espírito partidário e para nos corrompermos através dele. Agora, nos movemos por um impulso comum, nós nos reunimos pela defesa do nosso país e as algemas dos partidos desaparecem. Agradecemos a Deus por isso.[55]

A convocação de tropas por Lincoln também foi prontamente respondida em áreas nas quais predominavam as forças do Partido Democrata. Este era o caso nos distritos mineradores de carvão da Pensilvânia. O estudo de Grace Palladino sobre a resistência ao recrutamento mostrou como a convocação foi inicialmente bem aceita nessa região. Esses distritos apresentavam uma população imigrante significativa, com o predomínio de católicos irlandeses. Em junho de 1861, um jornal republicano conhecido por sua antipatia pelos imigrantes católicos observou, com aprovação, que ingleses, franceses, alemães, escoceses, irlandeses e galeses "abriram mão de todas as diferenças e [estão competindo] uns com os outros em suas expressões de lealdade ao país que escolheram" (Palladino, 1990, p. 85).[56]

Nesse momento, a mobilização de tropas estava totalmente nas mãos dos governadores dos estados. Segundo David Osher (1992, p. 95), essa condição refletia a "privatização da responsabilidade cívica", isto é, um compromisso entre uma frágil organização federal e comunidades locais empoderadas. Porém, a cooperação política entre o governo federal e os estados foi facilitada pelo fato de que, em 1861, todos os governadores do Norte eram republicanos. Sendo assim, representavam tanto as organizações estaduais quanto a coalizão nacional responsável por levar Lincoln a Washington (Hesseltine, 1972, p. 115-180; Bogue, 1989, p. 29-59). Segundo Dora L. Costa e Matthew E. Kahn

54 *Daily Journal*, Evansvile (Indiana), 20 abr. 1861 (apud Perkins, 1942, p. 811).

55 *Springfield Daily Republican* (MA), 20 abr. 1961 (apud Perkins, 1942, p. 1064).

56 Eliminar a competição partidária constituía um processo espontâneo em certas regiões, decorrendo de estratégias políticas em outras áreas. Segundo Robert Sterling (1974, p. 32-35), os líderes democratas de Illinois utilizavam sua influência para retirar a questão da guerra do campo da política partidária.

(2008, p. 52), o soldado-padrão era um voluntário residente numa cidade de simpatias republicanas e que apoiara Lincoln durante a eleição de 1860. A homogeneidade social e o protestantismo favoreceram esse tipo de compromisso cívico, embora os primeiros meses de mobilização sejam ricos em exemplos de pronunciamentos favoráveis à causa da União, provenientes tanto de católicos como de imigrantes. O compromisso pessoal e as estruturas partidárias locais eram as melhores fontes para um recrutamento bem executado. Tal como declarado durante uma convenção nacional republicana em 1862, "a organização Republicana, em todos os seus princípios, em todas as suas práticas, e por todos os seus membros, está comprometida com a preservação da União e com a derrota da Rebelião. É o poder do Estado e o poder da Nação".[57]

Embora os governadores controlassem o recrutamento, eles dependiam da boa vontade de chefes políticos locais ou homens de destaque que desejavam se tornar oficiais nas companhias militares a serem formadas. No nível regional, o recrutamento estava conectado à popularidade dos notáveis locais, cujo prestígio era fundamental para o sucesso daqueles regimentos que eram mobilizados e equipados. Paul Ledman mostrou a força do prestígio pessoal em Cape Elizabeth, Maine. Nessa comunidade litorânea relativamente abastada, os cidadãos de destaque colocaram anúncios nos jornais locais, apelando às suas conexões e gastando seu próprio dinheiro nas "despesas de mobilização". Em recompensa por seus serviços, tais notáveis frequentemente alcançaram a patente de coronel nos novos regimentos. Ledman (1999, p. 38) demonstrou que, sem o comprometimento desses indivíduos, o recrutamento inicial seria uma tarefa bem mais difícil.

A força do localismo era tão poderosa que, na maioria das companhias, os oficiais eram recrutados nas mesmas comunidades que seus soldados – uma tradição militar predominante desde o período colonial. Essa circunstância reforçou o paroquialismo, normalmente associado ao ato de passar as tropas em revista, comum ao serviço nas milícias pré-guerra. Consequentemente, tanto a cadeia de comando quanto uma rede complexa de afinidades regulavam as relações entre os membros dessas unidades mobilizadas localmente. Esses laços foram reforçados pela prática, comum no início da guerra, de eleger oficiais

57 "Deliberações da Convenção do Partido Republicano realizada no condado de Oneida" ocorrida em Rome, N.Y., em 26 de setembro de 1862, publicada no *The Utica Morning Herald* (apud Skowronek, 1982, p. 30).

subordinados. Como James McPherson (1988, p. 327) explicou: "Na tradição americana, [...] os soldados-cidadãos permaneceram civis mesmo quando se tornaram soldados. Eles votavam em deputados e governadores, por que não deveriam votar em capitães e coronéis?".

O orgulho local e étnico reforçou os laços entre os soldados. Contatos pessoais levaram muitos homens a se alistarem e às vezes os mantiveram em suas unidades muito além do que ditavam seus interesses pessoais. O medo de adquirir uma reputação de covardia aos olhos dos seus colegas forçou muitos homens a enfrentar o medo da morte, lutando ao lado dos seus vizinhos, parentes e conhecidos.[58] Essa disciplina peculiar foi reforçada pelo fato de muitas unidades serem organizadas em torno de atividades comuns, tais como associações de abstinência, escolas dominicais e igrejas. Em outros casos, os regimentos foram recrutados a partir de comunidades étnicas, reforçando os laços entre o compromisso dos imigrantes e sua posição na sociedade local. A relação entre os primeiros voluntários e suas comunidades permaneceu forte até o final da guerra. Ela ajudou a manter muitos veteranos comprometidos com a causa da União, aliando o esforço nacional a um forte sentido de identidade de grupo (McPherson, 1997, p. 54, 77-89).[59] Um voluntário de Iowa explicou seus motivos em uma carta para sua mãe, assegurando que "nunca [...] homens tiveram uma causa mais nobre ou mais sagrada pela qual lutar e morrer. E devemos abençoar a sorte de ser nossa a oportunidade de dedicar nossas vidas à manutenção daquele governo que nossos pais adquiriram com as deles".[60]

A opinião pública do Norte e os limites da guerra

À medida que os governadores republicanos faziam *lobby* por mais recrutas, milhares afluíram para o alistamento. As capitais dos estados legalistas se transformaram em grandes acampamentos. Com tal espírito, o governador de

58 Sobre o papel da coragem pessoal entre as motivações dos voluntários, ver Linderman (1987, p. 43-60).

59 Segundo James Geary (1991a, p. 82), a maioria dos homens (mais exatamente: 1.342.110) se juntou às forças da União antes do Decreto de Alistamento, quando o patriotismo ainda era uma motivação significativa.

60 Caleb J. Allen to Matilda T. Allen, 4 set. 1861, OR, 3rd Se., v. 1, p. 181-182.

Ohio, William Dennison, respondeu à primeira convocação da administração Lincoln de uma cota de 13 regimentos: "Devido a uma confusão inevitável na primeira correria e ao entusiasmo de [...] nosso povo, uma força bem maior já foi mobilizada". O governador acrescentou "sem repreender gravemente o ardor das pessoas, eu mal consigo evitar menos de vinte regimentos".[61] O entusiasmo era tão forte e a organização militar tão precária durante esses primeiros meses que William Pitt Fessenden, um senador republicano conservador do Maine, exortou o secretário de Guerra Simon Cameron a aumentar as cotas de recrutamento: "As pessoas estão agora lhe pressionando, cheias de entusiasmo e ira. Tire vantagem dessa situação".[62]

Porém, a capacidade da administração de tirar proveito do sentimento popular era limitada por suas concepções a respeito da guerra, por considerações políticas e pelos preconceitos prevalentes na sociedade do Norte. Como James McPherson (1988, p. 332) destacou, a Guerra Civil foi um "conflito em que a liderança política e a opinião pública pesaram fortemente na construção da estratégia". Nesse ambiente, política e estratégia militar interagiram no que foi basicamente "uma guerra política, uma guerra de povos, em vez de mais propriamente uma guerra entre Exércitos profissionais" (McPherson, 1988, p. 332). As pressões dos partidos políticos e dos grupos de poder estaduais foram cuidadosamente levadas em consideração pela administração federal em todos os seus aspectos do planejamento do esforço de guerra, da escolha dos oficiais da corporação à seleção dos grupos raciais que seriam admitidos no Exército. Vários democratas de destaque receberam cargos militares para aumentar o compromisso do partido com a causa da União. Alguns, como George B. McClellan, tinham experiência prévia no Exército. Outros não haviam sido militares antes de receberem suas nomeações. Contatos políticos faziam a diferença. Mesmo entre os soldados profissionais que frequentaram West Point e eram simpáticos à administração os compromissos políticos ajudaram a promover carreiras. Futuros comandantes militares importantes, como Ulysses S. Grant e William T. Sherman, foram indicados para postos de comando em parte devido às suas conexões com os líderes republicanos.

---

61 OR, 3rd ser., v. 2, p. 298-300.

62 William P. Fessenden para Simon Cameron, 9 maio 1861 (apud OR, 3rd ser., v. 1, p. 181-182). Também citado em Osher (1992, p. 113).

Seu conhecimento sobre as conexões entre a guerra e as necessidades políticas foi chave para seu sucesso como comandantes durante o período de guerra.[63]

Uma área importante em que as limitações impostas pelo preconceito entraram em conflito com as necessidades estratégicas envolveu o alistamento de afro-americanos. Desde o início das hostilidades, líderes negros como Frederick Douglass, J. Stella Martin, J. W. C. Pennington, William Wells Brown, Martin Delany, Henry Highland Garnet e John Mercer Langston, apoiados por abolicionistas brancos e pela imprensa negra, pediam o alistamento de afro-americanos. Esses líderes encaravam a restauração da integridade territorial e o alistamento dos negros como tarefas relacionadas. Em maio de 1861, Frederick Douglass (1982, v. 3, p. 94) resumiu esse estado de espírito:

> O caminho simples... para colocar um fim na guerra selvagem e desoladora que agora lançam os proprietários de escravos é atacar a própria escravidão, a causa primária dessa guerra [...] deixem que os escravos e os homens negros livres [...] reunidos em um Exército de libertação, marchem para o Sul e levantem a bandeira da Emancipação entre os escravos.

Porém, o governo federal não aceitou esses apelos e as ofertas iniciais de alistamento por parte de afro-americanos foram rejeitadas como desnecessárias e indesejáveis. O preconceito racial era especialmente forte entre os imigrantes estrangeiros, aqueles recentemente chegados do Sul, e uma parte importante da população do Meio-Oeste. Muitos habitantes dos estados do Meio-Oeste eram dependentes do rio Mississippi e da porção sul de Louisiana para a maior parte do seu comércio e transporte. No período anterior ao início da guerra, três estados (Illinois, Indiana e Iowa) promulgaram leis impedindo a entrada de negros em seus territórios. A guerra aumentou os temores de que hordas de refugiados negros viessem para a região, deslocando os colonos dos seus empregos.[64] Como enfatizou amargamente um cabo de Massachusetts em uma

63 Para uma visão dessas conexões em Illinois, ver Thomas (2012).

64 Esses temores não eram novos. Leon F. Litwack (1961, p. 153-186) analisou como os negros do Norte haviam sido sistematicamente excluídos das melhores oportunidades oferecidas pelo comércio urbano durante o período anterior à guerra. A guerra intensificou tais tensões devido ao medo de uma migração em massa de fugitivos (Voegeli, 1977, p. 1-9, 98-99). Este último trabalho fornece uma descrição detalhada do ambiente sociopolítico da União durante a Guerra Civil.

carta para o presidente anos mais tarde, "quando soaram os clarins da guerra [...] o homem negro entregou sua vida no altar da nação – e ela foi recusada".[65]

Durante o primeiro ano da guerra, muitos líderes do Norte encaravam o conflito como uma guerra pela União, que seria travada apenas por homens brancos. A demografia parecia lhes dar razão, pois o Norte possuía entre três a cinco vezes mais homens brancos em idade militar do que os confederados e uma proporção total de cerca de 2,5 para 1 entre aqueles que desejavam servir. Consequentemente, eles assumiram como natural a superioridade do Norte em todos os recursos e imaginaram que esse desequilíbrio traria uma rápida resolução a um conflito de duração limitada. O general de divisão George B. McClellan definiu a essência desse tipo de guerra em uma carta, em agosto de 1861, quando ele explicou a Lincoln sua estratégia de campanha na Virgínia: "Nós não precisamos apenas derrotar suas forças armadas e organizadas no campo de batalha, mas exibir uma força tão esmagadora que convença todos os nossos antagonistas, especialmente aqueles da classe governante aristocrata, da total impossibilidade de resistência".[66]

O mesmo McClellan estava ansioso em assegurar aos oligarcas do Sul que suas propriedades não seriam tomadas pelos exércitos invasores do Norte. Em um panfleto endereçado aos "Homens da União da Virgínia Ocidental", esse comandante lhes afiançava:

> Seus lares, suas famílias e suas propriedades estão salvos sob nossa proteção. Todos os seus direitos serão religiosamente respeitados. Apesar de tudo que foi dito pelos traidores para induzi-los a acreditar que nossa chegada seria marcada pela interferência com seus escravos, entendam uma coisa claramente – não apenas nós iremos nos abster de tal interferência como, ao contrário, esmagaremos com mão de ferro qualquer tentativa de insurreição por parte deles.[67]

Os esforços do Norte para reunificar o país não levaram inicialmente a uma mudança de visão sobre os estereótipos raciais na região. Mesmo aqueles que consideravam aceitável o recrutamento de negros e índios temiam a provável

65 Cabo James Henry Gooding para Abraham Lincoln, 28 set. 1863 (apud Adams, 1991, p. 118).

66 George B. McClellan para A. Lincoln, 4 ago. 1861 (apud Glatthaar, 1990b, p. 59).

67 McClellan para os homens da União da Virgínia ocidental. Cincinnati, 26 maio 1861 (apud McClellan, 1989, p. 26).

reação dos grupos conservadores da coalizão da União. Alguns temiam que armar negros libertos e escravos fugitivos poderia levar à "insatisfação fatal e perigosa no Exército" e, portanto, "isso produziria mais prejuízo do que benefício" (Pease e Randall, 1925, v. 1, p. 55, 558-560). Essas circunstâncias foram confirmadas por pesquisas empíricas conduzidas por historiadores profissionais. James McPherson (1997, p. 19) observou em sua amostra das cartas de soldados da Guerra Civil que "relativamente poucos voluntários da União mencionaram o tema da escravidão [como uma motivação relevante] quando se alistaram". No seu estudo sobre os soldados do Norte, Bell Wiley (1992, p. 40) destacou que escassamente um em cada 10 soldados da União "tinha qualquer interesse real na emancipação em si". Costa e Kahn (2008, p. 62) observaram que "com raras exceções, os negros livres que procuraram se alistar como soldados no Exército da União [no início das operações] foram rejeitados". Outros setores da opinião pública do Norte, menos preocupados com o destino dos afro-americanos, acreditavam que a guerra deveria reunificar o país, não criar um foco adicional de tensão social. Por mais importante que fosse a vitória sobre os confederados, ela nunca deveria interferir com os direitos de propriedade ou com hierarquias raciais estabelecidas. Portanto, embora houvesse um consenso sobre o objetivo principal de manter a unificação da União, outras questões, tais como a emancipação ou o *status* dos estados do Sul após a reunificação, eram convenientemente mantidas fora do debate político. Em 4 de julho de 1861, Lincoln (1953, v. 4, p. 263) ainda tinha como meta uma guerra de objetivos limitados, explicando que ele não tinha "qualquer propósito de interferir, direta ou indiretamente com a escravidão nos estados em que ela existe". Nesse momento, os líderes do Norte acreditavam que a secessão poderia ser revertida através da utilização de medidas limitadas. O Plano Anaconda apresentado pelo general de divisão Winfield Scott respondia a essa concepção. Para concluir a guerra com o menor derramamento de sangue possível, Scott pretendia dividir a área rebelde e, em conjunto com um bloqueio naval, cercar e asfixiar os estados insurgentes. O objetivo era fazer com que o Exército ocupasse o máximo de território confederado sem se envolver em longas e sangrentas campanhas. A opção preferida era uma guerra de movimento e não uma guerra de atrito permanente. Diante dessa concepção limitada de guerra, a expropriação de qualquer forma de propriedade como punição ou vingança era rejeitada pela administração. O *New York Times* refletia os sentimentos da maior parte dos nortistas em maio de 1861 quando afirmou em seu editorial: "A Guerra por parte dos habitantes do Norte não é contra os estados ou as instituições de qualquer Estado. Ela é contra a traição e em defesa do melhor governo do mundo".[68] Uma guerra rápida com soldados voluntários não desgastaria as comunidades nem representaria uma ameaça de recrutamento maciço. Presumindo que um número relativamente pequeno de soldados seria necessário, os líderes republicanos não esperavam ter de apelar para o recrutamento compulsório, mantendo assim a tradição do voluntariado que predominava desde o período colonial.

A dinâmica da Guerra Civil

Durante o primeiro ano da campanha, o presidente Lincoln e seus líderes militares tinham como objetivo uma vitória decisiva (possivelmente em uma grande batalha), o que, eles acreditavam, traria os estados do Sul de volta à União.[69] Entretanto, o que eles rapidamente aprenderam foi que as grandes batalhas, mesmo se fossem ganhas, não eram capazes de arrefecer o apoio popular à rebelião nos estados rebelados, por mais frequentes ou custosas que tais batalhas pudessem ser. A chamada presidencial por voluntários levou à segunda e última onda de secessão envolvendo os estados da parte setentrional do Sul, incluindo a dolorosa perda da Virgínia. Além de ser o estado mais importante da Confederação, a Virgínia era o lar de muitos líderes militares e era intimamente identificada com a herança nacional. Apesar da sua perda, e dos estados da Carolina do Norte, Arkansas e Tennessee, os estados fronteiriços de Maryland, Delaware, Kentucky e Missouri permaneceram na União. Juntos, os *border states* tinham uma população combinada de aproximadamente 3.137.000 pessoas e uma área de 393.678 quilômetros quadrados. Eles representaram um patrimônio fundamental para a União durante os primeiros meses inconclusivos

---

68 *New York Times*, 10 maio 1861 (apud Perkins, 1942, v. 2, p. 830).

69 Desse modo, eles provavelmente argumentavam como o estrategista alemão Carl von Clausewitz (apud Keegan, 1978, p. 28), que havia dito três décadas antes que "a luta é para a guerra [...] o que o pagamento é para o comércio, pois não importa o quão raramente ela ocorra, tudo gira em torno dela e eventualmente ela deve ocorrer o tempo todo e deve ser decisiva". Segundo Keegan, essa analogia econômica agradou tanto ao filósofo Friedrich Engels que ele incluiu Clausewitz no templo marxista da genialidade.

da guerra. Nesses estados os escravos ainda eram considerados propriedade e sujeitos à Lei dos Escravos Fugitivos. A fidelidade desses estados à União estava longe de ser completa, uma vez que uma grande proporção de suas populações apoiava a Confederação e encarava o Exército da União como uma força de ocupação. A aplicação da autoridade federal nessas áreas era evasiva. A política de fronteiras da União era extremamente cautelosa e representava um grande obstáculo à rápida radicalização da guerra. Em particular, a fim de manter a fidelidade dos *border states*, a administração moderou as políticas raciais e de recrutamento durante o primeiro ano. Nos *border states*, como em outros estados leais, o esforço de guerra se baseava na cooperação entre as autoridades locais e federais. Mas tal cooperação funcionava desde que os interesses da política local e federal coincidissem. Um exemplo curioso da precaução federal foi encontrado no recrutamento. Embora a maioria dos estados limítrofes não tenha preenchido suas cotas de alistamento em 1862 e 1863, nenhum recrutamento compulsório foi ordenado nessas áreas. Como afirmou o líder de um *border state*: "Nossa atuação em Delaware, devido à sua fraqueza política, deve ser a de observar a progressão dos eventos, os quais não podemos nem controlar nem retardar no menor grau".[70]

Segunda fase: tensão

Quando as operações começaram, poucos dirigentes da União previram as consequências da guerra para as relações entre o centro e a periferia da sociedade norte-americana. Embora apenas o entusiasmo pelo conflito tenha impulsionado o apoio à mobilização do Norte, ele não forneceu aos líderes uma visão clara das tarefas que tinham pela frente. Os estrategistas militares da administração Lincoln subestimaram tanto a força do nacionalismo confederado quanto o nível de cooperação que seus grupos de homens livres não proprietários de escravos ofereceram à secessão.[71] Em abril de 1862, o comandante do Exército

---

70 James A. Bayard para T. F. Bayard, 14 dez. 1860. Bayard Papers. Library of Congress (apud Hancock, 1961, p. 38).

71 Em sua análise sobre o interior de Augusta, Geórgia, J. William Harris destacou que, embora homens pobres pudessem seguir "ombro a ombro" com proprietários de escravos, tal cooperação não estava livre de tensões hierárquicas e sociais. À medida que a guerra progrediu e o alistamento

do Potomac, preparando-se para a batalha de Yorktown, declarou: "A convicção [é] de que aqui será travada a grande batalha que deve decidir a disputa existente".[72] Como na onda inicial para tomar a fortaleza de Humaitá no Paraguai (1866), as expectativas de uma conclusão rápida e gloriosa enevoaram o julgamento militar.

Além do entusiasmo, a Confederação dispunha de um enorme território, rico em recursos naturais. Ela possuía bons líderes militares e era habitada por uma população motivada a lutar pela independência e pelo que consideravam serem os direitos inalienáveis de seus respectivos estados. Durante a Guerra de Independência (1775-1781), condições semelhantes ajudaram o Exército mais fraco a vencer. Os avanços tecnológicos dos armamentos, então modernos, também reforçaram a superioridade da defesa, com rifles de longo alcance. Consequentemente, a guerra exigia um esforço mais considerável para derrotar exércitos rebeldes, ocupar o terreno, estabelecer linhas de comunicação e submeter um país inteiro do que os líderes do Norte podiam imaginar. Homens e recursos precisariam ser multiplicados muito além das estimativas iniciais.[73]

Após um ano de guerra, entretanto, havia uma preocupação crescente de que o Sul poderia conquistar a independência. Em abril de 1862, o governo confederado aprovou sua lei de recrutamento compulsório, destinada a recrutar a maioria da população masculina capaz de servir, mostrando a disposição do país em se defender da invasão do Norte. Logo ficou claro que o país só poderia ser reunificado mediante uma derrota completa dos exércitos confederados, derrota que envolvia a destruição das bases que sustentavam o esforço de guerra daquela entidade política. Quando as últimas perspectivas de conciliação desapareceram, as esperanças de uma reunificação amistosa mostravam-se crescentemente associadas à traição, um estigma que acompanhou os demo-

---

se expandiu, os ricos conseguiram evitar o serviço militar confederado mais frequentemente que os pobres. Consequentemente, a "fachada" de unidade social do Sul era cada vez mais abalada naquela região à medida que os sacrifícios da guerra aumentavam. Ver Harris (1985, p. 140-166). Para uma visão diferente dos mesmos problemas, ver Bearman (1991), que atribui as diferenças a questões locais.

72 George B. McClellan para o secretário da Guerra, Edwin M. Stanton, 7 abr. 1862 (apud McClellan, 1989, p. 232).

73 Sobre o nacionalismo confederado, ver Faust (1988), Rubin (2005), McCurry (2010) e Gallagher (1997). Segundo Faust (1988, p. 3), "os acadêmicos continuaram a temer que a aceitação da realidade do nacionalismo Confederado de algum modo implicasse na sua legitimação". Para uma comparação analítica entre os desafios colocados pela Revolução Americana e pela Guerra Civil, ver Murrin (1984) e Bensel (1990, p. 135-139).

cratas pacifistas do Norte durante os dois últimos anos do conflito, um grupo que ficaria conhecido como "Copperheads" (Moore, 1924; Harris, 1985, p. 147-153).[74]

Enquanto a Confederação dava passos firmes para fortalecer seus exércitos, tanto a administração federal quanto a burocracia militar da União careciam das habilidades necessárias para uma mobilização mais intensa. Em 1860, o escritório do secretário da Guerra e os gabinetes militares empregavam 93 pessoas, incluindo 14 escrivães. No Departamento de Guerra as coisas não eram muito melhores: esse departamento crucial empregava 248 pessoas em todo o país, não contando as tropas. Embora essa organização fosse capaz de gerenciar o sistema de fornecimento, ela se mostrou incompetente para fornecer novos recrutas a um Exército com uma necessidade permanente de novos soldados (Osher, 1992, p. 101; Wilson, 2006, p. 191-226).

As dificuldades para organizar um Exército robusto começaram a aparecer assim que os primeiros regimentos foram reunidos nos acampamentos. A tradição militar norte-americana, o facciosismo político e a falta de estrutura, aliados à escassez de equipamento militar adequado e à má administração, contribuíram para uma deterioração rápida das condições nos acampamentos. As tropas estavam inadequadamente uniformizadas e alimentadas. Atrasos constantes no pagamento dos soldados contribuíram para uma insatisfação crescente, intensificando as demandas pelo pagamento de bônus e outros incentivos fornecidos pelas autoridades locais. À medida que a demanda por homens cresceu, alguns recrutas foram entregues à própria sorte nas cidades e acampamentos em que eles se reuniam. Notícias da Filadélfia informavam que "as tropas de Ohio têm andado por nossas ruas como mendigos em busca de alimento" e em Connecticut os pagamentos podiam atrasar até sete meses para algumas tropas (Sterling, 1974, p. 39). Andrew Knox, um tenente no Primeiro Batalhão de Artilharia de Connecticut, se queixava à sua mulher dizendo que "fomos reunidos novamente para pagamento e inspeção. Mas o pagamento não parece chegar. Já faz sete meses desde a última vez em que fui pago".[75] Todas

---

74 Para o significado do alistamento para o esforço de guerra do Sul, ver Geary (1991a, p. 3-5), que defendeu que o Sul não podia depender de grande generosidade para arregimentar tropas devido à escassez de recursos financeiros. Hattaway e Jones (1991, p. 721) estimam que cerca de 87% dos homens brancos do Sul em idade de alistamento serviram no Exército confederado.

75 Andrew Knox para sua esposa, 6 jan. 1862, GLCO 3523.20.

essas dificuldades foram descritas detalhadamente nas cartas que os soldados enviaram para suas famílias. Nesses documentos não censurados, os recrutas descreveram os piores aspectos da vida nos acampamentos. Eles se queixaram da alimentação ruim, doenças, cansaço, tédio e atraso nos pagamentos. Para aumentar a confusão, os conteúdos de tais cartas eram frequentemente lidos para um público amplo, uma circunstância que tornou o trabalho dos recrutadores ainda mais difícil. Incomodado com as condições de vida abjetas, um desses soldados descreveu os problemas enfrentados a caminho do *front*:

> Fomos reunidos mais como um bando de porcos do que como seres humanos [...]. Fui obrigado a dormir no chão... Dificilmente podíamos engolir nossas rações. Na verdade, a maior parte delas estava podre ou quase. A água era muito suja. Ainda assim ficávamos felizes em conseguir uma quantidade suficiente dela [Niven, 1965, p. 95].

Após as primeiras batalhas, as concepções românticas sobre glória e heroísmo rapidamente se dissiparam. A Guerra Civil introduziu novas tecnologias de armas de longo alcance que tornaram obsoleta a concepção napoleônica de batalha decisiva. As novas armas reforçaram a capacidade defensiva, favorecendo os confederados nos confrontos diretos. Essas circunstâncias prolongaram a guerra, multiplicando o grau de severidade das baixas para além de qualquer patamar conhecido. Elas também transformaram a natureza da guerra, de forma que os exércitos foram obrigados a empreender períodos longos e constantes de terror e violência, em que a infraestrutura civil de transportes, indústrias e agricultura tornaram-se alvos críticos. Armas de longo alcance como o fuzil minié aumentaram as capacidades defensivas e ajudaram os confederados a manterem posições estratégicas com um grande custo para as tropas da União. Porém, após o Sul ter sido invadido, seus habitantes sofreram os piores efeitos da guerra, cujo prolongamento transformou a natureza do conflito, levando a longos períodos de violência frequentemente direcionada contra civis e a infraestrutura. Rufus Kinsley (2004, p. 119), um oficial servindo no Mississippi, registrou os efeitos da guerra total nas populações confederadas:

> O Sul está sendo incendiado com fogo e afogado em sangue. Suas vilas estão desoladas, suas terras, as mais ricas do mundo, devastadas, as asas do comércio ociosas,

todos os seus interesses, materiais, sociais, políticos, ligados ao monstro odioso – a Escravidão – que marcha a passos largos para sua morte.

Por volta de dezembro de 1862, o recrutamento no Norte estagnou. Os homens desejavam cada vez menos se alistar por longos períodos em detrimento de suas atividades pessoais. A maioria dos recrutas em potencial temia sofrer as consequências da má administração militar e da ausência de cuidados médicos, comuns durante os primeiros meses. Eles também temiam perder as colheitas e a chance de ajudar os parentes, um temor que arrefecia o ímpeto guerreiro. Com o aumento da inflação e o congelamento dos salários dos militares, as discrepâncias entre o que os soldados recebiam no Exército e os salários baseados nos preços oferecidos pelo mercado cresceram substancialmente. As campanhas se tornaram cada vez mais longas e servir no Exército passou a ser associado a um aumento do grau de sacrifícios para as famílias e parentes na retaguarda. O serviço militar também impedia que os soldados alistados compartilhassem do crescimento econômico nos estados da União, que aumentava as oportunidades em muitas partes do Norte como consequência das demandas geradas pela guerra.

Em meados de abril de 1862, as vitórias no *front* do Mississippi e a perspectiva de progresso na Virgínia trouxeram uma nova onda de entusiasmo à população do Norte. As opiniões começaram a mudar para melhor quando um novo ministro da Guerra assumiu. Edwin McMasters Stanton, um democrata comprometido com o esforço de guerra, se tornou ministro com a promessa de melhorar a organização dos exércitos do Norte.[76] Com Stanton em Washington e o enérgico George B. McClellan no comando do Exército do Potomac, tanto o treinamento como o abastecimento do Exército da União foram reorganizados. Melhoras também decorreram da nacionalização do sistema de abastecimento. Uma das primeiras burocracias nacionais desenvolvidas durante esse período, o abastecimento nacional extinguiu a influência dos governadores estaduais e dos fornecedores locais sobre os lucrativos contratos de suprimentos militares.

76 Em dezembro de 1861, o antecessor de Stanton, Simon Cameron, emitiu instruções de que os governadores não deveriam enviar mais nenhum regimento a não ser que assim lhes fosse solicitado. Se essa decisão pretendia economizar dinheiro ou proporcionar uma melhor orientação às aquisições do Exército, seus efeitos imprudentes foram sentidos com intensidade durante o inverno. Essa decisão provavelmente se originou da falta de organização administrativa durante a gestão de Cameron.

Foi dada atenção especial ao Exército do Potomac e às campanhas da primavera na frente oriental da Virgínia. A obsessão de McClellan pelos detalhes e sua capacidade administrativa convenceram soldados, políticos e civis de que Lincoln havia finalmente encontrado seu general. Os preparativos visavam a uma curta campanha, seguida da ocupação de Richmond, a capital confederada, durante a primavera.[77] Mas a confiança foi comprometida quando o secretário Stanton interrompeu o recrutamento através da Ordem Geral nº 33, em abril de 1862, após a captura dos fortes Henry e Donelson no *front* do Mississippi. Essa ordem refletia o crescente otimismo e o excesso de confiança da administração na liderança de McClellan. Paralisar o recrutamento provou, em pouco tempo, ser um grande erro.[78] A interrupção do recrutamento desagradou alguns líderes republicanos, entre eles Thurlow Weed, conselheiro do secretário de Estado William Seward, que registrou criticamente em suas memórias:

> Quando interrompemos o recrutamento em meio aos nossos sucessos, desferimos um golpe fatal em nosso Exército, e realmente me impressiona que nossos generais tenham consentido em se submeter a tal medida que lhes incapacitou num momento em que uma força esmagadora se tornou necessária para concluir o bom trabalho. Foi uma política dificilmente menos suicida do que se interrompêssemos o envio de suprimentos e munição para nossos homens no campo de batalha. Onde encontrávamos no último inverno dez homens ávidos para se alistar, ansiosos para compartilhar nossos triunfos, agora raramente encontramos um, tão profunda é a tristeza e a desconfiança que tomaram conta do nosso povo. Creio que o nosso caso seja o primeiro exemplo na história em que um governo interrompeu o envio de suprimentos aos seus homens em meio a uma guerra gigantesca. [Barnes, 1884, p. 420-421].

De maio a julho, o general McClellan continuamente solicitou mais soldados para apoiar seus ataques recorrentemente adiados e, em última instância,

77 O entusiasmo era tão grande nas fileiras do Norte por volta do início de junho de 1862 que membros das forças de ocupação disseram aos escravos da ilha de St. Simon que a guerra acabaria logo. Ver Taylor (1988, p. 38).

78 Sobre as capacidades administrativas de McClellan e suas relações com o Partido Democrata e a administração Lincoln, ver Glatthaar (1990b, p. 51-94).

frustrados contra Richmond. A escassez de recursos humanos no Norte foi intensificada durante as campanhas da primavera devido a uma combinação de reveses na guerra e de renovadas oportunidades econômicas no Norte. No Vale de Shenandoah, bem como no teatro do Oeste, o progresso era lento e custoso.[79] Enquanto a cidade de Vicksburg resistisse, era impossível tornar o rio Mississippi uma via para transporte para tropas e suprimentos da União. No *front* doméstico, os efeitos combinados de uma economia em crescimento e o ciclo do trabalho agrícola também desencorajaram recrutas potenciais.

Muitas das características citadas também foram comuns ao Brasil durante a Guerra do Paraguai. Mas a cidadania era muito mais disseminada nos Estados Unidos. Partidos políticos de oposição podiam eleger governos estaduais nos Estados Unidos, enquanto essa possibilidade só ocorria no Brasil em caso de mudança de gabinete. Isso representava um importante recurso nas mãos das comunidades locais que compunham a União, uma vez que os eleitores podiam pressionar seus representantes e governadores para negociar cotas mais vantajosas com Washington. Os agentes recrutadores brasileiros, por outro lado, tinham como alvo preferencial os pobres desprotegidos ou os clientes de chefes políticos temporariamente desprovidos de poder, contando com pouca autonomia para recrutar aqueles que estivessem isentos pela lei, ou guardas nacionais da reserva. Essa característica tornava a ação dos recrutadores menos universal, ainda que pesquisas recentes tenham destacado a predominância de soldados provenientes dos setores mais pobres dos respectivos estados no Exército da União (Marvel, 2018).

Terceira fase: reação federal

O descontentamento público emergiu no Norte por volta de maio de 1862, quando chegaram as notícias do fracasso da campanha peninsular, a tentativa de McClellan de conquistar Richmond. O entusiasmo declinou substancialmente, tornando-se cada vez mais difícil encontrar voluntários. O período entre junho de 1862 e julho de 1863 pode ser considerado um divisor de águas

79 A Batalha de Shiloh (abril de 1862) custou ao general Grant 13 mil soldados. Os recursos eram cada vez mais desperdiçados, e as boas notícias se tornaram escassas à medida que a estação chegava ao fim (Macdonald, 1992, p. 31).

nos esforços de guerra do Norte. O conflito se transformou de uma campanha restrita à preservação da unidade territorial para uma guerra total contra a sociedade confederada. Meses de fracasso e de resistência por parte do inimigo reforçaram a percepção de que eram necessárias mudanças se Washington quisesse vencer a guerra. Membros da coalizão no poder se tornaram mais convencidos do que nunca da necessidade de adotar medidas drásticas para reforçar o poder nacional. Como Lincoln (1953, v. 5, p. 810) explicou ao financista de Nova York August Belmont em julho de 1862: "Esse governo não pode mais jogar o jogo em que ele aposta tudo e seus inimigos não apostam nada. Esses inimigos precisam entender que eles não podem passar dez anos tentando destruir o governo e se fracassarem ainda poderem retornar à União ilesos". Mesmo Thurlow Weed (apud Barnes, 1884, p. 422), um republicano conservador, concordou que a condução da guerra deveria mudar:

> Parece quase impossível tentar trazer o Sul de volta para a União através da negociação. Homens e mulheres, naquela porção desviada do nosso país, se tornaram igualmente desesperados e inflamados pelos ensinamentos de líderes sem princípios e pelas misérias da guerra civil.

Durante os dois anos seguintes, uma guerra entre exércitos se tornaria uma guerra entre sociedades, envolvendo a destruição da escravidão no Sul e a aniquilação do Exército confederado. Essa mudança estratégica envolveu enormes transformações na organização do Exército, bem como na estrutura do governo norte-americano, especialmente na extensão da capacidade federal de recrutar, interferindo em tradições e práticas de grandes e pequenas comunidades em todo o país.[80]

O governo federal centralizou decisões em um nível sem precedentes e estendeu o alcance do recrutamento para envolver um número maior de cidadãos que não se alistaria voluntariamente. Em suas memórias da guerra, Silas Wright Burt (1902, p. 422), um assistente do governador Oliver P. Morton, de Indiana, expressou a mudança de pensamento daqueles diretamente conectados aos esforços de guerra: "Nós aprendemos [...] que a guerra era uma instituição

80 As transformações mais importantes estavam ligadas à emancipação dos escravos e ao recrutamento de soldados negros pelo Exército da União, assuntos que serão tratados separadamente no capítulo 4.

tão bárbara que não podia ser conduzida pelos princípios democráticos da nossa autoridade civil". Ao mesmo tempo, a dinâmica da guerra criou uma visão nova e mais radical de seus objetivos e alvos principais. James McPherson observou que as vitórias do general confederado Robert E. Lee na Virgínia forneceram um estímulo que traria a destruição de sua própria sociedade. O senador pelo Maine, William P. Fessenden (apud McPherson, 1988, p. 500), verbalizou tais sentimentos em julho de 1862: "A guerra deve ser travada sob 'princípios diferentes'; pois a 'guerra de luvas de pelica' é passado". Parte do problema se encontrava na falência do voluntariado. Embora o entusiasmo pela guerra pudesse servir como um forte elemento em apoio à mobilização, ele não seria capaz de fornecer, sozinho, os números adicionais necessários. A maioria dos que haviam se alistado por motivos patrióticos já se encontrava nas fileiras, e recursos humanos adicionais estavam se tornando escassos. Diante de um declínio progressivo no recrutamento, e alarmado pela amplitude das tarefas por vir, as autoridades começaram a procurar alternativas para garantir um fluxo contínuo de novos recrutas. Para conseguir isso, o governo federal precisaria de uma estrutura central para vencer as objeções locais e reforçar a colaboração. Esse impasse nos leva ao problema da mobilização das milícias, um problema antigo na história militar norte-americana.

A Lei das Milícias

A fim de se recuperar das consequências infelizes da Ordem Geral nº 33, a administração republicana decidiu coordenar uma "convocação de governadores" por novas tropas em junho de 1862. Durante esse encontro, o secretário de Estado William Seward persuadiu todos os governadores a se unirem em apoio ao presidente e convocarem 150 mil voluntários adicionais. Essa convocação ajudou a repor as perdas do Exército, que havia sido reduzido pelos reveses resultantes de erros administrativos e pela sequência de derrotas no campo de batalha. Mas os governadores republicanos convenientemente emitiram a convocação como uma solicitação descentralizada e local, não como uma ordem presidencial centralizada. Embora a percepção geral reconhecesse a necessidade urgente de aumento do poderio militar da União, muitos republicanos temiam que uma solicitação presidencial direta pudesse ser interpretada como um sinal de desespero e, provavelmente, aumentar a impressão de fracasso associada ao estado delicado da condução da guerra.

À "convocação dos governadores" de 28 de junho, Lincoln respondeu com uma solicitação presidencial de 300 mil soldados adicionais em 2 de julho. Os homens que responderam à convocação de 2 de julho foram alistados para um serviço de três anos. Todos os lados se beneficiaram dessa estratégia: o governo federal evitou uma demonstração pública de fraqueza, os governadores mantiveram a iniciativa aos olhos dos seus eleitores e o Exército recebeu os reforços para apoiar sua campanha de verão no território confederado.[81]

Enquanto isso, o Congresso discutiu e aprovou a Lei das Milícias, uma medida que representaria a primeira incursão real do poder federal no domínio dos estados. A lei autorizava o presidente a convocar as milícias estaduais sempre que precisasse e lhe permitia emitir cotas para cada estado, expandindo, portanto, o poder presidencial. Ela também conferiu autoridade ao poder público federal para ordenar o recrutamento naqueles estados com leis de alistamento deficientes ou inexistentes. Caso um estado fosse incapaz de preencher sua cota, o governador deveria coordenar um recrutamento, pedindo a ajuda federal quando necessário.[82]

O Decreto das Milícias estendeu a base de recrutamento federal, mas também limitou o tempo de serviço em nove meses, claramente diferente das condições dos voluntários de julho, num contraste evidente com o tempo de serviço de três anos da segunda convocação em julho. Ele permitiu que cada condado pudesse reivindicar o crédito por todos os homens alistados, independentemente de eles residirem ou não naquela localidade. Essa cláusula abriu uma janela para buscar substitutos provenientes de outros locais. Se os estados não alcançassem suas cotas de julho em 15 de agosto, eles teriam de preencher os regimentos incompletos através de recrutamento compulsório ou do oferecimento de substitutos. Embora a maioria dos estados tenha evitado o recrutamento compulsório, a perspectiva da sua ocorrência estimulou o recrutamento local, rompendo a letargia que prevalecera durante a maior parte

---

81 Segundo Osher (1992, p. 151-155), 300 mil soldados era um contingente claramente insuficiente diante dos crescentes desafios enfrentados no Sul. A inadequação desses números, porém, foi contestada por Costa e Kahn (2008, p. 80-119).

82 Entretanto, essa prescrição não foi necessária porque os agentes recrutadores e as milícias estaduais conseguiram executar com sucesso os recrutamentos em 1862.

do primeiro semestre de 1862. Uma das consequências mais importantes do Decreto das Milícias foi sua rejeição da lei federal de 1792 que impedia que os negros participassem tanto das milícias estaduais quanto do Exército regular dos Estados Unidos.[83]

O Decreto das Milícias marcou o despertar do governo federal para a magnitude da guerra, superando pressupostos tradicionais sobre a adequação de uma força voluntária. Ele constituiu a primeira etapa para a transformação de uma força de combate fragmentada e multiforme em um Exército nacional uniforme. Transformada em lei pelo presidente Lincoln em 17 de julho de 1862, após um breve debate no Congresso, a medida foi apoiada por ambos os partidos políticos e pela imprensa partidária. Ela marcou o advento do alistamento nacional no Norte (Berry, 1977, p. 43).

Embora o Decreto das Milícias tenha utilizado uma estratégia "morde e assopra" para fazer com que os estados recrutassem mais pessoal, ele não retirou dos estados o trabalho de arregimentar tropas, nem questionou o poder dos governadores e autoridades locais nessa área em particular. Muitas características do sistema descentralizado inicial foram mantidas. Por exemplo, os governadores permaneceram encarregados dos procedimentos, mantendo a formação dos regimentos sob um comando predominantemente local. As comunidades realizaram encontros para encorajar os homens a se alistarem ou apresentarem um substituto e elas também levantaram dinheiro para pagar gratificações mais elevadas pelo alistamento. Os milicianos e voluntários permaneceram em unidades locais que continuaram a eleger seus próprios oficiais. "Voluntários" também tiveram o privilégio de entrar em regimentos recentemente formados, se assim desejassem. Consequentemente, a amplitude do decreto foi limitada: o governo nacional abdicou do poder de obrigar diretamente os cidadãos ao alistamento ou de indicar os oficiais subalternos. Os governadores mantiveram o poder de coagir as autoridades locais a mobilizarem tropas, evitando assim as controvérsias de um recrutamento federal em suas jurisdições.[84]

Embora os estados tenham mantido o controle sobre as indicações de oficiais, os governadores fracassaram na indicação de lideranças positivas na área impo-

83 O Decreto das Milícias ofereceu essa possibilidade para os negros livres e libertos, uma questão que será discutida no capítulo 4. Ver McPherson (1964, p. 196).

84 Para um resumo da resistência ativa e passiva ao alistamento, ver O'Sullivan e Mecler (1974, p. 61-107).

pular do recrutamento. O localismo permaneceu forte e adiou o recrutamento em alguns estados durante meses. Às vezes, as autoridades locais eram capazes de ampliar a faixa de isenções, protegendo temporariamente aliados políticos e dependentes. Muitos homens evitaram o alistamento através de isenções médicas ou porque trabalhavam como empregados das ferrovias, escrivães do estado, operadores de telégrafo, funcionários dos correios, bombeiros ou outros empregos considerados estratégicos. Refletindo sobre a parcialidade dessas isenções, um jornal alinhado com o esforço de guerra declarou, "a ética médica em Connecticut nessa época era do tipo mais contingente", devido ao número de atestados médicos fornecidos.[85] Um número crescente de recrutas potenciais também alegou isenções ideológicas e morais, tais como "objeção de consciência", isto é, por motivos religiosos, tradicionalmente concedida aos membros de algumas denominações. A objeção de consciência, uma questão importante para os grupos religiosos pacifistas, era legítima para os *quakers*, os *shakers* e algumas outras denominações contrárias ao uso da violência por seus fiéis.[86]

Uma das maneiras mais eficazes de contar com a colaboração era oferecer gratificações (*bounties*). O sistema de gratificação tinha sua origem no período colonial e foi reinstituído, com grande sucesso, durante o primeiro ano da guerra. O governo instituiu um prêmio de US$ 100 a ser pago a quem se alistasse para um tempo de serviço de três anos. Originalmente, o prêmio era pago no momento da dispensa, mas, sob a pressão dos estados, o governo decidiu dar US$ 25 de adiantamento àqueles que se apresentassem voluntariamente. Em sua ansiedade para preencher as cotas com voluntários, estados, comunidades e particulares logo expandiram o sistema de gratificações, evitando desse modo o estigma e a vergonha do recrutamento forçado. Muitas cidades criaram gratificações adicionais. Cape Elizabeth, no Maine, duplicou os US$ 100 oferecidos pelo governo federal. Segundo Robert Sterling (1974, p. 656), ao final da Guerra, várias instituições públicas e privadas haviam gasto quase três quartos de US$ 1 bilhão em premiações em dinheiro para voluntários re-

85 Hartford Courant (CT), 22 ago. 1862 (apud Niven, 1965, p. 82).

86 Para uma análise interessante do comportamento dos *quakers* durante a Guerra Civil, ver Nelson (1991, p. 29-44), que contesta os pressupostos gerais sobre a oposição desse grupo ao esforço de guerra. Utilizando registros da Igreja e coleções de manuscritos, o trabalho de Nelson indicou que naquele estado os *quakers* pegaram em armas mais frequentemente do que se supõe.

lutantes.[87] À medida que a ameaça do alistamento aumentava, as gratificações se multiplicavam, especialmente nas comunidades abastadas, nas quais os recursos eram abundantes.[88] Gratificações distinguiam os voluntários pós-1862 daqueles de 1861. À medida que o entusiasmo diminuía, a força dos "incentivos seletivos" era fundamental para manter o recrutamento. Quanto mais rica fosse uma comunidade, mais facilmente ela conseguia obter voluntários. Tais desequilíbrios regionais operaram contra as áreas mais pobres, que não possuíam os meios para pagar por substitutos. No longo prazo, a multiplicação de gratificações quebraria os laços entre os soldados e suas comunidades, uma vez que um número crescente de recrutas não era mais conectado aos locais em que havia se alistado, entrando nas listas para cobrir as cotas exigidas pelas autoridades. Porém, em meados de 1862, esses efeitos inesperados não eram evidentes nem pareciam comprometer os esforços para um avanço acelerado dos exércitos da União nos campos de batalha.

O temor do recrutamento forçado e os incentivos dados por gratificações crescentes provocaram um novo ciclo de voluntariado no Norte. A convocação de tropas de 4 de agosto, que estava diretamente ligada ao Decreto das Milícias, foi recebida com entusiasmo por muitos estados e pelo distrito de Colúmbia. No geral, o número de recrutas ultrapassou a demanda original e milhares foram alistados em novos corpos de voluntários. Tal sucesso se deveu particularmente aos excelentes resultados da convocação de 2 de julho, que forneceu um excedente para o resto do ano.[89]

Embora a maioria das áreas tenha excedido suas cotas, os estados de Indiana, Ohio, Wisconsin e os *border states* não as alcançaram. Quando esses estados se mostraram incapazes de recrutar nos níveis desejados, suas populações sofreram medidas repressivas, geralmente tomadas por agentes estaduais, às vezes com o apoio das milícias. Estas incluíram a suspensão do *habeas corpus*; a instituição de um sistema de passaportes internos e, ocasionalmente, um recrutamento forçado. Pessoas escolhidas e xerifes indicados pelo estado organizaram recrutamentos compulsórios nos locais, quando necessário. Porém,

87 Para Cape Elizabeth, ver Ledman (1999, p. 109-113).

88 Para o significado das gratificações como um incentivo seletivo para o alistamento, ver Murdock (1967a, p. 154-169).

89 Apesar do sucesso, a evasão do alistamento era significativa. As estimativas sugerem que 40 mil a 50 mil homens escaparam do alistamento antes de 1864. Ver Hallock (1983) e Geary (1991a, p. 87-102).

no geral, os recrutamentos foram dispersos, a resistência popular limitada, e as autoridades encararam os resultados como muito positivos. Como um reformador de Maryland observou, "o temor de ser recrutado [obrigaria] cada homem leal a promover o recrutamento".[90]

Segundo Robert Sterling (1974, p. 68), a Lei das Milícias estava a meio caminho entre o recrutamento estadual e o alistamento nacional. Embora tenha expandido o poder do governo nacional, ela não desafiou as prerrogativas locais, nem estimulou um movimento mais organizado de resistência antirrecrutamento. Consequentemente, as regulamentações estabelecidas na Lei das Milícias forneciam uma curiosa mistura de diretrizes nacionais superpostas a antiquados estatutos das milícias. O decreto funcionaria se o centro e a periferia cooperassem, mas sua eficácia também dependia dos resultados das batalhas.

Apesar do grande entusiasmo por todo o Norte durante o início do verão de 1862, o fracasso no campo de batalha minou os esforços de guerra da União. O bloqueio naval estendeu-se, avançando nos estados do Golfo. Entretanto, em agosto, o Exército da União foi derrotado na batalha de Bull Run e, em setembro, não conseguiu impor uma vitória decisiva em Antietam. Em novembro, após meses de indecisão, George McClellan perdeu o comando. Seu substituto, o general Ambrose Everett Burnside, liderou o Exército do Potomac na derrota desastrosa em Fredericksburg em dezembro de 1863, e as tropas da União se retiraram para os aquartelamentos de inverno sem terem alcançado a vitória decisiva sonhada no teatro de guerra do Leste. Uma grande onda de depressão caiu sobre o Norte no rescaldo de Fredericksburg. A confiança no esforço de guerra foi severamente abalada ao mesmo tempo que problemas internos e dissensões políticas prejudicaram os esforços contínuos da administração para reorganizar seus exércitos. Politicamente, a Proclamação da Emancipação em janeiro de 1863 enfraqueceu temporariamente a coalizão da guerra. A facção pacifista ou *copperhead* do Partido Democrata acreditava que o aumento do poder do governo republicano, cada vez mais centralizado, havia trazido a tirania política para o Norte. Os *copperheads* enfatizavam os sacrifícios cada vez maiores feitos pelos homens brancos e pobres, apontando uma solução negociada com os confederados como a melhor perspectiva para restaurar a normalidade sem prejuízo do ordenamento constitucional (Curry, 1967).

---

[90] Joseph E. Paine para Charles Sumner, 7 jul. 1862 (apud Osher, 1992, p. 188).

Após a versão preliminar da Proclamação da Emancipação de Lincoln, emitida em setembro de 1862, uma grande inquietação emergiu entre as pessoas que não concordavam em apoiar uma guerra que poria fim à escravidão negra nos estados confederados. Os efeitos combinados dos reveses da guerra e da Proclamação da Emancipação moveram os "democratas pacifistas" ou "*copperheads*" de sua resignação inicial para uma oposição mais agressiva contra a guerra e a administração republicana. Outros grupos menos radicais de democratas continuavam a apoiar a guerra enquanto exigiam um retorno aos objetivos originais, mais limitados em termos de reformas sociais. Esses "democratas belicosos" apoiavam a preservação da União, sem a destruição da escravidão, e criticavam a suspensão temporária das liberdades civis em certas áreas. O deputado democrata Daniel Vorhees, de Indiana, verbalizou a posição desse segundo grupo, queixando-se de que o entusiasmo pela guerra diminuiria com a agenda abolicionista: "Estou apontando essa política abolicionista como uma razão pela qual o entusiasmo leal que impeliu os homens para o campo de batalha em um primeiro momento, em um crédito errôneo e confiando na boa fé dessa administração, não pode mais receber apoio".[91]

Os democratas do Norte foram severamente abalados pela crise produzida pela secessão (uma crise no Partido Democrata, afinal de contas), mas mantiveram o apoio popular em muitas áreas. Com suas vitórias eleitorais em novembro de 1862, o partido recuperou parte de sua força anterior à guerra, conquistando 35 assentos republicanos e governos estaduais, incluindo os de Nova York e Nova Jersey. O compromisso do Partido Democrata com a guerra ainda estava conectado à visão local e individualista dos Estados Unidos do pré-guerra, representando "as grandes culturas pré-modernas no interior da sociedade norte-americana" (Curry, 1967, p. 208; Silbey, 1977). Em acordo com tais pontos de vista, os democratas se opuseram ao confisco da "propriedade rebelde", incluindo escravos. George C. McClellan verbalizou esse ponto de vista em uma carta para Lincoln, prevendo que "uma declaração em defesa de visões radicais, especialmente sobre a escravidão, desintegrará rapidamente nossos Exércitos atuais".[92]

---

91 CG 37th Cong., 3rd sess., p. 1232.

92 George McClellan para Abraham Lincoln, 7 jul. 1862. In: O. R., 1st ser., 11:1, p. 73-74.

As vitórias dos democratas nas eleições estaduais e legislativas de 1862 marcaram o retorno do espírito partidário e a possibilidade de uma mudança presidencial nas eleições seguintes. Na prática, o controle de alguns dos governos estaduais do Norte significava o controle do recrutamento naquelas áreas, de modo que os governadores democratas poderiam apresentar grandes obstáculos aos esforços de guerra republicanos. Além disso, os democratas poderiam se tornar minorias barulhentas, como ocorreu em Ohio, Connecticut e na Pensilvânia.[93]

Entre os muitos problemas estruturais que assolavam o Exército no início de 1863, se encontrava a necessidade urgente de recompor os regimentos veteranos. Desde o início da guerra, diferentes tropas haviam se alistado para diferentes tempos de serviço, variando de três meses a três anos. Sob o sistema de voluntariado, o recrutamento levou à criação constante de novos regimentos, ao mesmo tempo que os regimentos veteranos encolheram como resultado de óbitos, doenças, licenças e deserção. A multiplicação de convocações de voluntários e concessões às necessidades locais transformou a ausência de condições uniformes de alistamento em um problema importante. Se lhes fosse permitido escolher, os voluntários prefeririam se alistar em novos regimentos que mantinham os laços entre amigos e companheiros. O tempo de serviço de nove meses dos soldados que se alistaram de acordo com a Lei das Milícias deveria expirar em maio de 1863. Com a maior parte dos tempos de serviço de dois anos expirando na mesma época, a crise de recursos humanos se agravou.

Outra dificuldade do Exército eram os diferentes soldos que os recrutados recebiam, uma vez que o soldo normal de US$ 13 por mês, estabelecido no início da guerra, era cada vez mais suplementado por prêmios federais, estatais e locais. Tais incentivos atuaram como um estímulo para novos alistamentos, mas eles também aumentaram o ressentimento entre os veteranos que não haviam recebido gratificações, onerando ainda mais os orçamentos estaduais e federais. Esse é um caso em que os registros da guerra são imprecisos. Um homem podia ser pago para substituir outro antes que o segundo (o protagonista) fosse recrutado, mas ele seria chamado de voluntário. Se esse protagonista já tivesse sido recrutado, então ele seria chamado de substituto. Na prática, entretanto,

93 Para uma discussão dos eventos que resultaram nas eleições do outono de 1862, ver Hesseltine (1972, p. 249-272).

os recrutadores geralmente chamavam todos os substitutos de "voluntários". Os voluntários do início da guerra se ressentiram de receber menos, apesar de seus grandes sacrifícios, do que os recrutas recém-chegados, que eram mais bem pagos simplesmente porque haviam se alistado mais tarde. Esse ressentimento interrompeu o realistamento e levou ao risco de privar o Exército da União de seus combatentes mais experientes.

Até o primeiro semestre de 1863, o Exército dependia do entusiasmo popular e da boa vontade local para repor os soldados e manter o recrutamento com força total. Porém, à medida que as comunidades enfrentavam crescentes sacrifícios, diminuía sua disposição para cooperar com as autoridades federais em todas as partes do Norte. No outono de 1862, os líderes da União enfrentaram um dilema semelhante ao que os burocratas imperiais do Brasil enfrentariam quatro anos depois: ou mudar sua estratégia ou abrir mão do esforço de guerra. Sua decisão de prosseguir tornou a guerra ainda mais violenta, exigindo um grau intenso de colaboração das populações civis no Norte (Lonn, 1966, p. 153-154).

Embora existissem diversas semelhanças entre os dilemas que os governos dos Estados Unidos e do Brasil enfrentavam, Lincoln possuía uma organização muito mais sofisticada para lidar com os dissidentes sociais e políticos: o Partido Republicano. Desde o início da guerra, o objetivo principal do partido havia sido a reunificação da nação. Mas logo ficou claro que, para subjugar a rebelião, seria necessário recorrer a medidas extremas, incluindo o desenvolvimento da autoridade centralizada. Diante de sua posição política, o destino dos republicanos se ligou inexoravelmente à derrota militar da Confederação. Consequentemente, o Partido Republicano trabalhou para consolidar a aliança entre os governadores estaduais e o governo federal. Sem tal acordo de trabalho, teria sido impossível estender a autoridade federal aos estados. Na ausência de uma estrutura burocrática, o partido forneceu a melhor alternativa para fortalecer as capacidades do governo central, restringindo os impulsos centrífugos nos estados e transformando a guerra no que um autor definiu como "uma empreitada modernizadora" (Levine, 1981, p. 816-834).[94]

---

94 Segundo Levine (1981, p. 816), "a insistência dos republicanos sobre a ausência de conflito entre as classes sociais e sua perspectiva basicamente de classe média não conseguiam esconder um desprezo evidente por uma classe baixa lutando incessantemente por remunerações e incapaz de independência econômica devido à dificuldade de adaptação aos valores e virtudes necessários para o sucesso em uma sociedade em modernização".

Em 16 de fevereiro de 1863, os legisladores republicanos introduziram uma lei que possibilitaria um controle mais efetivo do governo federal sobre o processo de recrutamento. O senador Henry Wilson, chefe do Comitê de Assuntos Militares, apresentou o Projeto de Lei nº 511 no Senado, uma medida de alistamento que tinha como objetivo fornecer ao governo federal os poderes suplementares de que ele precisava para arregimentar tropas. O projeto de lei foi objeto de intenso debate, com os republicanos e democratas unionistas apoiando e os democratas pacifistas se opondo à medida. O discurso do senador Wilson no Senado revelou uma nova radicalização da atitude republicana:

> As necessidades da nação exigem que não sejamos dependentes do voluntariado, nem da convocação de milícias, mas que preenchamos os regimentos agora no campo de batalha, desgastados e devastados pela fome e mortes, através do alistamento e recrutamento da população do país utilizando a autoridade constitucional para mobilizar e dar suporte aos Exércitos.[95]

Os democratas pacifistas se opuseram ao recrutamento nacional por uma questão de princípio. Encaravam o projeto de lei como uma intervenção indevida do governo federal nos assuntos dos estados. Eles denunciaram tal interferência como uma violação dos princípios fundamentais dos Estados Unidos relacionados à primazia do indivíduo e ao direito de escolha. Como declarado pelo deputado democrata John Steele, de Nova York, "eu o considero injusto para os estados. Trata-se de uma série de medidas tendendo a centralizar desnecessariamente o poder e creio que ele [o decreto] irá alarmar e perturbar as pessoas".[96] Um pastor denunciou a nova situação como uma "imoralidade", observando que "essa doutrina [resultaria em] mais hierarquia e traição. Parece uma conspiração espontânea de uma facção poderosa, inflamada com entusiasmo egoísta para suplantar o governo dos nossos pais e destruir nossas liberdades constitucionais" (Basset, 1863, p. 13).

Apesar das objeções da oposição, a maioria republicana em ambas as casas aprovou o projeto de lei. Em 28 de fevereiro de 1863, o Congresso abonou o que chamou de "uma lei para alistamento e convocação das forças nacionais",

---

95 CG 37th Cong., 3rd sess., p. 976.
96 CG 37th Cong., 3rd sess., p. 1264.

comumente conhecida como Lei do Alistamento (Enrollment Act). Ela foi assinada pelo presidente Lincoln em 3 de março. A medida assegurou ao presidente poder pleno para mobilizar e apoiar a criação de exércitos sem o auxílio dos estados. Sob a nova lei, todos os homens entre 20 e 35 anos de idade e apenas os solteiros entre 35 e 45 anos estavam aptos ao serviço militar. Em uma etapa mais radical, a lei absorvia as milícias estaduais nas forças nacionais. Esse estatuto centralizou e militarizou o recrutamento, substituindo agentes locais e xerifes por chefes de polícia e delegados federais de recrutamento. O governo federal redefiniu as isenções ao mesmo tempo que estendeu o alcance do recrutamento a funcionários públicos estaduais e a outros grupos previamente isentos. A lei reduziu severamente ou suspendeu as prerrogativas democráticas no processo de organização dos regimentos, tais como a possibilidade de que os soldados, ou suas comunidades, escolhessem os oficiais que os comandariam. Os soldados também perderam a capacidade de escolher suas unidades, uma vez que o serviço militar se tornou compulsório, nacional e burocrático.[97] Francis Lieber, um imigrante alemão que presidia a Liga Nacional de Editores Leais (Loyal Publication Society), associou essas mudanças a um novo tipo de nacionalismo, mais próximo dos ideais liberais das revoluções europeias de 1848, consistindo numa força que apelava para a nacionalização da virtude cívica:

> Nos comprometemos como homens da nação, dedicados à nacionalidade desse grande povo. Nenhum governo pode dispensar totalmente a lealdade, exceto o mais feroz despotismo governando por meio da franca intimidação; mas uma república depende mais dela do que qualquer outro governo e, acima de tudo, uma república assolada pela franca rebelião e traição insidiosa. A lealdade é preeminentemente uma virtude cívica em um país livre. É o patriotismo lançado no gracioso molde da devoção cândida ao governo inofensivo de uma nação desacorrentada [Lieber, 1863, p. 2].

A alteração mais significativa trazida pela nova lei foi a designação de delegados federais (*provost marshals*) subordinados a um delegado federal geral em Washington, D.C. (*provost marshal general*). Esses agentes detinham poderes

97 *Statutes*, 13, p. 731-737. Para interpretações sobre os debates no Congresso, ver Geary (1984) e Sterling (1974, p. 132-165).

militares especiais e podiam convocar um alistamento nos distritos que não houvessem atingido sua cota. Eles reduziram a capacidade dos funcionários locais de fazer a mediação entre as necessidades militares e as pressões paroquiais, eliminando o papel do poder local no recrutamento. Através da Lei do Alistamento, os delegados foram investidos do poder para ignorar os executivos de estados democratas e governos locais hostis, reforçando a autoridade como lhes aprouvesse, prevalecendo sobre a oposição local e controlando os dissidentes através da acusação de traição. De acordo com Iver Bernstein (1990, p. 8), a Lei do Alistamento, mais do que qualquer outra legislação da Guerra Civil americana, "trouxe a presença do governo federal para a comunidade, ao local de trabalho assalariado e para o lar, isto é: para praticamente todos os aspectos da vida da classe trabalhadora".

Apesar do seu caráter centralizador, a Lei do Alistamento não proporcionou uma "ferramenta justa" para o recrutamento. A equidade foi perdida desde o início, uma vez que uma série de isenções e oportunidades de comutação e substituição foram negociadas no Congresso. Para aqueles com dinheiro suficiente, era apenas uma questão de contratar um substituto nos mercados informais que se espalhavam por todo o Norte. Para aqueles que não podiam encontrar um substituto, cláusulas de comutação e esforços comunitários forneceram um paliativo. As comunidades mais abastadas levantaram dinheiro para comutar os serviços dos seus cidadãos e contrataram estrangeiros para preencher suas cotas. Uma mulher de Rochester, Nova York, comentou: "A cidade está fazendo um esforço para pagar um prêmio de 600 dólares e acho que preencheremos nossa cota antes do recrutamento".[98] A competição feroz para obter recrutas, desatada por esse sistema, deu lugar tanto ao surgimento de caçadores de recompensas como também de intermediários, que ofereciam substitutos. Oportunistas se aproveitaram das regras e lucraram com o recrutamento. Frequentemente "incentivos seletivos" competiam uns com os outros, e os substitutos responderam às gratificações cada vez mais expressivas se alistando nas cidades que ofereciam os maiores pagamentos.

À medida que o ano de 1863 avançava e os esforços de guerra cresciam, o custo dos substitutos aumentava. A execução do recrutamento durante o verão e o outono de 1863 coincidiu com o desenvolvimento de montepios e esfor-

98 H. D. Gordon para desconhecido, 11 set. 1864. GCLO 8214.

ços por parte dos donos de fábricas e dos chefes das máquinas políticas para ajudar aqueles incapazes de pagar as isenções. Os custos de comutação foram fixados em US$ 300, cerca de dois terços do salário anual de um trabalhador. O senador democrata James W. Nesmith, do Oregon, um membro do Comitê de Assuntos Militares, ressaltou que permitir aos recrutados "comutar seu patriotismo" levaria à morte da nação. Ele sugeriu ironicamente um epitáfio adequado: "Morto por comutação".[99]

A reação às demandas crescentes por recrutas variou de acordo com a região. Algumas comunidades levantaram fundos para substituições ou comutações. Em Cape Elizabeth, Maine, a cota da cidade foi crescentemente preenchida por estrangeiros. A proporção de soldados alistados nascidos na cidade caiu de 51,7% durante o primeiro ano de guerra para apenas 6% após o recrutamento compulsório ter sido instituído. Tal influxo de estrangeiros pode ser explicado pelas gratificações elevadas que eram pagas por essa próspera comunidade.[100]

Essa estratégia, no entanto, não estava disponível para todas as coletividades; ela dependia da capacidade de cada cidade para levantar fundos suficientes. As evidências apontam para uma situação em que as comunidades mais ricas se beneficiaram das desvantagens das menos afluentes. Como resultado, havia um ressentimento crescente entre os grupos mais pobres. No verão de 1863, a Lei do Recrutamento recebeu uma onda de resistência; revoltas emergiram nas principais cidades do Leste e do Meio-Oeste. Não havia uma oposição organizada contra o recrutamento, porque a maioria das pessoas acreditava que algo deveria ser feito para pôr fim à rebelião. Autoridades católicas e democratas instaram seus eleitores a encontrarem uma maneira de atender às crescentes demandas da guerra. No entanto, muitas comunidades menos influentes encaravam a comutação como um instrumento que reforçava a hegemonia política do Partido Republicano e o poder econômico dos donos de indústrias e comerciantes, penalizando democratas, imigrantes e os mais pobres. Acusações de incompetência, desonestidade, imoralidade política e partidarismo foram feitas contra muitos funcionários que trabalhavam na nova máquina do recrutamento. Uma paródia de uma canção popular zombava da

99 CG 38th Cong., 1st sess., p. 227.

100 Sobre o impacto do primeiro recrutamento nacional em Cape Elizabeth, Maine, ver Ledman (1999, p. 71-103, 121). Embora a cidade tenha aprovado uma gratificação pelo recrutamento, ele foi financiado basicamente por cidadãos em busca de seus próprios substitutos.

crescente interferência do governo federal nas vidas privadas dos cidadãos: "Estamos chegando, velho Abraham, com a força de várias centenas. Não tínhamos 300 dólares e então viemos. Não tínhamos pais ricos para colocar o dinheiro na cumbuca. Então nós fomos ao delegado e lá nos reunimos".[101]

O trabalho de Robert Sterling sobre o Meio-Oeste mostra uma forte correlação entre a resistência contra o recrutamento e a classe social, afiliação partidária e religião. Os condados democratas, com menor renda e maiores percentuais de imigrantes estrangeiros, especialmente irlandeses e alemães católicos, eram mais propensos a se rebelarem do que comunidades mais ricas do Meio-Oeste. Por vezes, fugitivos do recrutamento, desertores e outros descontentes utilizavam qualquer estratégia ou artifício imaginável, incluindo a violência, para escapar do que eles consideravam como a injustiça e a desigualdade reveladas pelo novo sistema de recrutamento (Sterling, 1974, p. 166-250).

No Meio-Oeste, a resistência ao recrutamento foi mais disseminada em Wisconsin, Illinois e Indiana. Nesses estados, a reação popular variou de queixas na imprensa democrata à insubordinação aberta, incluindo ataques às propriedades e às pessoas mais ligadas ao recrutamento, como os chefes de polícia. Às vezes as revoltas tinham como alvo os agentes federais ou as autoridades locais designadas, responsáveis pela execução do recrutamento, tais como o sr. Pors, citado no início deste capítulo. Os manifestantes geralmente tinham como alvo os livros e listas contendo os nomes daqueles considerados como aptos ao recrutamento, mas algumas manifestações foram mais violentas; 38 delegados federais de alistamento foram assassinados em emboscadas ou por multidões enfurecidas. Como consequência, muitos recrutadores e chefes de polícia de distrito tiveram de ser protegidos por unidades do Exército durante a execução do seu trabalho (Sterling, 1974).[102] A visão desses delegados acompanhados por tropas para requerer soldados intensificava a percepção de que essas comunidades estavam sendo ocupadas arbitrariamente, instigando o ódio daqueles que eram mais vulneráveis à ação federal (Stephen, 1986, p. 15-22).

Revoltas populares levantaram dois espectros para as autoridades governamentais: *copperheadism*, traição e dissensão interna por um lado, e desordem irracional do outro. Ambos os temores foram claramente manifestados no

101 Apud Lee (1943, p. 90). Ver também Bohigas (1968, p. 261-289) e McPherson (1988, p. 602).
102 Ver também o caso que abre este capítulo.

relatório final do delegado-chefe da polícia Peter Fry. Fry classificou os atos de resistência como crimes perpetrados pelos imigrantes das classes baixas e mais pobres, que estavam desconectados da herança patriótica norte-americana. Para Fry, os atos das multidões não eram racionais, mas respondiam à propaganda de políticos democratas oportunistas, contrários à guerra por motivos partidários. O deputado republicano de Nova York Abram B. Olin verbalizou esses temores quando defendeu o uso da força pelas autoridades federais durante os debates sobre o recrutamento: "O Governo [deve] se armar de todo tipo de poder depositado nos braços fortes e corações leais das pessoas".[103]

Percepções semelhantes da motivação antirrecrutamento podem ser observadas nos estudos pioneiros de Eugene C. Murdock (1967b) e Fred A. Shannon (1965), que analisaram as informações apresentadas nos registros oficiais da Guerra Civil. Eles concentraram sua atenção na engenharia política da guerra, especialmente no papel do governo federal como executor na sociedade da guerra moderna, em vez das justificativas particulares de grupos prejudicados pela modernização. Ambos argumentaram que a resistência ao recrutamento poderia ser mais bem explicada como uma oposição à determinação da administração Lincoln em vencer a guerra para a União. Abordagens mais recentes, multifacetadas, enfatizam a diversidade de interesses envolvidos na resistência ao recrutamento, bem como as conexões entre os esforços republicanos e o contexto cultural de alguns grupos resistentes. Esses grupos não se opunham necessariamente ao recrutamento ou à causa da União, mas resistiam ao que eles percebiam como as características injustas do processo. Levando em conta os conflitos locais previamente existentes, a análise revela que a resistência popular refletia uma pluralidade de ressentimentos e queixas locais, agravadas pela transformação da natureza do recrutamento.

Como demonstrado pelos estudos dos repertórios da ação coletiva desenvolvidos por Charles Tilly, William Brustein e Margaret Levi, as rebeliões podem apresentar um sentido competitivo, reativo ou proativo a mudanças no comportamento interventivo dos estados e seus governos.[104] Os estudos de Robert Sterling, Grace Palladino e Iver Bernstein sobre a resistência ao

103 Relatório final do secretário da Guerra, pelo comandante-geral da polícia, H. R. Ex. Doc. n. 1, 39th Cong. 1st sess., 4th ser., p. 1251-1252 (1866). CG 37th Cong., 3rd sess., 1863, v. 41, pt. 2, p. 1214.
104 Ver Tilly (1986), Brustein e Levi (1987) e Calhoun (2011).

recrutamento mostram que a violência popular não resultou apenas de "manipulação *copperhead*". Os insurgentes interpretaram o sectarismo e partidarismo político como parte de uma tentativa republicana de subjugar instituições há muito tempo estabelecidas ligadas à autonomia local. A ocupação militar de tais áreas reforçou os temores de "despotismo político" denunciados pelos jornais democratas regionais e reforçados pelas crenças populares nas virtudes do governo local, pelo racismo e pelo antagonismo de classe. Sterling (1974, p. 3) observou a cumplicidade das autoridades locais em bloquear o trabalho dos chefes de polícia. Bernstein (1990, p. 11) considerou o conflito sobre o recrutamento na cidade de Nova York como uma "erupção espontânea e de curto prazo". Palladino (1990, p. 140-141) também destacou o papel das mulheres na resistência inicial nos distritos de carvão da Pensilvânia. Nessas áreas, o sinal mais comum de desacato era a evasão masculina, com poucas demonstrações violentas.

Na região do Antracite, na Pensilvânia, os delegados federais cooperaram diretamente com os chefes das maiores companhias de carvão, associando o recrutamento à supressão dos sindicatos e à repressão dos líderes trabalhistas. Em Illinois, a lei marcial foi declarada em muitos distritos em que os democratas predominavam, subvertendo temporariamente práticas e costumes há muito tempo estabelecidos. Essas ações foram percebidas como uma interferência ilegal do governo nacional nos assuntos locais, interferência que reforçava a posição dos donos de indústrias e comerciantes há muito tempo conectados às transformações que ocorriam na estrutura do mercado de trabalho norte-americano. No caso especial dos imigrantes, a ameaça de um recrutamento reviveu as memórias de uma das instituições mais odiadas da política europeia, as leis draconianas que regulavam o recrutamento em suas pátrias de origem. Consequentemente, não foi surpreendente que os imigrantes tenham se destacado entre os primeiros opositores das novas regras.[105]

---

105 Para a cooperação entre os chefes de polícia e as companhias de carvão na Pensilvânia, ver Palladino (1990, p. 140-162). Segundo Palladino (1990, p. 140-141), os "chefes de polícia Charlemagne Tower, Samuel Yohe e Stephen N. Bradfor foram muito além das suas competências para pôr em prática o recrutamento [...] reforçando as prerrogativas gerenciais nas minas".

O alistamento e os dilemas republicanos

Um dos mais dramáticos episódios de resistência contra a federalização do recrutamento ocorreu na cidade de Nova York em julho de 1863. Durante cinco dias, multidões armadas interromperam a execução da primeira conscrição federal, desafiando a autoridade federal na mais importante cidade dos Estados Unidos. As manifestações tiveram sua origem no ambiente político e social de Nova York, mas foram exacerbadas pelas circunstâncias da guerra, especialmente pelas queixas resultantes da ameaça de um recrutamento iminente, cujo fardo iria pesar mais sobre os habitantes mais pobres da cidade. Para alguns, os protestos assinalaram uma luta pelo poder político entre os imigrantes, fiéis aos democratas contra os republicanos reformistas. Porém, para muitos observadores, as manifestações foram um desafio às novas regras que emergiram com a guerra. Para as autoridades republicanas da cidade de Nova York, o recrutamento trouxe medo e perplexidade (Hattaway e Jones, 1991, p. 440).

Segundo Iver Bernstein, os protestos contra o recrutamento devem ser encarados no contexto de um processo de alteração urbana em curso, com ramificações nos níveis regional e nacional. Uma questão importante era a disputa sobre o controle do mercado de trabalho. Um editorial do *New York Tribune* escrito logo após os protestos de 1863 fornece uma indicação do quanto alguns homens brancos se sentiam ameaçados pelo trabalho dos negros: "A turba exulta acreditando que, se ela havia falhado em outros objetivos, ela pelo menos garantiu a posse do trabalho da cidade, levando os negros a procurarem trabalho em outro local".[106]

Alguns republicanos viam os protestos como uma manobra política orquestrada pelos democratas pacifistas de Nova York. O secretário particular de Lincoln, John Hay, um crítico do governador democrata Horace Seymour, viu no episódio uma chance de subjugar a insubordinação da cidade. Em 14 de agosto de 1863, Hay observou no seu diário:

> O Governo nunca foi destinado pela constituição a ficar desamparado frente aos ataques dos funcionários estaduais insatisfeitos. Eu agradecerei a Deus pelos pro-

106 Apud Foner e Lewis (1969, p. 298).

> testos se, como um dos seus resultados, nós estabelecermos um grande precedente de autoridade da supremacia absoluta do poder Nacional, militar e civil, sobre o dos estados. Cada prego que entra no caixão da fraude caduca dos direitos dos estados é uma promessa de futuro e de paz e poder duradouros.[107]

No nível nacional, o principal combustível foi fornecido pela implantação da Lei de Alistamento na cidade. As cláusulas da lei tocaram em três questões explosivas da vida social de Nova York: as relações entre os ricos e os pobres, entre os negros e os brancos e entre a cidade e a nação (Bernstein, 1990, p. 8). O que começou como um protesto contra o recrutamento se transformou em um ataque direto aos ricos e às instituições do Partido Republicano, bem como um *pogrom* racial grotesco como mostrado na carta de um pai para seu filho soldado:

> Nós realmente passamos por momentos assustadores em N.Y. [...] ontem fez uma semana que 10 homens atacaram a casa do pai de Lew Lacksman e quebraram com pedras as janelas do salão [...] a parte mais perversa e terrível foi o tratamento ruim dispensado às pessoas pobres de cor, muitas das quais foram mortas enforcadas.[108]

Como consequência dos cinco dias de protesto, o governo federal prudentemente adiou o recrutamento em Nova York, evitando assim declarar um estado de emergência. A administração federal evitou uma interferência mais grave nas questões locais de Nova York, reconhecendo a hegemonia democrata na maior cidade do país em troca de sua lealdade tácita. As cotas de Nova York foram preenchidas por meio do aumento do recrutamento em outros estados, em um processo que traria novos episódios de tensão política e social nos meses a seguir.[109]

A experiência nova-iorquina nos protestos contra o alistamento é esclarecedora sobre os resultados ambíguos da política de recrutamento durante o período 1862-1863. Se o recrutamento buscou a centralização, seu fracasso era evidente no outono de 1863. Essa falha revelava os limites da legislação

107 John Hay, 14 ago. 1863 (apud Hay, 1939, p. 80).

108 Edward Tatum para Charles Albert Tatum. Nova York, 23 jul. 1863, GLCO 8967.

109 O recrutamento em Nova York foi retomado, ainda que numa escala mais limitada, em 19 de agosto de 1863.

radical para expandir os poderes do governo federal. Se o governo republicano foi forçado a se comprometer com o alistamento, no entanto ele deixou irresoluto o problema de como mobilizar um Exército adequado à tarefa de vencer a guerra. Os protestos antirrecrutamento foram apenas o aspecto mais visível do problema. Como Peter Levine (1981) mostrou, o protesto assumiu muitas formas e se transformou em um fenômeno disseminado durante a primavera de 1863. A resistência cruzou as barreiras de classe e etnia, envolvendo uma redução da colaboração mesmo nas áreas mais leais. Os efeitos combinados de estratégias de rejeição legais e ilegais foram mais prejudiciais ao recrutamento do que a resistência ativa. Dos 292.441 indivíduos originalmente selecionados no recrutamento de 1863, apenas 9.881, ou 3,4%, efetivamente serviram. Dispensas, comutações e substituições prejudicaram gravemente a eficácia do recrutamento e 83% daqueles aptos a servir encontraram meios legais de evitar o serviço militar. Através de uma análise estatística dos registros da Guerra Civil, Peter Levine (1981) encontrou uma incidência maior da categoria "evasão ilegal" nos distritos que tenderam a votar nos democratas, que continham maiorias de católicos e residentes estrangeiros, enquanto a "isenção legal" tendia a prevalecer em áreas nas quais predominavam indivíduos protestantes nascidos nos Estados Unidos. No geral, os grupos protestantes nativos e católicos estrangeiros evitaram o recrutamento, mas as estratégias utilizadas variaram.

Para resolver o dilema apresentado por essas limitações ao poder nacional, tornou-se necessário preencher as fileiras com outros grupos, desafiando preconceitos arraigados e abrindo o Exército às minorias raciais que haviam sido anteriormente excluídas. Os imigrantes europeus recém-chegados se tornaram o alvo mais fácil e mais comum dos agentes recrutadores. Eles possuíam menos proteção e direitos porque, em muitos casos, não eram cidadãos. Os afro-americanos forneceram outra solução para o dilema republicano porque, desde o início da guerra, era evidente que um grande número de homens do Sul estava disponível para substituir os voluntários do Norte. Os negros representavam 1% da população do Norte, mas formavam uma grande parte da população nos estados confederados.[110] Tal opção apresentou uma despesa social e financeira muito menor ao governo, reduzindo os custos para a contratação

110 Em 1860, a população dos estados confederados era de 9.103.332 indivíduos. Destes, 3.521.110 eram escravos. Aproximadamente 520 mil escravos escaparam para as linhas da União durante a guerra (Long e Long, 1971, p. 702).

dos substitutos. A explosão do alistamento de negros durante a segunda metade de 1863 foi uma das muitas respostas possíveis às dificuldades do Norte. Ela assumiria um papel fundamental na enorme expansão do Exército nos últimos dois anos do conflito. Se o preconceito havia impedido o governo federal de utilizar anteriormente afro-americanos, a realidade da guerra forneceu, em 1863, razões suficientes para a mudança. Portanto, o choque da guerra levou a uma das maiores transformações na história das relações raciais nos Estados Unidos.

A direção inesperada assumida pelos eventos durante a Guerra Civil Americana encontra paralelo em alguns desdobramentos no Brasil de anos posteriores. Os objetivos de guerra mudaram. Nos Estados Unidos, uma guerra sobre os direitos dos estados à secessão *versus* a determinação em preservar a unidade territorial se transformou em uma guerra para libertar os escravos e preservar o governo democrático. Ironicamente, aquelas transformações foram impulsionadas pelo aumento da intervenção governamental nas questões estaduais e num crescente controle das atividades dos cidadãos. No Brasil, uma guerra para preservar a integridade territorial contra uma invasão estrangeira se tornou uma disputa complicada sobre os limites da intervenção imperial nas províncias, em que alguns eventualmente encararam o governo imperial como um invasor estrangeiro.

O esforço de guerra representou um enorme peso para os pobres e desprotegidos de ambos os países. O Exército da União era composto inicialmente por cidadãos, mas os claros nas fileiras eram cada vez mais preenchidos por imigrantes e ex-escravos que lutavam para ter seus direitos reconhecidos. Para realizar o tradicional alistamento dos pobres desprotegidos, o Exército brasileiro tentou aumentar suas fileiras com voluntários apelando ao seu patriotismo. Porém, o patriotismo não era capaz de superar os estigmas sociais. Nos dois cenários, a ampliação do serviço no Exército regular intensificou o ressentimento de amplos setores da população.

3. Da inércia à insurgência: a crise no recrutamento brasileiro, 1865-1868

Nas primeiras horas da manhã de 22 de agosto de 1865, um bando de cerca de 30 homens armados invadiu a cadeia de Ingá, localidade situada na região semiárida da Paraíba. O grupo libertou todos os 15 prisioneiros que ali se encontravam. Alguns desses homens eram de fato criminosos, enquanto outros haviam sido recrutados à força para o Exército imperial, aguardando na cadeia a partida para o *front*. Entre os alistados estavam dois filhos do proprietário de terras e capitão da Guarda Nacional, Francisco Antônio de Arruda Câmara. Inebriado pelo sucesso na empreitada, o bando e os prisioneiros, agora uma força perto de 50, marcharam para a casa do subdelegado responsável pelo recrutamento, descaradamente gritando insultos e maldições. Encurralado pela multidão furiosa e temendo por sua vida, o subdelegado permaneceu acuado dentro da residência.

Poucas horas depois, um novo grupo chegou à vila. Este era comandado pelo usineiro e tenente-coronel da Guarda Nacional Eufrásio Arruda Câmara, irmão de Francisco Antônio. Eufrásio soubera da prisão dos seus sobrinhos com certo atraso, partindo então de seu comando, situado a 25 quilômetros de distância para libertá-los.[111] De acordo com os registros do processo, Eufrásio teria lamentado seu atraso, declarando, com beligerância, que (se pudesse) teria pessoalmente amarrado o subdelegado, colocando-o na mesma cela da qual os prisioneiros haviam sido libertados. Da mesma forma, ele lamentou que o

111 Eufrásio também era chefe do estado-maior do comando superior da Guarda Nacional dos municípios de Ingá e Campina Grande e um abastado usineiro.

ataque tivesse ocorrido à noite porque durante o dia todos na cidade assistiriam à humilhação infligida ao subdelegado. Não houve resposta imediata das autoridades imperiais. A multidão furiosa se dispersou sem ser perturbada.[112]

No mês seguinte, a presidência da província instaurou uma investigação. Tão grave quanto um ataque à cadeia foi o fato de um tenente-coronel da Guarda Nacional haver humilhado em público um subdelegado, um representante do chefe de polícia nessa vila, o que constituiu uma ofensa à autoridade imperial. Em tempos de guerra, as autoridades imperiais, provinciais e locais deveriam cooperar para preencher as cotas de soldados da província. Em Ingá, a cadeia de comando havia literalmente se rompido, e os conflitos entre as diversas autoridades ferviam por conta de questões jurisdicionais envolvendo o recrutamento.[113]

Preocupado com a dimensão da crise, o presidente da Paraíba indicou o juiz Felinto Henrique de Almeida para conduzir o inquérito. No começo de setembro, o juiz Almeida apresentou um relatório no qual contrastava a violência dos agressores à passividade dos guardas, funcionários locais e dos membros da comunidade. Sua narrativa tocava num ponto delicado: a crescente impopularidade do recrutamento militar para a guerra contra o Paraguai. Após descrever o estado lastimável da segurança pública na região, Almeida observou que "a facilidade [com] a qual [a população] aceita a ideia de resistir à prisão" estava relacionada "à repugnância manifestada pelas pessoas pelo serviço militar durante a guerra".[114]

Os acontecimentos em Ingá foram uma prévia das grandes convulsões que agitariam o Império, sobretudo as províncias do Norte, nos meses seguintes. À medida que as cotas de recrutamento cresciam como resultado da ampliação do esforço de guerra, a repulsa popular tornava-se intensa, e números crescentes de recrutas precisavam ser alojados em celas, evitando assim que fugissem antes do embarque para o Prata. A ampliação do recrutamento militar também evidenciou um novo problema: as metas dos recrutadores pouco a pouco se distanciavam dos desprotegidos sociais, migrantes, desempregados,

112 O registro completo dessa ocorrência pode ser encontrado em Feliciano Toscano de Brito para José Antonio Saraiva, 11 set. 1865. AN/SPE/IG56 (PB), doc. 231.

113 Para as atribuições jurídicas do subdelegado, ver Holloway (1993, p. 107-165).

114 Henrique Felinto de Almeida para Feliciano Toscano de Brito, 2 set. 1865. AN/SPE/IG56 (PB), doc. 231.

mendigos, criminosos, normalmente priorizados – atingindo também parcela da população livre e pobre que até então havia ficado isenta do recrutamento para o Exército e a Marinha imperiais. Consequentemente, ataques contra as cadeias se tornaram cada vez mais comuns à medida que os habitantes das vilas desafiavam a autoridade imperial contando, quase sempre, com o apoio de autoridades locais.

Os acontecimentos de Ingá lembram os ataques desferidos contra o chefe de polícia William Pors em Illinois, discutido no início do capítulo 2. Nos Estados Unidos, entretanto, o serviço militar ainda era encarado como um símbolo de cidadania até que a Lei de Alistamento de 1863 trouxe a ameaça do recrutamento para perto dos lares, amargurando o sentimento de muitos norte-americanos em relação ao recrutamento militar compulsório. Embora no Brasil o recrutamento fosse tradicionalmente direcionado para os pobres desprotegidos, os conflitos no *front* interno eventualmente emergiram quando homens previamente isentos passaram a ser alvo dos agentes imperiais. Consequentemente, o patriotismo foi uma baixa da guerra em ambos os países.

De agosto de 1865 a dezembro de 1868, a campanha do Paraguai foi afetada pela incapacidade do Império para transformar civis em soldados. A raiz do problema se encontrava nas dimensões inesperadas da guerra. Sua longa duração e os dilemas estratégicos enfrentados pelos comandantes militares a tornaram mais sangrenta do que inicialmente previsto. O Exército brasileiro, cujo contingente em tempos de paz era de aproximadamente 18 mil soldados profissionais, era insuficiente para uma campanha prolongada e, em consequência, a monarquia teve de expandir seu contingente rapidamente sem que uma burocracia especializada tivesse sido criada.[115] O recrutamento permaneceria assunto estritamente civil, condicionado pelas disputas políticas locais ao longo do conflito.

As crescentes demandas da guerra descontentaram muitos grupos influentes da sociedade imperial. Alguns chefes locais, como os comandantes da Guarda Nacional citados no início deste capítulo, opunham-se à transferência de seus parentes e protegidos para os campos de batalha. Viam nessa ação uma afronta tanto à sua autoridade como ao prestígio pessoal de que dispunham, além, evidentemente, da perda de braços nas lavouras. De sua parte, os trabalha-

115 Esses números correspondem a estimativas oficiais. Ver Schulz (1994, p. 216).

dores livres e pobres lutavam contra o recrutamento porque a prática podia, ainda que temporariamente, anular as diferenças de classe e *status*, reduzindo todos aos níveis mais baixos da pirâmide ocupacional. A estratificação social era muito forte entre os homens livres e pobres. Aqueles que mantinham uma relação mais estável de dependência com um benfeitor gozavam de alguma proteção, enquanto os trabalhadores não assimilados eram alvos mais fáceis dos recrutadores. Numa sociedade com o nível de estratificação social alto, a ideia da universalização era entendida no sentido de uma crescente degradação do pouco prestígio que os pobres honrados conseguiam auferir. Nesse contexto, a imagem tradicional do serviço militar era de uma atividade disciplinar, destinada sobretudo a criminosos e desocupados.[116]

A crise ressaltou a incapacidade do governo imperial para obter um suprimento constante de recursos locais, em particular recursos humanos, para o serviço militar. Desde 1850, as propostas para a criação de um senso nacional e para a adoção do sistema métrico não avançaram, estabelecendo um precedente de oposição à padronização de outras práticas. Durante a Guerra da Tríplice Aliança, entretanto, os conflitos de interesse entre a burocracia imperial e alguns chefes locais se tornaram muito mais intensos. O poder estatal contornou os obstáculos encontrados em áreas tradicionais de clientelismo, recrutando, por vezes ostensivamente, clientes, protegidos e até mesmo familiares – que acreditavam estar isentos por seus chefes. Dessa maneira, a ação imperial acabou recrutando contingentes expressivos da população livre para o Exército, simultaneamente aumentando as demandas para liberar os escravos para o serviço militar.[117] À medida que a campanha contra o Paraguai continuava, a crescente resistência popular contra o serviço militar criou grande tensão entre a monarquia e os senhores de terra em todas as regiões do país.[118]

---

116 Para uma análise das diferenças de *status* entre os pobres e a forma como o recrutamento militar incidia sobre elas, ver Beattie (2001, p. 17-37).

117 Para uma análise dos conflitos anteriores sobre o registro e a racionalização, ver Guillermo Palacios (1989).

118 Joan E. Meznar foi uma das primeiras pesquisadoras a dimensionar o impacto do recrutamento militar sobre as camadas mais pobres da sociedade através de um trabalho centrado na situação paraibana. Ver Meznar (1992).

A campanha do Paraguai

A primeira onda de recrutamento para o Exército brasileiro ocorreu de dezembro de 1864 a maio de 1865. Esse movimento obedecia às determinações do imperador, expressas na fala do chefe do Conselho de Ministros, o marquês de Olinda, segundo quem: "Debelar essa guerra, guerra empreendida contra todos os direitos divinos e humanos, é o grande programa do governo".[119] Ela forneceu um contingente de soldados amplo o suficiente para expulsar as forças paraguaias do Rio Grande do Sul e completar a intervenção no Uruguai dos *blancos*. Agora liderado pelo colorado Venancio Flores, o governo do Uruguai abandonou o Paraguai em apoio à Tríplice Aliança. A vitória na Batalha Naval do Riachuelo (1865), menos de um mês depois, destruiu a frota paraguaia, cortando o contato entre o governo de López e as nações estrangeiras que poderiam eventualmente auxiliá-lo, ou das quais poderia comprar equipamento bélico e suprimentos.[120]

Durante essa primeira fase das operações, o entusiasmo dos voluntários impressionou as autoridades imperiais, muitas delas acostumadas a lidar com populações extremamente resistentes a qualquer forma de recrutamento.[121] Parte da motivação vinha das características da campanha. Afinal, a invasão do território brasileiro sem uma declaração de guerra gerou revolta e alimentou demonstrações patrióticas em muitas regiões do Império. O insulto das armas paraguaias inflamou os sentimentos patrióticos e encorajou demonstrações espontâneas, impulsionando o alistamento por todo o Brasil. O apoio popular e um sentimento de entusiasmo geral marcaram as campanhas iniciais, embora o apadrinhamento já desempenhasse um papel importante no modo como as pessoas se voluntariavam. Os relatos do Exército de 1865 e 1866 oferecem uma clara imagem desse espírito patriótico, e os relatórios dos presidentes de província fornecem evidências adicionais, ainda que algumas vezes exageradas, do entusiasmo generalizado pela guerra. O relatório do Ministério da Guerra

119 Ata da Câmara dos Deputados, sessão de 12 de maio de 1865 (apud Oliveira, 2019, p. 195).

120 Segundo Wanderley Guilherme dos Santos (1987), para vencer a guerra a proporção de baixas paraguaias em relação às baixas dos aliados deveria ser um para três.

121 Na época, o termo "alistamento" era utilizado para descrever formas voluntárias de participação no Exército. Usava-se "recrutamento" para descrever os homens encaminhados coercitivamente para o serviço militar.

de 1865 anotava: "Pelo número de voluntários, de que já se organizaram vários corpos, podemos calcular o entusiasmo com que os cidadãos se oferecem a marchar para a guerra, não tendo sido preciso ao governo empregar meio algum de violência para alcançar tão lisonjeiro resultado".[122]

Os voluntários vieram em grande número, inclusive aqueles provenientes de províncias muito distantes do teatro de operações. Em Alagoas, a mais de 1.285 quilômetros de distância do *front*, José Severiano de Mello requereu ao presidente da província que aceitasse seus seis filhos, três homens e três mulheres, como parte do esforço de guerra. Em sua petição, datada de 4 de abril de 1865, o sr. Mello atribuía esse zelo generoso "ao verdadeiro amor pela pátria que sempre inflamou o meu coração; essa corrente de fogo elétrico que me empurra para os campos de batalha, para fazer a minha parte na gloriosa campanha de meus compatriotas contra os paraguaios!". A corrente de fogo parecia forte.[123]

Na província da Paraíba, o corpo policial se ofereceu para marchar. Simultaneamente, o juiz de órfãos de Taperaguá ofereceu-se como voluntário, condicionando sua adesão à preservação dos seus salários e vantagens durante sua ausência:

> Palpita-me o coração de brasileiro que me ufana de ser e diz-me a consciência, que também tenho direito a um canto no teatro da guerra; [...] Só preciso (por ser pobre) que o governo de sua majestade o imperador, a cuja disposição ponho até a vida, me garanta a não interrupção de meu quatriênio e que minha família, aliás bem crescida, fique recebendo meus ordenados e também por minha morte se assim tiver de suceder.[124]

Por todo o Norte surgiram expressões semelhantes de apoio. Em uma carta reservada ao ministro da Guerra, o presidente da província do Maranhão, José Caetano de Vaz Júnior, listou muitas iniciativas individuais em apoio aos esforços de guerra do Império. Cidadãos influentes e chefes políticos apresentaram

---

122 RMG, 1865. p. 6.

123 José Severiano de Mello para desembargador João Baptista Gonçalves Cam pos. Taperaguá, 4 abr. 1861. RPA, 1865, p. 23-24.

124 Manoel Januário Bezerra Montenegro para Sinval Odorico de Moura. Campina Grande, 7 abr. 1865. AN/SPE/IG1 56, doc; n. 18.

parentes, protegidos, clientes e escravos para se alistarem no recém-criado Corpo de Voluntários. Outros se registraram por conta própria, junto com amigos, filhos e irmãos. O alistamento era geralmente acompanhado por propostas de apoio financeiro à campanha. Como observou Ricardo Salles em trabalho pioneiro, as doações monetárias em apoio à guerra não se limitaram aos ricos. Servidores públicos, pequenos locatários, alfaiates e outros modestos funcionários doaram quantias. Na pequena vila de São José da Penha, Luís Antônio Rodrigues, um professor de escola primária que foi isento do recrutamento, se ofereceu para contribuir com 10% do seu salário até o final da campanha. O prático-mor na baía de São Marcos, Domingos da Silva Ribeiro, ofereceu 10% das suas gratificações para ajudar nos esforços de guerra.[125]

Em Pitangui, no interior da província de Minas Gerais, 52 voluntários se apresentaram simultaneamente para o alistamento. No dia de sua partida, toda a população saiu às ruas para as despedidas. Uma missa foi realizada e a Câmara Municipal se reuniu. Uma banda tocou o hino nacional e uma jovem, vestida como uma índia, entregou uma bandeira aos voluntários. Aqueles que ficaram criaram a "Sociedade Amor da Pátria" para coletar dinheiro para a campanha. Demonstrações semelhantes ocorreram em vilas ao longo da estrada para a capital de Minas Gerais, Ouro Preto. Os sentimentos patrióticos ascenderam para um novo nível. A guerra enfatizou o significado de pátria como uma referência de pertencimento a uma mesma comunidade.[126] Na comarca de Rio Preto, província de São Paulo, uma reunião de 150 pessoas indicou 47 voluntários. Entre eles estava o filho do médico da vila. Após o término da reunião, uma procissão visitou as casas dos futuros soldados. Para surpresa geral, a mãe do médico abençoou seu filho, levando o *Jornal do Commercio* a observar: "Este fato fica registrado na história em honra dos brasileiros que jamais consentirão que houvesse mulheres em outros países que lhes excedessem em patriotismo".[127]

Como o recrutamento ocorreu sem maiores problemas durante esses meses iniciais, o presidente da província da Bahia reclamou que

125 Augusto César dos Reis Brasil para visconde de Camamu. São Luiz (MA), 25 abr. 1865. AN/SPE/IG125, cx. 530, folha 186.

126 Arquivo Público Mineiro, SP PP1/15, cx. T8 (apud Duarte, 1980, p. 13-16). O mesmo episódio também é citado em Salles (2003, p. 98) e Mendes (1997, p. 226).

127 *Jornal do Commercio*, 28 jan. 1865, p. 1 (apud Pires Jr., 2019, p. 216).

> o único limite [para o alistamento] se devia à demanda do governo imperial, incluída em sua notificação de 21 de outubro de 1865, interrompendo a organização de novos regimentos e declarando que apenas mais um deveria partir para o *front*. Caso contrário, o movimento não teria qualquer outro limite exceto o sentimento que o inspirava.[128]

Diante da onda de alistamentos, da enxurrada de doações e das vitórias iniciais contra os *blancos* uruguaios, o gabinete progressista que governava o Brasil mostrou-se otimista. A precária organização militar do Império parecia suficiente para pôr fim à guerra. Mediante uma batalha decisiva, os paraguaios logo se renderiam. Assim, seria possível afirmar a supremacia militar do Brasil na região sem a criação de um Exército permanente. José Tavares Bastos, o presidente do Rio de Janeiro, a província mais rica do Brasil na ocasião, expressou tal otimismo quando escreveu:

> Profundamente inspirado, o Gabinete [Liberal], confiando no entusiasmo nacional e através da criação do Corpo de Voluntários, os viu chegar de cada canto do Império para tomar parte nessa Guerra Santa. Tornou-se uma verdade reconhecida que o Brasil não precisa de um grande Exército permanente para manter sua integridade e seus direitos.[129]

Porém, o governo imperial não confiou apenas no patriotismo da população para aumentar o tamanho do Exército. O sucesso inicial do recrutamento também se baseava nas inovações administrativas executadas após as primeiras escaramuças. Antevendo os difíceis obstáculos por vir, o governo imperial trabalhou preventivamente para melhorar a capacidade militar do Brasil no caso de um conflito prolongado. Como uma reforma mais profunda era impossível, o ministério tentou criar bolsões de eficiência no interior do Exército.

A primeira medida, o Decreto nº 3371, de 7 de janeiro de 1865, criou os batalhões de Voluntários da Pátria (doravante Voluntários), que foram organizados em muitas províncias. Conforme Peter Beattie (2001) observou, a criação dos Voluntários era parte de uma estratégia mais ampla para tornar o

---

128 RPB, 1866, p. 21.

129 Bernardo de Souza Franco para José Tavares Bastos. Niterói, 10 maio 1865. AN/RPRJ, 1865, p. 5. Correspondências do presidente do Rio de Janeiro.

Exército um espaço aceitável para brasileiros de todas as classes. Os Voluntários obtinham vantagens não disponíveis aos recrutas comuns, tais como soldos mais altos, alistamentos mais curtos, bônus por dispensa, concessão de terras nas fronteiras, preferência para cargos no serviço público, pensões e apoio às suas famílias no caso de morte ou invalidez. Sua criação pretendia cruzar as barreiras de região e de classe, favorecendo a nacionalização e a universalização do recrutamento tanto quanto possível. Os homens que se alistassem nos batalhões de Voluntários da Pátria teriam sua baixa assegurada tão logo a guerra tivesse acabado. Essa situação contrastava com a dos recrutas regulares, cujos termos de serviço poderiam chegar a até a nove anos.[130] O objetivo do programa era não só acelerar o recrutamento, mas também alistar homens de posições sociais elevadas bem como evitar as dificuldades que poderiam resultar de recrutamentos compulsórios, que criavam situações constrangedoras nas localidades nas quais eram executados. Os Voluntários, ao contrário, contavam, em tese, com certas regalias, por exemplo, a escolha do seu comandante. Isso aconteceu no Ceará, quando um grupo de Voluntários mobilizado na província solicitou que o general Sampaio fosse indicado como seu comandante, uma vez que "sendo do Ceará, [ele] mitigaria os sacrifícios que nós estamos dispostos a realizar tão distantes de nossa terra natal".[131] Por meio da criação dos corpos de Voluntários, o governo tentou melhorar o *status* dos soldados ao alistar todas as classes de homens. De fato, o nome do imperador Pedro II apareceu como o voluntário de número um. Desse modo, as autoridades imperiais simultaneamente nacionalizaram o alistamento, supostamente ignorando as diferenças geográficas e de posição social, embora o recrutamento compulsório ainda fornecesse um grande número de soldados.

Paradoxalmente, o grande influxo de Voluntários revelou uma grave fraqueza do governo imperial. Quando começaram as hostilidades, o Brasil não possuía a infraestrutura burocrática necessária para rapidamente alistar grande número de soldados. Semelhante ao que havia ocorrido no recrutamento do Exército da União nos Estados Unidos, quatro anos antes, as instituições locais tiveram de preencher a lacuna de organização. Porém, a conexão entre os interesses na-

---

130 Entretanto, segundo Beattie (2001, p. 30), "ao criar forças separadas com privilégios e *status* especiais, o governo reconheceu e confirmou o desprezo popular pelo serviço regular".

131 Francisco Marcondes Homem de Mello para Ângelo Muniz da Silva Ferraz, Fortaleza, 18 mar. 1865. AN/SPE/IG140/doc. 59. Correspondências do presidente do Ceará.

cionais e locais no Brasil era mais fraca do que nos Estados Unidos e o governo imperial não possuía um partido pró-guerra como o Partido Republicano. Consequentemente, o governo teve de apelar a grupos de notáveis, que se mostrariam mais interessados na recompensa imediata do que nos resultados de longo prazo da política externa.

Os recrutas dependiam da cooperação de barões e chefes locais, normalmente fazendeiros com prestígio e influência consideráveis, para o suporte logístico necessário para a criação de um Exército forte. Esses homens normalmente comandavam milícias da Guarda Nacional no interior, e sua cooperação era crítica para o sucesso de qualquer iniciativa de recrutamento nacional. Durante os primeiros meses da mobilização, as autoridades imperiais incansavelmente apelaram para sua boa vontade e patriotismo para obter a cooperação de que precisavam para recrutar em grande escala. Uma carta do marquês de Olinda a um fazendeiro influente da província de São Paulo revela como a mobilização de novos corpos de Voluntários dependia de tal apoio.

> A manifesta deficiência da força do nosso Exército, e a urgente necessidade de aumentá-lo e supri-lo como convém a honra e a glória da nação, obrigam o governo imperial a dirigir-se aos fazendeiros e senhores de terras, a fim de exigir deles como prova de patriotismo, e como serviço relevante, a sua esforçada compreensão para o alistamento de voluntários no exército. Vossa Senhoria é um desses fazendeiros, com cujo patriotismo o governo imperial conta. Vossa Senhoria por si, ou associando-se aos fazendeiros desse município, pode, fazendo sentir o reclamo da pátria ultrajada, e ainda não vingada, preencher a comissão gloriosa que o governo imperial confiadamente lhe comete. Os voluntários enviados por Vossa Senhoria ou pela comissão desse município serão recebidos no Quartel General, e inscritos em livro próprio os nomes dos mesmos voluntários e o de Vossa Excelência.[132]

Os presidentes das províncias reconheciam sua dependência em relação aos chefes locais. Eles apelaram para a influência e prestígio daqueles condestáveis para facilitar a arregimentação de soldados. O recrutamento era uma forma privada de alistamento, controlada pelas mesmas autocracias locais que promo-

132 Marquês de Olinda para tenente-coronel João Maria Pires Camargo. Rio de Janeiro, 14 ago. 1865. MHN – GP4.10.11.

viam o voluntariado, uma "privatização da responsabilidade cívica" semelhante à que ocorreu nos Estados Unidos através da ação de diferentes associações e métodos. Em um despacho para o ministro da Guerra, o presidente de São Paulo, João Crispiniano Soares, descreveu as conversas com o líder paulista Nicolau José de Campos Vergueiro, nas quais enfatizava as vantagens dos Voluntários em relação aos demais recrutados em um Exército com diferentes tipos de alistamento:

> Declarei-lhe também, que estando as autoridades policiais das localidades da província encarregadas do recrutamento para o Exército, que devia ficar na inteligência, e fazer constar que os voluntários que se alistarem não estão sujeitos a ele, e que podia lhes certificar por parte do governo, na ocasião do alistamento, o cumprimento de todas as garantias e promessas contidas no decreto n. 3371 de 7 do corrente mês.[133]

A despeito dos sucessos iniciais com o recrutamento de voluntariados, esses indivíduos tiveram de enfrentar os problemas crônicos de logística e infraestrutura. O mais urgente entre eles era a incapacidade do Exército em fornecer alojamento e treinamento adequado para os novos soldados. Em três cartas nas quais mal consegue disfarçar sua irritação, o mesmo presidente da província de São Paulo se queixava ao ministro da Guerra sobre o abastecimento precário de armas e uniformes:

> O corpo de Voluntários da Pátria que se está organizando nesta cidade consta de 235 praças que estão alistadas e aquarteladas na casa de correção por falta dos necessários cômodos no quartel da guarnição. Esse corpo precisa de disciplina. Não há disciplina sem a constituição de comandos de companhias pelos competentes oficiais. Necessito de instrução. Infelizmente não tenho instrutores. [Os recrutas] não têm armamento, nem fardamento. Já comuniquei ao ministério a cargo de V. Exa. que mandei preparar blusas de pano de linho para dar a esse corpo alguma aparência militar. O meu procedimento não foi aprovado até hoje.[134]

---

133 João Crispiniano Soares para conselheiro Henrique Beauraire-Rohan. São Paulo, 29 jan. 1865. AN/SPE/IG1, fl. 552. Correspondências do presidente da província de São Paulo com diversas autoridades.
134 João Crispiniano Soares para conselheiro Henrique Beauraire-Rohan. São Paulo, 21 fev. 1865.

O fazendeiro e político Nicolau José de Campos Vergueiro oferece um bom exemplo dos serviços que esses homens forneciam. Em janeiro de 1865, Vergueiro visitou as cidades de Rio Claro e Limeira nas novas regiões produtoras de café em São Paulo, para formar um Segundo Corpo de Voluntários. O presidente da província "autorizou [Vergueiro] a oferecer instrução militar a esses grupos e também a promover sua acomodação, de acordo com suas necessidades".[135] No entanto, inexistia controle estatal sobre a forma como se dava essa cooperação. O poder para recrutar e a capacidade para dispensar estavam frequentemente combinados na mesma pessoa, e esta concentração reforçava o poder de barganha das lideranças locais ao lidar com as autoridades imperiais. Descrevendo o comportamento de um chefe local indolente, o presidente de São Paulo reconhecia os limites da sua própria capacidade de recrutar soldados: "É relevante perceber que o presidente da junta de uma dessas cidades também é Tenente-Coronel do Batalhão da Guarda Nacional do distrito! Fica claro que muito pouco pode ser esperado dessa pessoa".[136]

A dependência por parte do governo da boa vontade desses chefes locais e do povo revela a incapacidade de extrair os recursos diretamente da sociedade por sua própria iniciativa. Em condições favoráveis, os fazendeiros apoiariam o esforço de guerra. Porém, as condições dependiam da duração da guerra: quanto mais curta, melhor para todos. À medida que a campanha se prolongou e continuou a drenar recursos, o entusiasmo diminuiu. O senador Nabuco de Araújo, uma liderança da Liga Progressista, lamentou que o povo brasileiro tivesse desanimado porque "sua principal virtude era o entusiasmo, não a perseverança".[137]

Essa situação levanta a questão sobre a coesão interna, um tema central para os efeitos sociais da guerra na mobilização militar nacional. Frequentemente tem sido sugerido que a guerra aumenta a coesão interna do Estado beligerante. No entanto, alguns analistas, tais como Arthur A. Stein e Bruce M. Russet (1980, p. 413), destacaram que a relação é mais complexa. A guerra pode aumentar a coesão interna apenas em determinadas condições específicas, incluindo a percepção de uma ameaça externa à sociedade. Se essa percepção for cada vez

135 João Crispiniano Soares para conselheiro Henrique Beauraire-Rohan. São Paulo, 29 jan. 1865.
136 Joaquim F. de Toledo para Ângelo M. da S. Ferraz. São Paulo, 25 maio 1866. AN/SPE/IGI 159, cx. 587, fl. 741.
137 Conselho de Estado Pleno, 1978, v. 6, p. 81.

menor, como foi o caso durante a campanha do Paraguai, a coesão pode, na verdade, diminuir.

No caso do Brasil durante a Guerra do Paraguai, a coesão social desapareceu à medida que a longa campanha e a retirada de mão de obra se tornaram menos compatíveis com os interesses dos fazendeiros e de outros, cuja prosperidade estava ligada à disponibilidade da força de trabalho. Enquanto desempregados, migrantes e mendigos eram facilmente recrutados compulsoriamente, os fazendeiros protegiam os trabalhadores dos campos na medida do possível. A transferência de trabalhadores livres e escravos para as linhas de frente era vista com suspeita, às vezes com indignação. Isso revela a importância das relações entre protetores e clientes na história social do Brasil. Os líderes locais liberaram alguns trabalhadores para servir como voluntários, mas seu desejo de colaborar era limitado por suas necessidades de mão de obra e pelas demandas de seus clientes, cujo patriotismo declinava. Tais necessidades entrariam eventualmente em conflito com as demandas de guerra.[138]

Designando guardas nacionais

Uma segunda e mais controversa medida para aumentar o tamanho do Exército veio através do Decreto nº 3.383, de 21 de janeiro de 1865. Essa medida legalizou a transferência de soldados da Guarda Nacional para o Exército regular, abrindo, dessa forma, a possibilidade de que esses guardas designados servissem fora do país. Esses soldados da Guarda Nacional foram "designados" para o Exército. Inicialmente, mais de 14 mil soldados foram designados para o *front*, mas esses números iriam eventualmente aumentar. Como a lei brasileira não era clara sobre as condições em que essas transferências poderiam ocorrer, o Decreto nº 3.383 criou uma crise simultaneamente legal e jurisdicional.

A guarda era nominalmente responsável pela segurança interna. Ela estava subordinada ao Ministério da Justiça, não ao Exército. Nos Estados Unidos, as unidades da Guarda Nacional se encaixavam em hierarquias estaduais bem definidas, comandadas pelos governadores dos estados, mas, no Brasil, o

138 Segundo Hendrik Kraay (1998, p. 2-3), a prática do recrutamento "constituía um sistema do Estado para o qual a classe dirigente de proprietários de terras e escravos e um grande segmento de pobres livres contribuíam e do qual cada participante desfrutava de benefícios consideráveis".

comando das unidades provinciais pertencia a líderes locais, que recrutavam, organizavam e treinavam esses militares a partir de uma divisão geográfica por comandos militares cuja jurisdição abarcava alguns municípios; portanto contavam com um alto grau de autonomia. Alguns desses comandantes retinham seus postos por períodos muito mais longos do que os presidentes das províncias.[139] Cada um deles desfrutava de um grau elevado de autonomia em suas alçadas. Assim, a Guarda Nacional brasileira, pelo menos a partir da reforma de 1850, era o bastião tradicional dos proprietários de terra e de outros poderosos locais. Ser membro da guarda era a melhor desculpa que um homem livre poderia oferecer para escapar ao recrutamento compulsório para o Exército, quando novas levas eram exigidas. Sob a proteção da guarda, muitos indivíduos podiam evitar os procedimentos brutais associados ao recrutamento. Por outro lado, o prestígio de muitos chefes locais era tradicionalmente associado à proteção que podiam proporcionar. Ao transferir corpos da Guarda para o *front* externo e subordiná-los ao Exército, o governo imperial interferia diretamente na autoridade desses homens. Essa autoridade era sancionada pelo costume e por uma série de práticas consensuais aceitas como lei. Ao transferir as unidades da Guarda Nacional para o *front*, o governo imperial comprometeu diretamente a autoridade tradicional dos líderes locais. O Decreto nº 3.383 violou a cooperação de longa data entre as autoridades centrais e locais, afetando a noção da guarda como um santuário do recrutamento tradicional e minando a capacidade imperial de arbitrar conflitos entre os fazendeiros. Além disso, ele revogou os arranjos tradicionais de partilha do poder sancionados pela tradição, acordos estes que haviam ajudado a dar suporte à centralização durante as primeiras décadas turbulentas após a independência.

Para tornar a situação ainda pior, os presidentes das províncias tinham autoridade sobre as forças policiais locais e podiam ordenar que seus membros se juntassem aos corpos de Voluntários, como muitas vezes fizeram. Uma vez engajados nos corpos de Voluntários, esses homens poderiam ser enviados para o *front*. Estritamente falando, não se tratava de recrutamento compulsório, uma vez que os policiais haviam se "voluntariado". Porém, a perda de unidades regulares da polícia teve desdobramentos para a Guarda Nacional.

---

139 Para o caso do Rio Grande do Sul, ver Izecksohn e Mügge (2016). Para o Rio de Janeiro, ver Goldoni (2010).

As unidades da Guarda Nacional não designadas para o *front*, que já realizavam vigilância militar, assumiram funções adicionais de patrulhamento policial. O presidente do Rio de Janeiro enfatizou o fardo sobre os soldados da Guarda Nacional que serviam na província:

> Não é somente o serviço das designações que tem pesado sobre a Guarda Nacional da província, como o oferecimento da força de polícia para seguir voluntariamente para a campanha tem ela sido substituída [...] nos diversos distritos desta capital e o das fortalezas da barra, que era feito por praças do Exército, desde 1865 tem sido também feito por esta guarda.[140]

Mais grave ainda, a perda das forças policiais deixou cidades e plantações desprotegidas contra potenciais rebeliões de escravos e desertores, possibilitando o surgimento de bandos de criminosos. A transferência da polícia local para o Paraguai disseminou a sensação de insegurança por todo o interior. Quando o governo solicitou mais soldados, o comandante da Guarda Nacional de Vassouras se queixou de que "a força já pronta para marchar é tão pequena que mal se mostra adequada aos serviços normais. Esses serviços foram realizados com muito sacrifício e não podemos fornecer o número necessário até para guardar a cadeia da cidade".[141]

Os problemas relacionados à transferência de soldados ilustravam a inadequação da estrutura burocrática. Porém, desafios mais graves se encontravam por vir. Na segunda metade de 1865, as forças paraguaias foram expulsas do Rio Grande do Sul e o governo *blanco* uruguaio desaparecera, mas a mobilização para essas campanhas deixara a precária estrutura do recrutamento militar ainda mais evidente. Do seu quartel-general em Concordia, o presidente argentino Bartolomeu Mitre descreveu ao general Gelly y Obes a precária disposição das forças brasileiras no Prata:

> É necessário que o Brasil se convença, se não está convencido, de que um exército pequeno, composto em sua maior parte de recrutas, não pode estar simultaneamente no Uruguai, no Paraná e no Paraguai e defender ao mesmo tempo o Rio Grande, onde, como já disse a Paranhos, e como já disse cinquenta vezes aos chefes brasi-

140 Benevenuto A. de M. Taques para barão de Muritiba. Niterói, 15 out. 1868. RPRJ, p. 2.
141 Benevenuto A. de M. Taques para barão de Muritiba. Niterói, 15 out. 1868. RPRJ, p. 3-4.

leiros, deveriam formar com o tempo um exército de observação, quando menos, e se não o fizeram até agora, têm que fazê-lo, mesmo que seja suando sangue.[142]

Quando as autoridades imperiais começaram a organizar o segundo corpo do Exército, elas observaram uma disposição sombria na população. À medida que o teatro de guerra se deslocava dos territórios brasileiro e uruguaio para as províncias do Norte da Argentina, o entusiasmo popular pela guerra desapareceu e a resistência se tornou endêmica. A situação se deteriorou ainda mais com a primeira derrota significativa da Tríplice Aliança na batalha do Curupaiti, em setembro de 1866.

A dinâmica da guerra e a ampliação do recrutamento

De 16 de abril de 1866, quando as forças da aliança cruzaram a fronteira paraguaia, até setembro de 1866, a campanha no Sul consistiu em uma série de vitórias. O Exército paraguaio sofrera perdas consideráveis durante sua ofensiva fracassada ao norte da Argentina e a oeste do Rio Grande do Sul. Agora, enfraquecido, ele foi derrotado sequencialmente em Tuiuti, em 24 de maio de 1866, e em Curuzú, entre os dias 1 e 3 de setembro de 1866, quando as forças de López novamente falharam na tentativa de recuperar a iniciativa. Essas derrotas aumentaram o número de baixas num Exército carente de soldados. Como resultado, os paraguaios concentraram suas forças em trincheiras fortificadas em torno da fortaleza de Humaitá, abandonando o recurso a grandes batalhas campais que López havia promovido com resultados catastróficos ao longo dos meses anteriores. Esses foram meses de intensas escaramuças durante os quais as iniciativas de paz não fizeram progresso.

A derrota inesperada das forças aliadas na batalha de Curupaiti, em 22 de setembro de 1866, acompanhada pela perda de 4 mil homens, expôs a fragilidade da organização militar aliada.[143] Esse revés paralisou a campanha e deixou

142 Bartolomeu Mitre para Juan A. Gelly y Obes. Concordia, 23 jun. 1865. Guerra del Paraguay (continuación). Archivo del General Mitre. Buenos Aires: Biblioteca de La Nación, 1911, tomo 3, p. 16-187.

143 Segundo Santos (1987, p. 322), em Curupaiti os aliados perderam 4.061 soldados: 2.011 brasileiros e 2.050 argentinos. Para uma análise mais detalhada do impacto dessa derrota sobre as forças argentinas, ver De Marco (2013, p. 344-381).

perplexo o comando militar brasileiro. Os políticos e oficiais lentamente entenderam que enfrentavam um inimigo unido e um Exército coeso, recrutado através de serviço militar universal que, apesar de suas limitações tecnológicas, era muito disciplinado e leal ao seu governo. Agora que os paraguaios estavam lutando para defender seu país, eles ofereceram uma resistência muito mais determinada do que os brasileiros haviam enfrentado diante de qualquer outro oponente no Prata.[144]

A superioridade militar brasileira não era suficiente para convencer Solano López a fazer concessões, e o imperador Pedro II insistia que apenas a rendição incondicional seria aceitável: "A Guerra deveria ser concluída de acordo com as exigências da honra, custe o que custar".[145] Quatro anos depois, o embaixador britânico reconheceu "o sentimento geral de que a persistência do Brasil a prosseguir na guerra até o fim se devia à determinação do imperador".[146] Essa insistência, normalmente apoiada pelos membros do gabinete e pelos conselheiros de estado, não era mais compartilhada pela opinião pública, circunstância que aumentava o isolamento do monarca na sua determinação de uma derrota total das forças paraguaias.

A retirada paraguaia para seu território não sinalizou um fracasso da disposição nacional para resistir à invasão. Porém, para o governo brasileiro, ela pareceu ilógica e confusa, tornando o resultado da guerra imprevisível (Santos, 1987, p. 313). As operações militares foram interrompidas por 10 meses. Durante esse hiato, problemas internos levaram os argentinos e uruguaios a retirarem contingentes substanciais das suas forças das frentes de batalha e a erosão da aliança reduziu o poder da invasão. A perda de um número enorme de soldados devido à deserção, doenças, condições sanitárias terríveis e ausência de alimentação adequada intensificou a necessidade de recrutar novos corpos que pudessem dar conta de uma campanha militar mais longa.

Como no caso do Norte durante a Guerra Civil dos Estados Unidos após 1862, a familiaridade com a realidade da guerra moderou os mais ardentes agitadores, e vozes a favor do armistício puderam ser ouvidas. Porém, os

---

144 Descrições detalhadas das batalhas e campanhas no território paraguaio podem ser encontradas, entre outras obras, em O'Leary (1976) e nos clássicos de Louis Schneider (2009) e Augusto T. Fragoso (1935).

145 Pedro II para a condessa de Barral. Rio de Janeiro, 7 nov. 1866 (apud Magalhães Jr., 1956, p. 89).

146 George B. Matthew para o conde de Clarendon. Petrópolis, 9 abr. 1870 (apud Barman, 1988, p. 230).

movimentos antiguerra não eram tão organizados no Brasil como haviam sido nos EUA, nem havia fortes motivações ideológicas para a paz. Os brasileiros estavam cansados da guerra. As iniciativas pela paz soaram mais como críticas ao Gabinete Liberal-Progressista do que como uma agenda ideológica, muito embora elas tenham vindo de setores conservadores, que eventualmente voltariam ao poder com a intervenção do imperador e mudariam de posição.[147] Mas, mesmo entre os aliados, as críticas subiam de tom. O jornal *Opinião Liberal* expôs o descontentamento com a decisão de prosseguir a campanha:

> Paz, paz! É o brado íntimo de um povo oprimido. A guerra converteu-se em desastre, a sua prolongação trará o cataclismo. O capricho imperial improvisou uma série de desatinos desde o Estado Oriental e esses desatinos têm pesado como um flagelo sobre o povo inocente.[148]

O governo brasileiro trabalhou desesperadamente no *front* doméstico para reforçar o Exército e retomar a iniciativa. Empréstimos externos custearam novos navios de guerra e armamento moderno. Os arsenais no Rio de Janeiro e Porto Alegre trabalhavam com força total para rearmar o Exército. Porém, poucas iniciativas melhoraram a infraestrutura existente, e as condições sanitárias só atingiram um ponto aceitável com lentidão. Ao contrário das enormes transformações que a Guerra Civil trouxe para a economia dos Estados Unidos em termos da capacidade de produção industrial e do aumento da malha ferroviária, a Guerra da Tríplice Aliança levou a um aumento tímido da produção industrial brasileira, apresentando um impacto reduzido na extensão da malha ferroviária, que jamais chegou até a frente de batalha (Izecksohn e Beattie, 2008). De acordo com o testemunho de Menênio Agrippa (pseudônimo de José Fernandes Pereira Jr.), dos 51 batalhões que invadiram o Paraguai, apenas 14 ainda estavam organizados quando o conflito foi retomado em 1867. Dos 45 mil homens, apenas metade estava pronta para o combate. Seria ingênuo atribuir esses problemas à interrupção da campanha; a trégua na luta apenas acentuou as circunstâncias que estavam evoluindo desde a segunda metade de 1865. Embora um genuíno entusiasmo tenha envolvido as levas iniciais do

---

147 Sem contar as tentativas de paz entabuladas por outros países, destacando-se as iniciativas do governo norte-americano nesse sentido. Ver Doratioto (2015).

148 *Opinião Liberal*, 28 fev. 1868 (apud Pires Jr., 2019, p. 60).

recrutamento no Brasil, a resistência individual e coletiva sempre esteve presente e cresceu à medida que a guerra prosseguiu. Em muitos aspectos, a resistência interna foi uma ameaça à vitória brasileira tão grave quanto os esforços militares do Paraguai ou as tentativas internacionais de mediar o conflito.

As diferenças hierárquicas entre os Voluntários, os guardas nacionais designados e os soldados ou recrutas compulsoriamente recrutados revelam interações entre a crise externa e a crise interna que foram geradas pela guerra. No topo da hierarquia, os Voluntários entraram no Exército por vontade própria. Considerados mais altruístas do que qualquer outro grupo, eles deveriam ser recompensados por seus sacrifícios tanto simbolicamente quanto materialmente. Poderosos chefes locais forneceram aos soldados designados da Guarda Nacional apoio político e algum nível de poder de negociação. No patamar mais baixo da sociedade livre, estavam aqueles recrutados compulsoriamente ou recrutas, que normalmente pertenciam aos grupos socialmente desprotegidos. Essas diferenças no *status* civil eram transferidas aos militares, determinando a posição de uma pessoa nas fileiras. Conforme a guerra contra o Paraguai progredia, as diferenças hierárquicas eram cada vez mais apagadas, uma vez que a socialização nas unidades equalizava o *status* dos soldados. O medo das consequências que o efeito de nivelamento causaria ao serviço militar tornou a resistência comum entre todos os setores da população na retaguarda, atingindo com mais intensidade os setores voluntários. Assim, as respostas internas às mudanças da sorte na guerra não estavam relacionadas apenas às deficiências históricas no alistamento dos recrutas, que se acentuaram durante o período do conflito pela falta de mão de obra em algumas regiões. Elas também estavam relacionadas com as alterações sem precedentes nos padrões de seleção. À medida que o alistamento se tornou mais amplo, passou a ser acompanhado por protestos cada vez mais intensos. Uma carta confidencial do Ministério da Guerra chamou a atenção para o fato de que "oficiais e soldados retornando do Exército trazem males para as províncias, disseminando terríveis notícias, de tal modo que assim que o recrutamento tem início, a maioria dos potenciais soldados se esconde no sertão e se organiza para resistir à prisão".[149]

---

149 Angelo Moniz da Silva Ferraz para Francisco Ignácio Marcondes Homem de Mello. Rio de Janeiro, 28 ago. 1866. AN/SPE/IG40 (CE), n. 34.

Atrasos em cada uma das etapas da guerra tornaram insuficiente o reagrupamento do Exército existente e aumentaram a demanda por novos soldados. O Império exigiu a transferência de mais mão de obra do interior para preencher as lacunas, mas as pessoas não estavam mais dispostas a colaborar. Lenta e progressivamente, os brasileiros de todas as classes e de todas as regiões se voltaram contra o recrutamento e resistiram à intimidação. Atos de insubordinação e resistência, tanto individuais quanto coletivos, se opuseram ao isolamento dos recrutas e unidades da Guarda Nacional, particularmente daqueles grupos mantidos em cadeias e residências particulares utilizadas como centros de aquartelamento. As tensões entre o centro e a periferia foram mais agudas do que em qualquer outro momento desde os anos de 1840 (Izecksohn, 2017a).

A micropolítica da deserção

Em 1867, o presidente de Minas Gerais, Vicente Pires da Mota, se queixava veementemente dos vários problemas com que lidou ao preparar um contingente destinado a atuar numa nova ofensiva contra a fortaleza de Humaitá, detalhando os obstáculos que havia enfrentado no recrutamento de mais soldados para o Exército imperial. Numa carta confidencial ao ministro da Guerra, Pires da Mota tentou justificar o baixo número de recrutas, enumerando as dificuldades no transporte desses indivíduos entre Minas Gerais e a Corte. O presidente acusava médicos, padres, juízes de paz e outros membros proeminentes da sociedade mineira de conspirar contra sua autoridade:

> V. Exa. não faz ideia do esforço que tenho feito para conseguir a captura e remessa de recrutas. Nas prisões mesmo são eles visitados por pessoas, aliás, importantes (mas que entendem ser um meio decente de fazer oposição ao governo, dissuadir o povo do serviço da guerra, e amedrontá-lo de modo inaudito), que os aconselham a resistir às guardas e arrombar as prisões e fugir.[150]

---

[150] Vicente Pires da Mota para marquês de Paranaguá. Ouro Preto, 24 maio 1867. AHMI, I-DPP--22.1.867-met.c.

Os oponentes conservadores à guerra obstruíram a política da Liga Progressista, prejudicando os recrutadores ao convencer soldados a desertarem. Essa rede de oposição incluía muitas autoridades que se opunham ao crescente recrutamento compulsório de indivíduos cujo *status* e relacionamentos deveriam isentá-los do serviço militar. Para piorar a situação, a administração provincial havia designado a força policial para a frente de batalha logo no começo das operações, circunstância que diminuiu ainda mais a capacidade administrativa de capturar e enviar os recrutas para o Rio de Janeiro. A desconfiança pública no governo era ruim o suficiente, mas as condições que os recrutas experimentavam enquanto marchavam pelo interior eram assustadoras. Por pior que fosse a falta de confiança na condução da guerra, ela não era tão chocante quanto o destino daqueles recrutas que finalmente seguiam para a capital do Império. Ao discutir esse aspecto da questão com o ministro da Guerra, Vicente Pires da Mota, presidente de Minas Gerais, forneceu algumas das mais contundentes imagens sobre o grau de apoio popular à deserção. Ao descrever o risco de motim ao longo da marcha entre Ouro Preto e a Corte, ele justificava o uso de correntes, mesmo levando em consideração o forte impacto que a visão de recrutas algemados podia ter sobre a população ao longo dos caminhos: "Dei ordens para que as algemas sejam retiradas em Petrópolis, para evitar que eles cheguem à Corte algemados, como partem dos diversos pontos de onde são enviados".[151]

Embora lamentável, ele reconhecia que a entrega de recrutas sem tais precauções seria virtualmente impossível. Catorze meses depois, o general James Watson Webb, ministro plenipotenciário dos Estados Unidos no Brasil, relatou situações semelhantes enquanto descrevia a partida de voluntários de Petrópolis:

> Vi pelo menos cinquenta grupos desses soldados voluntários, ou passando por Petrópolis ou chegando a bordo de trens na ferrovia e eles são invariavelmente "trazidos" da seguinte maneira: os grupos com 30 a 70 ou 80 pessoas. Cada "Voluntário" apresentava um colar de ferro em volta do seu pescoço, que, em oposição ao cadeado, apresentava um anel de ferro, com duas polegadas e meia de diâmetro. Através desse anel passava uma pesada corrente, conhecida por nós como

151 Vicente Pires da Mota para marquês de Paranaguá. Ouro Preto, 24 maio 1867. AHMI, I-DPP--22.1.867-met.c.

> "Corrente do tronco", que se estende do início ao final da coluna, não havendo, é claro, qualquer possibilidade de fuga. Nessa condição o soldado Voluntário segue a bordo do transporte e navega para o Rio. Anteriormente em West-Point, o cadete que era "encontrado" e trazido de volta era chamado de "um voluntário forçado". Assim, o Brasil tem um precedente para chamar esses homens de "Voluntários".[152]

Por que o fervor patriótico inicial deu lugar a amplas demonstrações de resistência? Mesmo no início da guerra, a deserção era um fator significativo em muitas províncias. Em uma das poucas comparações realizadas entre as taxas de alistamento e deserção, o presidente de Alagoas observou uma imensa diferença entre o número de indivíduos alistados e aqueles que efetivamente seguiram para a guerra. A tabela 1 permite uma comparação entre o número de recrutas que se apresentaram e aqueles efetivamente enviados à Corte para seguir diretamente para o teatro de guerra. No início da campanha, quando os relatos provinciais mostravam o melhor cenário possível, a taxa total de evasão em Alagoas ficou acima de 30%. As maiores taxas de deserção estavam entre os guardas nacionais transferidos e os recrutas. Os recrutas eram alistados à força e os guardas nacionais eram designados para o *front* por meio de atos burocráticos muitas vezes arbitrários. Soldados involuntários estavam concentrados nessas duas categorias e quase 37% deles nunca chegaram à capital. Essa taxa de evasão contrasta fortemente com o voluntariado e outras atividades patrióticas do início da guerra.

Tabela 1
Recrutamento e evasão na província de Alagoas (1865)

Fonte	Apresentados	Enviados para a Corte	Porcentagem da evasão (%)
Voluntários	134	129 (96,3%)	3,73
Guardas designados	101	73 (72,3%)	27,72
Recrutas	680	422 (61,9%)	38,08
Libertos	26	26 (100%)	0
Total	941	650 (69,2%)	30,92

Fonte: relatório do presidente de província de Alagoas, maio 1865.

152 James Watson Webb para William H. Seward. 21 ago. 1868. NARA, microfilme 121, rolo 35.

Alagoas não parece incomum quando comparada a outras províncias. O avanço da deserção pode ser acompanhado em um relatório do presidente do Maranhão. Em abril de 1865, 12 guardas foram deixados na vila de Tutoia, mas apenas um chegou à capital provincial. Durante sua passagem por São Luís, antes de embarcar nos navios que os levariam para a Corte, 66 soldados desertaram, 71 não se apresentaram, 94 foram dispensados pelo presidente anterior e 67 ficaram doentes no hospital. Entre aqueles qualificados para embarcar para a capital, 26 foram dispensados por incapacidade e mais 40 por dispensas legais. Assim, de um total de 910 guardas maranhenses designados para transferência, apenas 546 (60%) deixaram a província. Deserções, dispensas e simulação de doenças, comuns em todas as regiões, comprometeram gravemente o recrutamento.[153]

Nenhuma província apresentou um contraste mais forte entre as duas ondas iniciais de recrutamento do que o Rio de Janeiro. Província mais rica do Império e principal produtora de café do país, era do Rio que as autoridades esperavam uma contribuição mais expressiva aos esforços de guerra. Sua proximidade com a Corte deveria tornar a província mais sensível às demandas do Império.[154] E, de fato, a primeira onda de Voluntários entre dezembro de 1864 e maio de 1865 mostrou que a maior parte do alistamento era espontânea (82%) e não coercitiva. Confiante no fornecimento de recrutas, o governo da província dispensou os serviços de 1.384 guardas nacionais designados. Essa decisão, porém, se mostrou imprudente porque na segunda onda de recrutamento (maio a setembro de 1865) houve uma queda de 43,1% no número total e uma queda de 80,1% entre os voluntários. Nesse momento, a coerção, que incluía o confinamento de desertores da primeira chamada, forneceu 72,3% dos soldados[155] (ver tabela 2).

153 Tenente-coronel José Caetano Vaz Júnior para conselheiro José Antonio Saraiva. São Luís, 14 ago. 1865. AN/SEP/IG125, cx. 530, fl. 76.

154 O alinhamento político entre a elite fluminense e o governo imperial foi proposto como hipótese por Mattos (1988, p. 129-192) e Salles (2008, p. 41-55). Parron (2011) identificou um deslocamento entre o núcleo Saquarema e outros conservadores ao longo da década de 1850. Para uma visão diferente, ver Needell (2006, p. 73-163).

155 O tamanho reduzido dos contingentes iniciais mostra que o governo imperial também havia subestimado as dimensões da guerra, provavelmente esperando uma rendição rápida do governo paraguaio.

Em Minas Gerais, uma província bem conhecida pela resistência ao recrutamento, o relatório provincial também mostra um predomínio de processos compulsórios e membros da guarda designados, mas, em contraste com Alagoas e Rio, os grupos de recrutados compulsórios eram maioria desde o início.[156] Minas tinha uma população de 1,6 milhão – 16% do total da população do Império na época.[157] O governo imperial solicitou uma cota inicial de apenas 1.200 homens (0,075% de sua solicitação total). Apesar da solicitação proporcionalmente pequena, apenas 21% desses indivíduos seguiram para o *front* durante os primeiros meses da campanha. Desses 251 homens, apenas cinco (1,9%) eram voluntários; recrutas e membros da Guarda Nacional designados totalizavam 216 (86,4%). Os restantes 30 (8,3%) eram escravos libertos, cujo alistamento ainda não era uma questão de opinião pública nessa época.[158]

Dom Viçoso, o bispo de Mariana, na região mineradora próxima à capital, estava muito preocupado com a falta de recrutas e manifestou seu desapontamento oficial em sua proclamação de novembro de 1866. Por solicitação do presidente da província, Saldanha Marinho, o bispo proclamou o apoio oficial da Igreja à guerra. Dom Viçoso também expressou a decepção do governo com o baixo nível de cooperação da população:

> Quando a pátria exige de vós este auxílio a vossos irmãos, quando estes os chamam a que os ajudeis a debelar e levar ao fim a vitória, fugireis para o mato vilmente, fingireis achaques que vos dispensem!... Se sempre devemos estar prontos para aparecer no divino tribunal, quanto mais no meio das balas, das baionetas e dos torpedos![159]

---

156 Fabio Faria Mendes (1997, p. 106) demonstrou que a contribuição *per capita* do recrutamento em Minas Gerais foi aproximadamente 12 vezes menor que a contribuição nacional. Para uma discussão específica do recrutamento em Minas Gerais durante a Guerra do Paraguai, ver Barton (2012, p. 201-237).

157 A estimativa de 10 milhões de habitantes para o total da população brasileira seria mais adequada ao primeiro censo, realizado em 1872. IBGE. Censo 1872.

158 RPMG, 1865, p. 22.

159 "Uma proclamação de dom Viçoso aos seus diocesanos". Mariana, 6 nov. 1866. MHN, GP. 412. Saldanha Marinho havia sido um crítico das práticas coercitivas do recrutamento antes da guerra. Por ironia, esteve numa posição administrativa de relevância nos anos críticos do conflito. Para a experiência de Saldanha Marinho como presidente de Minas Gerais, ver Barton (2012, p. 201-237).

Tabela 2
Fontes de recrutas no Rio de Janeiro: dezembro de 1864 a setembro de 1865

Fonte	Dez. 1864 a maio 1865	Porcentagem do recrutamento total	Maio a set. 1865	Porcentagem
Corpos da polícia da província	510	17,0	0	0,0
Voluntários	2.458	82,0	473	27,7
Recrutas para o Exército e a Marinha	32	1,0	644	37,7
Guardas designados	0	0,0	459	27,0
Desertores presos e enviados ao quartel-general	0	0,0	130	7,6
Total	3.000	100,0	1.706	100,0

Fonte: relatório da província do Rio de Janeiro, maio de 1865.

Ainda assim, o medo da morte era mais forte do que os apelos religiosos. Um ano mais tarde, o presidente de Minas reclamou que mesmo os padres estavam fazendo campanha no interior contra o alistamento:

> Há pregadores em toda parte que estão infundindo o medo na população que está pronta para a guerra. Na cidade de Queluz, Dr. Lafayete e seus irmãos e parentes são missionários permanentes dessa propaganda [...]. Nesse exato momento estou processando um vigário de Diamantina [...] porque [ele] prega (do púlpito!) que [as pessoas devam] resistir, fugir, mas não ir para a guerra porque ela é como uma praga criada por um governo corrupto para destruir todos os Conservadores e amantes da paz.[160]

As estatísticas da província de São Paulo indicam como os recrutamentos compulsórios avançaram durante a terceira onda de recrutamento, de outubro de 1866 a maio de 1867 (ver tabela 3). Mais de 80% de todos os homens enviados para o *front* eram não voluntários. Esses números confirmam os relatos contemporâneos que descrevem o papel crescente dos recrutamentos forçados

160 Vicente Pires da Mota para o marquês de Paranaguá. Ouro Preto, 24 maio 1867. AHMI, GP. 412-met.c.

amparados pela ação de escoltas armadas. Durante o intervalo de tempo da tabela 3, as plantações de café expandiam-se em São Paulo. Escravos eram enviados das províncias do Nordeste em grandes números, mas o fornecimento de mão de obra ainda era afetado pela interrupção do tráfico internacional de escravos em 1850. Como resultado, o uso de trabalhadores livres era cada vez mais necessário nas fazendas. Nessas circunstâncias, com uma grande demanda por trabalhadores, parece lógico que o alistamento voluntário encontrasse resistência. Os fazendeiros protegeram sua força de trabalho dos recrutamentos forçados, e isso explica, em parte, por que províncias importantes como São Paulo e Minas Gerais contribuíram com poucos recrutas. A resistência, porém, era endêmica e cada vez mais disseminada por todo o país. Mais tarde, em 1867, o vice-presidente em exercício de Minas Gerais, Elias Pinto de Carvalho, testemunhou à Assembleia Provincial sobre a elevada tensão provocada pelo recrutamento. Queixando-se da escassez de recrutas, da falta de cooperação dos guardas nacionais e da ausência de força policial para realizar o trabalho, Pinto de Carvalho retratou um cenário terrível:

> Quase toda a Guarda Nacional ativa, e nas circunstâncias de marchar, achava-se foragida e, desde então, em pontos apartados, e que oferecem os recursos indispensáveis à vida, e onde a ação da autoridade é indeclinavelmente tardia, formou-se grande número de desertores, designados e recrutáveis sem que tenham podido ser capturados, por falta de força material.[161]

Tabela 3
Fontes do recrutamento em São Paulo: outubro de 1866 a maio de 1867

Fonte	Número	Porcentagem
Voluntários	87	6,5
Voluntários para o Exército	81	6,1
Voluntários para a Marinha	51	3,8
Recrutas	693	52,0
Guardas nacionais	419	31,6
Total	1.331	100,0

Fonte: relatório da província de São Paulo, 1867.

161 RPRJ, 1867, p. 21.

Muitas razões contribuíram para a redução do número de voluntários durante a segunda e a terceira ondas do recrutamento. De acordo com o presidente de Alagoas, Esperidião Eloy de Barros Maciel, isso se devia

> ao natural resfriamento do entusiasmo provocado pelas primeiras explosões do patriotismo ofendido, o caráter sedentário da sua população, o horror tradicional às guerras do sul do Império e sobretudo às notícias exageradas e aterradoras do teatro de operações militares quanto à mortalidade por efeito do clima, fadigas das marchas e epidemias que dizimavam o Exército.[162]

O presidente do Maranhão reclamava que os recrutas deixavam o serviço militar fugindo, se escondendo ou fazendo uso de dispensas legais. Essas observações devem ser vistas no contexto de um ditado brasileiro que afirma "Deus é grande, mas o mato é maior!", que claramente captura a sabedoria popular. Em um primeiro momento, muitos homens pobres e marginalizados que não podiam contar com a proteção de chefes locais se esconderam nas matas para escapar do recrutamento forçado. Em breve, seriam seguidos pelos menos vulneráveis, ansiosos diante das notícias terríveis vindas do Sul que só aumentavam a resistência coletiva ao serviço militar. Servir no Exército voltou a ser associado às piores formas de escravidão. Assim que a guerra perdeu seu *glamour* romântico inicial, a resistência se tornou a ordem do dia.

As notícias e rumores se espalharam rapidamente, cristalizando-se em um ambiente hostil ao recrutamento. Porém, alguns indivíduos tinham uma dificuldade maior do que outros para escapar do serviço militar. Homens sem proteção, os alvos preferidos dos recrutadores em todas as províncias, responderam com atos individuais de rebelião. Na pequena cidade de Rio Bonito, na província do Rio de Janeiro, um comandante superior descreveu aos comandantes da Guarda Nacional os critérios utilizados para designar substitutos, isto é, escolhendo encrenqueiros entre as fileiras, e não guardas obedientes. Como exemplo, ele descreveu que um soldado do Sétimo Batalhão de Infantaria, João Batista Pereira Jr. Pereira, havia sido selecionado como substituto para o guarda que havia escapado do serviço militar mediante dis-

162 RPA, 1866, p. 18-19.

pensa legal.[163] A descrição do comandante incluía muitas características de uma pessoa socialmente indesejável:

> O comportamento seu como guarda e como particular é péssimo. Casado há dois anos mais ou menos, para furtar-se ao recrutamento, abandonou no fim de oito dias a sua mulher e no tempo decorrido de lá para cá vivia da rapina e refugiado nas matas. Tendo a convicção de ser mais cedo ou mais tarde capturado, como recruta ou designado para o serviço da Guarda ainda cometeu uma infâmia, decepando calculadamente e com o fim de mutilar-se para aquele mister, o dedo índice da mão direita. A mutilação está, porém completamente sã, e sendo ele em todos os mais sentidos perfeitamente apto para o serviço a que é destinado, esse comando pede a Vossa Excelência, em bem da disciplina, e para mostrar-se como um exemplo frisante que nada aproveitam as decepações ou mutilações de membros, que haja dar-lhe o destino que merece a sua cobardia para que não tenha imitadores.[164]

Não há dúvida de que recrutas tentaram escapar do serviço militar fugindo ou se escondendo, ou através de atitudes mais dramáticas, tais como casamentos improvisados ou mesmo por meio da automutilação. Outros guardas que eram designados para ir para o *front* buscavam as redes de relacionamentos sociais tradicionais a fim de evitar o recrutamento. Dispensas legais, substituições ou a influência política comumente ajudaram os indivíduos a escapar do serviço militar. Essas dispensas tinham sua origem nos vínculos pessoais que ligavam os comandantes da Guarda Nacional aos seus homens, e eles ofereciam uma proteção muito maior do que a resistência individual era capaz de proporcionar. Quando esses métodos fracassavam, guardas designados ainda eram capazes de "comprar substitutos". Tais estratégias haviam sido utilizadas em conflitos anteriores com relativo sucesso e era natural que homens aterrorizados buscassem seus chefes a fim de receber licenças.[165]

---

163 As substituições foram amplamente utilizadas como a maneira mais segura de evitar o serviço militar. Apesar das críticas associadas a essa prática, a lei a aprovou (Mendes, 2010, p. 33-56).

164 João José Marinha para Eduardo Pindahiba de Mattos. Quartel-general do comando superior interino da Guarda Nacional do Rio Bonito e Capivary. 26 abr. 1867. APRJ. Documentos da Presidência da Província, 1862-1867. Coleção 215/216, cxs. 175-176.

165 A substituição era uma prática internacional comum em sociedades nas quais o recrutamento militar universal não havia sido instituído. Ver Bohigas (1974, p. 261-289).

A transferência de membros da Guarda Nacional para o *front* gerou vários conflitos. Desde o início da guerra, os relatos das províncias descreveram atritos entre os agentes recrutadores e os guardas designados. Durante a guerra, a vontade política do governo imperial se concentrou fortemente na transferência desses guardas. A pressão sobre os guardas aumentou à medida que os agentes imperiais insistiam que a causa da guerra era mais importante do que a estabilidade das relações locais baseadas nos costumes, tradições e influência pessoal. A extensão das negociações privadas entre os líderes locais e os oficiais se esgarçou devido à escassez de soldados para levar a cabo a longa campanha. Os presidentes das províncias foram instados a pressionar os comandantes da Guarda Nacional para enviar o maior número possível de recrutas para as respectivas capitais provinciais. Alguns dos representantes políticos, como o vice-presidente do Maranhão, tentaram justificar os parcos resultados obtidos, responsabilizando os recrutas enquanto isentavam os comandantes de responsabilidade. No seu relatório da província de agosto de 1865, o presidente declarou:

> É fora de dúvida que os comandantes superiores e Comandantes de Corpos, em sua generalidade, se têm havido com boa vontade e dedicação, mas as praças [guardas] designadas recorrem a todos os meios para não marcharem, e quando tudo falha internam-se nos matos. É preciso fazê-los seguir para a capital, guardados como se foram recrutas.[166]

Esse vice-presidente denominou apropriadamente a organização de novos destacamentos como "uma tarefa insana".[167] Também em Minas Gerais, o vice-presidente culpou os comandantes da guarda pela falta de recrutas: "As qualificações, geralmente irregulares, nem se faziam em alguns comandos superiores, como tive por mim mesmo ocasião de verificar. As que existiam estavam por tal modo viciadas, que não podiam determinar com certeza qualquer ação do governo".[168]

---

166 Nos registros provinciais, o termo "recrutas" foi frequentemente utilizado como um sinônimo para homens aprisionados ou conscritos, isto é, aqueles que não foram recrutados voluntariamente.

167 Joaquim Floriano de Toledo para conselheiro Ângelo Muniz da Silva Ferraz. São Paulo, 25 maio 1866. AN/SPE/IG1 159, cx. 587, fl. 741.

168 Elias Pinto de Carvalho. 3 jul. 1867. RPM, 1867, p. 21.

Dispensas legais podiam ser eventualmente obtidas por recrutas desempenhando atividades consideradas essenciais. Trabalhadores em áreas estratégicas, tais como ferrovias e correios, eram isentos do serviço militar. Por exemplo, um soldado da Guarda Nacional do Terceiro Batalhão de Infantaria foi selecionado para a guerra, mas ele também era um empregado da Ferrovia Dom Pedro II. Em um relatório de 6 de outubro de 1866, o ministro da Guerra argumentou que

> não obstante haver aquela estrada de ferro passado para o domínio do Estado, continuam seus empregados a gozar de isenção do serviço da Guarda Nacional; porquanto não foi ela concedida em favor da Cia, mas sim do pessoal, em atenção à natureza do serviço em que se emprega.[169]

É necessário ressaltar que funcionários públicos e empregados de serviços considerados essenciais estavam isentos do recrutamento. A multiplicação de isenções incidiu com tal força sobre o recrutamento que, por vezes, as autoridades imperiais tiveram de reinterpretar a lei. Nesse sentido, o presidente da província de São Paulo informou ao ministro da Guerra que era necessário "fixar a inteligência" sobre o uso da palavra "tropeiro", uma vez que as isenções normalmente dadas a esses profissionais deveriam restringir-se somente ao dono da tropa e ao arrieiro, acentuando: "Prevalecendo-se dessas isenções, se tem refugiado nas tropas que viajam nesta província muitos vadios e recrutáveis, [que] assim iludem os encarregados pelo recrutamento, apresentando-se como tropeiros, dando assim uma elástica definição a essa expressão das instruções".[170]

Mesmo no Rio Grande do Sul, uma fonte tradicional de soldados e cavalos para o Exército, o recrutamento prosseguia lentamente. Em correspondência reservada ao ministro da Guerra datada de dezembro de 1866, o general Manuel Luís Osório, o mais prestigiado líder militar do Partido Liberal, descreveu a situação precária em novembro de 1866:

---

169 RMJ, 1867, p. 5. Isenções semelhantes dos funcionários dos correios existiam nos Estados Unidos. Ver seção 2 do Decreto de Alistamento de março de 1863 (Enrollment Act), isenções fornecidas aos funcionários públicos. Ver *Statutes*..., v. 13, p. 731-737.

170 Joaquim Saldanha Marinho para João Lustosa da Cunha Paranaguá. São Paulo, 12 dez. 1867. AN/SPE/IG1-159, doc. 16.

> A demora nas reuniões [de soldados] nasce de circunstâncias anteriores difíceis de serem vencidas de momento: muita gente estava oculta nas matas, muitos outros tinham passado ao Estado Oriental, e é difícil reunir com presteza esses elementos dispersos; e já que falo no Estado Oriental cabe aqui dizer a Va. Exa. que pedi ao General Flores permissão para mandar reunir naquele país os desertores que lá andam e que são muitos e próprios para o serviço da guerra.[171]

Osório era um general experiente e um dos chefes militares de maior prestígio do Rio Grande do Sul, a ponto de ter sido agraciado com o título de marquês do Herval após a guerra. Sua correspondência revela os problemas associados ao recrutamento em uma província tradicionalmente importante para a intervenção no Prata. Um problema central da província era a intensa politização dos comandos da Guarda Nacional, o que elevou as tensões durante o período eleitoral:

> O trabalho para essa reunião [de forças para a organização do Exército] já se acha encaminhado, mas são muitas as dificuldades que de toda a parte surgem, como era de se esperar, e que me esforço por vencê-las procurando conseguir que todos se esqueçam desses ódios e ressentimentos políticos. E que só ouçam nesta ocasião a voz da nação.[172]

O testemunho de Osório também mostra como a competição política no Exército afetava a lealdade, não apenas das milícias do Rio Grande do Sul, mas também dos estancieiros e saladeiros – muitos dos quais possuíam terras no Uruguai. Em 1867, Osório calculou que cerca de 8 mil sul-rio-grandenses haviam desertado para a fronteira uruguaia. Como os membros da elite sul-rio-grandense tinham terras em ambos os lados da fronteira, é provável que tenham encorajado deserções em massa para preservar a lealdade de seus homens. Assim, a província que havia precipitado a guerra e os líderes que haviam enfatizado a rápida cooperação do Rio Grande do Sul com o Exército imperial não podiam mais contribuir com soldados na dimensão desejada.[173]

171 Manuel Luís Osório para visconde de Paranaguá. S/L. S/D. IHGB. Coleção Paranaguá, lata 312, pasta 24.

172 Manuel Luís Osório para marquês de Paranaguá. Pelotas, 15 dez. 1866. IHGB, lata 312, pasta 31.

173 Francisco Ignácio Marcondes Homem de Mello para marquês de Paranaguá. Porto Alegre, 31 mar. 1867. IHGB, lata 372, pasta 17.

Uma estratégia para satisfazer simultaneamente a demanda do Exército por soldados e a manutenção do prestígio das autoridades locais alinhadas com o governo era recrutar os seguidores de oponentes políticos ou retirar o comando desses batalhões dos opositores, entregando-o a oficiais alinhados. O vice-presidente do Maranhão descreveu: "No meio de todas estas dificuldades os Comandantes Superiores e de batalhão fazem mão branca em tudo quanto encontram e remetem enfermos, velhos, menores, filhos únicos de viúvas, enfim homens que têm por si as mais positivas isenções legais".[174]

O presidente de Minas Gerais observou que os "trabalhos dos conselhos de qualificação [designação] de algumas paróquias ressentiram-se de graves irregularidades. Fizeram-se designações mui injustas, e ditadas por espírito de partido".[175] O presidente da província de São Paulo observou que, "tendo-se recrutado os solteiros e aptos para o mesmo serviço, a designação tem recaído em muitos que gozam de isenção, e os que não a têm ocultam-se também".[176] Joaquim Manoel de Macedo, um influente conselheiro imperial, encarava o recrutamento como uma arma para intimidar os pobres em tempos de eleição: "Nenhum partido ou facção que chame a si mesmo de partido pode lançar pedras contra qualquer um dos demais. Todos eles empregam ou já empregaram o recrutamento forçado como o último fim imoral da opressão gritante das pessoas pobres".[177] As complicações decorrentes da "politização" não tinham fim, afetando tanto os procedimentos militares como a estrutura de comando nos campos de batalha. Em outubro de 1866, disputas intensas explodiram entre o comandante conservador, Polidoro da Fonseca, e o liberal, Porto Alegre. Quando Porto Alegre soube que o líder conservador, o marquês de Caxias, poderia ser nomeado comandante de todos os exércitos da Tríplice Aliança, solicitou dispensa. A rivalidade continuou, embora com menor intensidade, depois de Caxias ter assumido o comando.

Na retaguarda, as disputas partidárias desestabilizaram posições de comando e afetaram as estruturas de poder locais. Era uma estratégia comum recrutar

---

174 Tenente-coronel José Caetano Vaz Júnior para conselheiro José Antônio Saraiva. São Luís, 14 ago. 1865. AN/SPE/IG125, cx. 540, fl. 76.

175 RPMG, 1865, p. 22.

176 Joaquim Floriano de Toledo para Angelo Muniz da Silva Ferraz. São Paulo, 25 maio 1866. AN/SPE/IGI159, cx. 587, fl. 741.

177 Joaquim Manoel de Macedo para conde D'Eu. Rio de Janeiro, 5 set. 1867. IHGB, cx. 276, pasta 19. Também citado em Dudley (1972, p. 68).

adversários políticos ou deixá-los sem o comando de suas próprias forças. No distrito de São Miguel, na província do Rio Grande do Norte, o presidente da província demitiu o oficial da Guarda Nacional da sua posição como subdelegado do distrito. Os inimigos políticos do oficial "exultaram publicamente, chegando ao extremo da provocação". De acordo com relatório do Ministério da Justiça, o oficial ofendido tentou vingar sua honra atacando seus oponentes com uma bengala. O que em condições normais poderia ter sido um conflito leve agravou-se, incluindo partidários de ambos os lados. Dois escravos e um índio foram mortos e seis outras pessoas feridas. Foram necessários 50 soldados para restabelecer a ordem.[178]

O marquês de Caxias, nomeado para comandar as forças imperiais e futuramente todas as forças da Tríplice Aliança após a renúncia do comandante argentino Bartolomeu Mitre, tinha uma longa folha corrida de serviços prestados ao Império, e sua nomeação constituiu uma tentativa de padronizar as práticas nas forças sob seu comando. Porém, Caxias também era um político conservador, e sua nomeação intensificou disputas internas nas províncias ao privar muitos presidentes liberais e progressistas de suas prerrogativas de recrutamento. Rivalidades entre as facções levaram à descontinuidade administrativa. A remoção dos comandantes e a reorganização dos seus regimentos encorajaram mais deserções. Em uma carta reservada ao ministro da Guerra, Severino Ribeiro D'Almeida, filho do líder farroupilha Bento Gonçalves, reclamava:

> Estes fatos me fazem esperar, que breve me será tirado o Comando da Brigada e de novo condenado ao Ostracismo, e é a razão de tomar o tempo a V. Exa. narrando todas estas circunstâncias a fim de conhecer: Não só que não me tenho recusado a prestar meus serviços nesta época, como que não sou eu nem meus amigos que escolhemos esta situação, em que todos devemos empregar toda a abnegação e sacrifício a bem do país, para especular em política; e longe de preparar-se um novo Exército, só se trata da mesquinha política pessoal, de preparar o terreno para vitórias eleitorais inutilizando os supostos adversários.[179]

---

178 RMJ, 1867, p. 7.

179 Severino Ribeiro D'Almeida para J. L. da Cunha Paranaguá. Alegrete, 31 dez. 1866. IHGB. Coleção Paranaguá, lata 32, pasta 24.

A fim de garantir soldados adicionais do Sul, o governo imperial suspendeu as eleições do Legislativo do Rio Grande do Sul a partir de dezembro de 1866. Em uma reunião especial do Conselho de Estado em 23 de agosto do mesmo ano, muitos conselheiros concordaram que as eleições e a violência inerente ao processo eleitoral não eram compatíveis com o recrutamento. O conselheiro Pimenta Bueno declarou que

> aquelas não seriam eleições livres porque os votantes não iriam para as cabines de votação, ou poderiam ser recrutados ao entrar ou sair das igrejas. O governo não seria capaz de manter a lei, pois as autoridades policiais arbitrárias [locais] fariam o que quisessem em defesa dos seus interesses partidários.[180]

Nos primeiros meses de 1867, enquanto a organização do Terceiro Corpo do Exército ainda estava em andamento, o presidente do Rio Grande do Sul via mais problemas no horizonte, informando ao ministro da Guerra:

> Tem-se dado não poucas deserções nos acampamentos parciais que se fazem em diferentes pontos da província, e mesmo no acampamento do general Barão do Herval. Tenho feito remeter para o primeiro corpo do Exército todos os desertores que se podem capturar, mesmo os do terceiro. Rogo a Vossa excelência que se digne a providenciar que todos os meses se faça um suprimento de duzentos contos à tesouraria da fazenda desta província para acorrer às despesas urgentes com a organização do terceiro corpo.[181]

Desde a segunda metade de 1865, a deserção se tornou um fenômeno nacional. Membros da oposição e grupos sociais marginalizados encaravam o recrutamento apenas como outra fonte de arbitrariedade exercida contra eles. Como consequência, as disputas a respeito de quem seria designado para o Exército minaram a solidariedade da Guarda Nacional. Elas também revelaram a incapacidade da guarda para proteger com eficiência a pátria no caso de um conflito importante. O presidente do Rio Grande do Norte observou

---

180 Conselho de Estado Pleno, 1978, v. 6, p. 49-59. Reunião realizada em 23 de agosto de 1866. Uma explicação mais ampla sobre esse debate consta em Izecksohn e Mügge (2016).

181 Francisco Ignácio Homem de Mello para Zacharias de Góes e Vasconcelos. Porto Alegre, 19 fev. 1867. AHMI-93-I-ZGVMel.c 1-6.

com tristeza que "a Guarda Nacional é um embaraço legal para a polícia, uma máquina eleitoral e uma fábrica de cadetes".[182] O relatório do Ministério da Justiça de 1867 claramente reconheceu tais deficiências: "A experiência veio confirmar a necessidade de reforma da Guarda Nacional. Criada para a defesa da ordem, das liberdades públicas, esta milícia cívica está longe, muito longe de atingir o fim de sua instituição".[183]

Figura 1
O resgate

Fonte: *Cabrião*. Seminário humorístico editado por Ângelo Agostini, Américo Campos e Antônio Manoel dos Reis, 1866-1867. Edição fac-similar. Intr. Délio Freire dos Santos. São Paulo: Unesp, 2000. p. 65.

---

182 Olyntho José Meira para José Antonio Saraiva. Natal, 28 ago. 1865. AN/SPE/IG147(RN).

183 RMJ, 1867, p. 4.

A deserção individual ou coletiva era um grave desafio, mas não comprometia todo o processo de recrutamento. A resistência não era nem potencialmente letal nem bem organizada, mas ela de fato inibiu os esforços envolvidos no recrutamento forçado e na expressão da satisfação com a lei. O grande número de rebeliões contra o recrutamento representou uma ameaça muito maior à paz interna do Império. Algumas rebeliões foram apoiadas pelos comandantes da guarda ou outras autoridades locais importantes, tais como juízes, padres ou fazendeiros. Por meio dessas revoltas, vários grupos sociais expressaram sua insatisfação com a interferência de agentes nacionais em suas vidas privadas. Aos seus olhos, a interferência carecia de legitimidade porque ela rompia o equilíbrio de poder regional e local. Sob o impacto de forças externas, a resistência da inércia deu lugar a violentas manifestações de ação coletiva.

Nos Estados Unidos, os recrutadores da União enfrentaram oposição local semelhante nos estados do Norte, sendo percebidos pela população como forasteiros tentando assegurar a autoridade nacional em um contexto de localismo e suspeição. Enquanto os presidentes das províncias brasileiras possuíam muito mais poder nominal que seus congêneres norte-americanos, eles também possuíam pouca autoridade para fazer avançar os objetivos políticos nacionais quando enfrentavam a oposição das lideranças locais. Os indicados pelo Império dependiam das elites e instituições locais para avançar suas agendas. Como eles não possuíam um eleitorado local, e como não existia um partido político diretamente relacionado ao esforço de guerra, o uso de medidas coercitivas para obter novas levas de recrutas expôs a autoridade imperial a uma crescente violência.

Durante a Guerra da Tríplice Aliança, a expansão das prerrogativas do governo central no Brasil interferiu com lealdades estabelecidas, isto é, os acordos privados entre fazendeiros e seus clientes. A interferência do Estado em rituais tradicionais de controle social levou as populações das províncias, especialmente aquelas vivendo em pequenas vilas e distritos distantes no interior, a apelarem para os condestáveis locais em busca de proteção contra o que encaravam como demandas impraticáveis do Estado.

Uma explosão de rebeliões procurou expulsar os agentes de recrutamento para fora das vilas e distritos e restaurar as condições existentes anteriormente. Nenhuma rebelião atingiu o nível dos movimentos de insurgentes das primeiras décadas após a independência, mas alguns deles desafiaram seriamente a execução do poder governamental. Nesse sentido, as demandas de setores importantes da sociedade imperial tornaram a Coroa vulnerável à resistência popular, através de um movimento que rejeitava as demandas imperiais a partir de noções de *status* e prestígio. Habitantes das cidades e vilas reagiram como se os agentes imperiais, não os paraguaios, fossem os invasores reais. Não havia estratégia uniforme nessas revoltas. Algumas ações expressavam a resistência individual por meio do confronto pessoal. Na cidade de Penedo, em Alagoas, em 13 de outubro de 1866, um membro designado da Guarda Nacional, Albino Vieira de Castro, apunhalou mortalmente Manoel Leandro do Nascimento, o segundo-tenente responsável pelo recrutamento. O assassinato ocorreu em uma praça pública quando o tenente deu "ordem de prisão" a Albino. Na cidade de Pioca, na mesma província, outro membro designado da Guarda Nacional lutou contra duas escoltas. Na vila de Imperatriz, Alagoas, um recruta atirou em um inspetor de quarteirão enquanto ele fazia o recrutamento. Na localidade de Maioba, Maranhão, um menino foi morto por uma bala perdida disparada por um homem que defendia seu sobrinho de uma escolta.[184]

Muitos desses conflitos dividiram vizinhos ao longo de linhas partidárias. Algumas pessoas tentavam executar as ordens do governo, mas outras resistiam, às vezes unindo toda uma comunidade contra os recrutadores. Ações espontâneas individuais muitas vezes evoluíram para rebeliões coletivas, envolvendo comunidades inteiras. Isso ocorreu na cidade de Pacatuba, província de Sergipe. Muitos desertores estavam se escondendo nas florestas em volta da cidade, e uma escolta foi enviada pelo presidente da província para recapturá-los "pela razão ou pela força". Uma "luta feroz" se seguiu, durante a qual três pessoas morreram, incluindo a mãe de um fugitivo.[185] Às vezes, os recrutas cativos se amotinavam a caminho da prisão. Na cidade de São João Del-Rei, Minas Gerais, um grupo de 17 recrutas e desertores se revoltou contra suas escoltas, resultando em um morto e três feridos graves.[186]

---

184 RMJ, 1967, p. 3. De acordo com a lei brasileira, os magistrados tinham o direito de dividir seus distritos em quarteirões de menos de 25 famílias e nomear um delegado para cada quarteirão. Esses "inspetores de quarteirão" estavam isentos do serviço na Guarda Nacional. Segundo Thomas Flory (1981, p. 93-94), essas atribuições frequentemente "geraram ressentimentos mais intensos".

185 RMJ, 1866, p. 4.

186 RMJ, 1866, p. 4.

Nenhuma ação comprometeu tanto a autoridade imperial quanto os ataques a escoltas e cadeias, muitos dos quais estão registrados nos relatórios do Ministério da Justiça de 1866 a 1868.[187] Eles se multiplicaram, impactando o exercício do recrutamento. Alguns se deveram a mal-entendidos, como em um incidente que ocorreu na pequena cidade de Mar de Espanha, Minas Gerais: imigrantes portugueses trabalhavam na "estrada União e Indústria". Acreditando, por engano, que alguns dos seus compatriotas estavam "aprisionados para recrutamento", esses imigrantes atacaram a cadeia para libertá-los da marcha para a capital da província. O delegado e muitos soldados da escolta foram gravemente feridos nessa incursão.[188]

Em outros momentos, os ataques foram realizados pelos próprios desertores, organizados em bandos nas matas. No distrito de Cruz do Espírito Santo, Rio Grande do Norte, "um grupo de desertores e criminosos" atacou escoltas de recrutamento e a cadeia da cidade, libertando todos os prisioneiros.[189] Na paróquia de Águas Belas, província de Pernambuco, um grupo de "pessoas armadas" atacou as patrulhas de recrutamento, matando um soldado e libertando um recruta.[190]

Ocasionalmente, parentes comandavam os ataques, como na cidade de Icó, Ceará, onde "um grande grupo de parentes e amigos" libertou um membro designado da Guarda Nacional e, "pujante pelo feliz êxito desse atentado, passeou pelas ruas da cidade, levando em triunfo o mesmo guarda nacional, tomado à força aos agentes da autoridade".[191] Em outros casos, os ataques foram liderados ou apoiados por autoridades locais, que discordavam da política nacional. Algumas vezes, entretanto, o envolvimento das autoridades era indireto, como na vila de Pau D'Alho, Pernambuco, em que um grupo de homens armados atacou a prisão, libertando 34 recrutas. De acordo com o

187 Na raiz de algumas rebeliões provinciais durante a década de 1830, estavam os ataques contra as cadeias que resultavam das controvérsias locais sobre o recrutamento. Uma das maiores revoltas provinciais, a Balaiada, começou a partir da libertação à força de nove conspiradores de uma cela no Maranhão em 1838. Para uma versão contemporânea da Balaiada, ver Magalhães (1989), Alencastro (1989) e Assunção (2015, p. 49-104).

188 RMJ, 1866, p. 4.

189 RMJ, 1868, p. 7.

190 RPJ, 1866, p. 3.

191 RMJ, 1867, p. 2.

relatório do Ministério da Justiça, quatro prisioneiros haviam sido anteriormente condenados como assassinos e sete haviam sido acusados de outros crimes. Apesar disso, todos foram libertados pelos agressores, que mataram três sentinelas e feriram muitos outros durante a luta. Os desertores buscaram refúgio então nas matas de propriedade do tenente-coronel Luiz Albuquerque Maranhão, um plantador de cana-de-açúcar e oficial da Guarda Nacional que foi apontado como o principal apoiador da multidão. Os registros não revelam o que ocorreu com Maranhão. Muito provavelmente, nenhuma ação jurídica ocorreu devido à sua importante posição na política local.[192]

Gráfico 1
Ataques a cadeias: porcentagens por regiões (1867)

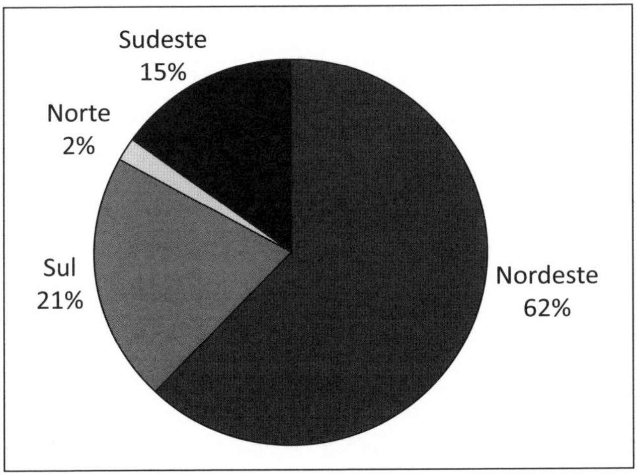

Fonte: relatório do Ministério da Justiça, 1867.

Apesar desse tumulto, não havia nem tempo nem vontade política para fazer avançar reformas substantivas. O relatório do Ministério da Guerra de 1867 destacou essas deficiências como sendo responsáveis por um enorme desperdício de homens e recursos. Segundo o ministro João Lustosa da Cunha Paranaguá:

> A guerra atual deixou ainda mais clara a nossa necessidade de ter um Exército permanente, se não numericamente grande, pelo menos disciplinado e bem armado. Ele deve ser responsável por nossa segurança interna e tranquilidade [e] ao

192 RPM, 1867, p. 3.

mesmo tempo se tornará o apoio à nossa integridade nacional. Se o Império tivesse um Exército assim, quando sua honra foi ofendida pelo governo paraguaio, nosso território não teria sido invadido; a guerra, contra todos os princípios modernos da ciência militar, não teria continuado por tanto tempo; o número de vítimas imoladas teria sido muito menor; o dinheiro público não teria sido desperdiçado em tal vasta escala; em resumo, os sacrifícios da pátria teriam sido muito menores.[193]

A maior preocupação em sociedades escravocratas era a possibilidade de revoltas de escravos. No Brasil e nos Estados Unidos, era irrelevante que a maioria das revoltas envolvesse pequenos grupos de escravos ou ocorresse em áreas geográficas limitadas, sem possibilidade de expansão. A ameaça era percebida como real e o medo de revoltas contribuiu para o conflito latente entre mestres e escravos.[194] Como Stuart Schwartz (1985, p. 488) ressalta, a longa cadeia de revoltas de escravos que marca a passagem da escravidão para o século XIX "tornou mais claros os perigos e custos da escravidão do que eles jamais haviam sido".

Com a maior parte das forças coercitivas enviadas para longe das províncias, o risco de rebeliões de escravos foi levado a sério pelas elites imperiais de todas as correntes políticas. A retaguarda brasileira ficou mais fraca com a designação de guardas nacionais e a mobilização dos corpos de polícia para a guerra, resultando numa menor capacidade potencial para lidar com fugitivos, rebeliões e interrupções do trabalho forçado, assim como para lidar com a criminalidade produzida por bandos de desertores. Percebendo essa fragilidade, o chefe da polícia do Rio de Janeiro solicitou ao presidente da província o uso de veteranos incapacitados para manter a paz, porque ele estava

> convencido da utilidade pública de tal medida para manter a ordem pública e a tranquilidade, que está constantemente ameaçada [...]. Eu apelo à Vossa Excelência a fim de obter a autorização necessária que permita o engajamento de soldados incapacitados do Exército como membros de forças policiais provisórias.[195]

---

193 RMG, 1867, p. 1.

194 Sobre esses temores, ver Reis e Silva (1989). Numa perspectiva comparada, ver Azevedo (1995). Sobre o exemplo da Revolução Haitiana, ver Dubois (2004).

195 Antonio José Lino da Costa para Eduardo Pindahyba de Matos. Niterói, 10 set. 1867. AN/SPE/IG1 146, cx. 582, fl. 636.

Alguns escravos se aproveitaram da mudança de foco do aparato coercitivo imperial para os inimigos externos durante a Guerra do Paraguai e ocasionalmente se rebelaram. No convento do Carmo, na província do Pará, em 8 de julho de 1865, os escravos expulsaram um novo supervisor e assumiram temporariamente o controle do convento. A substituição de um supervisor sugere que o que estava envolvido era uma vigorosa negociação sobre as condições de trabalho, não uma insurreição de caráter revolucionário. Apesar disso, alguns detectaram a influência dos eventos internacionais por trás dos movimentos de escravos. Lamentando a terrível situação enfrentada por essa província, o presidente do Pará acreditava que a instituição da escravidão naquela área estava ameaçada, entre outras razões porque, "com o final da guerra nos Estados Unidos, está enraizada entre os escravos a crença de que todos serão libertados em breve".[196] Outras revoltas trouxeram consequências mais graves. No Maranhão – uma província com histórico de rebeliões de escravos, índios e fugitivos –, escravos partiram de um quilombo perto da paróquia de Vianna no distrito de São Bento para atacar propriedades vizinhas. Ali havia grande número de desertores, uma vez que o recrutamento no Maranhão não respeitou as isenções políticas, criando enormes tensões no interior. A partir desse quilombo, os fugitivos, ajudados por um grande número de desertores, começaram a atacar as fazendas vizinhas, destruindo colheitas de milho e algodão, e levando ao êxodo da população livre, não envolvida no recrutamento. Devido à grave ameaça que representavam, a designação de Guardas Nacionais foi temporariamente suspensa até que um grupo de 40 soldados reprimiu a rebelião.[197] A província, governada pelo genro do ministro da Guerra, vinha empreendendo esforços para ampliar o recrutamento, no contexto do envio de novos batalhões para a retomada da campanha sobre Humaitá. Esse esforço parece ter afetado tensões sociais que explodiram na revolta, levando à paralisação temporária desse mesmo esforço (Gomes e Machado, 2021).

No Rio Grande do Sul, revoltas e fugas de escravos continuaram a ocorrer durante a guerra. Em 14 de fevereiro de 1866, o subdelegado de São Francisco de Paula mobilizou os habitantes livres da região para a defesa contra um grupo de fugitivos apoiado por desertores da Guarda Nacional que haviam se recusado a

---

196 RMJ, 1866, p. 8.

197 Francisco Américo Menezes Dória para visconde de Paranaguá, 23 jul. 1867. AN/SPE/IG125, cx. 530, fl. 44; Araujo (2006).

marchar para o *front*. Os fazendeiros entravam em pânico com qualquer rumor sobre a partida do sexto corpo da Guarda Nacional, pois "muitos dos mesmos fazendeiros têm um grande número de escravos e quando eles perderem seus feitores ou administradores, eles não sabem que meios utilizar para evitar um ataque [dos fugitivos]".[198]

Segundo a autoridade policial, alguns escravos foram presos e "moderadamente punidos sem provas", mas não foram encontradas evidências para incriminar os escravos. De acordo com o subdelegado, diante do risco permanente de rebelião de escravos, os feitores deveriam ser isentos do recrutamento. Entretanto, a sucessão de falsos alarmes abriu a porta para outra possibilidade: os pecuaristas podiam manipular o medo de insurreição para obter a isenção dos seus empregados num momento em que se organizava na província o terceiro corpo. Dessa forma, o medo exagerado acabava funcionando como um ponto de apoio para a isenção de alguns indivíduos considerados essenciais à manutenção do ritmo de trabalho. Mas, ainda que fossem exagerados, os temores desses fazendeiros não poderiam ser totalmente ignorados pelas autoridades. Segundo Paulo R. S. Moreira (1996), a guerra contra o Paraguai acrescentou ao medo da insurreição a suspeita de que a mesma poderia ser apoiada por elementos estrangeiros, particularmente remanescentes dos *blancos*. Em março de 1865, o subdelegado de Bagé comunicou a formação de uma milícia de 10 soldados para evitar uma insurreição de escravos encorajada pelos "bárbaros assassinos do governo de Montevidéu". Em uma carta secreta datada de 2 de fevereiro de 1865, o delegado de polícia de Jaguarão descreveu a invasão da província por 1.500 homens sob o comando do general *blanco* Basilio Muñoz. Junto com considerável destruição de propriedades, os invasores levaram os escravos que encontraram, com "a promessa de serem libertados". Em outra carta de 7 de fevereiro a mesma autoridade declarou:

> Oito escravos me foram enviados do distrito de Arroio Grande. Eles haviam sido aprisionados como suspeitos de conivência com a insurreição de escravos que foi planejada na época em que nossa fronteira seria invadida pelas forças de Montevidéu. De acordo com o relato do negro Florêncio, escravo de Marcos José da

198 AHRS – Secretaria de Polícia, maço 8. J. William Harris (1985, p. 178) encontrou conflitos semelhantes na Geórgia nos anos finais da Guerra Civil americana. Em 1863 e 1864, petições solicitando isenções chegaram em grandes quantidades ao escritório do governador Joseph Brown.

> Porciúncula [...] [ele] declara que havia sido convidado pelo oriental [uruguaio] José Benito Varela, que o havia atraído para ir para o lado Oriental, dizendo-lhe que essa seria a maneira de desfrutar da felicidade. Parece-me que algum plano foi combinado e, em função de condições desconhecidas, abortado. Estou realizando uma investigação detalhada para verificar se é possível descobrir os agentes de tal complô, pois tenho notícia de que alguns escravos desta cidade eram cúmplices desse ataque.[199]

Os escravos e desertores gaúchos sabiam como usar armas e poderiam cavalgar como uma cavalaria habilidosa. Eles podiam fornecer informações estratégicas às milícias dos *blancos* sobre a organização das defesas militares no Rio Grande do Sul. Mesmo sem uma rebelião generalizada, parecia impossível ignorar o dano potencial que as revoltas de escravos causariam para o cotidiano da vida na fronteira naquela província meridional.

O significado da guerra para a cultura cívica brasileira

A guerra contra o Paraguai impulsionou mobilizações cívicas, políticas e sociais que motivaram a sociedade brasileira e as instituições governamentais. A longa campanha, com sua permanente demanda por homens e suprimentos, constituiu um desafio à estrutura burocrática baseada em relações pessoais, apadrinhamento político e cooperação local. Milhares de civis de províncias muitas vezes distantes do *front* foram incorporados ao Exército e longas linhas de suprimentos foram estabelecidas para abastecer os soldados servindo em território estrangeiro. A mobilização se tornou um fenômeno nacional. O conflito contra o Paraguai envolveu todas as principais instituições da sociedade do Império: governo, presidentes de província, comandantes da Guarda Nacional, Igreja, Parlamento, polícia e associações civis. Entretanto, o grau de envolvimento variou de acordo com as circunstâncias individuais. A polarização política determinou fortemente a intensidade do patriotismo de cada grupo, mas, ao contrário dos Estados Unidos, essas instituições não podiam proteger a monarquia da crescente impopularidade do conflito.

---

199 AHRS – Delegacia de Polícia, maço 7.

A guerra afetou pessoas de diferentes regiões, raças e classes, embora o alistamento dos pobres desprotegidos e dos indivíduos sem poder de barganha tenha superado o daqueles de origens mais elevadas. A mobilização militar se baseou no recrutamento forçado bem como no voluntariado. As prioridades do orçamento nacional foram reorientadas para alimentar e fornecer suprimentos às forças militares até que a guerra terminasse com a derrota total do Exército paraguaio.[200]

Como na Guerra Civil americana, o conflito contra o Paraguai interferiu nas relações Estado-sociedade e a transformação daquelas relações foi lenta e de difícil compreensão. No Brasil, no entanto, poucas mudanças na infraestrutura econômica ou na máquina burocrática foram duradouras. Os esforços de guerra não favoreceram a criação de poderosas indústrias, nem levaram à construção de estradas e ferrovias, a fim de transportar os suprimentos de modo mais eficiente. Consequentemente, a Guerra do Paraguai gerou uma impopularidade ampla e uma resistência geral, sem alcançar modernização econômica e institucional que teriam compensando, ainda que parcialmente, os sacrifícios e despesas.

Os sacrifícios impostos pelo recrutamento foram importantes, pois lembraram os líderes brasileiros das deficiências estruturais no processo de construção do Estado. Tais deficiências reforçaram temores antigos sobre a precariedade da ordem social e a relativa fraqueza do Estado central em relação a seus territórios periféricos. Os desafios do período de guerra revelaram uma burocracia nacional pouco desenvolvida e organizações militares ineptas, que dificultavam a organização do Estado e desperdiçavam o apoio popular inicial. Finalmente, a guerra contra o Paraguai criou novas tensões envolvendo o controle da ordem social interna, expostas pelas disputas sobre o controle do recrutamento local e pela politização do serviço militar. Esses problemas desafiaram constantemente a capacidade do Exército para obter soldados, mas a extenuante campanha internacional revelou as limitações agudas na eficácia e alarmaram aqueles responsáveis pela defesa do Brasil num nível sem precedentes. Fornecer provisões ao Exército e arregimentar tropas se tornou o calcanhar de aquiles do governo brasileiro durante esses anos cruciais de desenvolvimento institucional.

---

200 Muitas ruas, praças e bairros de cidades brasileiras foram nomeados em honra aos episódios e heróis da Guerra da Tríplice Aliança (Izecksohn, 2002, p. 1-27). Para os registros gerais da guerra, memória e símbolos, ver Baldwin e Grimaud (1992), Mayo (1988), Zikmund II (1969) e Centeno (1999).

Nos Estados Unidos, a Guerra Civil foi o momento de uma guinada econômica que incluiu a padronização industrial, aumento dos níveis de produção, crescimento do transporte por ferrovias e a criação de um ambiente favorável ao desenvolvimento nacional. As demandas da Guerra da Tríplice Aliança criaram oportunidades para inovação, mas, em última análise, os esforços de guerra fracassaram em fortalecer a lealdade nacional. O clientelismo tradicional permaneceu virtualmente intacto. A crise do recrutamento brasileiro mostrou que a guerra e o patriotismo eram incapazes de produzir unidade popular suficiente para a manutenção de um movimento nacional, principalmente porque a coesão social era pequena, e a burocracia estatal, fraca e inconsistente (Centeno, 2002b, p. 54-76).

O governo imperial fracassou em manter apoio popular forte e permanente para seus esforços de guerra. A vitória contra o Paraguai foi um objetivo da política externa que teve pouco apelo permanente para os fazendeiros e donos de escravos após a derrota das invasões iniciais do Mato Grosso e do Rio Grande do Sul – ainda que nessa última província o apoio tenha sido mais efetivo e as recompensas tenham permitido que a elite guerreira ascendesse a posições de destaque no cenário político nacional. Essa é a principal diferença entre o enorme apelo que a Guerra Civil americana teve sobre os habitantes do Norte e os resultados exíguos do recrutamento brasileiro. A mobilização para lutar no Paraguai não era estimulada por novas demandas nacionais ou por um projeto consistente de construção do Estado. Enquanto a Guerra Civil americana desenvolveu-se após anos de debates sobre diferentes visões a respeito do futuro dos Estados Unidos, a Guerra da Tríplice Aliança foi uma consequência imprevista de políticas externas, e sua eclosão foi até certo ponto inesperada. O recrutamento militar era cada vez mais impopular em todas as classes sociais e a longa campanha, travada em solo estrangeiro e em condições miseráveis, apenas exacerbou o ressentimento e a desconfiança da sociedade.

Na melhor das hipóteses, o Brasil travou "uma guerra limitada", segundo a definição de Miguel Centeno (2002b), isto é, uma guerra em que um Estado-nação exibiu uma capacidade limitada de inspirar lealdade, demandar sacrifícios ou comandar a obediência de seus principais cidadãos. No final, a monarquia atuou com uma prudência impressionante, mantendo os laços com as elites sociais que eram fontes de apoio tradicional: proprietários de terras, donos de escravos e comerciantes. Como consequência, o governo imperial assumiu despesas de guerra avultadas, pagas com empréstimos internacionais, e aumento da inflação. Isto agravou a situação financeira precária do país, enfraquecendo a posição do imperador entre os quadros políticos.

A Guerra Civil americana teve o efeito exatamente oposto na história dos EUA. Ela transformou a sociedade norte-americana como se a arrancasse pelas raízes e a transplantasse para um novo solo. A mudança, que afetou todas as regiões do país, foi rápida, permanente e tão profunda que não podia ser medida simplesmente em termos da capacidade do Estado ou do controle governamental. A Guerra da Tríplice Aliança, com a demanda que ela criou de um suprimento contínuo de soldados, gerou problemas no Brasil à medida que o governo procurava obter recrutas das províncias a fim de preencher as fileiras do Exército imperial. Os agentes imperiais enfrentaram enormes dificuldades no recrutamento de homens e obtenção de recursos para conduzir a campanha militar a partir de uma população relutante. Tais problemas não eram novos, mas a pressão de uma campanha internacional sem precedentes expôs as poderosas limitações na capacidade do Estado para ampliar o tamanho de seu Exército. A escravidão foi claramente a base do problema. Ela limitou o alistamento de uma proporção significativa de homens adultos, cerceando, dessa maneira, a formação de um Exército grande e forte.

Desde o início da guerra, as doações individuais ou coletivas de escravos ocorreram em muitas partes do país. Porém, essas iniciativas limitadas não foram suficientes para resolver os problemas crônicos associados ao recrutamento. Por volta da metade de 1866, a liberação dos escravos para o alistamento havia se tornado uma questão de Estado e uma prioridade para os líderes do Império. Ainda assim, o recrutamento de libertos ofereceu outro desafio importante para as autoridades brasileiras, uma vez que isso implicaria, em tese, uma ampliação da capacidade do Estado em extrair recursos dos cidadãos em tempos de emergência. Nenhuma questão preocupou tanto o relacionamento centro-periferia e nenhuma outra crise indicou tão claramente a necessidade urgente de reformas. Não havia restrições raciais para o alistamento no Exército imperial como havia inicialmente no Exército do Potomac. Porém, boa parte dos escravos potencialmente recrutáveis vivam nas áreas mais produtivas do país. Isso representou um desafio muito diferente daquele enfrentado pelos oficiais da União que atuaram nos campos de batalha do Sul, onde escravos libertos eram obtidos de seus inimigos.

4. As fileiras segregadas: o recrutamento de soldados negros nos Estados Unidos, setembro de 1862 a abril de 1865

Em 6 de fevereiro de 1864, o senador Orville Hickman Browning, conterrâneo de Illinois e amigo de longa data de Abraham Lincoln, visitou a Casa Branca. Como era comum entre aliados políticos, Browning perguntou ao presidente se ele podia ajudar uma amiga em apuros. A amiga, sra. Fitz, era uma viúva unionista do Mississippi, estado no qual ela possuía uma plantação de algodão e sua mão de obra. Durante seu avanço através do território confederado, o Exército da União expropriara seus 47 escravos e 10 mil alqueires de seu milho. Essa conduta estava de acordo com a Emancipation Proclamation, que declarou livres todos os escravos residindo na Confederação após 1º de janeiro de 1863. Browning enfatizou que a sra. Fitz, que estava vivendo como uma refugiada em St. Louis, encontrava-se quase na indigência, ressaltando que alguns de seus escravos haviam sido tomados em 1862, antes da proclamação, "e colocados em nossos barcos de guerra". Ela não requeria uma indenização; em vez disso, a sra. Fitz perguntava se o governo poderia fornecer libertos para trabalhar em sua fazenda durante a próxima colheita, permitindo o cultivo de algodão. Ela propunha-se a "pagar a eles [aos libertos] salários equivalentes aos pagos pelo governo aos empregados negros". A sra. Fitz se referia às centenas de milhares de escravos refugiados que viviam em acampamentos militares, que eram normalmente designados como "contrabandos". Ao empregar contrabandos com a concordância do governo, a sra. Fitz pretendia tornar sua fazenda novamente produtiva e, assim, resolver suas dificuldades financeiras. Ela esperava que as conexões políticas do senador Browning acelerassem a aprovação do seu plano pelo governo.

Após escutar a proposta de Browning, Lincoln "ficou muito irritado" e afirmou, com veemência, que

> ele preferia pegar uma corda e se enforcar do que fazer isso. Que existiam muitas mulheres pobres que nunca haviam tido qualquer propriedade e que estavam todas sofrendo tanto quanto a sra. Fitz – que sua condição era uma consequência necessária da rebelião e que o governo não podia se responsabilizar pelas perdas provocadas pelos rebeldes [Pease e Randall, 1925, p. 659].

Browning lembrou ao presidente que a sra. Fitz era uma sulista leal à União, que sua propriedade havia sido expropriada por seu próprio governo, que os ex-escravos não estavam empregados e que ele "considerava o caso eminentemente adequado para algum tipo de remuneração, visto que sua demanda era certamente razoável e digna de consideração". Lincoln respondeu "que ela não havia perdido qualquer propriedade – que seus escravos eram livres quando foram tomados e que ela não era digna de qualquer compensação". Browning deixou a Casa Branca "não muito bem-humorado" (Pease e Randall, 1925, p. 659).

Essa história ilustra as enormes mudanças que ocorreram no *status* dos indivíduos livres e escravos durante a Guerra Civil. Ela também delineia as relações tensas e contraditórias envolvendo as forças de ocupação e os antigos escravos, que eram considerados simultaneamente homens livres e indivíduos sob a custódia federal. Ainda mais confuso foi o processo de alistamento dos afro-americanos no Exército da União, tal como será discutido nas próximas páginas.

Embora o serviço militar de afro-americanos não fosse exatamente uma novidade naquele momento, o período da Guerra Civil apresentou circunstâncias que diferiam das experiências anteriores de recrutamento da população afrodescendente nos Estados Unidos, bem como em relação à situação brasileira durante a Guerra do Paraguai alguns anos depois. No Brasil, raça e escravidão não significavam necessariamente a mesma coisa. Os cativos não podiam ser recrutados para o Exército como escravos – apenas se alforriados pelos donos. O Exército imperial aceitava oficialmente negros e pardos desde a década de 1830. Extraoficialmente, os negros já serviam há bastante tempo nas fileiras. Durante a Guerra da Tríplice Aliança, o governo imperial respeitou a propriedade escravista, e a expropriação de escravos para aumentar o efetivo do Exército imperial não foi cogitada. O alistamento de livres e libertos não gerou aumento da centralização governamental ou alterou o *modus operandi* imperial. Pelo contrário, foi um processo negociado permanentemente com os proprietários, de forma a não gerar tensões entre os grupos de escravocratas e o governo de Pedro II.

Nos Estados Unidos, entretanto, a decisão do governo republicano de recrutar afro-americanos foi controversa desde o início. A centralização e burocratização do governo em resposta às necessidades de guerra foram fatores fundamentais no alistamento dos negros e também se tornaram fonte de debates e conflitos políticos. A incorporação dos negros ao Exército da União estava relacionada à crise no recrutamento de voluntários, mas também às mudanças na natureza da guerra e no tratamento dispensado às populações confederadas. Consequentemente, a ocupação do Sul pelo Exército transformou de forma rápida e permanente o *status* dos afro-americanos.

O contexto

O alistamento de negros no Exército dos Estados Unidos foi autorizado de acordo com as determinações do Segundo Decreto de Confisco (julho de 1862), do Decreto das Milícias (julho de 1862), e da Emancipation Proclamation (janeiro de 1863). Esses três atos legislativos foram concebidos no segundo semestre de 1862, quando a crise de recrutamento ameaçava o fornecimento de novas tropas para o Exército da União.[201] O Decreto das Milícias emancipou os escravos que trabalhavam para o Exército ou para a Marinha, declarando que o alistamento de milícias deveria incluir todos os cidadãos aptos do sexo masculino entre 18 e 45 anos de idade, permitindo, de acordo com algumas

201 Embora tenha sido apresentada apenas em setembro, Lincoln compartilhou uma primeira versão da Proclamação da Emancipação com seu gabinete em uma reunião realizada em Washington, em 21 de julho de 1862. Seguindo o conselho do secretário de Estado William Seward, ele adiou a proclamação até que uma vitória militar demonstrasse que sua libertação não resultara de um ato de desespero. Embora a batalha de Antietam não tivesse sido uma vitória clara, ela serviu a esse propósito. Ver Vandiver (1987, p. 10-15), Schwartz e Chase (1987) e Franklin (1963, p. 31-47).

interpretações, o recrutamento de homens negros.[202] O Segundo Decreto de Confisco estendeu a liberdade aos escravos vindos de áreas sob o controle da União cujos proprietários eram leais aos confederados. A Proclamação da Emancipação declarou livres todos os escravos na Confederação, exceto aqueles nos *border states* e em regiões do Sul já ocupadas pela União. Essa legislação progressista foi o resultado de iniciativas presidenciais e da ação dos republicanos radicais no Congresso, constituindo parte de uma busca mais determinada da vitória militar que capturou a imaginação da nação durante o segundo semestre de 1862. A transformação foi o resultado de desdobramentos inesperados no conflito e da capacidade dos líderes republicanos de aprenderem com as experiências, uma das várias qualidades exibidas pela geração da Guerra Civil (Alonso, 2015).[203]

Os amplos debates que envolveram a opinião pública, em um grau inimaginável para os brasileiros, mediaram esses avanços. No Brasil dos anos de 1860, os debates eram restritos aos burocratas do Império, aos membros do gabinete e aos proprietários de terras, aquilo que Angela Alonso classificou como "abolicionismo de elite", enquanto nos Estados Unidos os debates envolveram a complexa sociedade daquele país, incluindo imigrantes, trabalhadores industriais, imprensa, políticos, ativistas abolicionistas e a população afro-americana do Norte.[204] A emancipação e o recrutamento estavam entre os avanços mais importantes no discurso político sobre a condução da guerra, trazendo as questões de diversidade social e étnica para o centro das discussões.[205]

A legislação progressista fez parte de uma transformação profunda na justificativa da guerra, que passou a ser orientada pelo objetivo da destruição das bases do poder oligárquico sulista. A emancipação e o eventual recrutamento de soldados negros não constituíram eventos preordenados, antes evoluindo das próprias necessidades criadas pela guerra. A demanda insaciável de soldados por parte do Exército da União, a mudança de atitude dos nortistas em

---

202 Isso modificou as cláusulas de exclusão racial que constavam do Decreto Federal das Milícias de 1792. Ver *Statutes*..., v. 11, p. 592, 599, para detalhes sobre o recrutamento de negros.

203 Para a adaptabilidade da liderança republicana, ver McKitrick (1975).

204 Segundo Alonso (2015, p. 23-50), nessa modalidade os membros das associações provinham majoritariamente da elite social. Eram membros da elite política que buscavam uma abolição moderada e gradual.

205 Sobre os debates na imprensa dos Estados Unidos, ver Andrews (1955) e Stanchak (1992). Sobre a Guerra do Paraguai e a imprensa ilustrada brasileira, ver Silveira (1966) e Pires Jr. (2017).

relação ao recrutamento de negros e o reconhecimento da escravidão como a questão central do conflito forçaram a administração republicana a posicionar-se em favor da abolição. Lincoln calibrou sua conduta das operações militares de acordo com a interseção entre preocupações militares e posicionamentos políticos, movendo-se além dos objetivos aos quais se encontrou inicialmente restrito para assumir a emancipação como um ponto essencial à vitória militar. Paralelamente, essa transformação desempenhou um papel crucial para o crescimento da autoridade do governo central, especialmente no que se referia à manutenção de um enorme Exército. As tarefas do recrutamento foram pouco a pouco retiradas do controle dos governadores, passando para o próprio secretário da Defesa, operando com uma rede de delegados federais. O cidadão comum nunca, até então, sentira tão próxima a presença do governo central.[206]

Existe, atualmente, um consenso entre os historiadores de que o alistamento dos afro-americanos, assim como a contribuição dos trabalhadores negros, transformou o *status* dos negros norte-americanos. Esse ponto começou a ser destacado nas análises dos soldados negros da Guerra Civil americana escritas no pós-1945, particularmente nos trabalhos publicados no contexto da luta pelos direitos civis. A maioria desses textos se concentrou na lenta aceitação pelo governo federal do alistamento de negros, no subsequente recrutamento de soldados negros no Exército da União, nos esforços feitos por poucos nortistas para criar unidades de negros e nas experiências de combate de regimentos mais famosos, como o 54º Regimento de Infantaria de Massachusetts, tema do filme *Tempo de glória*. Tomando como ponto de partida o livro *The black phalanx*, de Joseph T. Wilson, e os trabalhos de W. E. B. Du Bois, esses historiadores desafiaram a então tradicional abordagem historiográfica que apresentava o conflito como uma guerra de homens brancos, mostrando que os negros não foram observadores passivos da destruição da escravidão.[207] Esses trabalhos,

---

206 A constatação do seu papel na centralização não implica que esse processo tenha sido planejado. Pelo contrário, ele foi um efeito não antecipado de um tipo de guerra que desafiou as crenças dos americanos. As atitudes de Lincoln são tema de intensos debates historiográficos. Os autores divergem sobre o significado das mudanças das atitudes presidenciais. Alguns reconhecem essas mudanças como resultando de um avanço político, outros enfatizam os aspectos conservadores da política de guerra (Westwood, 1984, p. 101-112; Hubbel, 1980; Fredrickson, 1975; Vorenberg, 1993).

207 Ver Wilson (1994) e W. E. B. Du Bois (1903, 1935). Apesar das contribuições pioneiras de Wilson e Dubois, a visão predominante antes da Segunda Guerra Mundial apresentava a participação dos negros como insignificante. Essa percepção foi reforçada em 1928 pelo historiador W. E. Woodward (1946).

entretanto, não associaram o recrutamento de negros à crise de alistamento. O fato de que o preenchimento das cotas estaduais por soldados negros minimizou o efeito do alistamento nos cidadãos brancos norte-americanos passou praticamente despercebido nessa historiografia.[208]

Trabalhos mais recentes investigaram a relação entre a legislação militar, o recrutamento de negros e o controle social. Esses trabalhos demonstram que a integração, a democratização e a burocratização não reforçaram necessariamente umas às outras na organização militar norte-americana, enfatizando que o acesso foi estendido aos negros assim que o Exército reduziu o nível de participação democrática dos soldados brancos.[209]

Ainda há muito a aprender sobre o impacto do recrutamento dos negros na centralização e nacionalização do Exército da União. Esse recrutamento contrasta com as estratégias descentralizadas que prevaleceram no início do conflito, do mesmo modo que a dessegregação militar parcial está associada ao fracasso do voluntariado na tradição militar norte-americana. Em contraste agudo com o Brasil, onde o alistamento de negros livres e escravos libertos no Exército raramente foi considerado como uma ameaça ao ordenamento social, o recrutamento de afro-americanos acelerou a destruição da escravidão no Sul durante os anos finais da Guerra Civil, ainda que os negros servissem somente em unidades segregadas comandadas por oficiais brancos.[210]

Os negros e a tradição militar dos Estados Unidos

Os norte-americanos brancos foram constantemente ambivalentes em relação ao recrutamento de negros, assumindo, geralmente, que essa prática era rara

---

Na página 7 da referida obra, ele sustenta: "Os negros norte-americanos foram as únicas pessoas na história da humanidade que foram libertas sem qualquer esforço da sua parte".

208 Cornish (1987) e Glatthaar (1990a) discutiram a importância das tropas negras para a vitória na Guerra Civil. Entretanto, esses autores não estabeleceram conexões entre o recrutamento de negros e o decreto do alistamento compulsório (Enrollment Act). O livro de Benjamin Quarles (1953) ainda é muito informativo. Poucos trabalhos – a maioria dos quais consistem em memórias do pós-guerra – descreveram as experiências no nível dos regimentos.

209 Essa perspectiva foi estabelecida por Sterling (1974), sendo desenvolvida em maior profundidade por Geary (1991a) e Osher (1992).

210 O temor a respeito das reuniões de tropas nas cidades não implicou segregação das fileiras do Exército imperial.

antes da Guerra Civil. Em tese, uma situação diferente daquela encontrada no Brasil, onde a utilização de negros no Exército era supostamente mais comum e mais disseminada.[211] Entretanto, como Carl Degler (1971) observou há algumas décadas, o contraste entre os cenários não pode ser explicado apenas por atitudes raciais fundamentalmente diferentes; ao contrário, ocorreu a partir das circunstâncias estratégicas e políticas específicas enfrentadas pelas autoridades no Brasil e nos Estados Unidos.[212]

Durante o período colonial, fatores demográficos e culturais restringiram o recrutamento de negros na América britânica (Degler, 1971, p. 80-81).[213] Nas 13 colônias, o predomínio de uma população branca da qual eram extraídos os soldados, a existência de um pequeno aparato militar e a estreita conexão entre o serviço militar e a cidadania dificultaram o recrutamento de soldados negros.[214] Consequentemente, o direito de portar armas ou de se alistar nas milícias não existia para os negros, livres ou escravizados, na América inglesa colonial. No Brasil, entretanto, tanto a lei quanto os costumes toleravam o serviço militar dos negros, embora a dessegregação racial tenha se tornado lei apenas em 1837. Nos Estados Unidos, o serviço militar era um privilégio de raça, enquanto no Brasil ele era frequentemente uma punição para os indesejados sociais.[215]

As milícias armadas eram um fundamento cívico dos Estados Unidos, mas a participação estava aberta apenas aos cidadãos, isto é, aos homens brancos, livres e maiores de idade. No entanto, embora os negros não fossem oficialmente autorizados a lutar, eles eram alistados em ocasiões especiais. Nas sociedades coloniais, a necessidade frequentemente levou ao recrutamento de minorias segregadas, e a América britânica não foi uma exceção. Homens de ascendência

211 "Em todas as situações [no Brasil] o negro [livre] participou ao lado dos brancos de suas guerras em condição de igualdade e alguns deles alcançaram o prestígio de heróis nacionais enquanto nos Estados Unidos eles não podiam ocupar postos nas milícias negras" (Tannenbaum, 1992, p. 90-91).

212 Nesse sentido, Degler rejeita o modelo Tannenbaum-Elkins de uma atitude luso-brasileira mais benevolente em relação aos descendentes de africanos.

213 Para a participação dos negros em conflitos anteriores, ver Wilson (1994).

214 Segundo Robert A. Gross (1976, p. 70), na cidade de Concord, na colônia de Massachusetts, apenas dois grupos estavam isentos do serviço nas milícias: alunos de Harvard e uma dúzia de escravos negros. Sobre as dimensões reduzidas do Exército profissional dos Estados Unidos, ver capítulo 2, p. 30-41.

215 Como mostrado no capítulo 3, o recrutamento brasileiro durante o século XIX também funcionou como um mecanismo de controle social, selecionando indivíduos socialmente perigosos (Beattie, 1999, p. 847-873; Costa, 1995).

africana sempre estiveram presentes em tempos conturbados, preenchendo as fileiras para lutar contra os inimigos dos colonizadores, ou para aderir às forças desses inimigos no intuito de obter a liberdade.[216] Embora as condições demográficas reforçassem a segregação racial nas milícias, a exclusão militar era temporariamente suspensa quando alguma situação de emergência assim exigia. Como os estudos recentes demonstraram, essas ocorrências eram mais comuns do que a visão tradicional apontou, com negros sendo convocados para lutar durante as revoltas coloniais, tais como na Rebelião de Bacon (na Virgínia, 1676) e nas campanhas contra os índios americanos, como na Guerra Tuscarora (1711-1712) e na Guerra Yamasee (Carolina do Sul, 1715) (Frey, 1991, p. 77). Segundo Peter Voelz (1993, p. 29),[217]

> o desespero era, portanto, uma marca da organização e do armamento de escravos e negros livres em uma escala ampliada no período colonial. Era necessária uma emergência para superar os receios habituais dos fazendeiros e proprietários de que os escravos voltassem suas armas contra eles, mas havia também o medo de que eles pudessem se juntar a um inimigo para destruir a colônia.

O início da luta pela independência nas 13 colônias intensificou as discussões sobre o alistamento de negros no Exército (Berlin, 1974, p. 15-24; Quarles, 1961, p. 68-93; Taylor, 2013, p. 13-54). Diferentemente da experiência brasileira, os líderes nacionalistas norte-americanos enfrentaram uma luta prolongada para derrotar os britânicos e seus aliados *tories*.[218] Como em outras revoltas coloniais, os patriotas enfrentaram escassez crônica de soldados, um pesadelo permanente para líderes militares em longas campanhas, o que levou ao recrutamento de negros. Dos 300 mil soldados que participaram da Guerra de Independência do lado americano, estima-se que 5 mil (1,6%)

---

216 Jordan (1969) desenvolveu essa tese. A discussão sobre os temores em relação à possibilidade de uma revolta de escravos está na nota 562. Sobre as diferentes imagens atribuídas aos negros na literatura e na sociedade, ver Fredrickson (1973, p. 97-129).

217 Listas completas de organizações militares que utilizaram soldados negros em situações de emergência podem ser encontradas nas tabelas 1 a 4, nas p. 24-28, 34, 46 e 66.

218 No Brasil houve reação militar contra a independência em cinco províncias: Bahia, Maranhão, Piauí, Cisplatina e Grão-Pará. O governo imperial utilizou um pequeno número de tropas regulares leais, apoiadas por mercenários e milicianos para submeter essas províncias à nova ordem (Kraay, 2002, p. 109-126).

eram negros.[219] Eles substituíram os brancos em batalhões não segregados e serviram na maioria dos teatros da guerra. Alguns desses indivíduos eram homens livres que se alistaram voluntariamente (Davis, 1975, p. 73-83).[220] Outros eram escravos que viam na luta pela independência uma oportunidade de obter a liberdade no campo de batalha.[221]

Negros do Sul não participaram significativamente por motivos óbvios, embora alguns tenham se alistado do lado dos britânicos. A posição vulnerável das colônias do Sul foi expressa explicitamente, alguns anos mais tarde, em uma carta enviada pelo "Comitê de Defesa da Louisiana", dominado por fazendeiros escravistas, ao general Andrew Jackson, descrevendo sua região como "forte por natureza, mas extremamente fraca pela natureza da sua população" (Basset, 1926, v. 2, p. 51-54).

Mas, após o fim da guerra de independência, a posição militar dos negros regrediu. Em 1792, o Congresso aprovou o Decreto Federal das Milícias (Militia Act), definindo que as milícias dos diferentes estados seriam compostas pelos "cidadãos brancos livres do sexo masculino, que se encontrassem fisicamente aptos em seus respectivos estados".[222] O Decreto Federal das Milícias manteve o controle dos estados sobre as milícias, incorporando as restrições raciais e excluindo os negros e índios do serviço militar. Essas restrições também afetaram o Exército regular, com exceção de ocasionais batedores e guias negros e índios, que não eram considerados soldados regulares.[223]

Apesar do aumento da segregação no pós-independência, os negros continuaram a ser chamados quando alguma emergência exigia um distanciamento dos padrões raciais dominantes. Durante a guerra de 1812 contra a Inglaterra, os negros livres foram aceitos entre as forças militares da Louisiana organizadas sob a liderança do general Andrew Jackson. Dois batalhões segregados, com 180 soldados cada, enfrentaram as forças britânicas, que também incluíam entre

219 Maslowski (1972), MacLeod (1975, p. 109-147) e Neimeyer (1996, p. 65-88) incorporam uma discussão sobre a participação afro-americana no Exército continental.

220 Davis definiu a luta pela independência dos Estados Unidos como um movimento de "*criollos* conservadores".

221 Para um estudo de caso, ver White (1973, p. 17-39).

222 Apêndice aos Annals of Congress, 1st Cong., 1st sess., p. 1392.

223 Dois estudos interessantes sobre a oportunidade perdida para os afro-americanos ao final do período revolucionário são Nash (1991) e White (1991). Os dois autores associam a ausência de uma política abolicionista mais determinada ao racismo disseminado no Norte do país.

1.000 e 1.500 soldados negros, vindos em sua maioria do Caribe britânico. Por seus esforços, particularmente durante as batalhas em Nova Orleans em 1814 e 1815, os afro-americanos conquistaram a admiração do general Jackson, a despeito de suas convicções racistas, mas logo tiveram suas armas confiscadas, retornado à posição subalterna que ocupavam na sociedade (Rankin, 1977-1978, p. 379-416).[224]

Após o armistício de 1815, as milícias segregadas continuaram a ser a regra, mesmo em um estado progressista como Massachusetts. Em 1859, o governador democrata Nathaniel P. Banks vetou a lei que permitiria negros nas milícias estaduais, alegando que ela violava a cláusula do Decreto Federal das Milícias de 1792, que restringia a participação aos brancos (Joshi e Reidy, 1983, p. 330).[225] Em 1857, a Suprema Corte dos Estados Unidos proferiu declaração contundente sobre a inferioridade dos negros quando emitiu a decisão do caso Dred Scott. No seu veredicto, o presidente da Suprema Corte, Roger B. Taney, reafirmou a importância da exclusão racial no Exército em termos que soaram familiares para muitos habitantes dos estados do Norte: "Nada poderia marcar mais fortemente a total exclusão da raça negra [...] do que não lhes ser permitido compartilhar um dos deveres mais elevados dos cidadãos [...] Ela não participa da soberania do Estado e, portanto, não é chamada para sustentá-lo e defendê-lo".[226]

A crise da secessão e a questão racial

Quando a Guerra Civil começou, o tema do recrutamento negro voltou à tona para o governo federal, a instância naturalmente encarregada de lidar com essa questão, uma vez que os estados estavam legalmente impedidos de alistar negros em suas milícias. As comunidades negras do Norte e seus aliados no movimento abolicionista exigiram a inclusão dos afrodescendentes nos efetivos

224 O estado da Louisiana pagava pensões aos veteranos negros que também recebiam subvenções do governo federal. Sobre a presença de negros nos regimentos das Índias ocidentais que lutaram ao lado dos britânicos, ver Geggus (1997) e Buckley (1979, p. 63-81).

225 Ver também Berlin et al. (1992, p. 195).

226 Benjamin C. Howard (Comp.). Report of the Decision of the Supreme Court of the United States, and the opinions of the judges thereon in the case of Dred Scott *versus* John F. A. Sandford (apud Osher, 1992, p. 371).

militares da União. Os líderes negros perceberam as oportunidades que a crise oferecia e se envolveram em uma campanha para recrutar afro-americanos livres e libertos que poderiam servir em regimentos federais. Eles esperavam que a contribuição dos negros aos militares fosse recompensada, especialmente ajudando os afro-americanos a alcançar tanto a libertação quanto a cidadania. Lutando pela União, os negros poderiam simultaneamente golpear a escravidão e demonstrar seu valor como cidadãos. Os "cidadãos de cor de Cleveland" declararam, em outubro de 1861, que "rezaremos pela União, financiaremos a União e lutaremos pela União", expressando publicamente a virtude cívica exigida dos cidadãos. Porém, parcelas expressivas da opinião pública do Norte concordavam com a decisão do governo Lincoln de alistar apenas brancos. O preconceito nos estados da União era poderoso, e poucos brancos fora dos círculos abolicionistas acreditavam que os negros tinham a têmpera necessária para suportar o combate. Em um editorial publicado em maio de 1861, Frederick Douglass, o mais famoso abolicionista negro, lamentava essa atitude: "Estamos prontos e partiríamos, considerando-nos felizes em nos ser permitido servir e sofrer pela causa da liberdade e das instituições livres. Porém, vocês não permitirão".[227]

Muitos líderes republicanos apoiavam a segregação racial no Exército esperando, com isso, evitar a secessão definitiva do Sul. Uma política restritiva satisfazia tanto a legislação federal quanto a estadual, encaixando-se nas tradições racistas do serviço militar norte-americano. Também era consistente com a devoção de Lincoln à Constituição. Um dos temas favoritos para Lincoln era a singularidade da experiência norte-americana. Durante os primeiros meses de guerra, o presidente lutou para preservar a Constituição como uma prova viva do excepcionalismo norte-americano.[228] Um dos pilares da sua administração era a afirmação de que não haveria interferência governamental face à escravidão, como destacado em sua mensagem anual ao Congresso, em dezembro de 1861:

> Ao considerar a política a ser adotada para suprimir a insurreição, tenho sido ansioso e cuidadoso para que o inevitável conflito para esse propósito não degenere em uma luta revolucionária violenta e sem remorso. Deste modo, em todos os casos, penso

227 *Douglass Monthly*, 3 maio 1861, p. 451.

228 Sobre os impasses constitucionais envolvendo a emancipação, ver Nieman (1991, p. 50-57).

> que seria adequado de nossa parte manter a integridade da União como o principal objetivo da campanha, deixando todas as questões que não sejam de importância militar vital para uma ação mais deliberada da legislatura.[229]

Nenhuma revolta de escravos importante ocorreu antes ou depois de Lincoln emitir a Proclamação da Emancipação. Quando Thomas Wentworth Higginson questionou seus soldados sobre isso, após assumir o comando de seu "regimento de homens de cor" no primeiro semestre de 1863, os ex-escravos invariavelmente respondiam que eles nunca se revoltaram abertamente porque "eles não possuíam nem o conhecimento, nem as armas, nem a confiança mútua para fazer com que uma tentativa dessas fosse bem-sucedida" (Higginson, 1998, p. 521-531 apud Trudeau, 1998, p. 66). Os sulistas brancos, no entanto, não podiam evitar pequenas revoltas locais, envolvendo indivíduos ou grupos de escravos. Nem o Exército confederado podia evitar que os escravos escapassem para as fileiras da União, um fato de importância vital para a evolução da guerra. Claramente, os escravos votavam com seus pés, deixando as plantações para ir ao encontro das tropas invasoras do Norte.[230]

Os negros no esforço de guerra confederado

Enquanto os nortistas negavam aos negros o direito de servir, os sulistas tentaram aperfeiçoar a utilização de escravos e negros livres no esforço de guerra. A grande população negra da Confederação era vista por muitos como um recurso militar importante na retaguarda. No início da guerra, ao longo de toda a Confederação, os negros livres ofereceram seus serviços à causa da secessão. Os líderes sulistas rejeitaram essas ofertas, invocando princípios morais e ideológicos que entravam em conflito com a mobilização dos afro-americanos. Como declarou, no fim da guerra, o líder escravocrata da Geórgia e general confederado Howell Cobb, a confiança no poder militar dos negros seria equivalente à destruição

229 Abraham Lincoln. Annual Message to Congress. Washington, D.C., 6 dez. 1861 (apud Fehrenbacher, 1964, p. 176).

230 Para um relato detalhado da mobilização de negros no início da guerra, ver McPherson (1991, p. 36).

do movimento: "No dia em que você os transformar [os negros] em soldados será o início do fim da revolução. Se os escravos se mostrarem bons soldados, toda a nossa teoria sobre escravidão estará errada".[231]

As restrições raciais dos confederados não evitaram que seus líderes utilizassem o trabalho pesado dos negros (livres ou escravos) em apoio aos exércitos em luta, normalmente em posições não combatentes. Os escravos construíram a maior parte da infraestrutura do esforço de guerra do Sul. Centenas de milhares trabalharam nas fortificações, barreiras, trincheiras e outras obras de defesa que foram construídas em quase todas as cidades e vilas do Sul. De fato, um dos temas persistentes na política confederada era como o trabalho negro deveria ser utilizado. Em outras palavras, que compensação deveria ser oferecida aos donos dos escravos que eram usados nos projetos nacionais?[232]

No Sul, os negros trabalharam nos hospitais, nos arsenais e nas siderúrgicas da Virgínia e da Geórgia. Eles também seguiram seus senhores nos campos, atuando como cozinheiros ou assistentes, eventualmente pegando em armas. Se os sulistas rejeitavam o alistamento de escravos e livres por motivos ideológicos e políticos, eles não podiam dispensar seu trabalho no *front* doméstico. Um senhor de escravos da Virgínia resumiu os sacrifícios que os fazendeiros fizeram ao fornecer apoio ao seu Exército com trabalhadores negros:

> Nessa parte do país um grande fardo se abateu sobre os fazendeiros quando boa parte da mão de obra (metade da força de trabalho disponível) foi deslocada para trabalhar nas fortificações. Eu, da minha parte, paguei esse tributo de maneira entusiasmada para uma causa que é dileta ao meu coração, muito embora ele, junto com as chuvas excessivas, provocará a diminuição da produção da minha plantação.[233]

231 Ver Cobb (apud Degler, 1971, p. 78). Um ponto de vista semelhante sobre o alistamento dos soldados negros nos exércitos da União foi expresso por alguns oficiais legalistas, que declararam ao general de divisão das forças da União, Daniel Ulman: "Não devemos discipliná-los [os negros], porque se o fizermos nós mesmos teremos que lutar contra eles algum dia" (apud Glatthaar, 1990a, p. 168). Sobre o debate no Sul a respeito do alistamento de escravos na Confederação nos últimos meses da guerra, ver Durden (1972) e Preisser (1975).

232 Para uma descrição sobre a variedade de tarefas realizadas pelos negros no Exército da Virgínia, ver Jordan (1995, p. 185-200), McPherson (1991, p. 245-248) e Mohr (1986, p. 235-293).

233 L. H. Minor para secretário da Guerra da Confederação. Richmond, VA., 2 maio 1862 (apud Berlin, 1985, p. 698).

Enquanto parte da população escrava trabalhava nas defesas confederadas, alguns indivíduos começavam a fugir para as fileiras da União. Com o avanço das tropas federais, o cenário começou a mudar e do mesmo modo a posição dos escravos na Confederação.

Os fugitivos e o Exército da União

Assim que as tropas da União começaram a atravessar os territórios do Sul, muitos escravos, sentindo próxima a presença do Exército, escaparam das plantações ou das obras militares nas quais estavam envolvidos, fazendo com que os comandantes do Norte tivessem de decidir como lidar com a multidão de fugitivos que chegava aos acampamentos. Desde o início da guerra, os regimentos do Norte constituíam microcosmos das suas comunidades, refletindo os costumes e preconceitos existentes em diferentes partes da região. Para muitos soldados, ver o Sul pela primeira vez foi uma experiência que os convenceu de que se tratava de uma sociedade carente de transformações profundas. Como observou um soldado: "Eles [os sulistas] certamente são o povo mais primitivo e ignorante com quem já tive contato".[234]

Comportamentos e atitudes dos soldados do Norte relacionados aos escravos são objeto de extensos debates historiográficos. A maior parte das análises concorda que a condenação da escravidão pelo Norte não reforçou necessariamente as ideias de justiça racial nem levou à aceitação dos negros como cidadãos.[235] Muitos soldados condenavam a escravidão, simultaneamente demonstrando reservas quanto aos próprios escravos. Com exceção de alguns abolicionistas e dos negros do Norte, nem a sociedade nortista como um todo nem o Partido Republicano apoiavam a extensão completa da cidadania aos negros (embora alguns republicanos o fizessem individualmente). Essa posição pode ser comprovada pela extensão dos "códigos negros" que existiam na maioria dos estados da União, com exceção da Nova Inglaterra. Esses códigos restringiam

---

234 James S. Slight para sua esposa, 17 jan. 1862 (apud Jimerson, 1993, p. 133).

235 Ver Wiley (1992, p. 44); McPherson (1997, p. 117-130); Silber (1996); Jimerson (1993, p. 86-123); Mitchell (1988, p. 117-126); Hess (1988, p. 81-102). O caso extremo parece ser a obra de Michael Barton (1981), na qual o autor defende que sulistas e nortistas compartilhavam o núcleo do mesmo sistema de valores.

vários direitos, chegando ao cúmulo de impedir a entrada de migrantes.[236] Muitos oficiais refletiam essa atitude, incluindo o comandante das forças de ocupação de Norfolk, Virgínia, que informou ao presidente Lincoln que "uma maioria consistente dos nossos oficiais de todas as patentes não têm apreço por sua política [...]. Eles odeiam o negro, com mais intensidade do que amam a União".[237] Tais atitudes, como destacou George Fredrickson (1973, p. xii-xiii), "sugerem a limitação trágica da imaginação social branca durante o século XIX, especialmente sua inabilidade característica para visualizar uma sociedade birracial igualitária".

Não houve uma resposta uniforme aos fugitivos. Como as comunicações com Washington eram lentas, muitos comandantes arbitraram pessoalmente o tratamento dispensado aos escravos que chegavam às linhas da União. Nem os militares nem o governo Lincoln possuíam uma estratégia específica para lidar com a torrente de afro-americanos que afluiu às fileiras invasoras. As respostas dependeram das crenças morais de cada comandante, bem como das relações estabelecidas entre o comandante, seus soldados e os escravagistas de cada região. Nesse cenário, cada comandante da União estabeleceu suas próprias políticas em relação aos fugitivos.

Alguns entenderam imediatamente a importância dos escravos para o esforço de guerra confederado, mas outros preferiram devolver os fugitivos, esperando alguma cooperação de proprietários de escravos que se declaravam leais. Durante a Campanha Peninsular (março a julho de 1862), o general de brigada, John A. Dix, se esforçou para excluir os escravos das suas linhas, garantindo aos proprietários de escravos locais que "instruções especiais foram fornecidas para que não se interfira na condição de qualquer pessoa presa aos

---

236 Segundo Litwack (1961), a extensão do sentimento antiescravista e antissulista em 1860 não podia ser utilizada como uma medida do sucesso do movimento abolicionista, uma vez que vários republicanos, provavelmente a maioria, eram explicitamente contrários à doutrina da abolição imediata. Os negros não participaram da expansão da democracia durante a primeira metade do século XIX. Apenas após vários anos e centenas de milhares de baixas de soldados, a ala radical do Partido Republicano alcançou a força necessária para transformar suas demandas em um projeto político consistente. Apenas no final da guerra, tal projeto seria capaz de reivindicar uma profunda transformação das estruturas raciais do país. Sobre a ideologia do trabalho livre do Partido Republicano anterior à Guerra Civil, ver Foner (1979, p. 23-24 e 261-262). Apesar das limitações da atitude republicana, Foner defende que ela foi qualitativamente mais progressista que a posição média do Norte.

237 Major E. Boney para A. Lincoln. Norfolk, VA, 18 fev. 1861 (apud Berlin, 1982, p. 411).

serviços domésticos".[238] Essa posição contemporizadora foi criticada por alguns republicanos, como o deputado Owen Lovejoy, de Illinois, que declarou "não ser parte do dever dos soldados dos Estados Unidos capturarem e retornarem escravos fugitivos".[239]

A situação de cada grupo de fugitivos variou segundo as circunstâncias. Em alguns casos, os escravos deixavam seus senhores; em outros, os próprios senhores abandonavam suas fazendas, deixando seus escravos para trás; ainda em outros casos, os proprietários permaneceram, declarando sua lealdade à União. A primeira situação envolvia decisões de caráter pessoal ou coletivo da parte dos escravos. Desde o início da guerra civil, muitos escravos perceberam que o conflito levaria à destruição da escravidão e, assim, se pudessem escapar para as regiões controladas pelo Exército da União, encontrariam a liberdade. Susie King Taylor (1988, p. 32), uma jovem escrava da Carolina do Sul, descreveu suas impressões na época em que sua família escapou: "Eu queria tanto encontrar esses maravilhosos Yankees, enquanto ouvia meus pais dizerem que os Yankees iriam nos libertar a todos". Outro fugitivo, informado por um general da União que não poderia se alistar no Exército porque "não se tratava de uma guerra do homem negro", respondeu "que seria uma guerra dos negros antes que eles [os brancos] percebessem".[240]

Durante os primeiros meses da guerra, a região do "Tidewater" (no litoral nordeste do estado da Virgínia) foi o teatro no qual as forças da União mais frequentemente encontravam escravos fugitivos. De acordo com Louis Gerteis (1969), a população negra sob o controle do governo federal na Virginia cresceu de 1.500 pessoas no início de 1862 para 5 mil no final daquele mesmo ano. O general Benjamin Butler, então no comando das forças da União estacionadas no Fort Monroe, recusou-se a retornar fugitivos sob a alegação de que eles deveriam ser considerados como "contrabando de guerra". A justificativa de Butler foi útil para os esforços de guerra do Norte porque associava o trabalho dos fugitivos às necessidades militares, sem basicamente definir um *status* para os deslocados pela guerra. A partir de então, a expressão "contrabandos"

---

238 John A. Dix para coronel August Morse, 14 out. 1861 (apud Berlin, 1985, v. 1, p. 351). Dix também propôs o envio de "negros contrabandeados" para o Norte para realizar os trabalhos pesados nos acampamentos militares. Ver Jordan (1995, p. 265).

239 CG 37th Cong., 1st sess., p. 32. Owen Lovejoy era irmão do mártir abolicionista Elija Lovejoy.

240 Testemunho dado por Harry Jarvis, ex-escravo da Virginia (apud Blassingame, 1977, p. 608).

se generalizou, criando um precedente para a inclusão desses refugiados no esforço de guerra nortista.[241]

Os negros que buscaram proteção nas forças nortistas frequentemente enfrentaram dificuldades. Os fugitivos que entraram em contato com as forças federais precisavam ser alimentados, vestidos e abrigados. Eles também deveriam ser colocados para trabalhar tão rapidamente quanto possível, ou logo se tornariam um obstáculo para um Exército ávido por suprimentos, ao consumirem os recursos da União e retardarem o deslocamento de suas tropas.[242] Em parte para aliviar o problema, o Congresso aprovou o Segundo Decreto de Confisco em 6 de agosto de 1862. Essa lei permitia aos comandantes da União confiscar e empregar os escravos que eram usados pelos confederados ou que trabalhavam para senhores leais à Confederação. O ato basicamente confirmava a política de Butler no Fort Monroe. O senhor que permitisse que seus escravos fossem usados contra o governo anulava sua reivindicação pelo trabalho do seu escravo. O ato nada fez, entretanto, em favor daqueles escravos que não se encontravam prestando serviço aos confederados.[243] Um editorial do *Frank Leslie's Illustrated Newspaper* expressou a forma pejorativa pela qual os fugitivos eram vistos pela imprensa do Norte durante esses primeiros meses. Com o título "Formação de tropas de contrabando pela manhã", a charge mostra um grupo de ex-escravos de forma depreciativa, brincando com as armas que recebera. O periódico declarou que "sem dúvida o bando de negros nunca havia tido uma experiência tão agradável como a que experimentavam em sua nova condição como contrabando de guerra".[244]

---

241 Esse incidente ocorreu em 22 de maio de 1861. Ver Gerteis (1969, p. 11-13, 23). Ver, também, McPherson (1991, p. 28). Para a correspondência oficial de todo o episódio, ver OR, 1st ser., v. 2, p. 52-54, 648-651; v. 8, p. 370, 3rd ser., v. 1, p. 243.

242 Em vários acampamentos, o número de mulheres e crianças era significativamente maior que o de homens. Um relatório de um campo de refugiados em Natchez, Mississippi, de 12 de dezembro de 1863, registrou 495 homens, 1.612 mulheres e 875 crianças de um total de 2.982 refugiados. Ver *Liberator*, 15 jan. 1864 (apud Frost, 1987, p. 103-104).

243 *Statutes...*, v. 12, p. 319.

244 *Frank Leslie's Illustrated Newspaper*, 2 nov. 1861. A discriminação explícita fazia parte daquilo que Michael Barton (1981, p. 50) definiu como "panorama vitoriano". Segundo Barton, "os vitorianos acreditavam que a economia consistia em um teste de valores morais e que os pobres não podiam controlar seus impulsos. Salvar os pobres, portanto, significava lhes ensinar a força de vontade e novos valores morais. Muitos dos pobres também acreditavam nisso".

A supervisão e administração dos refugiados constituiu um grande desafio para o Exército da União. Quando as ilhas oceânicas da Carolina do Sul foram ocupadas, em novembro de 1861, os senhores e suas famílias abandonaram a região, deixando para trás uma população escrava de cerca de 10 mil pessoas. Os escravos, assim como as plantações, foram, a partir de então, supervisionados pelo Ministério da Fazenda. O experimento Port Royal, como essa situação se tornou conhecida, reuniu diferentes expectativas que existiam no Norte, versando sobre a capacidade de aplicar os preceitos *free labor* diretamente à paisagem confederada. Enquanto os melhores quadros do abolicionismo da Nova Inglaterra aportaram nas ilhas como professores e assistentes sociais, alguns administradores militares e civis também arribaram, incluindo homens de negócios, menos interessados no bem-estar dos moradores do que em lucrar com as circunstâncias. Afinal, as ilhas alojavam excelentes plantações de algodão, artigo essencial para a indústria têxtil nortista. Conflitos envolvendo os oficiais do Norte, os habitantes, os agentes comerciais e os missionários emergiram imediatamente. Esses entreveros expunham os limites dos ideais reformadores. Em retrospecto, a experiência de Port Royal foi atípica quando comparada à administração nortista do trabalho escravo em outras partes do Sul porque ali não havia senhores, circunstância que deixava indefinido o *status* de seus antigos escravos.[245]

A experiência foi bem diferente nos departamentos do Centro e do golfo do México. Naquelas regiões, as relações entre soldados e fugitivos se tornaram cada vez mais complexas à medida que as forças da União avançavam para o coração da Confederação, assumindo o comando das plantações e lidando com populações negras cujo trabalho era potencialmente útil ao esforço de guerra. A invasão, por parte do Exército da União, de áreas densamente povoadas da Louisiana e do vale do Mississippi não assegurou o controle completo do território nem a lealdade da sua população. Tirando vantagem da precária distribuição de poder, muitos senhores declararam lealdade à União, pressionando o Exército a reforçar a disciplina de trabalho nos campos. O programa de trabalho inicialmente implantado pelo Exército ao longo do rio Mississippi refletia a frágil situação militar da região, mantendo o domínio senhorial.

245 Sobre os conflitos em Port Royal, ver Rose (1964, p. 51-55).

Na medida em que as relações de trabalho se deterioraram, muitos escravos fugiram das plantações. A principal preocupação do Exército, portanto, era o controle da força de trabalho, especialmente dos fugitivos, geralmente classificados como "negros insolentes" (May, 1971, p. 245-254). O general Nathaniel P. Banks garantiu à população branca da Louisiana que "o bem-estar desse povo [escravos] requer que eles trabalhem, sendo assim preservados dos hábitos indolentes e ociosos".[246]

Nessas áreas, os senhores de escravos mantiveram um alto grau de controle sobre a força de trabalho afro-americana, contando com a colaboração dos principais chefes militares da União quase até o final da guerra. Esses comandantes partiram de uma interpretação particular da ideologia *free labor*, a qual responsabilizava a suposta falta de iniciativa dos escravos por sua fragilidade econômica. Ao final da guerra, um editorial publicado no Norte expressou a preocupação de parte da opinião pública branca com relação à ruptura da hierarquia social sulista: "A ideia de liberdade não contaminou os escravos com o princípio do trabalho, por isso encontram-se num estado de total perplexidade. Muitos perambulam pelas ruas, tantos ao ponto de tornarem-se uma ameaça cada vez maior".[247]

A definição do *status* dos refugiados negros constituiu um dilema que assolou os comandantes do Norte durante e no pós-guerra. O Segundo Decreto de Confisco resolveu parcialmente o problema dando aos comandantes o poder total para empregar, pagar e, eventualmente, controlar a cooperação dos fugitivos para propósitos militares. Entretanto, essa lei não deu aos mesmos comandantes uma direção básica para lidar com os escravos recentemente emancipados a partir de janeiro de 1863. Ainda assim, as políticas implantadas pelas autoridades federais, por mais ambíguas que fossem, não tinham como bloquear a deterioração da escravidão, que constituía um resultado imediato da guerra. Os deslocamentos, migrações e a introdução do trabalho assalariado impeliram a destruição da escravidão, mas a fuga e o recrutamento militar seriam os fatores decisivos para prevenir um retorno ao *status* existente antes da

246 Louis Gerteis (1969, p. 65-82) defende que a experiência dos negros da Louisiana durante a Guerra Civil, na qual o general Nathaniel P. Banks estabeleceu um regime de trabalho que os críticos acusavam de ser semelhante à escravidão, teve uma influência muito maior na reconstrução do que os eventos nas ilhas oceânicas da Carolina do Sul.

247 *Frank Leslie's Illustrated Newspaper*, 21 maio 1864.

guerra.[248] Um oficial servindo na Louisiana, sob o comando do general Butler, escreveu a seguinte nota em seu diário em setembro de 1862:

> Mais negros chegando, a pé ou em carroças puxadas por bois e mulas, trazendo galinhas, e porcos, e a pouca mobília que possuem. A maior parte tão ignorantes quanto as mulas que conduzem; mas tão sagazes e determinados quanto um Yankee ativo. A chave do conhecimento lhes foi retirada e essa circunstância possui uma tendência maravilhosa para acelerar pelo menos dois ou mais dos seus sentidos.[249]

Experiências iniciais com soldados negros

À medida que as tropas da União ocupavam os estados escravistas, se dava o começo do recrutamento não autorizado de soldados negros. Inicialmente, os oficiais da União, por iniciativa própria e sem autorização oficial, recrutaram negros. O governo federal tolerou parte dessas iniciativas, mas vários oficiais foram severamente advertidos por implementar práticas semelhantes. Entre março e junho de 1862, David Hunter na Carolina do Sul, Benjamin Butler na Louisiana e James Lane no Kansas aproveitaram a oportunidade para armar os escravos libertos contra seus senhores, antecipando-se ao governo de Lincoln. Ainda que essas ações pioneiras estivessem desautorizadas pela administração federal, de algum modo abriram caminho para uma transformação da política militar federal quando as demandas dos soldados, associadas à crescente reticência dos brancos em servir, permitiram a aceitação final do negro. No princípio, em cada caso, a iniciativa local respondeu à consciência do risco que corriam certas regiões consideradas vulneráveis às guerrilhas confederadas e nas quais a densidade de soldados federais era pequena em virtude da extensão do território. Ainda que o presidente se mantivesse "contrário a armar os negros", permitiu que os comandantes locais "armassem os escravos que chegassem aos seus acampamentos, para propósitos puramente defensivos" (Donald, 1954, p. 96, 99-100).

---

248 Segundo Joe H. Mays (1983, p. 53), a partir de uma população de aproximadamente 4 milhões antes da guerra, aproximadamente 520 mil afro-americanos entre os confederados cruzaram as linhas da União durante o conflito.

249 Entrada de 21 de setembro de 1862 (Kinsley, 2004, p. 109).

Nas regiões ocupadas da Louisiana, o general Butler, enfrentando uma escassez de soldados e sob a permanente ameaça confederada, recrutou 1.400 homens da extinta Guarda Estadual da Louisiana, uma força de negros livres que servira como milícia auxiliar dos confederados no período precedente.[250] Butler tornou-se o primeiro general da União a organizar, com sucesso, um regimento negro, embora não tenha entrado em combate até meados do ano seguinte.[251] As fileiras dos Native Guards foram preenchidas por negros livres, a maioria dos quais eram mulatos de pele clara, que haviam anteriormente servido à Confederação (embora seu serviço tenha sido recusado em 1861). Com seu alistamento, Butler ajudou a cooptar uma importante minoria que possuía algumas posses e influência em Nova Orleans.[252] "Os mais escuros dentre eles", afirmou o general Butler com certa malícia, "tinham a compleição física semelhante à do falecido [senador] Webster" (Higginson, 1970, p. 1).[253]

A comunidade não branca da Louisiana era fortemente estratificada. Diferenças entre os homens livres de cor e os escravos eram mais fortes ali do que em qualquer outra parte do Sul. Consequentemente, nessa fase inicial, o recrutamento de soldados negros na Louisiana não se relacionou com uma política abolicionista, respondendo à situação clássica das emergências, comum a outras guerras travadas no território dos Estados Unidos. Essa circunstância tornou o regimento de Butler mais palatável tanto para a opinião pública do Norte como para os escravagistas leais do próprio estado. Ainda assim, o sucessor de Butler, Nathaniel P. Banks, fez o que pôde para desmobilizar oficiais negros do regimento (Berlin, 1982, p. 41-44).

Em maio de 1862, enquanto prosseguiam os esforços de Butler na Louisiana, o general David Hunter, comandante militar da ocupação da Carolina

250 Por volta do final de agosto de 1862, os confederados reverteram o progresso inicial das tropas da União na Louisiana e recapturaram Baton Rouge, a capital do estado. O controle completo do estado pela União foi alcançado apenas após as quedas de Vicksburg e Port Hudson, em julho de 1863.

251 Em 1860, 18.647 negros livres viviam na Louisiana, 10.689 dos quais em Nova Orleans. Em 1830, cerca de 750 negros livres possuíam 2.351 escravos. A Louisiana rural desenvolveu uma classe expressiva de negros livres, muitos dos quais proprietários de escravos. Ver Tunnel (1980).

252 Para os debates no Congresso sobre os esforços de recrutamento de Butler na Louisiana, ver CG 37th Cong., 2nd sess., p. 2620-2621.

253 Segundo Joshi e Reidy (1983, p. 326), no início da Guerra Civil os homens livres de Nova Orleans possuíam propriedades no valor de US$ 2 milhões e 85% trabalhavam como artesãos, profissionais e proprietários. Os mais prósperos possuíam grandes plantações e vários escravos.

do Sul, ordenou o alistamento de todos os afro-americanos em condições.[254] O recrutamento em Port Royal constituía uma tarefa complexa porque ameaçava os ganhos econômicos obtidos pelos escravos recentemente libertados. Muitos se encontravam empregados como assalariados, recebendo uma renda oriunda do trabalho nas plantações de algodão. Era a primeira vez em suas vidas que o trabalho ajudava a melhorar o padrão de vida. Além disso, o *status* recentemente adquirido ajudara na recomposição das famílias e numa limitada liberdade pessoal. Eles não se sentiam motivados a se tornarem soldados, arriscando o status precário numa empreitada incerta e afastando-se de amigos e familiares. A decisão de Hunter instituiu o primeiro alistamento forçado de afro-americanos durante a Guerra Civil, uma prática que se espalharia mais tarde por outras partes do Sul. A ativação do recrutamento espalhou o pânico nas plantações, levando os homens a fugirem para as florestas tentando escapar da caçada humana promovida pelos soldados da União, uma imagem familiar a muitos brasileiros da mesma época. Aqueles que eram capturados tentando fugir eram escoltados à força, como se ainda fossem escravos. Pelo menos 600 homens foram enviados para o quartel de Hunter para serem treinados.[255]

O regimento não durou muito. Lincoln recusou-se a sancionar o recrutamento de soldados negros e nunca autorizou Hunter a pagá-los ou equipá-los oficialmente. Por volta de agosto de 1862, o regimento de Hunter foi dispensado, para a alegria dos potenciais soldados. Hunter foi substituído pelo general Rufus Saxton no comando militar das ilhas oceânicas da Carolina do Sul. O efeito mais deletério da tentativa de recrutamento de Hunter foi a má impressão que deixou na população negra residente em Port Royal. Como resultado dos métodos draconianos postos em prática naquela ocasião, muitos dos ex-escravos permaneceram desconfiados das intenções do Exército da União. O coronel Thomas Wentworth Higginson (1970, p. 15-16), que mais tarde comandaria o Primeiro Corpo de Voluntários da Carolina do Sul, reclamou a respeito das práticas de Hunter, descrevendo-as como prejudiciais aos seus próprios esforços de recrutamento:

---

254 Em seguida, Hunter proclamou a emancipação de todos os escravos na Carolina do Sul, Geórgia e Flórida, dentro ou fora das linhas da União.

255 A violência do sistema de recrutamento lastreava as insinuações propagadas pelos senhores de escravos de que os *yankees* venderiam os escravos para as plantações de Cuba.

> O problema está na herança de amargo descontentamento inaugurada pelo regimento abortado do general Hunter – para o qual eram levados como gado, mantidos nos campos por várias semanas e então, retornados sem um centavo, por determinação do Ministério da Guerra. A formação do regimento constituiu uma grande injúria a esse [novo empreendimento] [...] aqueles que agora se recusam a alistar-se têm uma grande influência em demover outros.

No Kansas, o senador republicano James Lane, um veterano das guerras civis nos territórios, adotou uma estratégia diferente para obter o recrutamento negro. Em julho de 1862, Lane introduziu um sistema de recrutamento sob o qual agentes negros eram autorizados a alistar ex-escravos com a promessa de que esses mesmos agentes recrutadores se tornariam oficiais nos futuros regimentos. O sistema funcionou muito bem, embora lacunas nas fileiras fossem eventualmente preenchidas por meio de recrutamentos forçados. Por volta de outubro de 1862, o Primeiro Regimento de Voluntários Negros do Kansas estava organizado. Muitos se voluntariaram para responder às promessas de pagamento e promoções semelhantes às oferecidas nos regimentos de brancos. Entretanto, como Lane agiu sem autorização federal, os regimentos ficaram sem soldo, e seus oficiais negros sem as respectivas comissões, pelo menos até 1864. Outro problema residia na autorização para que alguns recrutadores virassem oficiais, criando a figura dos oficiais negros, que constituía anátema para a hierarquia militar do Norte.[256]

A Proclamação da Emancipação

Uma diferença importante entre o recrutamento no Brasil e nos Estados Unidos reside nas consequências diretas que a Guerra Civil teve para a emancipação no Sul, em contraste com o Brasil, onde a libertação dos escravos não ocorreu imediatamente após a Guerra do Paraguai. Em 1863, os republicanos atacaram o inimigo emancipando os negros e alistando-os no Exército; no Brasil, as autoridades imperiais viam a emancipação geral como prejudicial à causa brasileira no Paraguai, por atrapalhar alguns dos mais influentes apoiadores do

256 Sobre os procedimentos de recrutamento de James [Big] Lane, ver Cornish (1987, p. 69-76).

regime. Enquanto os políticos do gabinete liberal-progressista estavam limitados pelos interesses imediatos dos proprietários de escravos, os republicanos formularam a política de emancipação como uma medida militar para mudar o rumo da guerra.

Em meados de 1863, os republicanos de todas as tendências aceitavam o alistamento de escravos. A difusão dessa percepção foi uma consequência da dinâmica da guerra, do enorme número de baixas e do entendimento de que o conflito se voltava para a destruição do domínio oligárquico dos escravagistas. Ao longo de 1862, a opinião pública no Norte direcionou-se para a adoção de medidas mais drásticas em relação aos escravos e à propriedade rebelde. Outra diferença importante na emancipação militar no Brasil e nos Estados Unidos foi o papel do debate público. Nos Estados Unidos, os debates não estavam restritos ao gabinete presidencial. Embora a decisão de Lincoln pela emancipação tenha sido essencial, havia debates simultâneos ocorrendo no Congresso e na imprensa. Os senadores e deputados se voltaram para a opinião pública, o que refletia as mudanças de atitude do Norte. Esses debates revelaram as etapas graduais adotadas na direção da emancipação durante a 37ª legislatura.[257]

Em 16 de abril de 1862, o presidente Lincoln assinou um projeto de lei abolindo a escravidão no distrito de Colúmbia. Em julho de 1862, a liderança republicana já se posicionava claramente a favor da emancipação como um instrumento de guerra. A contínua queda no alistamento de voluntários brancos e a ausência de vitórias de relevo no campo de batalha convenceram Lincoln de que a emancipação se tornara essencial para a derrota da Confederação. Em março de 1863, o general Henry H. Halleck, comandante em chefe do departamento do Tennessee, resumiu a nova posição do governo para seu velho camarada Ulysses S. Grant, o comandante militar do mesmo departamento:

> A natureza da guerra mudou muito durante o último ano. Não existe mais qualquer esperança de reconciliação com os rebeldes. A causa da União está virtualmente destruída no Sul. Não pode haver nenhuma paz além daquela determinada pela espada. Devemos conquistar os rebeldes ou sermos conquistados por eles. As forças

---

257 O 37º Congresso foi um dos mais influentes da história legislativa dos Estados Unidos, com contribuições fundamentais sobre concessões de terras, criação de universidades estaduais, confisco de propriedades, funcionamento do sistema bancário e expropriação de terras e escravos pertencentes a rebeldes. Ver Curry (1968, p. 23-46).

do Norte devem destruir a oligarquia dos proprietários de escravos ou se tornarem elas mesmas escravas.[258]

A versão preliminar da Proclamação da Emancipação foi anunciada em 22 de setembro de 1862. Ela afirmava que, a menos que os rebeldes depusessem suas armas em 1º de janeiro de 1863, seus escravos seriam considerados livres. Os *border states* e outras áreas com uma população de "proprietários de escravos leais à União" foram excluídos da proclamação. O *New York Times* de 21 de novembro de 1862 expressou pragmaticamente seu apoio à decisão presidencial:

> A escravidão é um elemento prodigioso da força da rebelião. Ela multiplica seu poder militar, pois libera todo homem branco do trabalho e o envia para o campo de batalha. Trata-se de uma arma tremenda nas mãos dos rebeldes [...] Por que nossas autoridades não fazem precisamente o mesmo que já fizeram [alguns comandantes], retirando das mãos da rebelião essa arma como já fizeram com qualquer outra?

A proposta de Lincoln ao apresentar a proclamação como uma medida de guerra não era um subterfúgio. O Norte encontrava-se desesperado por soldados para conduzir uma guerra ofensiva contra a Confederação. Além de derrotar os exércitos confederados, o Exército da União precisava ocupar e administrar grandes áreas do território sulista. Adicionalmente, o Exército precisava proteger longas linhas de suprimentos e comunicações das investidas da cavalaria e da guerrilha, leais à causa do Sul. As forças da União frequentemente atacavam posições entrincheiradas dos confederados com grandes perdas.

As listas de baixas levaram o governo e muitos cidadãos a ver favoravelmente o alistamento dos negros. Muitos negros do Norte e do Sul estavam dispostos a servir devido à possibilidade de a emancipação estender-se, encorajando os escravos do Sul a fugir em números cada vez maiores, privando a Confederação de trabalhadores compulsórios. Por sua vez, os negros servindo como trabalhadores fortaleciam o Exército da União, liberando mais soldados dos trabalhos ordinários para posições combatentes. A proclamação final da emancipação, de 1º de janeiro de 1863, autorizava os libertos a "serem recebidos nas forças

258 Henry W. Halleck para Ulisses S. Grant, Wasington, D. C., 31 mar. 1863 (apud Berlin, 1982, p. 144).

armadas dos Estados Unidos" para os serviços de guarda e destacamento. Em poucos dias, Lincoln foi além, autorizando os negros, fossem livres, libertos ou escravos, a se tornarem soldados sem restrições (*full scale soldiers*).[259]

Ao mesmo tempo que a administração federal agia cautelosamente nos *border states*, ela enfrentava fortes resistências em algumas regiões do Norte, em que as controvérsias políticas envolvendo o recrutamento de soldados negros ainda eram consistentes, confrontando aquilo que Eric Foner (1988, p. 11-18) definiu como "a Guerra Civil interna [*inner Civil War*]".[260] Os democratas do Norte ainda mantiveram forte influência até o final da guerra. No interior do partido, a corrente conhecida como "democratas pacifistas" opunha-se à emancipação e ao alistamento negro, posições muito populares principalmente entre os imigrantes e os habitantes do Meio-Oeste".[261] Muitos desses indivíduos temiam que a liberdade trouxesse um fluxo de imigrantes para o Norte, competindo pelos postos de trabalho menos qualificados nas cidades. Outros agiam com respaldo apenas em suas crenças a respeito da superioridade branca e sobre a importância da homogeneidade racial para a organização da nação. Outros, ainda, persistiam na posição de que a guerra não deveria afetar o *status quo* sulista (Quarles, 1953, p. 166-167).

Seguindo sua percepção, a imprensa democrata, assim como políticos e soldados ligados ao partido, reclamava amargamente contra a subversão dos objetivos da guerra. Após receber sua indicação nas primárias do partido para concorrer ao governo do estado de Nova York, em setembro de 1862, Horatio Seymour expressou as ressalvas mais comuns dos nortistas a respeito da "Emancipation Proclamation": "O esquema para a emancipação imediata e o armamento geral dos escravos em todo o Sul constitui uma proposta para a carnificina de mulheres e crianças, e cenas de luxúria e rapina, de incêndios e assassinatos sem paralelo na história mundial".[262] Em novembro, Seymour venceu nas urnas, uma das várias derrotas eleitorais dos republicanos naquele outono. Nova York foi o único estado no Norte no qual o governo evitou

259 Emancipation Proclamation, em Fehrenbacher (1964, p. 212). Ver, também, Franklin (1963).

260 A expressão "Guerra Civil interna" foi originalmente cunhada por George Fredrickson (1965) ao discutir as disputas entre os intelectuais do Norte.

261 Embora os democratas não pudessem evitar a vitória da emancipação, eles podiam obstruir a pauta para retardar a aprovação da legislação de emancipação. Ver Curry (1966, p. 213-219).

262 Horace Seymour, Public Record 54 (apud Seraile, 1974, p. 224).

cooperar com a administração federal na organização de um regimento de negros. O recrutamento em Nova York seria promovido diretamente por autoridades federais associadas a um grupo de cidadãos influentes organizados através da Union League, uma associação de empresários ligada ao Partido Republicano que apoiou os esforços de guerra no estado (Bellows, 1879).

De contrabandos a soldados

Quando o Congresso começou a discutir a possibilidade de recrutamento de soldados negros, foi impelido por uma opinião pública disposta a sacrificar alguns de seus mais arraigados preconceitos em troca de uma estratégia de mobilização mais efetiva. Também estava instigado pela constante escassez de soldados, imperfeitamente aliviada por uma política de recrutamento compulsório que se mostrara parcial e difícil de implantar.[263] Algo tinha de ser feito. O senador John Sherman, da ala conservadora do Partido Republicano, capturou essa transformação numa carta endereçada ao irmão, o lendário general William T. Sherman:

> Você não faz ideia da mudança de opinião sobre a questão dos negros. Homens de todos os partidos, que agora apreciam a magnitude do conflito e se mostram determinados a preservar a unidade do governo a todo custo, concordam que devemos defender essa questão e fazer com que seja do interesse dos negros nos ajudar.[264]

A percepção popular sobre a guerra havia mudado muito no Norte já no primeiro semestre de 1863. Muitos soldados haviam morrido, outros estavam incapacitados ou fora de combate, e o número de deserções crescia, especialmente entre os imigrantes, substitutos e recrutas provenientes de comunidades mais heterogêneas.[265] Após a aprovação da lei do alistamento compulsório (Enrollment Act), em março de 1863, a pressão sobre a população branca

---

263 Sobre os problemas da conscrição nos Estados Unidos, ver capítulo 2 deste livro.

264 Senador John Sherman para general William Tecumseh Sherman, 24 ago. 1862 (apud Quarles, 1953, p. 158).

265 Segundo James W. Geary (1991a, p. 14), 116.125 soldados desertaram durante os dois últimos anos da guerra. Ver também Costa e Kahn (2008, p. 80-119).

cresceu substancialmente, e logo surgiram focos de resistência à loteria, por meio da qual era feito o sorteio dos nomes daqueles que deveriam se alistar. A lei limitava o papel do voluntarismo, criando um sorteio sempre que os estados se mostrassem incapazes de cumprir com suas cotas. As tensões políticas resultantes da aplicação do ato levaram o ministro da Marinha, Gideon Welles, a observar que o "partidarismo" parecia mais forte que o "patriotismo" na maioria dos estados da União (Beale, 1960, v. 1, p. 324). De fato, Lincoln tinha de lidar com um sistema político extremamente competitivo, no qual os democratas desempenhavam o papel de uma minoria não desprezível. A execução das leis federais chegou a utilizar medidas extremas para lidar com as emergências públicas, como no caso da suspensão temporária do direito de *habeas corpus*, mas as eleições não foram suspensas e os políticos ainda levariam em conta os efeitos de suas ações sobre a opinião pública.[266] Um grupo de homens de negócios de Boston expressou o senso comum sobre as conexões entre a crise do recrutamento no Norte e o recrutamento de soldados negros no Sul:

> Nos estados livres os grandes contingentes já retirados das fábricas e dos campos prejudicaram seriamente o funcionamento de vários setores da indústria dos quais depende a produção do país, e é desejável reduzir a demanda sobre esses recursos ao ponto mínimo que seja consistente com o prosseguimento vigoroso da Guerra [...] Por essas e outras razões recomendamos seriamente que seja dada permissão aos estados leais para recrutar soldados de acordo com as suas cotas assinaladas naquelas partes dos estados rebeldes sob nosso controle, tanto para preencher as cotas dos soldados brancos que se encontram agora em campo, como para criar tantos regimentos negros quantos seja necessário e expediente autorizar.[267]

266 Isso contrasta nitidamente com a situação do Império no período, onde a força da opinião pública estava restrita pela estrutura da Constituição Imperial que dava poderes ao imperador para mudar gabinetes durante crises políticas. A vigência do Poder Moderador enfraquecia a independência do Parlamento ao prover o monarca com a capacidade de convocar novas eleições e forjar uma maioria de ocasião. Ver Nabuco (1936, p. 38-54) e Vasconcellos (1862). Durante a guerra, as eleições provinciais foram suspensas na província do Rio Grande do Sul. Ver Izecksohn e Mügge (2016).

267 Amos A. Lawrence et al. para Exmo. E. M. Stanton, 10 dez. 1863, incluída em S. Hooper para Exmo. E. M. Stanton, 19 dez. 1863, H-1807 1863m Cartas Recebidas, RG 107, NARA, L-159 (apud Berlin, 1982, p. 108-109).

O recrutamento oficial de soldados negros na esteira da "Emancipation Proclamation" começou oficialmente no primeiro semestre de 1863, quando os efeitos do Decreto de Alistamento incidiram mais fortemente sobre a população branca. O processo que permitiu aos estados do Norte recrutar escravos para preencher as cotas obrigatórias ocorreu de acordo com as etapas seguidas pelo governo federal. O Decreto de Alistamento, de março de 1863, sujeitando a massa de habitantes brancos do Norte ao recrutamento, estimulou a utilização de soldados negros. O argumento de que os soldados negros podiam "conter uma bala tão bem quanto qualquer soldado branco" se tornou comum no Norte à medida que a guerra na Virgínia e no Tennessee se tornava ainda mais custosa. O senador do Partido Republicano por Massachusetts, Henry Wilson, um líder na proposição do uso de tropas negras, reconheceu com entusiasmo o impacto do alistamento compulsório nas atitudes dos homens brancos do Norte:

> Quando o decreto [Enrollment Act] passou, existia um preconceito irracional e selvagem contra a utilização do homem negro para lutar as batalhas do nosso país. Porém, quando as pessoas que eram influenciadas por esses preconceitos viram que deveriam ir de peito aberto enfrentar os tiros e bombas do inimigo, elas aprenderam que o sangue do homem negro não era menos sagrado do que o seu, e que logo teriam um homem negro se levantando e lutando as batalhas que o país precisa travar.[268]

Em maio de 1863, foi criada a Secretaria dos Libertos (Freedmen's Bureau) para tratar da organização dos soldados negros e da uniformização dos procedimentos entre os recém-libertos. O *bureau* também completou o processo de centralização militar, na medida em que a maioria dos regimentos seria ligada ao governo federal, não aos estados.[269] Em meados de 1863, o secretário da Guerra, Edwin Stanton, deu permissão a todos os estados do Norte para recrutar libertos no Sul. O governo da União havia chegado ao final de uma longa transformação durante a qual ele se comprometeu com o recrutamento de soldados negros nos estados, fossem eles nortistas, sulistas ou *border* (Cornish, 1987, p. 94-111).

---

268 CG 38th Cong., 1st sess., p. 80.

269 Um caso famoso ocorreu com o Primeiro Regimento de Voluntários da Carolina do Sul, posteriormente renomeado como 33º Regimento Negro de Infantaria dos Estados Unidos. Ver Rose (1964, p. 193).

Os parâmetros da mudança

No segundo semestre de 1863, o desgaste com a guerra tornou os brancos do Norte cada vez mais dispostos a aceitar o impacto da emancipação e do alistamento de negros. Ao mesmo tempo, muitos setores conservadores, em ambos os partidos, compreenderam que a população afro-americana oferecia uma possível solução para a falta de soldados.

A administração federal logo percebeu que o pequeno número de negros livres em idade militar no Norte não supriria as necessidades do Exército da União.[270] O número de homens negros livres entre as idades de 18 e 45 anos no Norte, excluindo os *border states*, totalizava 46.150. Desses homens, 32.671 – cerca de 70% – serviram nos exércitos da União. Como a proporção de afro-americanos em todas as localidades era muito pequena, esses regimentos foram preenchidos com pessoas de vários outros locais.

A maior reserva de recrutas da União eram os negros do Sul, que afluíam em levas cada vez maiores às fileiras da União. Eles constituíam o recurso demográfico que Lincoln tentava desesperadamente utilizar. Um editorial da *Frank Leslie's Illustrated* mostrou a transformação ocorrida na opinião pública quando confrontada com a ameaça do recrutamento compulsório. Após meses de lutas, com dezenas de milhares de baixas e o alistamento voluntário em descenso, o jornal reconsiderou sua posição em relação aos soldados negros. Em seu editorial de Natal de 1862, a publicação se rendeu às necessidades da guerra: "Qualquer que seja a opinião abstrata da comunidade quanto à política de formar regimentos de ex-contrabandos, não pode haver dúvidas sobre o grande interesse com o qual o público deve ver a primeira colisão hostil entre os escravos e seus antigos senhores".[271]

Com a ameaça da proximidade de um recrutamento compulsório, muitos dos brancos do Norte passaram a ver o recrutamento de negros como preferível ao de seus parentes e amigos. Um soldado do Illinois expressou esse estado de espírito no início de 1863: "Da minha parte eu gostaria de ver todos os negros que pudéssemos organizar armados e postos sob disciplina militar [...]. Penso

270 Segundo Quarles (1953, p. 187), de um total de 980 recrutas alistados no 54º Regimento de Infantaria de Massachusetts, 287, ou 29,2%, haviam sido escravos.

271 *Frank Leslie's Illustrated* Newspaper, 30 dez. 1862.

que se um negro pudesse salvar suas vidas [dos brancos] sacrificando a sua, os brancos desejariam isso".[272] Diante de um panorama de mortes, deserções e sacrifícios crescentes, esse soldado passou a considerar o recrutamento de afro-americanos como um mal menor. Uma carta do governador do estado de Iowa ao comandante em chefe ilustra essa mesma atitude de uma forma ainda mais cruel. "Quando essa guerra tiver terminado," ele escreveu, "e tivermos resumido a perda total que tiver sido imposta a esse país, não terei qualquer remorso se for constatado que uma parte dos mortos foi composta por negros, não homens brancos."[273]

Mobilizando regimentos negros no Norte

A versão final da proclamação de emancipação estipulava o alistamento de negros no Exército e na Marinha da União. Durante os últimos meses de 1863, poucas unidades foram recrutadas. O general Rufus Saxton nomeou Thomas Wentworth Higginson, um pastor abolicionista de Massachusetts, para reorganizar a unidade desmobilizada pelo general David Hunter, agora renomeada Primeiro Corpo de Voluntários da Carolina do Sul.[274] O regimento era composto principalmente por homens das ilhas oceânicas da Carolina do Sul, acrescidos por refugiados provenientes das áreas costeiras da Flórida, Geórgia e Carolina do Norte. Apesar da importância normalmente associada a essa iniciativa, o regimento viu pouca ação durante seu primeiro ano, exceto pelas incursões ocasionais nas áreas costeiras do golfo.[275]

As etapas iniciais do recrutamento no Norte seguiram o padrão tradicional dos Estados Unidos, com os governadores dos estados encarregando-se da organização e da designação dos oficiais. Em Massachusetts e Rhode Island, os governadores John Andrew e William Sprague receberam autorização fe-

272 David Givler a um amigo, 14 fev. 1863. In: Intimate Glimpses of Army Life during the Civil War: autobiography, diaries, and letters of David B. Gilver, Companhia C, 7º. Regimento de Infantaria de Illinois... Manuscrito Datilografado, Illinois State Historical Library (apud Hicken, 1863, p. 538-539).

273 Samuel J. Kirkwood para general Henry W. Halleck, Des Moines, IA, 5 ago. 1862 (apud Berlin, 1982, p. 85-86).

274 Geary (1991a, p. 30) estima que entre 2 mil e 3 mil escravos se alistaram nesses regimentos experimentais.

275 O diário de Higginson (1970) é uma das melhores fontes para a história desse regimento.

deral para organizar os primeiros regimentos de negros da Nova Inglaterra. O governador abolicionista de Massachusetts imediatamente nomeou líderes negros proeminentes, como Frederick Douglass, Martin Delany e John M. Langston, além de vários ministros, para recrutar em diversas partes do Norte. Entre fevereiro e maio de 1863, dois regimentos foram organizados e treinados: o 54º e o 55º regimentos de infantaria "*colored*" de Massachusetts.[276] Logo, seguindo os exemplos de Massachusetts e Rhode Island, a maioria dos estados do Norte solicitou autorização para organizar seus próprios regimentos de soldados negros.[277] O 54º Regimento de Infantaria obteve fama nacional através do ataque ao Fort Wagner, na Carolina do Sul. Embora ele tenha sido repelido, o grande número de baixas ajudou o regimento a adquirir uma reputação de coragem que aumentou a aceitação do recrutamento de negros entre a opinião pública nortista.[278]

O recrutamento, a emancipação e os estados

A experiência dos soldados negros ilustra a importância do poder federal na construção da cidadania afro-americana. Durante a Guerra Civil, o Exército emergiu como o setor mais importante da burocracia federal, suas funções indo muito além da esfera estritamente militar a qual estava constitucionalmente habilitado a desempenhar.[279] Ao contrário do sistema nacional de partidos e cortes, o Exército pós-1863 possuía um comando centralizado e uma burocracia nacional (Wilson, 2006, p. 34-71).

Como uma força de ocupação, o Exército se tornou o ramo organizador do governo federal no Sul, executando políticas que romperam com práticas tradicionais de trabalho na região, confrontando os interesses dos oligarcas

---

276 Atitudes predominantemente racistas em certas partes do Norte levaram muitos negros livres aos regimentos de Massachusetts, supostamente mais inclusivos. Ver William Seraile (1974) e Smith (1990). Cerca de 11% dos 961 soldados do 55º Regimento de Infantaria de Massachusetts eram da Virginia. Ver Jordan (1993, p. 268). Ver, também, Emilio (1995).

277 Cinco regimentos foram inicialmente criados no Norte: o 54º e o 55º regimentos de Voluntários de Infantaria de Massachusets, o 5º Regimento Negro de Cavalaria do mesmo estado, o 29º Regimento de Voluntários de Connecticut e o 14º Regimento de Artilharia Pesada de Rhode Island (Berlin, 1982, p. 407).

278 Sobre a ação e o papel do primeiro comandante do regimento, ver Duncan (1992).

279 Nevins (1960) fornece um registro preciso das transformações do Exército da União.

sulistas quando as necessidades da guerra demandavam. Na sua busca para fortalecer a autoridade nacional, o Exército interferiu nas relações locais de maneiras anteriormente não permitidas a nenhum ramo da autoridade federal nos Estados Unidos por qualquer área do governo federal. Através de suas ações, o Exército alterou a relação fundamental entre os cidadãos e o governo federal na medida em que os direitos dos negros foram basicamente federalizados.

Muitos comandantes assumiram posições como governadores militares nos territórios confederados ocupados por tropas da União, tornando-se árbitros dos conflitos sociais que se seguiram após a conquista e emancipação. Nos *border states*, sua autoridade muitas vezes superou a exercida pelos governadores leais, especialmente quando afetou a estrutura do mercado de trabalho. Após a "Emancipation Proclamation", as vitórias militares alargaram o poder imediato dos generais e de seus aliados locais entre os brancos não escravocratas.[280] William H. Johnson, um negro servindo como soldado em Connecticut, descreveu as conexões entre as vitórias do Exército e a emancipação: "A abolição da escravidão está progredindo no Sul – é o curso natural dos eventos, e deve ser; pois onde quer que vá o Exército Federal, o assim chamado 'senhor' morre e os escravos, anteriormente propriedade, são transformados em homens!".[281]

Por meio do recrutamento de soldados negros, o governo nacional confrontou as sensibilidades sulistas mais intensamente que em qualquer outra área. Essa interferência precipitou uma série de crises entre as autoridades federais e estaduais. Os senhores leais nos *border states* foram gradualmente forçados a reconhecer o avanço real no recrutamento de regimentos negros e sua forte correlação com a abolição nas partes ocupadas do Sul. Alguns lutaram contra essas mudanças. Do Kentucky, o deputado William H. Wadsworth protestou contra a política do governo, argumentando corretamente que, "se eles [...] armarem o negro, [então] estão logicamente propensos a reconhecer sua liberdade e igualdade".[282] O Kentucky constituiu o caso mais extremo de resistência senhorial, mas a situação estava longe de ser excepcional.[283] Alguns

280 Aproximadamente 60% dos negros aptos ao serviço militar serviram no Exército (Foner, 1988, p. 5).

281 William H. Johnson, 8º Regimento de Infantaria de Connecticut, Roanoke Island, Carolina do Norte, 10 fev. 1862. Pine and Palm, 27 fev. 1862 (apud Redkey, 1991, p. 7, 18).

282 CG 38th Cong., 1st sess., part 1, 10, 11, 16 e 26 fev. 1863, p. 598-602. Para um relato detalhado dos conflitos no Kentucky, ver Smith (1974).

283 A oposição local no Kentucky adiou o alistamento de todos os negros até 1º de março de 1864. Ver Blassingame (1967, p. 533-545) e Howard (1982, p. 245-256).

escravocratas do Tennessee assentiram com mais facilidade, reconhecendo sua impotência: "Não importa quais deveriam ser nossas opiniões sobre essa questão", escreveu um deles; "ou se preferíamos uma situação diferente, a destruição da escravidão negra nesse país é um fato consumado e inalterável, e estamos dispostos a aceitá-lo como tal".[284]

A maioria dos negros recrutados para o Exército da União veio de áreas localizadas na periferia da economia industrial do Norte.[285] Assim, a reação enfrentada pelos oficiais do Exército da União que confiscaram o trabalho agrícola escravo foi qualitativamente diferente daquela enfrentada pelos agentes imperiais no Brasil. A política imperial brasileira foi profundamente limitada pelos interesses dos proprietários de escravos, especialmente os produtores de café, que constituíam os pilares da economia agrícola do Império. O recrutamento de negros no Brasil foi limitado pela disposição dos fazendeiros em cooperar com as autoridades e pela necessidade de defender a estabilidade do Estado imperial de conflitos de interesse. No Sul dos Estados Unidos, o conflito em relação ao recrutamento de soldados negros ocorreu num cenário político muito diferente: ele afetou principalmente a região na qual prevalecia o trabalho escravo. Recrutar escravos da Confederação significou a expropriação de recursos valiosos ao inimigo. Além disso, rupturas na economia de *plantation* não afetaram diretamente a economia nortista, mas destruíram os fundamentos econômicos tanto dos *border states* como do sul da Louisiana e do vale do Mississippi. Nessas regiões, até então, alguns senhores "leais" tinham sido capazes de manter seus plantéis, pressionando o governo federal por concessões. No entanto, assim que essas áreas perderam sua importância estratégica para o esforço de guerra da União, as garantias oferecidas aos escravagistas desapareceram (ver no gráfico 2, adiante, a proporção de soldados negros recrutados por região no Exército da União).[286]

---

284 John H. Bowen et al. para Exmo. secretário da Guerra. Nashville, 26 set. 1863 (apud Berlin, 1982, p. 174-175).

285 Costa e Kahn (2008, p. 63) estimam que aproximadamente três quartos dos soldados negros que serviram nas forças da União eram ex-escravos.

286 Após as vitórias da União em Gettysburg e Vicksburg, o poder dos proprietários de escravos legalistas declinou rapidamente (McPherson, 1988, p. 689-716).

No início de 1864, o ajudante-geral do Exército informou o secretário da Guerra sobre a destruição da escravidão no Kentucky:

> Estando informado neste lugar que os escravos do Kentucky nas fronteiras com Ohio, Indiana, Illinois e Tennessee estão constantemente cruzando as linhas e um número expressivo deles alistando-se em organizações para os estados distantes de Massachusetts e Michigan, sugiro [ao governador] a organização de regimentos na sua jurisdição, de forma a assim obter créditos para os negros da cota do estado.[287]

O governador de Massachusetts, John Andrew, associou o recrutamento de negros do Sul à manutenção de uma força de trabalho ativa em seu estado natal:

> Penso que não é inadequado [...] substituir as perdas dos regimentos de Massachusetts recrutando nos próprios campos nos quais esses regimentos sustentaram a bandeira nacional com honra e nos mesmos estados em que ajudaram a repelir a usurpação rebelde. Todo homem que possamos induzir a se juntar às suas fileiras seria mais um civil poupado para a indústria nacional, um soldado adicionado ao Exército da União, uma vítima a menos do possível recrutamento rebelde, um homem da União do Sul desfrutando, na forma de uma premiação de Massachusetts, de alguma compensação das perdas e necessidades que a rebelião lhes impingiu. Agora, sejam negros ou sejam brancos, por que não devemos permitir que sejam convidados a vir para nossas fileiras?[288]

Ao longo do Sul, o recrutamento negro foi inseparável da política de emancipação. Apesar das garantias de Lincoln aos direitos de propriedade dos sulistas leais, não havia estratégia capaz de conter a destruição trazida pela emancipação, pelo recrutamento e pelas forças sociais liberadas. O recrutamento tornou a emancipação inevitável mesmo naquelas regiões inicialmente dele isentas, ultrapassando os limites originalmente estabelecidos pela proclamação de Lincoln. Os oficiais da União e os agentes recrutadores cada vez mais interfe-

---

287 Ajudante-geral do Exército Lorenzo Thomas para Exmo. Edwin M. Stanton. Louisville, KY, 1º fev. 1864 (apud Berlin, 1982, p. 253-254).

288 Address of His Excellency John A. Andrew to the two branches of the Legislature of Massachusetts, 9 jan. 1863, p. 73.

riam no trabalho das *plantations* tanto no Sul como nos *border states*. Ao longo do primeiro semestre de 1864, o alistamento de afro-americanos foi conduzido em larga escala na maioria das regiões do Sul. O direito de emancipação para todo escravo conscrito (e sua família) foi autorizado por um ato do Congresso de 3 de março de 1864, tornando-se uma das últimas medidas tomadas contra os direitos dos senhores nesses estados.[289]

A despeito do papel crucial desempenhado pelo governo federal no desmantelamento da escravidão, foram os próprios escravos que fizeram a maior contribuição. Os escravos moveram-se rapidamente para tirar vantagem das oportunidades abertas pela invasão do Sul pelo Norte. Durante 1863 e 1864, um número vasto de escravos abandonou as plantações, rumando para os acampamentos militares, num movimento que destruiu os vínculos de servidão. O processo foi estimulado pelos créditos dados aos soldados negros em relação às cotas de recrutamento nos estados, formando um verdadeiro mercado de bônus e incentivos.[290] Consequentemente, em 1863 e 1864 os EUA assistiram à destruição prática da escravidão e ao desenvolvimento da liberdade numa escala desconhecida em qualquer outra sociedade escravocrata nas Américas, com a possível exceção do Haiti revolucionário. Augustin L. Taveau, um senhor de Charleston, na Carolina do Sul, comentou sobre as realidades do pós-emancipação no Sul, surpreendendo-se com a falta de apego dos ex-escravos à antiga ordem social:

> Eu acreditava que esse povo [os escravos] estava contente e alegre e afeiçoado aos seus senhores [...] Se eles estavam contentes, satisfeitos e afeiçoados, por que eles os abandonaram no momento de necessidade arrebanhando-se com o inimigo a que desconheciam, deixando assim seus senhores realmente bons que conheciam desde sua infância?[291]

---

289 O. R., 3rd ser., v. 4, p. 233-234, 18 abr. 1864. É claro que o último golpe contra os direitos dos proprietários de escravos foi a Décima Terceira Emenda, ratificada em dezembro de 1865 (Vorenberg, 2001, p. 211-250).

290 O primeiro afro-americano a receber a medalha de honra do Congresso, sargento William H. Carney do 54º Regimento de Infantaria de Massachusetts é um bom exemplo da migração para o alistamento. Nascido em Norfolk, Virginia, Carney escapou para Massachusetts e se alistou em New Bedford (Jordan Jr., 1995, p. 272; Quarles, 1953, p. 183-202).

291 *New York Tribune*, 10 jun. 1865.

Gráfico 2
Fontes do recrutamento de soldados negros por região (1862-1865)

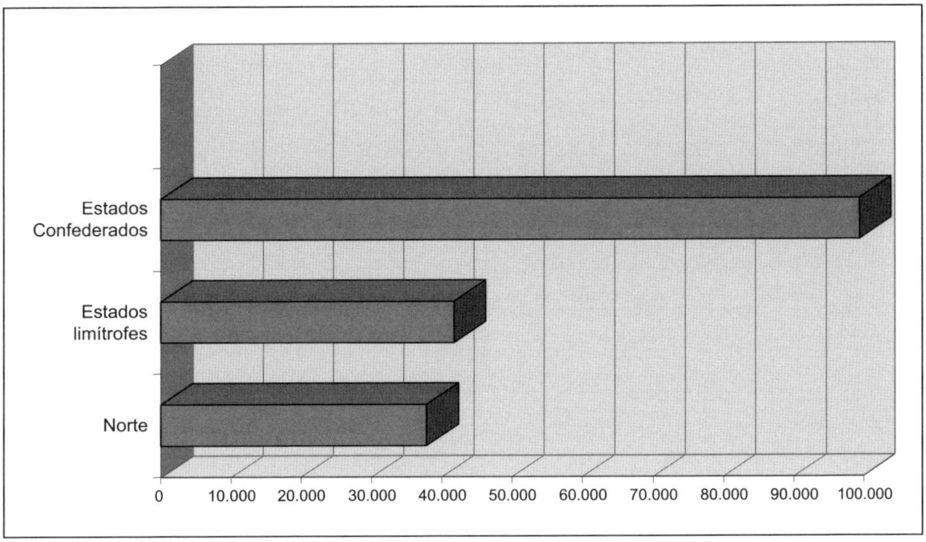

Fonte: *War of the rebellion*, 3rd series, v. 5, p. 138.

Os negros e a nacionalização do Exército

Por volta de abril de 1865, cerca de 10% do Exército da União, ou 178 mil homens, eram oriundos de regimentos negros, muitos deles ex-escravos.[292] Durante os dois últimos anos de campanha, os afro-americanos representaram 13,1% do número estimado de 1.261.571 soldados recrutados desde março de 1863 (Geary, 1991a, p. 31). Aproximadamente 144 mil (78,5%) dos soldados afro-americanos que passaram a fazer parte das fileiras da União provinham de estados escravocratas. Eles eram em grande parte analfabetos e majoritariamente desconfiados dos motivos dos brancos, mas foram inexoravelmente arrastados pela garantia da liberdade oferecida pelo alistamento. Muitas de suas famílias ainda eram escravizadas ou viviam em campos de refugiados, enfrentando um destino incerto se fossem capturadas. O comportamento confederado em relação

292 Alguns autores discordam desses números. Cooper (1996) estima em 185 mil o número total de afro-americanos que serviram nos USTCs. Metzer (1981) estima o número de 186.017 ou 17,7% dos negros entre 15 e 49 anos. Por conveniência metodológica, trabalho com os dados de O. R., a mesma fonte utilizada por Ira Berlin, Joseph Glatthaar e a maioria dos autores que estudaram o tema.

aos soldados negros capturados era ambíguo. Como os conhecidos episódios de Port Hudson, Fort Pillow e Poison Springs mostraram, o destino daqueles capturados podia ser pior do que ser novamente escravizado. Naquelas ocasiões não foram feitos prisioneiros entre os soldados negros capturados.[293]

Ressalte-se que esses homens não eram considerados cidadãos na época de seu alistamento, podendo enfrentar condições de serviço muito mais severas do que aquelas enfrentadas pelos soldados brancos, mesmo os brancos alistados compulsoriamente depois de 1863. A diferença de tratamento era evidente no menor soldo, nas péssimas condições de aquartelamento, na disciplina draconiana e em outras formas de discriminação.[294] A dura disciplina militar rompeu com os padrões estabelecidos pela tradição voluntária. Contudo, ela era mais compatível com as necessidades de um Exército moderno do que com as relações democráticas entre oficiais e soldados sancionadas pela tradição militar dos Estados Unidos.[295] A disciplina era adequada à estratégia moderna de "fricção", em que a superioridade demográfica do Norte era utilizada para minar as forças do Sul em uma sequência de batalhas sangrentas que forçaram os confederados a gastar suas reservas defendendo seu território.[296] Como o ministro da Marinha confessou no seu diário: "Todo acréscimo na nossa força militar provém de negros".[297]

Os soldados afro-americanos representaram 1/5 da população negra capaz de servir (17%). Eles tomaram parte em 449 batalhas, com 37 mil mortos a serviço da União, 10 mil nos campos de batalha (ou 10% das baixas do Norte).[298] Quando acrescentamos os 200 mil negros, homens e mulheres, cujo trabalho deu suporte aos soldados no campo de batalha, sua contribuição pode ser vista como absolutamente essencial para o esforço de guerra no Norte. Os soldados negros lutaram brava e honradamente, apesar da enorme discriminação que sofreram nas fileiras militares.[299]

293 Ver Westwood (1982), Cimprich e Mainfort Jr. (1989), Huch (1973) e Urwin (1996).

294 Os soldados negros representaram 21% de todos os soldados federais executados. Ver Glatthaar (1990a, p. 118).

295 Em 9 de março de 1863, o Departamento da Guerra dos Estados Unidos publicou um manual intitulado *United States Tatics for the Use of Colored Troops*.

296 Para a natureza mutável da Guerra Civil, ver Royster (1991, p. 321-404).

297 Citado em Quarles (1953, p. xiv).

298 Black (1994) fornece números diferentes: 33.294 soldados negros morreram durante a Guerra Civil. Destes, 3.331 morreram em combate e 29.963 foram vítimas de doenças.

299 Embora os negros tenham participado efetivamente apenas durante os três últimos anos da guerra, apenas 17 soldados negros e quatro marinheiros negros receberam medalhas de honra do Congresso (Mays, 1983, p. 125-127). Para as descrições dos seus atos de bravura, ver Stark (1986).

Centralização

Em um claro contraste com o caráter local do recrutamento dos brancos anterior a 1863, o Ministério da Guerra e a Secretaria dos Libertos (Bureau of Colored Troops) recrutaram diretamente a maioria dos afro-americanos para o serviço no Exército da União.[300] Apenas alguns dos 144 regimentos das "United States Colored Troops" resultaram de uma designação estadual.[301] Após maio de 1863, esses regimentos foram arregimentados diretamente pelo serviço federal, organizados e liderados por oficiais atuando sob a autoridade dos Estados Unidos. O Ministério da Guerra decretou que a partir dessa data todos os novos regimentos de negros seriam regidos pelas mesmas leis e classificados como "Tropas de Negros dos Estados Unidos" (United States Colored Troops, USCT), embora alguns desses regimentos possam ter sido recrutados e mantidos pelos estados do Norte. Um terço dos regimentos por ele administrados foram organizados a partir de unidades arregimentadas inicialmente por administrações estaduais e regionais. Eventualmente, todos os regimentos de negros, com exceção daqueles de Massachusetts e Connecticut, foram designados como "USCT". A maioria era de regimentos de infantaria (USCI), alguns eram da cavalaria (USCCO) e alguns poucos da artilharia pesada (USCHA). Nenhum dos regimentos compostos por soldados negros elegia seus oficiais e poucos deles foram comandados por oficiais negros.[302]

O recrutamento de afro-americanos deu continuidade à subversão das práticas de voluntários locais, que prevaleciam quando a guerra começou, dando sequência ao que Ira Berlin denominou "uma pequena revolução". O antigo sistema se baseava na primazia dos direitos estaduais e no pressuposto de que a lealdade principal dos cidadãos era com o poder estadual e as autoridades

300 Uma ordem do escritório-geral adjunto datada de 11 de março de 1864 afirmava: "A partir de agora todos os regimentos negros devem ser designados por números e incluir a palavra 'negros'" (Quarles, 1953, p. 200).

301 O 54º Regimento de Infantaria de Massachusetts é talvez o mais famoso desses regimentos organizados pelo estado. Ele foi mantido sob jurisdição estadual ao longo do seu serviço. OR, 3rd ser., v. 5, p. 661.

302 Dos 7 mil homens que serviram como oficiais nas tropas USCT, menos de 100 eram negros e estes estavam fortemente concentrados nos guardas nativos da Louisiana, uma instituição auxiliar, cuja existência era anterior à formação das USCTs. A divisão de regimentos por tipo era: 145 de infantaria, 7 de cavalaria, 13 de artilharia e um de engenheiros (Quarles, 1953, p. 199).

locais (Berlin, 1985, p. 407-433; Metzer, 1981). Com o recrutamento obrigatório ameaçando o voluntarismo e os negros sendo regularmente alistados, o sistema tradicional foi temporariamente modificado.

Recrutamentos forçados

O alistamento de negros no Exército fez avançar a luta dos afro-americanos por cidadania, embora a experiência militar não tenha sido necessariamente boa para os soldados que serviram nas USCTs. Um problema enfrentado pelos recrutas da União no alistamento de escravos emancipados foi a relutância dos homens livres em deixar suas famílias sem sustento. Jane Walls, do Condado de York, Virgínia, reclamou que seu marido havia sido sequestrado e forçado a se juntar ao Exército da União em 1863, deixando-a e a seus três filhos sem meios de sustento.[303] Milhares foram recrutados contra sua vontade por agentes ambiciosos ou patrulhas do Exército. John Banks, da Virgínia, testemunhou em janeiro de 1864 que, enquanto cortava lenha, foi capturado por cerca de 10 soldados negros e ameaçado de morte se não se alistasse.[304] O número preciso de negros alistados ou recrutados contra sua vontade e enviados para acampamentos militares distantes ainda é de difícil determinação. No entanto, é claro que os negros do Sul eram alvos fáceis, pois não havia opinião pública para defendê-los contra esses ataques. A população afro-americana do Sul também não podia portar armas e, desse modo, sua capacidade de autodefesa era muito mais limitada do que a de seus colegas brancos, que também podiam contar com o apoio do Partido Democrata quando levas adicionais eram requisitadas.[305]

As opiniões sobre o recrutamento forçado de negros não eram uniformes. Alguns altos oficiais, como o senador Andrew Johnson, do Tennessee, e o

303 Jane Wallis para um missionário do Norte. York Co., VA, 10 dez. 1863 (apud Berlin, 1985, p. 138).

304 Declaração de John Banks, Craney Island, VA. 2 jan. 1864 (apud Berlin, 1985, p. 139-140).

305 A ameaça do recrutamento forçado de negros não estava restrita ao Sul. Eugene Murdock (1967a) destacou que, em algumas cidades, os oficiais da polícia intimidavam a população negra, acusando-a de crimes imaginários se eles não se alistassem. Através desse expediente os policiais pretendiam "vendê-los" como substitutos para o Exército.

ajudante-geral Lorenzo Thomas o apoiavam fortemente, enquanto outros, como o governador John Andrew, o magnata das ferrovias John Murray Forbes e o empresário abolicionista George Stearns, se opunham a ele, preferindo como solução o alistamento de voluntários e uma transformação das relações raciais no Sul, remodelando-as de acordo com um modelo de trabalho livre do Norte. A resistência também veio de alguns comandantes militares mais interessados em usar os negros como trabalhadores do que como soldados. O general William Tecumseh Sherman protestou contra o esvaziamento da sua força de trabalho nos acampamentos. Benjamin Butler, que comandava o departamento da Virgínia e Carolina do Norte em 1864, também baniu o recrutamento feito por agentes, informando ao secretário da Guerra que os afro-americanos eram vendidos por US$ 50 a US$ 100 para substituírem homens brancos recrutados (Jordan Jr., 1995, p. 270).

O fato de os negros do Sul serem mais facilmente propensos ao alistamento do que os brancos expandiu o alcance do recrutamento, mas também trouxe problemas para os recrutas. Alguns afro-americanos protestaram contra serem tratados como cidadãos aptos para os propósitos do recrutamento enquanto as leis estaduais lhes negavam os direitos da cidadania. Como observou Robert Sterling, várias petições ao Ministério da Guerra defenderam o argumento de que os negros deveriam ser isentos do alistamento com base no fato de eles, até então, não serem considerados como cidadãos. Um negro recrutado no estado de Wisconsin, que anteriormente havia sido rejeitado como voluntário, destacou as contradições apresentadas pelo recrutamento de afro-americanos:

> Agora vocês irão permitir que um pobre fugitivo da escravidão lhes faça algumas perguntas. De acordo com a lei do Wisconsin sou um cidadão do Estado? E se não sou, não posso me alistar no Exército para lutar pelo nosso país. Como vocês sabem esse era o meu desejo quando os procurei. No entanto, de acordo com as leis dos Estados Unidos, estou sujeito ao alistamento compulsório – do mesmo modo que os brancos que possuem direitos de acordo com a Constituição.[306]

306 Andrew Pratt para Salomon, 22 nov. 1863. *Salomon Papers* (apud Sterling, 1974, p. 605).

Negros substituindo brancos

Apesar da progressiva nacionalização do recrutamento de negros, os estados continuaram a receber créditos por suas cotas, com base nos regimentos organizados. Os governadores republicanos no Norte enfrentaram o dilema de serem leais tanto ao governo Lincoln, em seus esforços para reunificar o país por meio de uma vitória militar, quanto a seus eleitores, que reagiam com cada vez mais veemência contra o serviço militar compulsório. Com a resistência local aumentando, o recrutamento de substitutos negros se tornou um importante elemento na redução das tensões locais, aumentando seu apelo perante a comunidade branca. Em 4 de julho de 1864, uma emenda ao Decreto de Alistamento estendeu o recrutamento de negros a todos os estados rebeldes, exceto o Arkansas, o Tennessee e a Louisiana. Embora não mais que 5.050 substitutos tenham sido alistados nos estados do Sul, um número crescente de afro-americanos nascidos nos estados confederados partiu para o Norte e se alistou como substitutos dos brancos. A seção 13 do Decreto de Alistamento, que abordava a substituição e a comutação, representava a mais controversa cláusula do alistamento. De acordo com essa seção, os recrutados podiam pagar outros homens para servir em seu lugar ou eles podiam escapar do serviço militar pagando ao governo federal uma taxa de comutação no valor de US$ 300. A substituição foi legal durante os quatro alistamentos federais; a comutação esteve em vigor apenas nos dois primeiros. Na teoria, a substituição permitia que apenas os recrutados com um estado civil ou ocupação crucial para o esforço de guerra permanecessem no trabalho, mas, na prática, ela possibilitou que qualquer cidadão com recursos financeiros suficientes evitasse o serviço militar (Murdock, 1967a, p. 178-180).[307]

Em meados de 1864, os soldados negros se tornaram aptos para o recebimento de gratificações federais, levando ao crescimento da competição dos estados por seus serviços durante os meses finais da guerra.[308] A eliminação da

---

307 Sobre os debates a respeito da comutação, ver CG 38th Cong., 1st sess., p. 64-65, 80, 142, 143. As questões relacionadas à comutação geravam debates acirrados no interior do Partido Republicano. Enquanto o senador Jim Lane a atacava, muitos outros republicanos, liderados pelo senador Henry Wilson, defendiam sua manutenção, argumentando que ela representaria uma vantagem para os pobres. Para mais informações, ver capítulo 2 deste livro.

308 Deve ser observado que, anteriormente, vários estados, cidades, vilas e até indivíduos vinham oferecendo incentivos formais e informais ao alistamento de negros.

cláusula de comutação no verão de 1864 abriu oportunidades ainda maiores e os substitutos se tornaram uma porção significativa do alistamento no Norte.[309] De acordo com Taylor Cornish (1987, p. 235), a prática de substituição foi tão amplamente aceita que mesmo o secretário do presidente Lincoln, John G. Nicolay, forneceu um substituto quando foi recrutado em Nova York em 1864.[310] Uma charge publicada em *Frank Leslie's Illustrated Newspaper* em 13 de fevereiro de 1864 (ver figura 2) mostra a crescente visibilidade dos substitutos negros como uma consequência do decrescente patriotismo branco. Dois agentes de recrutamento lutam para alistar um homem negro debaixo de um pôster que oferece uma recompensa de US$ 300.

Muitas comunidades do Norte contribuíram para a compra de um substituto para cada um dos seus homens em condições de ser recrutado, eliminando os brancos da cota de alistamento estadual. Segundo James D. Geary (1991a, p. 113), a maior proporção de substitutos foi fornecida pelo estado de New Hampshire, com 75 substitutos para cada 100 homens recrutados.[311] Porém, a média era alta em todo o Norte (Smith, 1990, p. 38). Dados das tropas de negros de New Hampshire confirmam a importância dos substitutos. De um total de 393 soldados negros recrutados de 1862 a 1865, 75% (295) vieram de fora do estado.[312] Confederados e soldados estrangeiros forneceram 58% do total; os *border states*, cerca de 4%, e outros estados do Norte aproximadamente 12%. O maior percentual de pessoas nascidas no Sul ilustra a relação entre as políticas de recrutamento e a aceitação do alistamento negro porque a maioria dessas tropas era composta de substitutos negros para brancos. Seguindo o padrão nacional, a maioria dos soldados negros de New Hampshire foi recrutada nos últimos dois anos da guerra, 1864 (45%) e 1865 (23%), quando as substituições foram autorizadas com apoio federal. Se New Hampshire fornece um exemplo da importância dos substitutos negros para os esforços de guerra do Norte, ele,

---

309 OR, 3rd ser., v. 4, p. 473; Berlin (1985, p. 77).

310 O substituto de Nicolai foi um afro-americano da Carolina do Norte, Hiram Child, que mais tarde morreu em combate.

311 Em 8 de janeiro de 1864, o senador Daniel Clark, de New Hampshire, se referiu à permissividade dessa prática em seu estado. Ver CG 38th Cong., 1st sess., v. 1, p. 140. Ver, também, Marvel (1981).

312 Esse cenário impressiona quando comparado ao percentual de negros na população da Nova Inglaterra antes da guerra. De acordo com o Censo dos Estados Unidos para 1860, 0,8% da população da região era negra. A proporção por estado era: Maine, 0,2%; New Hampshire, 0,2%; Massachusetts, 0,8%; Vermont, 0,2%; Connecticut, 1,9% e Rhode Island, 2,3% (Katz, 1968, p. 51).

Figura 2
Dois agentes de recrutamento alistam um homem negro

336 FRANK LESLIE'S ILLUSTRATED NEWSPAPER. [Feb. 13, 1864.

$35. WATCHES. $35.

Genuine Full-Jewelled American Lever Watches, in 4 Ounce Coin Silver Hunting Cases, Gold Joints, for $35.

Also every variety of good Watches at equally low rates. All orders from the Army must be prepaid, as the Express Companies will not take bills for collection on soldiers.
J. L. FERGUSON, Importer of Watches, 208 Broadway, N. Y.

BRIDGEWATER PAINT

For Roofs, Outside Work, Decks of Steamers, Iron Work, Railroad Bridges, etc.
R. REYNOLDS, Agent, 74 Maiden Lane, N. Y.

The Celebrated CRAIG MICROSCOPE, combining Instruction with Amusement, is mailed, prepaid, for $2 25; or with 6 beautiful Mounted Objects for $3; with 24 Objects, $5, by HENRY CRAIG, 335 Broadway, New York.
Also, he will mail, prepaid, the Bellevue, or Perfected STEREOSCOPE, with a sliding Focus and Field-Piece, accommodating all eyes, for $2 40; with 12 assorted views, $5. A liberal discount to the trade.

The Cheapest Watches IN AMERICA!

Especially Adapted to the Army.

Very heavy Solid Silver Hunting-cased, English and American Lever Watches,

11, 15, 25, 35 DOLLARS.

See advertisement on page 334 inside this paper, or send for Circular.
GEORGE A. ELY & CO., Importers, 208 Broadway, N. Y.

Watches Given to All our Agents! A GREAT CHANCE.

A No. 1 SHIRTS TO ORDER.
Manufacture Unsurpassed—Fitting Inimitable, AT
CHAS. L. LOCKWOOD'S, No. 675 Broadway, N. Y.
P. S.—Self-Measurement sent on application.

HATS
D. BEAUDIN, FRENCH HATTER, NOW WITH CHARLES L. LOCKWOOD, No. 675 Broadway, N. Y.

MUNN & COMPANY, Solicitors of American & Foreign Patents, AND PUBLISHERS OF THE ILLUSTRATED "SCIENTIFIC AMERICAN," 37 Park Row, New York.

COLD FEET! USE THE ELECTRO METALLIC INSOLES.

GOLD PENS AND CASES.

STAMMERING

A Beautiful Microscope for 30 Cts.,

Soldiers' Timekeepers.

RECRUITING.
1st Broker—"Now, then, yer know I spoke to yer first."
2nd Ditto—"Can't you let the gentleman decide for himself."
Bewildered Man and Brother—"You bofe very kind gemmin, but I'se afraid dey's waiting up dere for me to finish up dat whitewashin'."

GOLD WATCH FREE! $15 Per Day Easy $15

To Consumptives!

Nervous Diseases and Physical Debility.

Salesmen Wanted.

BALLARD PATENT BREECH-LOADING RIFLES and CARBINES.
MERWIN & BRAY, Sole Agents, 262 Broadway, N. Y.

For Veteran, Army Corps, Cavalry and Battle Pins,
Send to Headquarters, S. M. WARD & CO., 208 Broadway.

GREAT CHANCE TO MAKE MONEY.

PRIZE STATIONERY PACKETS

Gold and Silver Watches.
G. S. HASKINS & CO., 36 Beekman Street, N. Y.

E. & H. T. ANTHONY, Manufacturers of Photographic Materials, 501 BROADWAY, N. Y.

CARD PHOTOGRAPHS!
Our Catalogue now embraces considerably over FOUR THOUSAND different subjects (to which additions are continually being made) of Portraits of Eminent Americans, etc., viz.:

72 Major-Generals,	525 Statesmen,
190 Brigadier-Generals,	127 Divines,
259 Colonels,	116 Authors,
84 Lieut.-Colonels,	30 Artists,
207 Other Officers,	112 Stage,
60 Officers of the Navy,	46 Prominent Women.

147 Prominent Foreign Portraits.
2,500 COPIES OF WORKS OF ART,

Photographic Albums!

Stereoscopes and Stereoscopic Views.

VINELAND. LANDS. TO ALL WANTING FARMS!

$7 WATCH AND CHAIN. $7
A BEAUTIFUL ENGRAVED Gold-Plated Watch, LEVER CAP,

$15 European Timekeeper. $15

Exact Imitation of a $100 Gold Watch used by the British Army Officers.

The Celebrated English Court Watch

Address CHAS. P. NORTON & CO., 40 Ann Street, N. Y.

Volunteers for the Army should not leave the city until supplied with HOLLOWAY'S PILLS AND OINTMENT.

WARDS SHIRTS SENT EVERYWHERE BY MAIL OR EXPRESS

STEEL COLLARS ENAMELED WHITE.

WHOLESALE AND RETAIL.
S. W. H. WARD, No. 387 Broadway, New York.

Dyspepsia Tablets.

Use of Tobacco,

FRIENDS OF SOLDIERS!

TOMES, SON & MELVAIN 6 Maiden Lane, New York,

RICH PRESENTATION SWORDS.

Fonte: *Frank Leslie's Illustrated Newspaper*, 13 fev. 1864 (cortesia de Special Collections, Hornbake Library, Universidade de Maryland, College Park).

no entanto, tipifica uma situação regional: no final de 1863, o recrutamento de soldados negros se tornou funcional e, portanto, aceitável para os estados do Norte, e a resistência ao recrutamento concentrou-se nos *border states*.[313]

A crescente importância da gratificação outorgada aos negros por alistar-se não significa que estes se ofereceriam como voluntários apenas com o objetivo de uma recompensa financeira. Escolher as condições mais vantajosas para o alistamento foi uma das poucas opções disponíveis para homens que não podiam escolher suas unidades e que recebiam tratamento inferior quando nas fileiras militares. Além disso, os pagamentos diferenciados, bem como a ausência de premiações federais pelo alistamento até uma etapa bem avançada da guerra, aumentaram a importância do papel das premiações locais nos cálculos dos possíveis recrutas. Muitos desses soldados negros também tinham famílias para sustentar e relutavam em aceitar menos do que a melhor oferta por seus serviços.

O recrutamento de soldados afro-americanos ilustra algumas das complexas ramificações das questões raciais durante a Guerra Civil. Em 1861, etnia, classe, *status* e local de nascimento fragmentaram as comunidades negras nos Estados Unidos. Contrastes óbvios distinguiam os recrutas do Norte daqueles do Sul, da mesma forma que distinções também existiam entre aqueles que nasceram livres e os que tinham vivido como escravos na Confederação. No Norte, os negros vinham de uma população livre nativa, bem como de imigrantes do Sul e do exterior, especialmente o Caribe britânico. Alguns desses voluntários eram membros ativos e educados do movimento abolicionista, acostumados a trabalhar em organizações birraciais. Enquanto alguns deles haviam conhecido a escravidão apenas por referência, outros nunca tinham visto um escravo. Enquanto muitos negros se voluntariaram para lutar pela liberdade, outros, que serviram sob o regime de cotas estabelecido pelos estados do Norte, foram forçados a lutar por oficiais de recrutamento e agentes dos estados.[314] No Sul, muitos recrutas eram ex-escravos, repentinamente libertos para alistar-se.

313 Dados coletados a partir de Evans (1895, p. 1016-1026).

314 Alguns regimentos refletiam o predomínio de grupos específicos. O 36º United States Colored Infantry era formado por ex-escravos que buscaram refúgio nas linhas da União no oeste da Carolina do Norte e no sudeste da Virgínia. O 5º Regimento de Infantaria USCT foi formado a partir da comunidade de negros livres de Ohio. Estudos sobre os regimentos abordaram essas diferenças (Bryant II, 1996; Paradis, 1995).

Outros eram fugitivos, que foram compelidos ao serviço por agentes do Norte operando nos "*contraband camps*". Também havia comunidades de negros que lutaram para manter seu *status* relativamente mais elevado durante a guerra.

As motivações dos soldados voluntários negros, sua conduta durante a guerra e as associações com os oficiais brancos que os comandaram nos campos de batalha eram diferentes daquelas dos alistados no Sul. Para muitos libertos, o Exército proporcionava um escape da escravidão, uma fonte de renda e uma chance de pegar em armas contra seus antigos senhores. Os soldados negros livres do Norte não compartilhavam essas motivações. Eles encaravam o serviço militar como uma oportunidade de provar seu valor e como um argumento para obter direitos iguais perante a lei, bem como um meio para destruir a escravidão. Apesar de suas diferenças, ambos os grupos tinham muito a ganhar e muito a perder se alistando.[315] Samuel Cobble, um negro fugitivo do Sul, que se alistou como soldado no 55º Regimento de Infantaria de Massachusetts, expressou algumas dessas contradições. Em carta para sua mulher, ainda presa à escravidão na Carolina do Sul, Cobble declarou algumas das razões pelas quais havia se alistado:

> Gostaria de saber se você ainda é escrava, se ainda for, [saiba] que não demorará a destruirmos o sistema que agora te oprime, porque em três meses você terá a sua liberdade. Grande é o sofrimento do povo de cor que agora acorre com seus corações de leão contra essa maldição que separou você de mim. Porém, ainda nos encontraremos; e que dia feliz será quando essa ímpia rebelião for derrotada e as maldições de nossa terra forem pisoteadas debaixo dos nossos pés. Agora sou um soldado e usarei meu esforço supremo para golpear essa rebelião e o coração desse sistema que por tanto tempo nos manteve acorrentados.[316]

Para muitos negros, do Norte e do Sul, a decisão de alistar-se não foi fácil. Engajar-se significava, na prática, submeter sua liberdade à autoridade de brancos e à disciplina militar. Também significava a separação da família e dos amigos, assim como uma quebra com os novos padrões de trabalho assalariado e renda pessoal. Para alguns no Sul, a fuga para o alistamento trazia

315 Também deve ser mencionado que uma minoria veio de outros países, especialmente do Canadá e do Caribe.

316 Samuel Cobble para sua esposa, 1863, NARA, Register Group 94; Registros do escritório do general adjunto (apud Cooper, 1996, p. 10).

o risco adicional do encontro com as patrulhas que controlavam as fronteiras da Confederação. Um comandante do Norte observou que a coragem era um tributo de cada voluntário do Sul: "Existe mais de uma centena de homens nas fileiras que voluntariamente enfrentaram mais riscos na sua fuga da escravidão do que qualquer um dos meus capitães em todas as suas vidas" (Higginson, 1970, p. 2). Essa insegurança era especialmente dolorosa para aqueles cujos parentes ficaram para trás, nas mãos dos antigos senhores, podendo sofrer alguma forma de retaliação. O testemunho da viúva de um soldado dá uma ideia dos perigos aos quais as famílias dos soldados negros estavam expostas:

> Meu marido tinha estado em serviço somente por um mês quando foi morto. A partir de então [meu senhor] me tratou mais cruelmente que antes, chicoteando-me frequentemente sem qualquer razão e insultando-me em todas as ocasiões [...]. Quando meu marido foi morto, meu senhor me açoitou fortemente dizendo que meu marido havia partido para o Exército para lutar contra os homens brancos e ele, meu senhor, me faria perceber o quanto havia sido tola em permitir que meu marido partisse, ele iria "descontar nas minhas costas", ele me "mataria pouco a pouco" e ele esperava "que os soldados crioulos fossem mortos até o último".[317]

Ao contrário da situação enfrentada pela maioria dos soldados brancos, havia poucos caminhos para o avanço dos negros dentro da organização militar. A barreira de cor era muito mais forte no Exército americano do que no Exército brasileiro, onde as hierarquias funcionavam contra a maioria dos soldados, não apenas contra os negros. Nos USCTs, os negros não podiam se tornar oficiais, como ocorreu ocasionalmente entre os Zuavos brasileiros, nem podiam eleger seus comandantes. Os suboficiais negros recebiam os mesmos salários dos soldados. Muitos deles não podiam escolher seus regimentos, como a maioria dos brancos havia previamente feito. Com exceção de alguns capelães e médicos, poucos negros se tornaram oficiais, e mesmo aqueles que conseguiram estavam sujeitos à intensa discriminação nos acampamentos em que serviam. Os afro-americanos tinham de servir em regimentos segregados, comandados por oficiais brancos, enfrentando todos os tipos de preconceito.

---

317 *Affidavit* de uma viúva de soldado negro. Camp Nelson/KY, 25 mar. 1865 (apud Berlin, 1985, p. 268-269). Essa mulher escapou com seu bebê, deixando cinco de seus filhos para trás.

As condições inferiores nos seus acampamentos se traduziam em uma taxa de mortalidade maior, bem como pelo elevado número de punições impostas, além da alta proporção de sentenças capitais levadas a cabo.[318]

Os afro-americanos que serviram na União o fizeram sob condições mais difíceis que aquelas enfrentadas por seus compatriotas brancos. Eles foram designados para serviços mais pesados que os expunham a um maior risco de contrair doenças. Quando adoeciam, receberam cuidados insuficientes. Eles tinham uma chance menor, mesmo com a continuação da guerra, de serem designados para o combate. Para os negros, isso era um dever apenas quando se encontravam saudáveis e frequentemente eles não estavam. Um sargento negro, descrevendo as tropas do seu regimento em Fort Redoubt, Flórida, escreveu: "Em um determinado momento quase todos os nossos homens estavam doentes. Minha companhia conseguiu reunir apenas dezessete homens aptos para o dever e algumas das outras companhias não conseguiram reunir nenhum".[319]

Relações hierárquicas no Exército

Joseph Glatthaar (1990a, p. 35-60) descreveu as relações entre os soldados negros e os oficiais brancos como "uma aliança" em função de um objetivo comum forjado nos campos de batalha durante a Guerra Civil. Essa interpretação das condições de convivência ignora a diversidade do corpo de oficiais que lideravam unidades de negros. Muitos eram ativistas antiescravidão educados, cristãos, bem conhecidos nos círculos abolicionistas. Esses indivíduos atuavam movidos por um paternalismo forte quando no comando das suas tropas. Entretanto, nomeações posteriores recaíram frequentemente em suboficiais que haviam servido em regimentos de voluntários brancos.[320] Muitos desses

---

318 Os suboficiais negros recebiam os mesmos salários que os soldados rasos. Para as taxas de mortalidade dos afro-americanos no serviço militar, ver Black (1994). Segundo Black, as tropas brancas tinham duas vezes mais chances de morrer em batalha.

319 Sargento Milton Harris, Co. F., 25th USCI, *Christian Record*, 17 dez. 1864 (apud Redkey, 1991, p. 151).

320 Não deve ser desprezada a circunstância de que as promoções eram rápidas, mesmo entre aqueles profundamente comprometidos com a abolição. Robert Gould Shaw, o famoso comandante do 54º Massachusetts, foi promovido de capitão (no 2º Regimento de Infantaria de Massachusetts) a major e, finalmente, tenente-coronel em menos de dois meses (Quarles, 1953, p. 9).

suboficiais dispensavam tratamento profundamente racista aos soldados negros e às famílias que eventualmente permaneciam próximas aos acampamentos. Embora alguns, como o coronel Isaac F. Shepard, defendessem seus soldados negros quando estes eram molestados por soldados brancos (Berlin, 1985, p. 414-415), outros, como o infame tenente Augustus Benedict, exerciam uma discriminação tão cruel a ponto de produzir um motim em suas tropas.[321]

Preocupações com a qualidade dos oficiais das unidades de USCT levaram o governo federal a criar uma câmara de avaliação.[322] A câmara efetivamente rompeu com o clientelismo na designação de oficiais brancos para regimentos negros que parece ter prevalecido até sua criação. Os candidatos precisaram submeter-se a um treinamento especial e passar por uma série de testes, mas o critério meritocrático sozinho não eliminou o preconceito racial.[323] Um soldado do 43º USCI alertou os leitores do *Christian Record*, um jornal para negros, sobre as consequências do preconceito para a disciplina militar: "Nossos oficiais devem parar de bater com as espadas na cabeça e nas costas de seus soldados, ou temo que haja problemas com alguns dos nossos".[324] Problemas houve, uma vez que 14 dos 19 soldados da União executados por motim eram negros (Westwood, 1985, p. 222-236).

Outra área delicada envolvia o pagamento dos soldos, uma questão de importância fundamental na vida militar e essencial para o processo de padronização. Embora alguns governadores houvessem prometido inicialmente pagamento igual, a legislação federal sancionava a discriminação salarial, com os negros recebendo menos. As cláusulas do Decreto das Milícias declaravam que os negros deveriam receber US$ 10 por mês, menos US$ 3,50, por seus gastos com vestuário. Em contraste, os brancos recebiam US$ 13 mais um adicional de US$ 3,50 para seus gastos com o vestuário.[325] Os oficiais e políticos justificavam a diferença em termos de riscos militares distintos, já que inicialmente os negros

---

321 Sobre Benedict, ver Phillip Rutherford (1985).

322 A Free Military School for Applicants for Command of Colored Troops foi criada em dezembro de 1863. Essa agência oferecia treinamento para aqueles que buscavam essas posições.

323 O Exército da União produzia manuais especiais, como o manual intitulado: Táticas de Infantaria dos EUA para a Instrução, Exercício e Manobras do Soldado, Companhia, Linha de Atrito e Batalhão, para Uso das Tropas de Infantaria de Negros dos Estados Unidos, preparado sob a Direção do Departamento de Guerra: Washington D.C.: GPO, 1863 (apud Glatthaar, 1990a, p. 103-104).

324 Soldado do 43rd USCI, Bermuda Hundred, Virgínia (apud *The Christian Record*, 26 jan. 1864).

325 *Statutes...*, v. 12, p. 599.

Figura 3
Ex-escravo encontra seu ex-senhor

384 FRANK LESLIE'S ILLUSTRATED NEWSPAPER. [March 7, 1863.

CHICKERING & SONS'
NEW SCALE
GRAND, SQUARE AND UPRIGHT
PIANOFORTES.
50 PRIZE MEDALS
Have been awarded to Messrs. C. & Sons, for the superiority of their manufacture over all competitors
WAREROOMS:
694 Broadway, New York.
376-88o

Lands.—To all wanting Farms, Thriving Settlement, Rich Soil, Mild Climate: see advertisement of Vineland, on page 383.

A really Valuable Microscope, one that a child can use, sent free, by mail, on receipt of 38 cts. Address S. WOODWARD, P. O. Box 3273, Boston. 381-8o

SKATES FOR THE MILLION!
And Everything in the Skating Line.
"THE LATEST KINK."
Woodham's Self-Cleaning Fastenings can be attached to any Skate.
ALFRED WOODHAM
Sportsmen's Depot, No. 424 Broadway,
Between Canal and Howard Streets, N. Y.
Skates Made, Ground and Repaired.

BALLOU BROTHERS' DEPOT OF THE FRENCH YOKE SHIRTS REMOVED TO 403 BROADWAY N.Y. have on hand THE LARGEST ASSORTMENT OF UNDER SHIRTS AND DRAWERS, Made of MERINO, LAMBS WOOL, SILK, SHAKER FLANNEL, WHITE AND SCARLET FLANNEL, CANTON FLANNEL AND BUCKSKIN. Also Just Received from Manufactory A New Lot of ROBES DE CHAMBRE. At Wholesale and Retail, for Cash at less than the usual prices.

SOMETHING NEW
AGENTS WANTED! For Circulars and terms inclose stamp. RICE & CO., New York, and Chicago, Illinois. 000o

Agents! — A New Article! — Something worthy of your attention. Full particulars free, or sample of article (worth 50 cents) sent for 30 cents to those proposing to act as Agents. Address, with full confidence, Box 12, Hawley, Penn. 385-8o

Particular Notice.—Don't fail to read S. M. WARD & CO.'S notice on the inside of this sheet.

FINKLE & LYON'S
SEWING MACHINES
Are uniformly pronounced the best Family Sewing Machine in use, for they are found to be simple in construction, more durable in all their parts, more certain of stitch on every kind of fabric, and more easily understood by the operator.
Besides, these very same Family Machines are peculiarly adapted to manufacturing purposes, for, having a straight needle and a positive upper and under tension, they will sew from one to twenty thicknesses of Marseilles without alteration or adjustment, or from the stoutest harness leather across the softest bankbill, and make every stitch perfect. These are peculiar facts, and important for every purchaser to know.
Please call and examine, or send for a circular and samples of sewing.
OFFICE, 538 BROADWAY, NEW YORK. 000o

ATTENTION, LADIES!
THE LILLIPUTIAN WEDDING!
By special arrangement, we will publish on the 10th February, immediately after their marriage, the Card Photograph of
GEN. TOM THUMB
AND HIS
FAIRY BRIDE,
In their wedding dress, from Photographic Negative by Brady, with their autographs. No album will be complete without this interesting picture. Price 25 cents. Can be sent by mail on receipt of price and postage stamp. All orders must be sent to
E. & H. T. ANTHONY,
501 Broadway, New York,
Manufacturers of Photographic Albums, and Publishers of Card Photographs of Celebrities. 385-8o

"Big Thing."
SOLDIERS AND AGENTS!—Send 3c. stamp for it o Box 79, P. O., Arkport N. Y. o

TOMES, SON & MELVAIN,
6 Maiden Lane. New York.
Dealers in Arms and Military Goods of every Description.
RICH PRESENTATION SWORDS.
Smith & Wesson's Breech-loading Rifles and Pistols. Bacon Manufacturing Co.'s Revolving Pistols. 383-8o

A QUEER RENCONTRE.
Slave Catcher (who has strayed into a Federal camp)—" *You arn't seen a boy o' mine named Cæsar, have you?* (Aside.) *Darn'd if it arn't the black nigger himself.*"
Colored Sentry—" *Who goes dare—advance and gib de countersign.* (Aside.) *Golly, if dat arn't my old massa.*" (Sensation.)

A SPECULATION.
AGENTS AND SOLDIERS,
In Camp or Discharged, can make easily $15 per day selling our Great, New and wonderful *Union Prize and Stationery Packages.* Containing Fine Writing Materials, Games, Likenesses of Heroes, Camp Companions, Hints, Receipts, Fancy and useful articles, Rich Gifts of Jewellery, etc., etc., worth over $1, for only 25 cents. *Unique, valuable and useful.* Just the thing for a present to your friend in the Army. Every Soldier wants one, and no Family should be without them. *Soldiers in Camp can act as Agents,* and make money fast. A Splendid Watch, *warranted as a perfect timekeeper,* presented *free* to all who act as Agents. Profits immense. Sales quick. Packages in endless variety and at all prices. *Fine Jewellery and Watches at low prices.* Send for new Circulars for 1863, containing extra inducements. S. C. RICKARDS & CO., 102 Nassau street, N. Y. Largest and oldest Prize Package House in the world.

To Consumptives.
The Advertiser, having been restored to health in a few weeks, by a very simple remedy, after having suffered several years with a severe Lung Affection, and that dread disease, Consumption, is anxious to make known to his fellow-sufferers the means of cure. To all who desire it he will send a copy of the prescription used (free of charge), with directions for preparing and using the same, which they will find a *sure cure for Consumption, Asthma, Bronchitis, &c.* The only object of the advertiser in sending the prescription is to benefit the afflicted, and spread information which he conceives to be invaluable and he hopes every sufferer will try his remedy, as it will cost them nothing, and may prove a blessing. Parties wishing the prescription will please address
REV. EDWARD A. WILSON
372-84o Williamsburg, Kings County, N. Y.

THE SECRET OUT!
Over 1,000 Things Worth Knowing.
Sent, postpaid, on receipt of 20 cents.
SOLDIER'S EDITION, 25 CENTS.
o Address E. E. WALL, Box 302, Syracuse, N. Y.

MOORE'S & POND'S
CARTRIDGE REVOLVERS!
J. W. STORRS, Agt.,
256 Broadway.
SMITH & WESSON having obtained decisions in the U. S. Courts establishing their right to all Cartridge Revolvers loading at the breech, now offer for sale the above kinds, each three lengths, four, five and six inch, all carrying S. & W.'s No. 2 Cartridges. 388-413o

TO LIQUOR DEALERS,
GROCERS, FAMILIES, &c.
We beg to invite your attention to the fine article of
Pale Ales, Amber Ales and Porter,
WE ARE NOW BREWING,
Having within the last few weeks made such arrangements, and added to our Brewery such improvements as to enable us to sell our
Beer and Amber Ale at much Reduced Prices.
The unequalled facilities we possess also for the manufacture of our PALE ALES enable us to compete and present an article SUPERIOR to any offered in the New York market. For sale in Whole, Half and Quarter Casks, and in Bottles—Quarts and Pints.
SMITH & BROTHER, Brewers,
18th Street, bet. 7th and 8th Avenues,
o New York.

A Beautiful Engraved Gold Plated WATCH, Lever Cap, English movements—perfect timekeeper, sent to any address by mail, free, for $7. Solid Silver, same as above, $5.
CHAS. P. NORTON & CO., 40 Ann Street, N. Y.

GROVER & BAKER'S CELEBRATED NOISELESS SEWING MACHINES
EVERYWHERE TRIUMPHANT
These Machines have taken the First Premium at the State Fairs last held in
New York, New Jersey, Ohio, Indiana, Illinois, Michigan, Iowa, Missouri, Kentucky, Tennessee, Virginia, North Carolina, Alabama, California.
Including every State Fair where exhibited in 1862.
The work made upon the Grover & Baker Machine has taken the First Premium at every Fair in the United States where it has been exhibited to this date.
Machines furnished of the same patterns and at the same price, making either the Grover & Baker Stitch or the Shuttle Stitch, as customers prefer.
GROVER & BAKER S. M. CO.,
000o 495 Broadway, New York.

WARD'S PERFECT FITTING SHIRTS.
Made to Measure at $24, $30, $36 and $42 PER DOZEN.
SELF-MEASUREMENT FOR SHIRTS.
Printed directions for self-measurement, list of prices, and drawings of different styles of shirts and collars sent free everywhere.
French Flannel Army Shirts, $24, $27, $30 and $33 per dozen.
AGENTS WANTED.
S. W. H. WARD, from London, No. 387 Broadway. 000o

CRAIG MICROSCOPE!
This is the best and cheapest Microscope in the world for general use. It requires no focal adjustment, magnifies about 100 diameters, or 10,000 times, and is so simple that a child can use it. It will be sent by mail, postage paid, on the receipt of $2 25, or with six beautiful mounted objects for $3. Address
HENRY CRAIG, 182 Centre St., N.Y.
A liberal discount to the trade. 388-9o

Magic Pocket Books, for Postal Currency, with Elastic Bands, sent, postpaid, for 75 cents per dozen, $7 50 per gross. Samples for 15 cents.
SNOW & HAPGOOD,
388-9o 22 Court Street, Boston, Mass.

India-Rubber Gloves cure Chapped Hands, Salt Rheum, &c., making them smooth and white, and are suitable for housework. For sale by the trade. Sent by mail on receipt of price and 4 stamps to pay postage.
Ladies' sizes 87 c. per pair; Gents' sizes $1.
GOODYEAR'S I. R. GLOVE M'F'G CO.,
205 Broadway, New York.
Rubber Goods of all kinds Wholesale and Retail. 385-8o

55 PLATES
OF THE
New Spring Fashions
For 1863.
The most complete Gazette of Fashions published in America.
Price 25 Cents a number, to be had of all Newsdealers.

JUST PUBLISHED,
THE MARCH NUMBER
OF
FRANK LESLIE'S
LADIES' MAGAZINE.

This is the completest and handsomest Ladies' Magazine ever published, being especially dedicated to the amusement and instruction of the fair sex. Its chief characteristics are its Fashion and Romance, in both of which departments it is unrivalled, being at once the earliest and most perfect on this continent. So complete are the Publisher's arrangements, that through his Agents in Paris, Vienna, Berlin, Brussels and London, he receives every new Fashion a month before it becomes the mode in those great centres of *le beau monde,* and consequently far in advance of every other periodical. The present number contains the following ILLUSTRATIONS OF FASHION and dress:

1. Colored Fashion Plate, representing three exquisite female figures in full dress.
2. Madelaine Jacket—back and front views.
3. Carriage Dress.
4. Dinner Dress.
5. Gray Poplin Dress.
6. Green Silk Dress.
7. High Corsage.
8. Pattern for Zouave Jacket and Vest.
9. Morning Cap.
10. Evening Cap.
11. Brussels Cap.
12. Insertion Pattern (3 varieties).
13. Greek Pattern for Braiding.
14. Black Velvet Slipper.
15. Embroidery for Infant's Dress.
16, 17 and 18. Embroidery Patterns.
19. Blue Silk Apron.
20. Lace Frill.
21. Nansouk Undersleeve.
22. Illusion Undersleeve.
23. Baby's Bonnet.
24. Infant's Embroidered Cap.
25 and 26. Embroidered Patterns.
27. Braiding Pattern.
28, 29, 30, 31, 32, 33. Various Patterns.
34. Black Velvet Pattern.
34, 36, 37. Girdle and Ornament and Turkish Pantalettes.
38. Evening Dress.
39. Morning Sleeve.
40. Velvet Hat.
41. Muslin Sleeve.
42. Nansook Collar.
43, 44, 45, 46, 47, 48, 49, 50, 51, 52, 53, 54, 55. Illustrations of Boots, Slippers, Gaiters, and other articles of female apparel.

Forming a profusion of Fashionable Illustrations never before comprised in a similar publication. In fact, no lady, whatever her rank in society may be, should be without FRANK LESLIE'S LADIES' MAGAZINE.

Its Romances are equally admirable, consisting of the most brilliant productions of our best authors, native and foreign. These are embellished with original illustrations by our best Artists. The March number contains Miss Braddon's new and wonderful story of John Marchmont's Legacy, beautifully illustrated. The Yule Table, a most exciting story (illustrated); Angelica's Lover, a tale of great power; My Wedding, a home story; Lady Audley's Secret, another of Miss Braddon's Romances, and which has caused so great a sensation in London. The Chronicle of a Bridesmaid—and a variety of choice articles on interesting subjects. The illustrations number 76, all in the highest style of art.

A copy of Miss Braddon's Splendid Romance of Aurora Floyd, 376 pages, elegantly printed, with a fine illustration, will be mailed free to every one who forwards a year's subscription, $3, to the Publication Office, 19 City Hall Square, of
Frank Leslie's Ladies' Magazine.

Fonte: *Frank Leslie's Illustrated Newspaper*, 13 fev. 1864 (cortesia de Special Collections Hornbake Library, University of Maryland, College Park).

deveriam se restringir à realização de trabalhos pesados nos acampamentos. À medida que a guerra avançou, essas desculpas se tornaram cada vez menos sustentáveis, já que os negros foram ocupando as posições combatentes. As tropas negras lutaram na Virgínia e em outros locais, sofrendo um grande número de baixas. James Henry Gooding, um cabo no 54º de Massachusetts, expressou a situação de modo simples em uma carta endereçada ao presidente: "Agora, se os Estados Unidos exercitam a uniformidade de tratamento aos seus soldados, diferente dos insurgentes, não seria adequado e consistente dar o exemplo, pagando da mesma forma aos seus soldados?".[326]

Os primeiros recrutas se sentiram traídos pelas promessas não cumpridas de pagamento igual, feitas pelos governadores e agentes. Eles reclamaram amargamente nos jornais do Norte sobre as condições dos acampamentos. Um soldado do 54º Regimento de Infantaria de Massachusetts escreveu: "Nós não preenchemos as mesmas fileiras? Nós não ocupamos o mesmo espaço no chão? Nós não ocupamos o mesmo espaço em um cemitério que os outros ocupam?".[327] Os protestos ocorriam a repetidos casos de insubordinação, um exemplo famoso sendo o do sargento William Walker, da Companhia A da Terceira Infantaria de Negros da Carolina do Sul. Walker foi acusado de liderar sua companhia em um motim que protestava contra os baixos soldos das tropas de negros. Embora alguns oficiais fossem solidários com a conduta de Walker, ele enfrentou a corte marcial em 9 de janeiro de 1864 e foi fuzilado em 1º de março do mesmo ano, sem chance de apelação.[328]

Muitos se recusaram a se alistar até que o problema fosse resolvido.[329] Contudo, a luta pelo pagamento igual forneceu uma oportunidade para aumentar o debate sobre a igualdade de direitos. Embora o preconceito fosse forte, o Exército foi uma arena na qual muitos negros, pela primeira vez em suas vidas, puderam testemunhar contra brancos e reclamar publicamente contra a

---

326 Cabo James Henry Gooding para Abraham Lincoln, Morris Island, SC., 28 set. 1863 (apud Berlin, 1985, p. 386). Apenas aqueles que eram livres desde 19 de abril de 1861 receberam um pagamento igual e retroativo, mas eram obrigados a fazer um juramento com o testemunho de outra fonte para que pudessem receber as diferenças referentes ao período entre 19 de abril de 1861 e 31 de janeiro de 1864. Apenas em março de 1865, com a guerra praticamente terminada, todos os soldados negros passaram a receber o mesmo pagamento dos soldados brancos.

327 Soldado E. D. W., *Christian Record*, 2 abr. 1864 (apud Redkey, 1991, p. 48).

328 Para um resumo dos eventos envolvendo o protesto e a execução de Walker, ver Westwood (1985).

329 Cerca de 14.870 soldados negros desertaram do Exército da União, aproximadamente 8,2% de todos os soldados negros alistados. Ver Sterling (1974, p. 605).

discriminação racial. Em março de 1864, o Ministério da Guerra concordou que aqueles que já eram livres no momento de seu alistamento tinham o direito de receber pagamentos iguais, bem como o reembolso retroativo àquela data. Em junho de 1864, o Congresso aprovou uma lei que igualava o pagamento de soldados negros, em decisão retroativa ao primeiro dia do ano para todos os soldados e para o início do alistamento para aqueles que eram livres quando se alistaram. O preconceito foi temporariamente subordinado à uniformidade administrativa.[330]

Consequências imediatas

O alistamento de negros no Exército da União estimulou a reforma social no Sul derrotado. Ao final do conflito, muitos afro-americanos reconheceram as oportunidades oferecidas pela guerra. Ela forneceu uma plataforma valiosa para combater décadas de preconceito racial, criando novas expectativas, ampliando oportunidades e desenvolvendo uma consciência entre os negros do Norte e do Sul. Ela politizou milhares de soldados negros, criando uma liderança política negra orgulhosa e determinada e acelerando a luta por igualdade no pós-guerra. O recrutamento federal de afro-americanos desempenhou um papel importante na destruição da escravidão e iniciou a reordenação das relações raciais nos Estados Unidos. O alistamento, especialmente para aqueles que escaparam da escravidão, forneceu oportunidades para ajudar a derrotar a Confederação e promover mudanças para os negros; a mais importante foi a Décima Terceira Emenda, ratificada pelo Congresso em dezembro de 1865, que conferiu liberdade a todos os escravos.[331]

No entanto, o grau de integração do Exército era, na melhor das hipóteses, apenas relativo. Ele representou um avanço genuíno na democratização da sociedade norte-americana, mas era também limitado pelos estereótipos cul-

---

330 Ver Higginson (1970, p. 280-285, apêndice D), Belz (1976) e Friedrich (1988).

331 A população negra do Norte era informada sobre os vários aspectos da vida militar dos negros através das cartas publicadas em alguns jornais voltados diretamente para ela: o *Christian Record* da Filadélfia, o *Weekly Anglo-African* e o *Douglass' Monthly* eram publicados por editores negros. Outros jornais, como *O Liberator*, de Boston, ocasionalmente publicavam cartas de soldados negros. Sobre os negros e a imprensa durante a guerra, ver o prefácio de Redkey (1991, p. ix-xv).

turais e raciais que ainda prevaleciam no Norte. Se a estrutura da sociedade tinha sido transformada pela guerra, o racismo sobreviveu, recobrando parte da sua força ao longo do tempo. Ainda assim, a guerra equipou a população negra com elementos para continuar a luta por igualdade social. Esse processo não teve paralelo em qualquer outra sociedade multirracial (com exceção do Haiti) e foi perpetuado na história da nação pela ocupação dos estados do Sul por soldados negros e, posteriormente, pela distribuição de pensões federais aos veteranos de guerra nas décadas seguintes.[332]

Em contraste com a experiência norte-americana, a incorporação de ex-escravos ao Exército imperial não resultou de um amplo debate na opinião pública. Essa circunstância criou embaraços a que a participação dos negros na guerra se tornasse a base para um movimento de avanço social para além daqueles contemplados com as alforrias. Ao final da Guerra da Tríplice Aliança, a rápida desmobilização das forças militares limitou a capacidade dos veteranos do Exército para formular novas demandas sociais sob o abrigo da instituição militar. Aqueles que haviam servido retornaram à vida civil sem muitas vantagens além da liberdade recebida por seus serviços nos campos de batalha.

Outra diferença essencial era a importância da opinião pública negra para o recrutamento de afro-americanos nos Estados Unidos. Embora muitos negros tenham sido recrutados compulsoriamente, a pressão da opinião pública das comunidades negras do Norte estimulou o alistamento voluntário. Os afro-americanos do Norte foram participantes ativos no debate político sobre o recrutamento. Eles mantiveram a pressão sobre o presidente e o Congresso para a abolição da escravidão, o alistamento de novos USCTs e pela igualdade racial. Eles tinham suas próprias igrejas, seus líderes seculares e jornais que os mantinham informados sobre a situação no *front*. Eles formavam associações de ajuda aos negros libertos, que auxiliavam no recrutamento em certas áreas da União. Esse tipo de pressão não existia no Brasil, apesar da presença de negros influentes no Exército, tais como o engenheiro André Rebouças, e da ação das irmandades católicas. Os negros libertos se alistaram por sua própria iniciativa nas cidades e vilas brasileiras, mas esses alistamentos eram impulsionados por proclamações cívicas e patrióticas, não através da formação de instituições de autoajuda dos negros ou de sociedades abolicionistas.

---

332 Para revisões sobre as experiências da USTC, ver Kynoch (1977).

Talvez as maiores semelhanças possam ser encontradas na relação entre os oficiais e os soldados. Existem muitos exemplos de solidariedade e assistência através de fronteiras étnicas ou entre oficiais e seus subordinados hierárquicos, especialmente em momentos de crise. Isso não significa que as diferenças étnicas desapareceram durante a guerra. Alfredo d'Escragnolle Taunay, que serviu na Guerra do Paraguai, produziu um dos melhores relatos de solidariedade no campo de batalha em sua obra *A retirada da Laguna*, de 1867. Em sua apreciação da campanha do Mato Grosso de 1867, Taunay descreveu como os oficiais do Exército imperial brasileiro podiam apresentar a mais sensível solicitude por seus soldados sem ultrapassar o abismo social que separava as classes e as raças no Exército. O próprio Taunay demonstrava grande compaixão por seus soldados, mas ele nunca superou suas limitações pessoais em relação aos subordinados. Ele nunca admitiu que seus soldados tivessem a capacidade de mando e iniciativa pessoal, semelhantes às dos oficiais. De fato, os oficiais deveriam tomar conta dos seus soldados e não é claro se a USCT era diferente dos regimentos brasileiros nesse aspecto, embora exceções sempre possam ser encontradas (Taunay, 1946).

Embora a escravidão brasileira não tenha sido transformada pela guerra como ocorreu nos Estados Unidos, ficou claro para o imperador que a instituição constituía um obstáculo não apenas para a capacidade militar, mas também para a imagem do país. Para Pedro II, eliminar a escravidão se tornou parte de uma agenda modernizante. Entretanto, era necessária uma estratégia de longo prazo e cuidados adicionais para evitar que o esforço de guerra gerasse tensões no *front* doméstico.

5. Alforria e alistamento de escravos no Brasil, dezembro de 1866 a agosto de 1868

No dia 14 de novembro de 1867, José Jobim, um respeitado morador do Engenho Novo, médico e membro do Conselho de Estado, escreveu a seu amigo, Thomas Gomes, descrevendo os infortúnios causados por um escravo doméstico recentemente adquirido, um jovem chamado Carlos. Pela carta, ficamos sabendo que, alguns meses antes, Jobim fora ao mercado de escravos do Valongo para substituir uma cozinheira recém-alforriada que o havia servido por mais de 20 anos.[333] Lá mostrou interesse por uma mulher negra, procedente do distrito de São João Marcos, no vale do Paraíba, que trazia boas referências. Durante o leilão, a potencial cozinheira escrava foi capaz de negociar a inclusão dos seus dois filhos no negócio: primeiro, sua filha, e mais tarde, durante o dia, seu filho adolescente, um cabra de nome Carlos. Juntos, os três escravos custaram o equivalente a aproximadamente 1 conto e 800 mil réis (US$ 830) pela nova cozinheira e sua filha e 1 conto (US$ 460) por Carlos.[334]

Escravos eram caros no final da década de 1860, uma consequência da interrupção do tráfico internacional 17 anos antes. A carta não revela as regiões de origem dos cativos, e assim é impossível saber se a mãe era brasileira ou africana,

333 A documentação não informa o destino da cozinheira após a alforria – se ela ficou na casa de Jobim, se foi vendida ou se partiu.

334 A história é relatada em José M. da C. Jobim para Thomas Gomes, Engenho Novo, 14 nov. 1867. AHMI, POB, 101, maço 141, doc. 6925. Um dólar americano correspondia a $ 2.174 (dois contos, cento e setenta e quatro mil réis). Assim, os três escravos custaram $ 2.800.000 réis. A mãe e a filha custaram $ 1.800.000 réis, enquanto Carlos custou $ 1.000.000. Para o valor de troca entre os mil réis brasileiros e os dólares americanos, ver Duncan (1932, p. 183). Ver, também, Summerhill (2015, p. 19-44).

ou se ela e seus filhos vinham do Norte através do tráfico interprovincial. Os três escravos realizavam funções domésticas: mãe e filha eram cozinheiras e o filho conduzia um carro de bois.

Logo após chegar à residência de Jobim, Carlos tornou-se fonte de mal--estar. Queixando-se a Gomes, Jobim afirmou que o jovem escravo mentia e roubava. Ele também assediava as escravas da propriedade, criando rixas com outros escravos, além das mulheres assediadas. Carlos fugia constantemente do trabalho e encorajava outros escravos a segui-lo nas ruas, onde, armados com barras de ferro, eles se juntavam a bandos de arruaceiros. Finalmente, depois de Carlos ter destruído intencionalmente o carro de bois, Jobim decidiu vendê-lo para o Exército como soldado para a Guerra da Tríplice Aliança.

Separar famílias era uma prerrogativa senhorial, muitas vezes utilizada como instrumento de punição de escravos desordeiros.[335] Entretanto, medidas drásticas frequentemente levavam a forte resistência doméstica. A mãe de Carlos protestou contra sua venda e, por fim, tentou envenenar a comida de Jobim. O complô foi revelado por um escravo leal (ou possivelmente um ressentido com Carlos) antes que a cozinheira levasse a cabo seu plano. Posteriormente, ela fugiu de casa e denunciou seu senhor à polícia, alegando maus-tratos. Essa queixa parece não ter surtido nenhum efeito, pois um "pedestre" (policial) a trouxe de volta à residência senhorial, onde permanecia aguardando sua venda. Carlos foi entregue às autoridades militares. Nesses casos, o procedimento normal era que os escravos fossem primeiro inspecionados e depois simultaneamente alforriados e entregues ao Exército ou à Marinha. Assim, na prática, as forças militares não estariam recrutando escravos, mas indivíduos recém-libertos, que eram doados por seus senhores, um caso extremo de alforria condicionada. A complexidade do processo poderia sugerir um grau excessivo de dificuldade, mas o elemento determinante, tal como ficará claro a seguir, era o interesse senhorial no alistamento, que em geral definia todo o andamento posterior.

Surpreendentemente, quando examinado para o recrutamento, Carlos comunicou à comissão militar que ele era um "escravo quebrado", sem condições de saúde para servir no Exército. Parece que a declaração era verdadeira, pois

335 Sobre esse assunto, ver Florentino e Góes (1997, p. 97-110).

após um breve exame a comissão se recusou a integrá-lo como recruta devido à incapacidade física.[336]

O infeliz sr. Jobim percebeu que tinha sido enganado duas vezes: primeiro pagando um preço excessivo por um indivíduo debilitado; posteriormente, ao comprar um escravo problemático, que seria difícil passar adiante. Em desespero, ele decidiu enviar Carlos para a casa Guerra e Ribeiro, em Piraí, provavelmente esperando vendê-lo como trabalhador para um dos cafezais da região, possivelmente para outro senhor, tão desavisado quanto ele fora.[337] Porém, Carlos, que não tinha nenhuma intenção de trabalhar no campo, escapou a caminho do vale. Após uma série de pequenas fugas, Carlos voltou ao Rio de Janeiro, onde a polícia finalmente o prendeu.[338]

O fato de Jobim ter sido notificado da captura final de Carlos pelo dono do mercado de escravos da rua da Saúde onde o jovem havia sido comprado, não pelas autoridades, sugere alguma conexão entre a polícia e os mercadores de escravos. Esse negociante contava com boas conexões com as autoridades militares. Após alguma negociação, o Exército aceitou Carlos sem nenhuma objeção médica adicional. Carlos foi vendido à Nação por 1:500$000 réis, um preço alto para um escravo nessas condições. Jobim recuperou um conto e os intermediários receberam a diferença. O senhor de escravos e os agentes comerciais puderam então proclamar seu patriotismo, porquanto se associavam aos esforços do governo para ajudar a defender a nação adquirindo escravos. Além disso, Jobim finalmente conseguiu sua vingança. Sua carta declarava que Carlos havia sido enganado para o alistamento. A nação pagou a conta.[339]

Esta história picaresca vai além da mera descrição das dificuldades de Jobim com seus escravos ou de sua tentativa de salvar sua reputação diante dos

336 Os exames médicos dos recrutas eram frequentemente superficiais. Em suas memórias de guerra, o general Dionísio Cerqueira descreveu sua própria inspeção quando era um jovem soldado. Após se apresentar como voluntário no quartel-general, Cerqueira foi examinado por um médico negligente que apenas o observou, sem sequer tocá-lo. Nenhum exame médico, no verdadeiro sentido da função, foi realizado. Ver Cerqueira (1980, p. 48).

337 Sobre a importância econômica do vale do Paraíba, ver Stein (1985) e Salles (2008).

338 Carlos escapou em Barra do Piraí, que era, na época, a última estação do ramal ferroviário da futura estrada de ferro que ligaria as cidades do Rio de Janeiro e São Paulo, passando pelo vale do Paraíba.

339 É possível que alguns escravos urbanos considerassem seu *status* semilivre preferível ao confinamento nos acampamentos do Exército ou no isolamento da Marinha. Ver Kraay (1996) e Karash (1987, p. 302-335). Kraay conclui que a maioria das evidências contradiz essa hipótese, embora o caso de Carlos aponte na direção oposta.

"homens de bem" do Rio de Janeiro. Ela conecta os problemas relacionados ao tráfico negreiro na década de 1860 às circunstâncias do recrutamento de escravos, libertos e livres para a Guerra contra o Paraguai. Oferece, pois, uma oportunidade para analisar as relações entre o Estado imperial e os poderes privados, considerando as grandes mudanças em relação à condução da Guerra, ao recrutamento e à ampliação do Exército. Fornece ainda um quadro realista do papel fundamental das relações pessoais em todos os setores da sociedade imperial. Finalmente, ela oferece evidências expressivas de como o esforço de guerra, o nacionalismo e as políticas emancipatórias estavam interligados no Brasil nos anos 1860.

Embora muitos comerciantes do Norte dos Estados Unidos fizessem negócios com proprietários de escravos do Sul, a escravidão em si havia se tornado uma instituição de dissenso naquele país na década de 1860. Em contrapartida, a escravidão era uma instituição nacional no Brasil. Como Joaquim Nabuco (1988, p. 127) observou alguns anos depois desses eventos, a influência da escravidão era tão abrangente que "nivelou [todas as classes] degradando-as".[340]

Ainda que as províncias do Sudeste contassem com a maior população cativa do Império, a escravidão estava presente em diferentes níveis em todas as províncias, e a propriedade de escravos estava disseminada entre distintos grupos e classes. Essas circunstâncias diferenciavam a forma como a escravidão afetava o cotidiano das pessoas em cada país. No Norte dos Estados Unidos, a escravidão e os afro-americanos podiam ser ignorados (a despeito dos movimentos pela abolição), enquanto no Brasil as pessoas de cor, livres e escravas, estavam sempre presentes no dia a dia. Assim, a ausência de uma forte linha de cor e a inexistência de critérios raciais de seleção permitiram que muitos livres e libertos servissem nas Forças Armadas imperiais, enquanto o Exército e a Guarda Nacional dos Estados Unidos permaneceram monopolizados pela população branca até os últimos dois anos da Guerra Civil.

A carta de Jobim sugere que o serviço militar era visto como uma maneira de se livrar de escravos indesejáveis. O Estado pagava preços altos por potenciais recrutas, mesmo se eles fossem problemáticos ou apresentassem problemas de saúde. Os proprietários recuperavam seu investimento inicial e os intermediários recebiam comissões significativas. O alistamento de escravos era

340 Ver, também, Tannenbaum (1992, p. 117).

um negócio seletivo controlado pelos proprietários, alguns dos quais lucraram com a expansão das Forças Armadas no período. Para a maioria dos libertos recrutados para o serviço, seus destinos finais dependiam do interesse de seus proprietários. É claro que nem todas as experiências com escravos foram como as de Carlos. As relações entre escravos, homens de cor libertos e as Forças Armadas eram muito mais complexas e não podem ser exemplificadas apenas em um caso. Porém, o comportamento dos senhores em relação aos escravos e ao Estado frequentemente era mais utilitário do que patriótico, tal como a situação apresentada deixa claro.

O Exército brasileiro não aceitava escravos oficialmente até serem alforriados por seus proprietários. Desde o início da guerra, doações individuais ou coletivas de escravos ocorreram em várias partes do país. Essas, porém, foram iniciativas isoladas, incapazes de resolver os problemas crônicos associados ao recrutamento. Em meados de 1866, o alistamento de escravos se tornou uma prioridade para as lideranças do Império. O recrutamento de escravos libertos representou outro desafio à estrutura da autoridade civil no Brasil, uma vez que ele implicava, em tese, uma expansão da capacidade do Estado de extrair mais recursos dos seus cidadãos em tempos difíceis. Nenhuma questão perturbou tanto o equilíbrio de poder entre o centro e a periferia quanto a emancipação de escravos para o recrutamento, e nenhuma outra crise indicou tão claramente a necessidade urgente de um ciclo mais amplo de reformas no pós-guerra.

Os escravos não constituíam, como no caso da União durante a Guerra Civil dos Estados Unidos, uma fonte abundante, barata e prontamente disponível de força de trabalho contrabandeada e eventualmente alistada. No Paraguai, todos os escravos foram rapidamente incorporados ao Exército e a maioria pereceu durante a guerra.[341] Os escravos paraguaios capturados se tornaram

---

341 No Paraguai, também havia escravidão, ainda que a instituição não fosse central à economia e à sociedade. Usando a terminologia de Ira Berlin, pode-se dizer que o Paraguai era uma sociedade com escravos antes que uma sociedade escravista. O conceito é central ao livro *Gerações do cativeiro: uma história da escravidão nos Estados Unidos* (Berlin, 2003). Doratioto (2002, p. 204) observou o papel dos escravos na organização do Exército para guaio. Whigham (2017, p. 344) sustenta que a maioria dos escravos recrutados por López tinha morrido ao final do conflito. O conde D'Eu, comandante militar nas etapas finais da guerra, libertou os poucos escravos remanescentes, no que pode ser definido como uma emancipação pírrica. Para mais informações sobre a escravidão no Paraguai, ver Pla (1972) e o trabalho um pouco mais recente de Arguello (1992). Para o papel do conde D'Eu, ver Soares (2017). Para o caráter crescentemente estatal da escravidão no Paraguai, ver Katz (2023).

prisioneiros de guerra, não "contrabando" que podia ser redirecionado para as Forças Aliadas.[342] Ainda que prisioneiros de guerra tenham sido alistados contra sua vontade, essa prática não foi capaz de ampliar as forças da Aliança. Isso indica que não havia uma fonte externa abundante de soldados disponíveis para as tropas imperiais ou de qualquer outro aliado. Os escravos eram uma forma de propriedade importante, e o governo brasileiro teve de negociar com seus proprietários e compensá-los em troca do fornecimento eventual de escravos libertos.

Preliminares

A relação entre serviço militar e escravidão na sociedade brasileira foi, muitas vezes, complementar. A escravidão, em tese, privava as forças militares de um número significativo de indivíduos, mas na prática transformava os escravos em fontes potenciais de substitutos quando as circunstâncias o exigiam. A manumissão para o serviço militar fazia parte de uma tradição cujas origens recuavam aos primórdios da América portuguesa, quando os colonos luso-brasileiros precisaram constantemente armar seus escravos para enfrentar inimigos ou para digladiarem-se contra seus vizinhos. Escravos lutaram a favor e contra Portugal nos conflitos pelo controle das regiões produtoras de açúcar nas capitanias do Norte e do Sul. Eles serviram em diferentes modalidades de organização durante o período colonial, afirmando-se, com o passar do tempo, num dos elementos de sustentação militar do aparato imperial coordenado pela monarquia. Esses indivíduos se beneficiavam dos deslocamentos causados pelas guerras, fugindo à escravidão através da associação com empreiteiros militares, pela cooptação ou pela captura.[343] Assim, durante o período colonial, negros (livres e libertos) e índios podiam servir em companhias específicas de milícias. A abertura mais ou menos constante do serviço militar para esses grupos subalternizados é uma das características que distinguem as sociedades ibero-americanas da América Inglesa, em cujas colônias o emprego desses soldados

342 Ainda que isso tenha acontecido com frequência, a prática não era capaz de preencher os vazios nas fileiras. Ver Barrera (2016, p. 133-160).

343 Para informações adicionais sobre esse tema, ver Mello (2007, p. 117-220, 257-316) e Silva (2013).

se deu normalmente em contextos de emergência e sem que fossem oferecidas garantias da liberdade após a baixa do serviço militar.[344]

Escravos e negros libertos também podiam ser organizados em grupos informais, que seguiam seus senhores ou patrões nas lutas intermitentes pelas terras das novas fronteiras, novamente associados a índios flecheiros e outros agregados. Os indivíduos que se integravam a essas milícias privadas provavelmente esperavam avançar na hierarquia social por meio do uso das suas aptidões militares. Seus préstimos inscreviam-se no rol das obrigações costumeiras que uniam os escravos aos seus senhores e os clientes aos seus patrões. Os escravos viam o exercício dessas obrigações como uma possibilidade de ascensão no interior das hierarquias que governavam as relações nas fazendas, da mesma forma como os senhores podiam compensar alguns escravos por seu desempenho como feitores. Assim, a estrutura militar oferecia oportunidades ocasionais para contornar as barreiras sociais e raciais.

Bandos de escravos acompanharam seus senhores em atividades militares quase desde o início da colonização. Como observou Fragoso (2003, p. 20), "nos embates senhoriais não só estavam em jogo os interesses destes [senhores], mas também os dos escravos", uma vez que, na condição de agentes de qualidade inferior à de seus donos, "as famílias escravas tinham algo a defender" nos conflitos senhoriais. Do exposto, conclui-se que alguns indivíduos e algumas famílias cativas conseguiram, em certas circunstâncias, utilizar o serviço militar para ascender socialmente, obtendo até mesmo a alforria (Fragoso, 2003; Lima, 2002).

No contexto luso-brasileiro, forros e escravos podiam tirar vantagem das carências militares, associando-se às atividades guerreiras. O mais famoso desses casos foi o de Henrique Dias, filho de escravos nascido em Pernambuco, que organizou um terço de negros que lutou contra os holandeses no século XVII. Dias deu origem a uma designação de terços negros, os "Henriques", denominação pela qual ficariam conhecidas essas unidades a partir de então. Conforme observado por Hebe Mattos, no contexto da luta contra os holandeses e, ocasionalmente, nas campanhas contra o gentio dos sertões, a utilização de escravos como soldados deu continuidade a práticas presentes nas disputas

344 A esse respeito, ver Voelz (1993, p. 431-450), Blackburn (2002, p. 125-146) e Morgan e Jackson (2006, p. 180-208).

africanas, pois capturar novos escravos era um objetivo da guerra e utilizá-los no combate, uma prática comum entre os vários grupos que comerciavam com traficantes portugueses nos enclaves atlânticos. Os escravos fugindo do lado batavo podiam ser compelidos a lutar no terço de Henrique Dias, que ocasionalmente conduzia as escaramuças para obter novos combatentes, subtraídos aos cativos que trabalhavam nas regiões ocupadas.[345]

Em Angola, forças holandesas também ocuparam possessões lusitanas – nesse caso, para se apossar do controle do tráfico negreiro na região, aliando-se a líderes africanos que rivalizavam com os portugueses e seus aliados locais. Muitos dos que lutaram contra os holandeses eram provenientes de tropas brasileiras, incluindo a companhia de Henrique Dias, atuando novamente sob o comando de Mathias de Alburquerque. Na composição da rede política que envolvia a guerra, Portugal absorveu nativos africanos em suas tropas, fazendo com que muitas das táticas militares da região fossem assimiladas para o conhecimento do terço dos negros e pardos. Essa influência ficou conhecida como "guerra preta", utilizada no Brasil, assim como as táticas de guerrilha indígena, as "guerras brasílicas", ou seja, que se afastavam do modo de guerrear de Flandres, adotando táticas militares apropriadas dos índios e mamelucos.

O terço comandado por Henrique Dias se formou no contexto da guerra em Pernambuco, porém sua existência tornou-se tema controverso após a expulsão dos holandeses. Devido à sua contribuição, Dias recebeu dos reis de Espanha e Portugal promessas de foros de fidalguia e mercês de cavaleiro de algumas das ordens militares. Essa prática real estava diretamente relacionada às obrigações da Coroa para com seus vassalos. No entanto, no caso de Dias havia um empecilho para o recebimento da Ordem Militar, pois, segundo as regras do recebimento, a pessoa deveria ter "sangue limpo", o que remetia à exclusão dos descendentes de mouros, judeus e gentios; o candidato a tais mercês também não poderia ter "defeito mecânico", situação relacionada à repulsão pelo trabalho manual do escravo até a terceira geração. Assim,

345 Daí a denominação "Henriques" utilizada para aqueles terços que foram organizados em várias províncias após a expulsão dos holandeses. Sobre Henrique Dias e a luta contra os holandeses na Bahia e em Pernambuco, ver Boxer (1969, p. 119, 162). Para uma análise da apropriação simbólica do mito de Henrique Dias e seus guerreiros negros, ver Mello (1997). Para uma descrição das recompensas recebidas por Dias e sua família, ver Mattos (2006). Para a relação entre os escravos guerreiros e as unidades militares, ver Cotta (2004, p. 74-82).

Henrique Dias encontrava-se legalmente inabilitado, circunstância que o levou a solicitar que a mercê da Ordem de Cristo fosse redirecionada aos maridos de suas duas filhas. Essa estratégia o deixaria isento de comprovação da linhagem, permitindo que a mercê fosse concedida desde que houvesse comprovação de serem os casamentos das descendentes racialmente mistos. Um dos genros de Henrique, que era negro, não recebeu a mercê, mesmo sendo capitão do seu terço. Esse exemplo sugere que, através de casamentos mistos, os negros poderiam ser recompensados pela Coroa, explicitando, dessa forma, as nuances do sistema de governo barroco.

Os escravos que lutaram no terço foram lembrados por Henrique Dias no pedido para que fossem libertados como prêmio pelos serviços prestados. Nesse contexto, segundo Hebe Mattos, a utilidade do terço é que estava em jogo, sendo discutida a necessidade da manutenção de um regimento de negros e pardos, tal como ocorria com aqueles formados por brancos. No pedido de alforrias feito por Henrique Dias, estava implícita a institucionalização do terço, podendo ele se igualar ao dos brancos, inclusive pela possibilidade de expansão, com o recrutamento de negros livres.

Apesar das brechas do sistema, as demandas de Dias chocaram-se com os interesses senhoriais. Mesmo que seus serviços pudessem ser requisitados no combate aos quilombos, a simples existência desse tipo de milícia, reconhecida pelas autoridades, trazia o risco potencial de conflitos com proprietários de escravos temerosos de que alguma influência subversiva pudesse advir do contato com esses grupos de soldados e oficiais de cor. Havia o temor, por parte dos senhores, de que a alforria dos escravos que haviam servido levasse a recrutamentos subsequentes de mais escravos, interferindo com as atividades produtivas. Essa posição, que também abarcava um suposto "aumento da ociosidade dos cativos", foi defendida pelo procurador do processo em Lisboa. A Coroa possuía outra posição, apoiando a manutenção do terço por não ter como certo o fim dos conflitos com os holandeses. As autoridades também entendiam serem os negros e pardos dos terços capazes de resgatar escravos fugidos para os quilombos, situação que havia sido ampliada no contexto de desestruturação dos engenhos durante a ocupação batava, tornando a permanência dessas unidades funcional às necessidades da Coroa.

Os militares pretos e pardos criaram uma rede de sociabilidade que ultrapassava a capitania de Pernambuco, estendendo-se à vida social e à política de outras regiões da América lusa. Para os oficiais negros dessas milícias, foi criado, no século XVIII, um sistema diferenciado de promoções que proveu o arcabouço institucional para o surgimento de uma liderança militar negra, que desempenharia papéis relevantes em algumas cidades brasileiras nas décadas de 1820 e 1830. As tropas permaneceram sem pagamento, seus soldos dependendo de recursos próprios ou da ajuda dos oficiais que os arregimentavam e comandavam. A manutenção desses regimentos, paralelamente à criação de alguns em outras capitanias, conferia prestígio aos "negros bons", vistos como elementos importantes para a manutenção da ordem. Em 1756, negros dos terços dos Henriques, como eram chamados, fizeram uma petição em Pernambuco solicitando ao Conselho Ultramarino que reprimisse a entrada de negros africanos em postos militares. Essa posição era bastante contraditória em relação ao primeiro momento do terço, já que na guerra contra os holandeses a experiência africana permitira um alistamento amplo. O novo contexto do século XVIII assistiu à exclusão desses africanos, numa conjuntura marcada pela crescente diferenciação hierárquica entre crioulos e ladinos. O temor de quebra das hierarquias estabelecidas no interior dos terços de negros e pardos levou, assim, à supressão dos africanos, demonstrando a complexidade da penetração dos negros e pardos no corpo militar brasileiro (Silva, 2007).[346]

Em Minas Gerais, durante a era da mineração, o engajamento de negros foi favorecido por uma estratégia de construção de força militar que se concentrou no excesso da população negra e escrava. A possibilidade de alguma ascensão social através do serviço das armas fez com que muitos negros e pardos viessem a integrar as milícias negras da região. Esses homens eram agrupados em quatro espécies de milícias: (1) as companhias auxiliares de infantaria, que poderiam atuar tanto na destruição de quilombos quanto na defesa de fronteiras; (2) as companhias de ordenanças de pé, sob o comando de um capitão-mor branco possuidor de considerável cabedal (essas milícias atuariam na preservação da ordem pública); (3) os corpos de pedestres, formados por negros, pardos libertos e mesmo por escravos, eventualmente trabalhando em serviços de fiscalização aduaneira e tarifária; (4) os corpos de homens do mato, cujas fun-

346 Ver, também, Silva (2002).

ções permaneceram incertas (Mello, 2004). A existência simultânea de corpos de milicianos negros e pardos demonstrou o profundo envolvimento dessas milícias nas tarefas relacionadas ao controle social de uma das capitanias mais importantes da América portuguesa.[347]

No início do século XIX, o naturalista francês Auguste Saint-Hilaire observou que na província de Minas Gerais regimentos que nominalmente deveriam ser compostos apenas por brancos aceitavam, às vezes, mulatos em suas fileiras. Para o naturalista, tais concessões se deviam "a favores", não às necessidades militares do Império luso-brasileiro que impeliam as autoridades a buscar a cooperação dos súditos, muitas vezes através de organizações integradas por indivíduos pretos, pardos ou indígenas. Mas a situação era provavelmente mais complexa. Uma abundância de escravos, libertos e livres, associada à escassez de recursos financeiros e ao desejo da Coroa de aumentar sua base de apoio entre todos os setores da população livre, disseminaram a criação de batalhões de Henriques entre a segunda metade do século XVIII e os primeiros anos do XIX (Saint-Hilaire, 1938, p. 321).

Nessas circunstâncias, o alistamento de afrodescendentes na América portuguesa não derivou, nem necessariamente promoveu, uma assimilação massiva dos recrutas, nem o serviço na milícia por parte de ex-escravos resultou numa expansão da cidadania pela via militar, ainda que alguns indivíduos pudessem melhorar sua situação pessoal ao se associarem a grandes e pequenos empreiteiros da violência organizada. Mesmo quando a liberdade era finalmente obtida, as manumissões eram associadas ao que a historiografia da escravidão denominou "alforrias condicionais", isto é, alforrias em troca de dinheiro ou serviços que não dissolviam as relações de dependência pessoal.[348]

Não havia programas especiais para assentar ex-soldados em regiões distantes nem programas disponíveis para ajudá-los a se adaptarem à nova condição de liberdade. Eventualmente, soldados foram assentados em regiões fronteiriças (como aconteceu na capitania de São Pedro), mas a informação disponível não permite medir o volume de ex-escravos entre aqueles que se beneficiaram. Carl Degler (1971, p. 79) assinalou que "a utilização de negros como soldados no

347 Ver, também, Cotta (2004, p. 209-270).

348 Sobre o conceito de alforria condicional, ver Slenes (1976). Para um estudo de caso envolvendo alforria e recrutamento, ver Carvalho (2002).

período colonial, em resumo, não foi o resultado de uma aceitação prévia dos negros como iguais, mas da necessidade de tê-los como soldados".[349]

Após a independência, os líderes do Império adaptaram essas práticas ao novo cenário, construindo um aparato legal sobre a questão. As disposições de 23 de outubro de 1823 e 10 de setembro de 1824 permitiram que os escravizadores fossem compensados quando cedessem seus escravos para lutar na Guerra de Independência do Brasil. Escravos serviram nas forças patrióticas que se opuseram aos portugueses na Bahia e na Cisplatina. Segundo Marcus Carvalho (2005), a era da independência trouxe uma mobilização de pardos e negros como nunca antes houvera. A desconfiança das lideranças regionais face à lealdade das tropas existentes permitiu um afluxo expressivo desses indivíduos nas principais cidades, aceitando um engajamento significativo nas milícias e até no Exército de linha. Catlin Fitz (2016, p. 46-79) discutiu a ascensão de algumas dessas lideranças que viriam a ganhar uma dimensão internacional, como Emiliano Felipe Benicio Mundurucu, cuja atuação no Recife foi o trampolim para uma série de ações posteriores na Venezuela, no Haiti e em Massachussets. É preciso ficar claro, entretanto, que a experiência excepcional de alguns indivíduos não representa, necessariamente, a experiência geral. Assim, a participação no Exército e nas milícias em meio a um período de conflitos mais acirrados entre lideranças locais foi capaz de politizar alguns indivíduos que serviam nas fileiras. Mas essas condições particulares não foram comuns a todos os indivíduos, nem o nível de divisão entre as elites foi capaz de gerar esforços emancipatórios mais significativos, semelhantes aos ocorridos com as tropas de Simón Bolívar na Venezuela e na Grã-Colômbia. Além disso, muitos dos motins tiveram como causa o atraso no pagamento ou punições consideradas excessivas, ações que, uma vez resolvidas através do pagamento, da repressão ou da baixa coletiva, dissipavam esses movimentos. A possibilidade de que as forças militares politizassem seus membros também foi questionada pela derrota da maioria dos movimentos sediciosos das décadas de 1820 e de 1830, impondo limitações ao avanço da cidadania pela via militar. Uma resultante clara dessa limitação foi a lei de 21 de janeiro de 1828, declarada sob a autoridade do imperador Pedro I, que previu a necessidade de adquirir

349 Essa circunstância não inviabilizou a possibilidade de que a vida militar trouxesse melhorias para os negros livres, libertos ou escravos que fossem alistados. Mas isso dependia da situação anterior de cada um dos indivíduos.

escravos numa eventual continuação da guerra com as províncias unidas do rio da Prata. Tratou-se ali de um conflito limitado, incapaz de afetar a posse dos escravos, fosse no Rio Grande do Sul ou na Cisplatina. E a situação acabou se resolvendo devido à incapacidade crônica do regime para obter recursos por meio de impostos, o que forçou o imperador a reconhecer a independência uruguaia (Di Meglio, 2018).

O fim do primeiro reinado, com a abdicação do imperador e a desmobilização das tropas, assistiu a surtos de revoltas militares. Mas estas constituíram fenômenos episódicos, sem necessariamente afetar a situação difícil daqueles que serviam nas fileiras. Talvez mais importante tenha sido a repercussão da Lei nº 560, de 3 de novembro de 1837, que representou a etapa final da dessegregação do Exército imperial. A partir daquele momento, as restrições de origem racial desapareceram. Deve-se levar em conta, porém, que naquele tempo as forças de linha sofriam as consequências da ampla desmobilização promovida pelos liberais durante os primeiros dois anos da regência.

Segundo testemunhos, por essa época as fileiras do Exército passaram a ser compostas predominantemente por negros e pardos. Mas os registros militares raramente indicam a cor do soldado. Uma vez recrutados nos setores mais pobres, os soldados brasileiros cada vez mais provinham de grupos sociais nos quais predominavam afrodescendentes. O alistamento não estava relacionado a concepções mais amplas de cidadania, e a estrutura das Forças Armadas refletia os preconceitos vigentes na época. Pequeno em tamanho e institucionalmente fraco, o Exército mantinha muitas crenças que datavam do antigo regime. Não se tratava de uma "*Armée de citoyens*", como aquelas que marcharam pela Europa continental de 1790 a 1814 durante as guerras da França Republicana e Napoleônica. O Exército imperial brasileiro não era um laboratório para a cidadania ou para a expansão dos direitos individuais; ao contrário, era uma agência pré-burocrática com incapacidades evidentes.[350]

Apesar da ampla presença de negros e pardos nas fileiras, o serviço militar brasileiro negava acesso aos escravos. A Constituição imperial expressamente garantia os direitos de propriedade impedindo que tanto o governo imperial quanto os provinciais expropriassem escravos para finalidades militares. Mesmo que o governo os compensasse, os proprietários teriam de alforriar seus escravos

---

350 Sobre a *levée en masse*, ver Forest (1990, p. 58-88).

antes de alistá-los no Exército. Consequentemente, o alistamento estava aberto apenas para aqueles que desfrutavam das liberdades civis ou para escravos libertos por seus donos para defender o Estado sob condições excepcionais. Mas não havia consenso sobre o que representava uma "situação extrema" ou sobre que tipo de compensação os proprietários de escravos deveriam receber. Na Bahia, durante a Guerra de Independência, o recrutamento "excessivo" de escravos levou à destituição do general Pierre Labatut, um comandante militar de origem francesa que havia servido nas campanhas peninsular e bolivariana. Suas tímidas medidas de emancipação enfrentaram uma crescente oposição de fazendeiros e comerciantes da região do Recôncavo, levando a sua substituição por um oficial brasileiro de credenciais indiscutivelmente confiáveis (Kraay, 2002).

A campanha do Paraguai

Desde o início da campanha contra o Paraguai, ex-escravos reforçavam as fileiras do Exército brasileiro. Esses homens eram alistados à força, doados por seus proprietários, ou substituíam homens de posição social superior. Alguns escravos fugiam e se alistavam como se fossem livres. O estado não tomou medidas específicas para adquirir escravos porque, em geral, acreditava-se que a guerra seria breve e que os paraguaios se renderiam após uma ou duas batalhas. No início das operações, a maioria dos brasileiros concordava com o presidente argentino, Bartolomeu Mitre, que havia convocado todos os cidadãos para "correr para os quartéis em vinte e quatro horas, para os campos de batalha em quinze dias e para Assunção em três meses".[351]

Apesar das expectativas iniciais, vários setores da população livre se recusaram a ir para a guerra. Para esses indivíduos, a maneira mais fácil de evitar o alistamento era apresentar um substituto qualificado. Esse foi o caso em Vassouras, no vale do Paraíba, em que ocorreu uma barganha informal. Vinte e nove homens da Guarda Nacional haviam sido designados para a guerra. Em

---

351 *"La hora ha llegado. Basta de palabras y vamos a los hechos que essas exclamaciones que pueblan el aire, o sean un vano ruido que se lleva el viento. Que ellas Sean El toque de alarma, La llamada popular que convoque a todos los cuidadanos em 24 horas em los cuarteles, em quince días em campaña, em tres meses em Asunción"* (apud Baratta, 2019, p. 39).

uma reação que se tornou cada vez mais comum, os recrutas se esconderam nas matas que ainda existiam na periferia da cidade, criando um foco de tensão social no meio de uma importante região cafeeira. Os chefes políticos locais resolveram o problema doando 30 escravos livres para os esforços de guerra. Como compensação, o Exército liberou os 29 membros da Guarda Nacional de suas obrigações. Esses homens não tiveram de deixar a cidade nem foram punidos por deserção. Nesse caso, a combinação de chefes locais influentes e a rápida substituição operou a favor dos guardas originalmente designados.[352]

A substituição era uma prática disseminada. Utilizando substitutos, os proprietários podiam livrar seus protegidos do serviço militar ou adquirir novos recrutas para o Exército ou para a Marinha. Mais importante, a substituição não violava os direitos de propriedade, o que amainava potenciais atritos entre os proprietários de escravos e o Estado imperial.[353] Desse modo, a substituição foi uma válvula de escape importante, tanto no conflito paraguaio quanto na Guerra Civil americana, ainda que no caso estadunidense ela só tenha atingido os ex-escravos no terceiro ano da guerra. As figuras 4 e 5 mostram uma charge publicada no Rio de Janeiro em 23 de dezembro de 1866. A imagem representa a ironia de um influente fazendeiro apresentando escravos para substituir seus filhos. A legenda, favorável à prática diz, "Sr. Matias Rôxo e seus filhos transformam escravos em cidadãos. O coração do imperador e a voz da pátria os mostram como exemplos a serem seguidos".

O início da mobilização para a luta no Prata ofereceu aos negros livres a oportunidade de provar seu valor e bravura em combate, além de melhorar seu *status* social. Na província da Bahia, veteranos negros da Guerra de Independência organizaram 11 companhias de Zuavos. Outra companhia foi levantada em Pernambuco. Alistados como Voluntários da Pátria, esses Zuavos lutaram na campanha do Uruguai (1864-1865), tomando parte também nas etapas iniciais da guerra contra o Paraguai. Porém, entre junho e agosto de 1866, esses batalhões foram dissolvidos e integrados às tropas regulares, encerrando a curta experiência de batalhões segregados durante a Guerra do Paraguai (Kraay, 2012).

---

352 APRH, p. 2.2-4, cx. 16, coleção 8. Ofícios, 18-23 out. 1867 (apud Souza, 1996, p. 63).

353 Como o preço de uma isenção – $ 600.000 (US$ 276) – era geralmente inferior ao preço médio de um escravo, podia ser um melhor negócio comprar uma isenção do que enviar um indivíduo para o recrutamento. Mas ambas as opções eram inacessíveis a grande parte da população.

Figuras 4 e 5
O sr. Matias Rôxo apresenta escravos como substitutos

A escola de marinha.

Com bom tempo e Com máo tempo.

O commendador Mathias Rôxo e seus filhos Augusto e Frederico, fazem de seus escravos cidadãos e dos cidadãos soldados.

O coração do Imperador e a voz da patria, os apontão como exemplo a seguir.

Fonte: *A Semana Ilustrada*, 23 dez. 1866 (cortesia da Biblioteca Nacional, Rio de Janeiro, Divisão de Periódicos).

Simultaneamente, desde o começo da campanha contra o Paraguai, o mercado de substitutos floresceu, com homens livres e escravos proporcionando os meios de troca. Tanto soldados alistados quanto seus parentes podiam apresentar substitutos. O Ministério da Guerra registrou apenas 948 substituições por escravos em todo o país durante os cinco anos de guerra. A cidade do Rio de Janeiro forneceu a maioria dos substitutos, com 437 escravos libertos, seguida do Rio Grande do Sul, com 305. Elias, um gaúcho de 34 anos da região de Pelotas, era um típico substituto. Filho de "um mulato livre" e de mãe cativa, Elias ainda era um escravo quando Luiz Xavier da Silva o comprou por 1:200$000 réis. A carta de alforria declarava claramente que Elias seria libertado com a condição de que Camilo Xavier da Silva, filho de Luiz, fosse isento do recrutamento no Exército e do serviço na Guarda Nacional. Tal substituição exigiria que Elias servisse entre seis e nove anos nas fileiras, caso ele sobrevivesse à guerra.[354]

À medida que a guerra progredia e o preço dos escravos aumentava, a qualidade dos enviados para o Exército se tornou crescentemente questionável. A reclamação do marquês de Caxias, que se tornou comandante em chefe das forças brasileiras em outubro de 1866, refletia as tensões que existiam entre o comando militar, os chefes políticos e os agentes recrutadores. Em abril de 1868, Caxias recusou-se a aceitar sete escravos libertos como substitutos provenientes do Rio Grande do Sul, mantendo os membros da Guarda Nacional originalmente designados nas tropas. Essa disputa refletiu o conflito entre Caxias e o presidente da província do Rio Grande do Sul, Francisco Ignácio Homem de Mello. Enquanto o presidente procurava apaziguar conflitos com as lideranças sul-rio-grandenses, Caxias afirmava a centralização de todas as decisões e prerrogativas militares em suas mãos. Questões práticas também influenciaram as decisões de Caxias. Àquela altura da campanha, a maioria dos recrutas já havia recebido algum treinamento. Consequentemente, substituições implicariam uma troca de soldados experientes por recrutas ingênuos. Como observou o velho marechal:

> Não posso conformar-me com essas substituições e o serviço de campanha ainda muito menos, porque os mencionados indivíduos não possuem as qualidades precisas para o soldado em tempo de guerra, e estão muito longe de preencher

354 APRS, J 69, códice j 60, fl. 1v.

completamente a falta que deixarão nas fileiras aqueles a quem vêm eles destinados a substituir.[355]

Qual era o destino dos escravos devolvidos? Essa é uma pergunta difícil de responder. Das evidências disponíveis, parece que a maioria, uma vez recusados, não era retornada diretamente aos seus senhores, cumprindo serviços nos arsenais de guerra e outras instituições militares nas quais poderiam até mesmo receber seus soldos. Outros, ainda que livres, precisaram prestar serviços aos seus antigos proprietários antes de obter a autonomia pessoal. Esses indivíduos tiveram de negociar sua liberdade trabalhando para seus antigos senhores durante certo número de anos. Um exemplo foi Thomás Furtado, um substituto rejeitado que assinou um contrato prometendo trabalhar para seu antigo dono durante os próximos 11 anos, até que seus débitos fossem pagos.[356]

Fugitivos também foram comuns em muitas províncias e logo surgiram conflitos entre oficiais do Exército e donos de escravos. Diante do número reduzido de indivíduos dispostos a marchar para a guerra e ajudados pela deficiente organização burocrática dos comitês de alistamento além da ausência de um sistema nacional de identificação pessoal, não era difícil para escravos adotarem nomes falsos e se apresentarem ao Exército, especialmente em períodos de mobilização massiva. Parece haver uma correlação entre a crescente leniência das autoridades militares face ao recrutamento de escravos e o aprofundamento da escassez de recrutas. A verdade é que a posição delicada do governo central o levou algumas vezes a tomar medidas extremas no intuito de aumentar o efetivo com escravos. No contexto da formação do Terceiro Corpo do Exército, o ministro da Guerra autorizou a emissão em larga escala de apólices da dívida pública para compra de escravos "uma vez que os escravos sejam reconhecidamente válidos e aptos para o serviço da Guerra".[357]

Para muitos, a vida no Exército constituía uma melhora em relação às condições enfrentadas no trabalho agrícola. Esse parece ser o caso do escravo

---

355 Marquês de Caxias para Francisco Ignácio Homem de Mello, Paraguai, 12 abr. 1868. APRS, B1.071 – Avisos do Ministério da Guerra – 1868/1869.

356 Thomas Furtado para José Silveira Filho, 13 fev. 1867. AHRS, fl. 55, livro 19 (apud Moreira, 1996, p. 67).

357 Confidencial. João Lustosa da Cunha Paranaguá para Francisco Ignácio M. Homem de Mello. Rio de Janeiro, 21 fev. 1867. AHRS, códice B-1070 – Avisos do Ministério da Guerra.

chamado Bernardo, que se alistou na ilha de Marajó, na província do Pará. Após o alistamento, Bernardo foi reclamado e retornou ao seu proprietário, José Joaquim Saraiva de Miranda. Algum tempo depois, Bernardo, preferindo a vida no Exército a trabalhar para seu dono, passou a se comportar mal, a ponto do seu senhor devolvê-lo às fileiras do Exército "como punição por sua má conduta".[358] Aqui se combinaram dois entendimentos do sentido do serviço militar: como um espaço de liberdade e também como uma instituição punitiva. Com um Exército de composição heterogênea, recrutado predominantemente nos setores mais pobres da população, homens que normalmente não eram visualmente distinguíveis dos cativos, era difícil para autoridades sobrecarregadas, pressionadas pela necessidade de fornecer novas cotas de soldados, evitar o recrutamento ocasional de escravos fugitivos.[359] Para os escravos que tinham sucesso nessa empreitada, o uniforme servia como disfarce da sua condição servil, além de lhes proporcionar a solidariedade de muitos de seus camaradas em armas. Ainda que os fugitivos frequentemente se misturassem com outros membros das tropas, eles corriam o risco de serem devolvidos aos seus senhores, caso descobertos. O governo imperial retornou pelo menos 36 fugitivos e adotou medidas para evitar o recrutamento de outros. Numa carta confidencial endereçada ao presidente do Rio de Janeiro, o ministro da Guerra recomendou

> providenciar-se de modo que se não repitam os casos de assentarem praça, quer voluntariamente, quer como recrutados, indivíduos de condição escrava, como depois se verifica, recomendo que haja toda a cautela nas averiguações para assentamento de praças aos indivíduos que para tal fim se apresentam.[360]

Algumas vezes a experiência de indivíduos anteriormente emancipados expunha a precariedade do *status* de liberto. Em alguns casos, pessoas recentemente emancipadas ainda precisavam pagar aos seus antigos senhores por

358 *Jornal do Pará*, 16 maio 1868, p. 1 (apud José Maia Bezerra Neto, 1999, p. 100).

359 Essa circunstância foi fonte de muitos mal-entendidos sobre o *status* dos soldados brasileiros, uma vez que a presença de negros e pardos nas fileiras foi interpretada como um sinal de que o Exército e a Marinha eram integrados majoritariamente por escravos.

360 Circular confidencial de João Lustosa da Cunha Paranaguá para Esperidião Elóy de Barros Pimentel. Rio de Janeiro, 29 ago. 1866. APRJ, col. 87, pasta 10, maço 12 (1866).

certo período. Para eles, a liberdade não rompia com a subordinação pessoal, os escravos emergiam para a liberdade como dependentes de seus antigos proprietários. Um exemplo disso aconteceu com o soldado Ricardo, que já era livre antes do início da guerra. Ele vivia no Rio Grande do Sul, onde se alistou no Exército em 1866. Após deixar sua cidade, sua ex-senhora, uma viúva, solicitou ao presidente da província que ele fosse trazido de volta, alegando sua condição de pobreza e declarando que "ele não pode desfrutar da liberdade sem me pagar o que deve". O presidente da província, envolvido numa campanha intensa pela criação de um terceiro corpo para o Exército, se recusou a devolver Ricardo, declarando que a carta de alforria não deixava dúvidas quanto à sua liberdade, e que o contrato entre Ricardo e sua ex-senhora não podia ser utilizado para isentá-lo do serviço militar. Nesse caso, a necessidade urgente de reforçar o Exército favoreceu a posição do liberto a despeito de possíveis obrigações contratuais supostamente contraídas antes do recrutamento.[361]

O recrutamento forçado de escravos podia ocorrer de formas muito semelhantes à prisão e envio de indivíduos livres. Em muitas províncias, a diferença na cor da pele entre escravos e pobres livres era sutil, e os escravos podiam ser recrutados enquanto caminhavam pelas ruas ou cumpriam tarefas para seus senhores. Se o escravo preferisse a vida militar, ele poderia então desaparecer nas fileiras. Recrutadores aceitavam os indivíduos de pele mais clara, considerando que fossem libertos, não escravos, ou simplesmente desconsiderando tais questões, já que o número de recrutados ampliava suas cotas e gratificações (Dean, 1977, p. 72).

Uma vez recrutados, muitos escravos mudavam seus nomes para evitar serem descobertos. Esse foi o caso do cativo Baltazar, recrutado à força durante a campanha do Uruguai (agosto de 1864 a fevereiro de 1865) e alistado no Terceiro Batalhão de Voluntários. Em novembro de 1866, seu senhor requereu ao presidente da província exigindo seu retorno, mas o comandante em chefe declarou inexistir seu nome na lista. Muitas vezes, os vínculos de camaradagem desenvolvidos entre os fugitivos e seus oficiais forneciam a melhor proteção

---

361 Francisco Ignácio Marcondes Homem de Mello para o chefe de polícia. Porto Alegre, 14 fev. 1867. APRS, Correspondência dos Governantes, maço 109 – Ofícios do Presidente da Província ao Chefe de Polícia. O tema é controverso. Manolo Florentino (2003) encontrou apenas quatro revogações de alforria entre mais de 17.500 cartas de liberdade coletadas no Rio de Janeiro entre 1840 e 1871. Teria sido a situação no Rio Grande do Sul substancialmente diferente?

que eles poderiam ter. Em outros momentos, o estado precário dos registros militares contribuía para esconder os fugitivos quando eles escapavam para as fileiras. A crescente indiferença das autoridades militares pelo *status* anterior de seus recrutas frequentemente irritou os proprietários.[362]

Embora um grande número de homens livres estivesse apto para o serviço militar, seu recrutamento estava sujeito aos obstáculos impostos por chefes políticos e protetores. Essa situação limitava a capacidade do Estado em obter o tributo de sangue exigido da sociedade brasileira naquele momento. Essa debilidade provinha fundamentalmente da escassez de recursos econômicos e da dificuldade para construir fórmulas impessoais de respeito às instituições, em substituição aos sistemas de lealdades nos quais repousava o andaime político das províncias. Limitados pela patronagem local, os agentes precisavam concentrar os esforços recrutadores sobre os pobres desprotegidos. Dada a escassez permanente de soldados voluntários, os escravos representavam uma fonte potencial de substitutos, especialmente nas áreas em que sua concentração era considerada uma ameaça à ordem pública, isto é, nas principais cidades e particularmente na Corte. Se as cidades proporcionavam o refúgio ideal para os fugitivos, também eram locais nos quais estes podiam ser recrutados como qualquer desocupado. Portanto, não surpreende que a maioria de escravos libertos proviesse de cidades grandes e médias, entre as quais destacou-se a contribuição da Corte.[363]

As doações de escravos foram menos comuns e se restringiram aos primeiros estágios da campanha, principalmente à primeira onda de demonstrações patrióticas. Em um de vários exemplos, Manoel Antônio Ayrosa alforriou Pedro, "um mulato claro", sob a condição de que ele servisse no Exército enquanto durasse a campanha. Doações de escravos feitas nos anos iniciais eram consideradas como provas de patriotismo, e os doadores eram recompensados com menções, ordens e títulos.[364] Esse tipo de alforria se tornou mais raro à medida que a guerra prosseguia, virtualmente desaparecendo após 1866.

---

362 Quartel-General do Comando em Chefe do Exército em Operações no Rio Grande do Sul para barão de Boa Vista, presidente da província do Rio Grande do Sul. Uruguaiana, 7 nov. 1865. AHRS, lata 198, maço 1.

363 De acordo com Fábio F. Mendes (1997, p. 219), o alistamento voluntário diminuiu de 41,4% em 1864 (primeiro ano) para 8,16% durante 1867-1868.

364 Relação dos offerecimentos feitos ao Governo para as Urgências da Guerra em RMG, 1865. Também citado em Salles (2003, p. 101).

Diferentemente da situação nos Estados Unidos, não houve manifestações populares em protesto contra a mistura de soldados livres e libertos. Se houve descontentamento interno entre os soldados, é difícil saber. Entretanto, como nos Estados Unidos, a guerra no Paraguai forneceu aos negros livres a oportunidade de provar seu valor e bravura em combate e, eventualmente, elevar sua posição social. Entre os homens negros livres que serviram, estava Cândido Fonseca Galvão, também conhecido por se autointitular dom Obá II. Neto de um rei tribal africano, dom Obá se voluntariou para participar da campanha junto com 30 companheiros da cidade de Lençóis, na Chapada Diamantina/ Bahia. Ele foi também um dos poucos veteranos negros cujos registros foram preservados. Dispensado em Montevidéu, Cândido se estabeleceu no Rio de Janeiro pelo resto de sua vida. Sua trajetória no pós-guerra ilustra a importância do serviço militar para a comunidade negra do Rio de Janeiro. Cândido teve acesso pessoal ao imperador e lutou pelo reconhecimento dos direitos dos soldados que combateram no Paraguai. Ele se tornou um modelo para as aspirações dos veteranos em geral e dos afrodescendentes em particular, embora as autoridades tenham atendido poucos de seus pedidos.[365]

Sintetizando, o recrutamento de escravos durante as etapas iniciais da campanha do Paraguai não foi numericamente significativo, mas ofereceu oportunidades para que alguns indivíduos escapassem à escravidão e obtivessem uma vida melhor, a despeito das severas provações da vida militar e dos riscos de morte em combate ou devido às péssimas condições sanitárias dos acampamentos. Não houve um movimento organizado pela libertação dos escravos, nem a mesma se associou a um projeto abolicionista, tal como ocorreu nos Estados Unidos a partir de janeiro de 1863. Se o recrutamento de escravos no Império antes de novembro de 1866 era limitado às motivações de seus proprietários, as condições da guerra pouco a pouco mudaram a atitude dos agentes governamentais, principalmente quando o recrutamento de homens livres passou a encontrar resistências violentas em várias províncias. No Norte, em São Paulo e em Minas Gerais, ataques aos agentes recrutadores levaram os presidentes de província a utilizar forças da reserva da Guarda Nacional para reforçar as escoltas encarregadas de obter novos contingentes. Dessa forma, a situação militar do Brasil entre 1866 e 1868 criou uma percepção de crise nacional que

365 Para a trajetória de dom Obá, ver Silva (1993). Para outra perspectiva, ver Kraay (2012).

tornou o recrutamento de escravos um mal menor aos olhos desses agentes, reforçando o apelo do governo imperial aos senhores por contribuições a serem coordenadas pelo Estado.

A situação militar

A luta contra o Paraguai gerou apenas um patriotismo de curta duração. Quando o entusiasmo dos primeiros meses declinou, os esforços do governo para recrutar e treinar cidadãos enfrentaram resistência crescente. Poucos indivíduos livres estavam dispostos a arriscar suas vidas nos combates ou nas péssimas condições sanitárias que prevaleciam nos acampamentos.[366] Eram apoiados por chefes locais e mesmo por funcionários do governo imperial que defendiam seus domínios pessoais e conspiraram contra o recrutamento forçado de seus protegidos, tornando ineficazes os esforços para o levantamento de novas levas em algumas regiões, particularmente na província mais populosa do Império, Minas Gerais.

O estado primitivo do desenvolvimento burocrático no Brasil reforçou os obstáculos que restringiram as tentativas do governo de construir um Exército poderoso. Não havia um censo nacional ou registros civis para fornecer às autoridades uma descrição precisa da distribuição da população. O desânimo popular, endêmico após 1866, prejudicou os esforços do governo para recrutar tropas adicionais, agravando as deficiências militares do Exército imperial. Comentando a respeito da natureza específica daquela campanha, o conselheiro Pimenta Bueno, um membro do círculo íntimo do imperador que havia servido em Assunção durante o governo de Carlos Antonio López, lembrou a seus pares:

> Não é uma campanha que se acabe com uma ou duas batalhas campais que deem glória ao Príncipe. É sim uma Guerra de recursos, uma série de ataques a trincheiras ou fortificações, uma espécie de guerrilhas contínuas, que necessariamente será morosa, e que entretanto oferece repetidos perigos.[367]

---

366 Segundo Ricardo Salles (2003, p. 158), a epidemia do cólera matou 10% do contingente nominal do Exército brasileiro em 1867.

367 Conselho de Estado Pleno, 1978, v. 6, p. 65.

Pouco a pouco, o esforço de guerra exacerbou as divisões no interior da sociedade imperial, especialmente nas relações entre os poderes centrais e locais. Essas circunstâncias estavam ligadas a uma série de problemas logísticos na frente de batalha. No final de 1866, não estava claro se a Tríplice Aliança venceria. Seus soldados estavam atolados em uma região pantanosa na margem direita do rio Paraguai, "uma terra em que ninguém passa bem", como um cabo a descreveu.[368] Os pântanos e banhados do sul do Paraguai ofereciam posições ruins para manobras da infantaria e condições precárias para a cavalaria, privada de pastos naturais. O mesmo Pimenta Bueno observaria: "O território paraguaio parece que foi feito para a Guerra defensiva, oferece muitas dificuldades à invasão".[369]

A situação econômica do Brasil era delicada e não havia uma perspectiva razoável de um rápido desfecho para a guerra. Para tornar as coisas piores, o governo paraguaio não dava qualquer sinal de rendição. A proteção do território é normalmente uma motivação poderosa em campanhas defensivas, mas a defesa pelos paraguaios da sua pátria se tornou uma das mais determinadas e onerosas na história dos esforços de guerra (Cooney, 2004; Reber, 1995). Os paraguaios resistiam a despeito da falta de comida e de equipamentos. Uma vez lutando em seu território, o governo López mostrou capacidade para mobilizar a população em todas as suas camadas. López comandava um estado centralizado, coordenado por magistrados locais e comandantes de milícias. Essas autoridades detinham o conhecimento dos recursos das localidades em que operavam, trabalhando a partir de registros demográficos acurados. Esses esforços eram coordenados desde Assunção pelo vice-presidente Domingo Francisco Sánchez, um servidor veterano que era totalmente fiel a López. Muitos paraguaios viam a causa de guerra como uma continuação da luta pela independência da república. Além disso, López dirigia-se a suas tropas em guarani, reforçando, dessa forma, os vínculos entre a população e o governo. A campanha do Paraguai contra a Tríplice Aliança tornou-se uma guerra total, que redirecionou os parcos recursos da república para o apoio às suas forças militares. Reber (1999, p. 20-21) observou que o bloqueio aliado forçou o Paraguai a buscar a autossuficiência em manufaturas e na agricultura, uma tarefa

368 Francisco Borges de Medeiros para Agostinha Maria de Jesuz, 16 abr. 1869. AEHX, requerimentos, JJ-259-6322 (apud Kraay, 1995, p. 500).

369 Conselho de Estado Pleno, 1978, v. 6, p. 66.

impossível dada a debilidade da economia do país. Técnicos estrangeiros, a maior parte deles britânicos, e seus aprendizes paraguaios adaptaram plantas nativas para a produção de papel, tecidos, álcool e pólvora, que eram requeridos pelo Exército em quantidades cada vez maiores. Portanto, as evidências da impossibilidade de uma vitória militar não eram suficientes para quebrar a lealdade dos soldados para com Solano López, mesmo que a continuada resistência reforçasse o caráter repressivo do regime. A fúria dos paraguaios na defesa do seu território resultava de uma percepção de que seu destino seria pior sob o domínio aliado. Correta ou não, essa percepção associava-se a crenças que reforçavam uma resistência desesperada contra as forças mais poderosas da Tríplice Aliança. Em muitos casos, os soldados guaranis recusavam a rendição. Esse comportamento alinhava-se com a prevalência de valores republicanos, ajudando a angariar algum apoio internacional e suscitando tentativas de arbitramento do conflito (Hersch, 1974; Doratioto, 2015). Após visitar Humaitá, o viajante inglês Richard Francis Burton (1870, p. 50) destacou:

> A obstinada tenacidade e o heroísmo um tanto obrigado de uma Esparta pele vermelha, cujo ponto vulnerável, a linha do rio que corre de norte a sul e que constitui sua fronteira oriental, tem sido defendido com uma incrível tenacidade, com um valor selvagem e um desespero paciente inusual nos anais da humanidade.

Enquanto os paraguaios controlaram a fortaleza de Humaitá e seu conjunto de trincheiras fortificadas, eles bloquearam o trecho superior do rio Paraguai, impedindo a principal rota para Assunção. Esse contexto limitava os movimentos da Marinha imperial e, consequentemente, tolhia o avanço das linhas aliadas.[370] Após uma série de desastres militares, o Exército paraguaio se entrincheirou enquanto lutava para evitar uma invasão. Como os confederados durante a Guerra Civil, o objetivo do governo paraguaio era a defesa contra a invasão. O pequeno país colocou suas esperanças em um armistício honroso

370 Considerada a Sebastopol da América do Sul, a fortaleza russa durante a Guerra da Crimeia. Parece que os líderes da aliança superestimaram a importância estratégica da fortaleza de Humaitá, o que contribuiu significativamente para a paralisia do Exército e para a inação da Marinha. Durante esse período, os governos da Bolívia, do Peru, do Chile e dos Estados Unidos apresentaram propostas de negociação. O fato de o governo imperial tê-las rejeitado não diminui sua importância. Ver Doratioto (2015, p. 119-131).

que preservasse sua autonomia política e territorial. De junho de 1865 em diante, os paraguaios poderiam "vencer" a guerra apenas não perdendo.[371] Essa visão foi expressa no testemunho de um soldado paraguaio, registrado por um jovem oficial brasileiro, Benjamin Constant Botelho de Magalhães, capitão de um batalhão de engenharia. Escrevendo para seu sogro, Constant descreveu seus contatos com o inimigo:

> Durante três dias os tiros cessaram completamente e os paraguaios (soldados e oficiais) vieram às nossas posições falar conosco. Eles nos trouxeram presentes como cuias e disseram que não tinham mais intenção de continuar a lutar contra nós. Eles sabem tudo o que ocorre no nosso Exército, na nossa política e continuam a chamar nossos homens para conversar [dizendo]: somos seus amigos e não gostamos de atirar em vocês. O governo supremo tratará das negociações de paz.[372]

Para os brasileiros, a ameaça mais imediata ao prosseguimento da guerra não veio da resistência paraguaia, mas da possibilidade de ruptura da Tríplice Aliança. Poucos setores na sociedade brasileira se sentiam confortáveis numa aliança diplomática e militar com qualquer república de língua espanhola. As memórias das rivalidades regionais ainda eram fortes o suficiente para gerar desconfiança das repúblicas vizinhas entre os líderes regionais brasileiros. Os oficiais do Rio Grande do Sul eram especialmente sensíveis devido a uma longa história de conflitos de fronteira envolvendo uruguaios e argentinos. Durante a guerra, os líderes do Rio Grande do Sul estavam empenhados em manter uma brigada especial na fronteira da província porque ninguém confiava completamente nos aliados argentinos e uruguaios. Benjamin Constant definiu a cooperação relutante entre os aliados: "Essa aliança, longe de diminuir o ódio racial que existia entre o Brasil e aquelas repúblicas miseráveis, tem servido para reforçá-lo. Deus queira que, antes de retornarmos ao Brasil, possamos romper [essa aliança] no campo de batalha".[373] Mesmo em outubro de 1867 o barão de Mauá informava o imperador, com certo exagero, que três quartos

371 Essa foi a mensagem paraguaia no encontro que reuniu Solano Lópes, Bartolomeu Mitre e Venâncio Flores em um local chamado Yatayty-Corá. Ver Whigham (2017, p. 101-108).

372 Benjamin Constant para Cláudio Luís da Costa, 29 nov. 1866 (apud Mendes, 1894, p. 118-119). Ver, também, Izecksohn (2002, p. 105) e Lemos (1999, p. 113).

373 Benjamin Constant Botelho de Magalhães para Cláudio Luis da Costa (apud Lemos, 1999, p. 113).

dos uruguaios e dois terços dos argentinos encontravam-se prontos para apoiar o Paraguai na guerra contra o Brasil.[374]

Em consonância com os acordos do tratado, todos os soldados brasileiros lutando pela Tríplice Aliança serviram sob o comando do presidente argentino, o general Bartolomeu Mitre. Durante os dois primeiros anos, essa norma foi respeitada, embora os oficiais brasileiros achassem extremamente difícil servir sob o comando de um rival tradicional. Consequentemente, as relações eram marcadas por uma profunda desconfiança de ambos os lados. O comandante do Segundo Corpo do Exército Brasileiro, visconde de Porto Alegre, acreditava que as ações de Mitre desmoralizavam os militares brasileiros.[375] Do lado argentino, os grupos antimitristas também condenaram a aliança com o Brasil. O jornal oposicionista *La América*, publicado em Buenos Aires, observava que "O povo argentino formou sua história através dos sacrifícios pela independência, pela liberdade e pela república e não deveria manchá-la derramando seu sangue e tesouros pela conquista, a escravidão e o império".[376]

Muitos fatores contribuíram para a escolha do presidente argentino como comandante em chefe dos exércitos aliados. O mais significativo foi a rota de invasão escolhida, que cruzava o território nordeste da Argentina, com o apoio de rios navegáveis que facilitavam tanto o deslocamento quanto o abastecimento das forças em operações contra o Paraguai. Igualmente importante, embora menos tangível, as elites de Buenos Aires encararam a guerra como uma ferramenta para a centralização política, o que reforçaria o governo central daquela república contra o impulso autonomista de algumas províncias. A estratégia argentina de guerra conjugou mobilização interna com esforços diplomáticos até então inéditos. A assinatura do Tratado da Tríplice Aliança, em 1º de maio de 1865, permitiu a presença de um grande contingente brasileiro no nordeste da República, além da livre navegação da esquadra imperial nos rios Paraná e Paraguai. Em troca, Mitre assumiu o comando das forças da Tríplice Aliança (Baratta, 2019, p. 49-96; De Marco, 2013, p. 94-137; Garavaglia, 2016, p. 107-132).

---

374 James W. Webb para William H. Seward. Petrópolis, 1º out. 1867. Nara, Record Group 59, M-121, rolo 29, v. 27.

375 Visconde de Porto Alegre para João Lustosa da Cunha Paranaguá, 19 out. 1866. IHGB, lata 312, pasta 12.

376 *La América*, 16 fev. 1866 (apud Baratta, 2019, p. 145).

Em meados da década de 1860, a situação política da Argentina ainda era delicada. Muitos chefes federais nas províncias criticavam abertamente a hegemonia de Buenos Aires e seu controle econômico sobre o resto do país. Se os brasileiros se encontravam divididos no apoio à guerra, o entusiasmo guerreiro na Argentina parece ter se limitado desde o início das operações aos clientes diretos do Estado, especialmente aos fazendeiros e comerciantes que lucravam com o fornecimento aos Exércitos. Ter Mitre como comandante supremo dos exércitos da Tríplice Aliança era útil para as forças pró-centralização em sua longa luta pela consolidação da unidade nacional. Para esses argentinos, a guerra forneceu a oportunidade há muito desejada de derrotar os adversários federalistas tanto no Uruguai quanto no Paraguai. De acordo com Tulio Halpering Donghi (1982, p. 74 apud Alabart, 2015a, p. 101), "somente um conflito internacional poderia consolidar a vitória liberal e a hegemonia de Buenos Aires sobre as províncias do interior e obter a subordinação do litoral". Enquanto lutavam contra inimigos externos, os argentinos esperavam reduzir a dissensão em seu próprio país. Desse modo, para a Argentina, a guerra paraguaia era tanto um conflito externo quanto uma guerra civil, e como tal, ela envolvia a questão da lealdade nacional de uma forma muito mais intensa do que no Brasil (Izecksohn, 2017b). Como observou o escritor e poeta Carlos Guido y Spano (apud Baratta, 2019, p. 145), outro crítico de Mitre, "a aliança atual com o Império do Brasil é nula ante o direito das gentes, porque foi contratada por quem não tem a representação nacional e porque é imposta por outra das partes contratantes, faltando ainda a aparência do consentimento nacional". O que cresceu foi a participação das forças imperiais, fortalecidas pela incorporação do Terceiro Corpo do Exército, organizado no Rio Grande do Sul pelo general Osório em parceria com o presidente progressista Homem de Mello. Esse corpo foi cuidadosamente alistado por meio da cooperação entre os chefes militares e as lideranças políticas daquela província, num esforço que destacou a capacidade organizacional de Osório aliada ao amplo conhecimento que o experiente general possuía da geografia das lealdades pessoais naquela província meridional. Dessa forma, entre dezembro de 1866 e fevereiro de 1867 cerca de 5.700 novos soldados foram organizados, uniformizados e transportados para o teatro da guerra (Izecksohn e Mügge, 2016).

Apesar da instabilidade interna, a decisão imperial pela persistência prevaleceu. A resistência ao recrutamento no Brasil era intensa, mas nenhum grupo político no país possuía influência suficiente para mudar o curso dos eventos. Havia fortes diferenças regionais na escala de sacrifício das províncias. Mas as principais discordâncias tinham caráter local, envolvendo disputas entre as facções das províncias nas quais dominavam oligarquias cuja intensidade do apoio à guerra variava segundo seus interesses imediatos. As disputas nacionais também careciam de motivação ideológica. Os dois principais partidos brasileiros apoiaram o esforço de guerra enquanto estiveram no poder, mas, uma vez na oposição, criticaram a conduta do governo, ainda que seus representantes no Conselho de Estado fossem unânimes no apoio. Consequentemente, a impopularidade da guerra era direcionada, não contra qualquer um dos dois partidos nacionais através de mudanças eleitorais, mas contra o próprio imperador Pedro II, que persistia na obstinação de fazer cumprir as estipulações do Tratado da Tríplice Aliança.

A guerra argentina

Se os brasileiros se encontravam divididos em relação ao seu apoio à guerra, o entusiasmo na Argentina era limitado aos clientes diretos do Estado, especialmente os fazendeiros e comerciantes que lucravam com o fornecimento de cavalos e carne de charque ao Exército. De acordo com David Rock (1985, p. 129), os apoiadores de Mitre se tornaram conhecidos como o "Partido dos Fornecedores". À medida que o conflito se desenrolava, as populações do interior passaram a ver a campanha como algo distante dos seus interesses. Um capitão do porto de Paraná descreveu essa atitude como um "espírito de provincianismo contra tudo que vem de Buenos Aires".[377]

Os esforços de guerra argentinos exacerbaram os conflitos políticos que já haviam irrompido em insurreições sangrentas na primeira metade da década de 1860. Essas rebeliões iniciais associaram a opressão das províncias às tensões nacionais, gerando instabilidade em muitas regiões. As ideias federalistas na Argentina tinham um apelo mais forte do que no Brasil e eram apoiadas por interpretações dissonantes da Constituição de 1853. Consequentemente, a

377 Joaquim María Ramiro para J. A. Gely y Obes, Buenos Aires, 8 jul. 1865 (apud Garavaglia, 2016, p. 117).

guerra gerou divisões ainda maiores no país, o que prejudicou a mobilização nacional, levando ao recrutamento forçado de imigrantes estrangeiros e de clientes de lideranças não alinhadas ao Partido Liberal, no poder desde 1861. Em 1868, os estrangeiros, principalmente belgas e italianos, representavam um percentual não desprezível das forças argentinas, ainda que as províncias de Buenos Aires e Santa Fé tenham provido o grosso dos contingentes.[378]

Os federalistas argentinos dificultaram o máximo que puderam os esforços para a organização de um grande Exército. Até Justo José de Urquiza, governador da província de Entre Ríos, que nominalmente apoiava a guerra, foi incapaz de conter um motim na localidade de Basualdo, que levou a uma deserção em massa dos recrutas provenientes daquela província. A mobilização era responsabilidade apenas de Buenos Aires, e o recrutamento levou a uma crescente oposição regional contra as poderosas facções centralizadoras. A resistência a esses grupos assumiu a forma de confrontos armados, como também de debates acirrados na imprensa nacional, no Congresso e na opinião pública. Os chefes militares seriam decisivos na eleição que resultou na substituição de Mitre pelo sanjuanino Domingo Faustino Sarmiento em 1868 (Bragoni e Míguez, 2010; Alabart, 2015b).

A imagem do negro na mentalidade do rio da Prata

A Guerra da Tríplice Aliança foi travada em muitas frentes. Para os paraguaios e seus aliados nas províncias argentinas, a propaganda e a diplomacia se tornaram campos de batalha alternativos em uma luta desesperada pela sobrevivência. O escritor e diplomata Juan Bautista Alberdi (1810-1884) era o mentor intelectual da Constituição argentina de 1853, e seu livro *Bases y puntos de partida* serviu como um esboço para o Estado nacional argentino que emergiria nas décadas seguintes.[379]

---

378 Para uma descrição pessoal das condições de vida dos soldados imigrantes no Exército argentino, ver Lopacher e Tobler (1969, p. 325, 362).

379 Ver Alberdi (1990). Nesse livro, o autor entendeu que a escravidão não comprometia o caráter democrático do sistema parlamentar brasileiro, comparando essa situação ao sul dos Estados Unidos, numa atualização da perspectiva jeffersoniana que compatibilizava democracia e escravismo no interior da ordem política daquela república.

Alberdi atribuía a guerra à ganância territorial brasileira. Em sua argumentação, as limitações sociais e culturais impostas pelo clima tórrido na maior parte do Brasil levavam o Império a se voltar para terras mais temperadas no estuário do Prata para satisfazer suas ambições territoriais, particularmente para atrair novas levas de imigrantes. A pequena república do Paraguai se encontrava no seu caminho, protegendo o "novo mundo" contra os escravocratas e expansionistas Braganças do Brasil em defesa do republicanismo americano. Segundo Alberdi, uma vitória brasileira levaria à expansão territorial e à submissão da população nativa branca ao Império escravocrata. De acordo com essa perspectiva, o povo argentino era vítima de uma conspiração, já que a república havia sido enganada por Mitre ao se juntar à Tríplice Aliança porque seu povo historicamente se opusera aos objetivos expansionistas brasileiros. Alberdi previa um confronto eventual entre os dois poderes em relação aos espólios do Paraguai. Ele culpava especialmente o Império por tentar expandir suas fronteiras históricas no intuito de controlar os recursos naturais e os destinos políticos da região do rio da Prata.[380] Seus escritos combinavam a defesa da causa republicana com elementos da teoria da conspiração escravista, comuns ao debate político do Norte dos Estados Unidos no período anterior à Guerra Civil. Os argumentos de Alberdi transcenderam o período da guerra, ressurgindo mais tarde no trabalho dos revisionistas. A tese do "expansionismo brasileiro" era o argumento central da campanha de Alberdi a favor de uma arbitragem internacional que pusesse fim ao conflito. Tentativas de arbitragem, propostas pelos governos britânico e norte-americano, de fato ocorreram. Mas nenhuma delas prosperou.[381]

Não importa se a visão de Alberdi correspondia ou não à realidade. O nacionalismo geopolítico estava infectado por atitudes e dogmas racistas que, efetivamente, difundiam uma visão pejorativa das intenções bélicas do Brasil. O positivismo e o determinismo racial eram ideologias interconectadas em meados

380 Os trabalhos de Alberdi sobre a Guerra do Paraguai são: "Las disensiones de las repúblicas del Plata y las maquinaciones del Brasil"; "Los intereses argentinos en la Guerra del Paraguay con el Brasil"; "Crisis permanentes en las repúblicas del Plata" e "Texto y comentario del tratado secreto de la Triple Alianza contra el Paraguay". Em 1869, esses artigos foram editados e reunidos em *La Guerra del Paraguay.* As referências aqui apresentadas são de uma edição argentina de 1988, publicada em Buenos Aires pela Editorial Hisponoamerica.

381 Sobre a atuação de Alberdi contra a guerra, ver Crespo (2014) e Pires Junior e Izecksohn (2020, p. 132-154).

da década de 1860. Tais pontos de vista pseudocientíficos facilitaram encarar a aliança brasileira como um retorno nocivo e retrógrado do colonialismo lusitano. Os textos de Alberdi davam argumentos tanto para a propaganda paraguaia (exercida por meio dos jornais de trincheira) como para as polêmicas racistas que apareciam na imprensa platina, especialmente nas províncias andinas, que foram as mais profundamente afetadas pela guerra.[382]

A composição racial do Exército brasileiro era um tema importante nas notícias. Jornais ilustrados do Paraguai, como *Cabichui* ("Vespa" em língua guarani) e *El Centinela* (A Sentinela), utilizavam alegorias e caricaturas para denegrir a origem africana dos brasileiros. Charges racistas apresentavam o imperador brasileiro e seus comandantes militares como macacos, e os soldados brasileiros eram chamados de "cambas", o termo guarani para "macacos". Muitas charges representavam a condição deplorável do Exército brasileiro acampado em torno do rio Paraguai e sugeriam que a incompetência dos comandantes brasileiros se devia às raízes africanas de sua liderança. Outros zombavam dos esforços de guerra brasileiros. A figura 6 ilustra o recrutamento forçado nas ruas do Rio de Janeiro como um conflito em que os recrutadores negros tentavam dominar as vítimas brancas. O texto enfatizava que o governo imperial "violava todas as garantias fundamentais dos direitos dos cidadãos, capturando homens para serem lançados na fogueira da Guerra".[383] Essas charges se tornaram uma preocupação importante das autoridades imperiais porque prejudicavam a autoimagem que o Império estava tentando projetar na América do Sul como um bastião da civilização europeia.

A província argentina de Corrientes era a base de operações para os exércitos da Tríplice Aliança, e milhares de soldados acampavam em torno da sua capital. Entretanto, a população dessa província argentina se ressentia de sua subordinação econômica à cidade de Buenos Aires. A situação deteriorou-se continuamente com o agravamento das condições sanitárias entre as forças brasileiras. Após outubro de 1865, as concentrações de soldados próximos da cidade de Corrientes ampliaram o alcance da epidemia de cólera, que tensionou ainda

382 Durante a guerra, o governo paraguaio publicou pequenos folhetos na Europa. Um deles, intitulado "La politique du Brésil ou La fermeture dês fleuves", publicado em Paris em 1867, defendia que o Brasil se lançou à guerra com o objetivo de fechar todos os rios da bacia do Prata. Se a autoria deste folheto foi ou não de Alberdi é difícil determinar.

383 *Cabichui*, Paso Pucu/Paraguai, 23 jan. 1868, p. 2.

Figura 6
Charge paraguaia representando o recrutamento forçado nas ruas do Rio

—2—

Luego pronto tendrá el « Cabichui » que verse con un nuevo héroe, que vendrá á sostituir á su Illmo. *geringlobifero*.

¿Quién será este sucesor?

Dice de que el Conde de *Eu*.

Hola! ¡cuanto nos alegramos!

El « Cabichuí » se encarga á bautizar y aleccionar á este Señor *Eu* brasilero, *Yo* español, *Ei upto* guaraní y *Pasado* frances; y por su puesto qué el bateo de este garañon imperial, ha de ser muy solemne, pues la etimologia solo de su nombre, tiene éco en todos los idiomas.

Hé aqui lo que tenemos de nuevo.—

Reclutamiento en las calles de Rio Janeiro.

Dar coces contra el aguijon.

SE cumple en el ambicioso macacon brasilero, Pedrito el Rabi-Corto, mas allá de u. pié de la letra el famoso proverbio de. « *dar coces contra el aguijon* », con que se espeja á los insensatos, que afrontan una empresa que está fuera del círculo de su posibilidad, y que todos sus esfuerzos por conseguirla, no le dan por resultado sino decepciones, daños y contrastes, que castigando su temeridad, mas le alejan de sus fines, y concluyen por arruinarlo.

Tal es lo que á Pedrito le está pasando, y le estará pasando siempre, por que este es un pasado que no llegará á pretérito, en el asuntito de la *conquista del Paraguay* cual la piedra angular sobre que edificara la conquista de la América del Sud, y quién sabe qué mas, pues sabido es que esa pasionsilla azogada de la codicia se mueve y crece en razon directa de la magnitud del cuerpo que la contiene.

Horizontes de rosa cortejaban la esfera de sus esperanzas.

Todo era para él armonia, concierto, placer, satisfaccion; creiase ya montado con su buen freno, sus buenas espuelas y su buen látigo en el Vellocino de oro.

Mas, despues de tales encantos, de tan dorados ensueños sobre el trono de Júpiter ¡qué triste realidad!

Quizo conquistar y salió conquistado.

Quizo esclavizar y salió esclavizado.

Quizo arruinar y salió arruinado.

Está sufriendo hoy las prisiones de Tántalo.

La algazara del entusiasmo entonada por las trompetas de la facilidad en todo el negro Imperio, en pró de la guerra contra el Paraguay, se ha convertido en la punzante plegaria, que recorre el diapazon de los cruentos desengaños, contra esa guerra, contra el mal gobierno que la produjo y la sostiene, contra el ambicioso é impio *Rabi-Corto*.

La parte flor, (si es que pueden haber flores entre abrojos), de la poblacion brasilera, ha sacrificado en la guerra.

Ha violado todas las leyes fundamentales que garanten los derechos del ciudadano, para agarrar hombres que arrojarlos á la hambrienta hoguera de la guerra.

Consumidos los adultos, ha echado el guante á los niños, padres de familia y ancianos.

Cerradoles los puertos estrangeros para el enganche de mercenarios, que le han vendido los fueros de su nacionalidad, y sus derechos como hombres, ha reducido hoy el Brasil á una opresiva cárcel de sus hijos.

Paralizadas la industria agricola, fabril y comercial y reconcentrado el movimiento en las aduanas y arsenales, las bancarotas se suceden dia á dia; las fortunas desaparecen, dejando tras sí la miseria, que tiende sus voraces garras de hambre y desnudez sobre el inmenso pauperismo.

Las calles y las plazas en que susurraba el bullicio de un gentio alegre y laborioso, están desiertas, y transitadas solo por los pretorianos que armados de cadenas, espadas y latigos salen á la caza de aquel pobre hombre que arrebatado por la necesidad ha dejado su escondite subter-

Fonte: *Cabichui*, 23 jan. 1868 (cortesia do Centro de Artes Visuales, Museo del Barro, Assunção).

mais o relacionamento delicado entre os correntinos e os brasileiros. Segundo Benjamin Constant, metade da população original (ou 8 mil pessoas) fugiu para o interior para escapar tanto da contaminação quanto do recrutamento. Descrevendo a situação para seu sogro, Constant destacava o forte preconceito dos correntinos contra os brasileiros:

> Os correntinos dizem que o cólera é o pior de todos os males que lhes trouxemos porque ele está devastando sua população. Eles culpam 'os macacos' pela epidemia. Você não faz ideia de como eles são desagradáveis conosco.[384]

Para piorar a situação, uma série de revoltas eclodiu no noroeste argentino no final de 1866, colocando em risco a continuidade da campanha. Essas revoltas foram lideradas pelos caudilhos Juan Saá e Felipe Varela. De San Luis, San Juan, La Rioja, Catamarca, Salta e Jujui, a onda insurgente ameaçou Córdoba, Santa Fé, Entre Ríos e Corrientes, forçando o governo argentino a retirar 6 mil soldados da frente de batalha no Paraguai. O caos se instaurou no noroeste do país. Os caudilhos federalistas denunciavam o "centralismo odioso dos filhos espúrios da culta Buenos Aires". Eles percebiam, como assinalou o próprio Varela, que "ser portenho é ser um cidadão exclusivista; e ser provinciano é ser mendigo sem pátria, sem liberdade, sem direitos. Esta é a política do governo de Mitre".[385]

A onda de revoltas forçou o general Mitre a abdicar do comando militar. Seu afastamento, em fevereiro de 1867, deu aos oficiais militares brasileiros o controle completo das decisões estratégicas relacionadas a Corrientes, bem como em relação à campanha paraguaia. Quatrocentos soldados brasileiros ocuparam a cidade, estabeleceram a paz e asseguraram a lealdade da província ao esforço de guerra. À medida que as revoltas eram dominadas e que a autoridade do Exército argentino se firmava nas províncias rebeldes, uma fonte importante de instabilidade na república argentina era dissipada. Com o assassinato de Urquiza em abril de 1870, os federalistas perderam sua principal liderança com apelo nacional. O poder das províncias declinou na década seguinte, embora

384 Benjamin Constant para Cláudio Luís da Costa, 11 abr. 1867 (apud Teixeira Mendes, 1894, p. 140). Ver, também, Izecksohn (2002, p. 140) e Lemos (1999, p. 155).
385 Proclamação de Felipe Varela, 6 dez. 1866 (apud Sábato, 2014).

as revoltas continuassem esporadicamente ao longo da década de 1870.[386] Esse processo levou, entretanto, ao desgaste da liderança de Mitre, que veria seu candidato à sucessão, o ministro do exterior Rufino de Elizalde, derrotado por Domingo Faustino Sarmiento nas eleições presidenciais de 1868. Ironicamente, as circunstâncias dos tempos de guerra levaram o Exército brasileiro a fortalecer a autoridade central no nordeste da Argentina ao reforçar a subordinação das províncias a Buenos Aires, particularmente ao subordinar a liderança correntina. Desse modo, coube às forças brasileiras em operação a tarefa de assegurar a estabilidade política de seu adversário histórico para consolidar sua base militar de operações.[387]

Embora o levante federalista tenha sido dominado, a crise argentina teve consequências desastrosas para a Tríplice Aliança. O Exército brasileiro teve de arcar com o maior peso do esforço de guerra durante as fases mais severas da campanha, e sua necessidade de reforços humanos e materiais se tornou ainda maior. De setembro de 1866 a julho de 1867, os brasileiros prepararam uma nova ofensiva contra o Paraguai enquanto, simultaneamente, garantiam a paz no Norte da Argentina. A Argentina permaneceu como um parceiro da Tríplice Aliança após 1867, mas suas forças foram reduzidas a menos da metade. A intensificação dos esforços de guerra ocorreu justamente quando o recrutamento enfrentava seus maiores obstáculos.

As crises argentinas desfizeram qualquer ilusão que as autoridades imperiais tivessem de que a guerra poderia ser vencida sem medidas extremas no *front* doméstico. A situação exigia uma ação imediata. A vitória no campo de batalha exigia a adoção de políticas de emergência para obter homens e suprimentos, testando os limites internos da autoridade imperial sobre as províncias. Essa visão foi expressa em uma carta confidencial do ministro da Guerra para o presidente do Rio Grande do Sul, em que as ligações entre a

---

386 Não obstante a eclosão de revoltas nas províncias, a maré virou a favor das forças pró-centro, resultando na consolidação do poder central no jogo político da República argentina. Mas esse processo acarretou a derrota da facção mitrista, desgastada pelo esforço de guerra. A unificação final só seria alcançada na década de 1880, com a federalização da capital. Ver Moreno (1996), Alabart e Pérez (2019) e Pérez (2023).

387 Esse tema foi extensamente abordado na correspondência privada do marquês de Caxias com o ministro da Guerra. Ver AN, códices 932 e 934, correspondências do alto-comando com diversas autoridades.

situação argentina e a necessidade de recrutar mais escravos se manifestavam de maneira muito evidente:

> A revolução, que na Confederação Argentina rebentou com grande intensidade e, pode tornar-se uma revolução nacional, reclama que o destaquem já do Exército Aliado forças argentinas para suplantar a rebelião, o que enfraquecerá as forças em operações contra o governo do Paraguai, e até nos pode colocar na contingência de continuarmos a fazer a Guerra sem o auxílio dos aliados. Cumpre que V. Exa. para o mesmo fim anime a liberdade dos escravos que se destinam ao serviço quer oferecidos gratuitamente, quer mediante a quantia designada pelo Ministério da Fazenda.[388]

Em ofício reservado, enviado ao diretor-geral da pasta dos negócios estrangeiros em missão especial no Prata, o conselheiro Saraiva também alertava que a campanha não poderia ser paralisada sem que isso comprometesse o prestígio da política externa do Império, pois, "Parar ou retroceder no momento em que ela apresenta o mais favorável aspecto para os aliados, em que parece próximo o completo triunfo destes, fora fortalecer o inimigo comum, e prestar larga margem às intervenções estranhas".[389]

O recrutamento forçou os funcionários do governo e os proprietários de escravos a travarem um diálogo delicado sobre o futuro da escravidão no Brasil. Uma escassez crítica de soldados na frente de batalha poderia ter aberto o caminho para o apoio governamental à emancipação integral dos escravos. Mas, mesmo nessas circunstâncias extraordinárias, o governo imperial preferiu agir com prudência. Pedro II enfatizava a inevitabilidade da abolição em algum momento no futuro próximo. Mas, no curto prazo, o imperador se tornou o líder dos esforços empreendidos pelo Estado nacional em favor da libertação de um grupo reduzido de escravos, uma situação que os proprietários de escravos consideraram especialmente ameaçadora, a despeito do caráter claramente cauteloso da ação do governo central.

---

388 João da Costa Paranaguá para Francisco Ignácio Homem de Mello. Rio de Janeiro, 7 fev. 1867. AHRS, códice B1070 – Avisos do Ministério da Guerra.

389 José Antonio Saravia para Joaquim Thomas do Amaral. Rio de Janeiro, 11 ago. 1868. AN, códice 551.

A decisão de alistar escravos

Em novembro de 1866, o imperador anunciou a disposição do governo para estimular uma política mais ampla de emancipação com indenizações, visando à ampliação das forças em operações contra o Paraguai. Esse anúncio não resultou de "uma única decisão", mas de uma série de manobras e negociações sempre voltadas para aumentar o tamanho das forças militares brasileiras sem melindrar os ânimos dos proprietários escravistas. Ao contrário dos Estados Unidos, nem movimentos sociais organizados nem a pressão da opinião pública influenciaram a ação do governo. O recrutamento de escravos foi discutido a portas fechadas como uma questão de segurança nacional. Ao fazer seu anúncio, o imperador seguiu as recomendações do Conselho de Estado. Esses conselheiros se encontravam periodicamente com o imperador para discutir assuntos importantes da política e da administração pública. O tom cauteloso dos debates dá uma ideia da complexidade do tema.

A questão foi cuidadosamente analisada na reunião do Conselho de Estado em 5 de novembro de 1866. A maioria dos membros do conselho era composta por experientes membros da elite imperial no topo de suas carreiras. Muitos haviam sido ministros, senadores e presidentes de província, prestando serviços relevantes nos diversos ramos do governo. O número de membros era pequeno. Suas discussões abordaram os temas críticos da administração e as opiniões foram livremente expressas. Como uma ferramenta de consulta, o conselho tinha grande influência sobre as decisões imperiais (Carvalho, 1988b, p. 107-138).[390]

Durante a Guerra do Paraguai, o número de reuniões do conselho aumentou significativamente devido à urgência e à importância das questões abordadas. Entre 21 de janeiro de 1865 e 31 de agosto de 1867, ocorreram 17 sessões: duas em 1865, oito em 1866 e sete em 1867. Seis sessões foram em grande parte destinadas a temas relacionados à guerra: problemas financeiros, recrutamento, a presença do príncipe consorte na frente de batalha, o cancelamento das eleições provinciais, a anistia aos opositores políticos no Uruguai e a transformação de escravos em soldados.[391] Os registros das deliberações mostram que a maio-

390 Ver, também, Martins (2007).

391 Outras questões, não diretamente relacionadas à guerra, abordavam problemas que resultavam da mesma. Esse era o caso da liberdade do ventre, discutida em dois encontros cruciais durante o mês de abril de 1867, bem como a situação financeira do país e a necessidade de criar novos impostos.

ria dos conselheiros apoiava a continuação da guerra. Em sua opinião geral, qualquer paz sem uma completa vitória reforçaria a noção do Império como uma entidade fraca, incapaz de derrotar mesmo uma pequena nação como o Paraguai. Uma das vozes mais ativas, o conselheiro Nabuco de Araújo, defendia veementemente que "o governo deveria evitar as contingências de um tipo de paz que traria vergonha para as gerações atuais e indignação para as futuras".[392]

Três perguntas foram o foco da reunião de 6 de novembro: (1) Continuando a guerra, será conveniente lançar mão de alforria de escravos para aumentar o número dos soldados do Exército? (2) Que escravos serão preferíveis para o fim de que trata o primeiro quesito: os da nação, os das ordens religiosas, ou os dos particulares? (3) Como realizar essa medida?

Os registros dos trabalhos mostram que as opiniões sobre a necessidade de alistar um grande número de escravos estavam divididas. Durante o encontro, cinco dos 10 conselheiros votaram a favor e cinco votaram contra. Os conselheiros concordaram, entretanto, em priorizar o alistamento de escravos que eram propriedade do Estado ou que se encontravam sob sua custódia: da casa imperial, da nação ou de ordens religiosas, em detrimento daqueles de proprietários privados empregados nas plantações.[393]

O anúncio de Pedro II foi apenas a primeira etapa. Ele foi uma resposta calculada à necessidade urgente de reforços por parte do Exército, restringindo o recrutamento de escravos à casa imperial, conventos, mosteiros e setores sob a tutela do Estado. Logo, entretanto, a liberdade dos escravos pertencentes ao Estado em apoio aos esforços de guerra pareceu abrir um precedente para a possível inclusão de outros grupos.

Escravos como propriedade (ou sob tutela) do Estado

Havia escravos empregados em atividades estatais, que pertenciam ao governo, estando alocados nas fazendas nacionais e em algumas fábricas, tais como as fábricas de pólvora e ferro. Outros serviam na casa imperial como pajens ou

---

392 Conselho de Estado Pleno, 1978, v. 6, p. 81.

393 Os conselheiros visconde do Abaeté, Pimenta Bueno, Sousa Franco, visconde de Sapucaí e Nabuco de Araújo foram favoráveis, enquanto os conselheiros visconde de Jequitinhonha, visconde de Itaboraí, marquês de Olinda, Paranhos e Torres Homem votaram contra.

em outras tarefas domésticas. Havia também muitos dos chamados "africanos livres", escravos trazidos ilegalmente ao Brasil após a proibição internacional do tráfico de escravos em 1831.[394] Esses indivíduos, nascidos na África, definhavam sob a custódia imperial por alguns anos antes de serem libertados, quando efetivamente o foram. Eles constituíam uma pequena amostra das centenas de milhares admitidas no território do Império após 1831. Os mesmos ficavam sob a responsabilidade do governo, cumprindo um período de 14 anos de "aprendizagem". Seu estado semicativo permitia que as autoridades os utilizassem da maneira como desejassem: alguns eram enviados para fazendas públicas, outros eram enviados para as fábricas de ferro e pólvora do Império ou para os arsenais, enquanto a grande maioria era "emprestada" a entes privados. Antônio, um africano livre que trabalhava no Arsenal de Guerra da Corte desde 1849, é um exemplo entre vários. Em março de 1862, Antônio escreveu uma petição ao ministro da Guerra solicitando ser emancipado, uma vez que tinha cumprido seu período probatório. Sua petição claramente indica que os trabalhadores livres do arsenal o encorajaram a buscar seus direitos.[395]

Ao discutir o tema, Nabuco de Araújo destacou um ponto que merece a atenção na historiografia sobre a escravidão: o tratamento supostamente mais brando recebido pelos escravos que eram propriedade do governo, empregados nas fazendas ou na casa imperial, em comparação com as condições mais duras enfrentadas pelos trabalhadores das plantações. Em consequência, Nabuco alertou seus pares que propostas de libertação de tais escravos seriam problemáticas, uma vez que os escravos poderiam preferir a servidão a uma liberdade que significaria seu envio para a guerra.[396] Como

> tais escravos e aqueles que vinham da Nação vivem em condições muito ociosas é possível que eles recusem esse benefício [liberdade para servir] e tentem se esconder. É por isso que sua captura deveria ocorrer em segredo e tomando todos

---

394 Para um relatório completo sobre a situação dessas fazendas durante a década de 1870, ver RMF, 1866, especialmente o Mappa 116. Em relação aos escravos sob custódia, ver Mamigonian (2017).

395 AHEX. Requerimento nº 650/1863. Não foi possível saber se a demanda de Antônio foi atendida ou não, mas as anotações feitas pelos funcionários encarregados do processo atestam que sua informação era verdadeira, enfatizando também o bom comportamento enquanto serviu ao arsenal. Um ano mais tarde, as autoridades militares ainda estavam julgando sua situação.

396 Havia críticos que ressaltavam o estado miserável dos escravos da nação. Para o liberal-federalista Tavares Bastos, "o pior senhor de escravos era o Estado" (Rocha, 2012, p. 195). Ver, também, o artigo sobre a mortalidade desses mesmos escravos publicado no jornal *Opinião Liberal* (ed. 108, p. 2, 28 nov. 1868).

os cuidados. A melhor solução possível seria enviar o chefe de polícia, o delegado e o juiz com os doutores e inspetores para capturar, examinar e avaliar aqueles escravos.[397]

Ao discutir a alforria dos escravos do Estado, os conselheiros recomendavam que suas esposas também deveriam ser libertadas. Tais preocupações apontam para a crescente importância das famílias entre os escravos ou para uma tentativa de minar a resistência daqueles eventualmente selecionados.[398] O processo de formação da família estava avançando nas propriedades do Estado, provavelmente devido aos melhores padrões de vida decorrentes da interrupção do tráfico internacional, 16 anos antes.[399] O relato do ministro das Finanças para 1866 mostra uma população total de 1.427 escravos do Estado ou sob sua tutela. De uma população masculina de 707, somente 339 foram recrutados. Oficialmente, 287 desses homens foram enviados para a frente de batalha, assim como 67 outros que pertenciam à casa imperial.[400]

Escravos como propriedade indireta do Estado

As ordens religiosas possuíam escravos, concentrados principalmente nas propriedades eclesiásticas, ainda que alguns padres também constassem como proprietários. O governo Imperial estimava encontrar uma população de 1.420 escravos, homens aptos ao serviço militar nesse setor.[401] Apesar dos princípios religiosos e dos trabalhos filantrópicos, as instituições católicas e a maioria dos padres não demonstravam um compromisso com a emancipação de escravos. Diferentemente do que ocorria com algumas denominações protestantes do Norte dos Estados Unidos, envolvidas na cruzada antiescravista que precedeu a Guerra Civil naquele país, a Igreja Católica brasileira encontrava-se ausente das discussões envolvendo o que, na época, se entendia como "a questão servil".

397 Conselho de Estado Pleno, 1978, v. 6, p. 84. O tema é controverso.

398 Conselho de Estado Pleno, 1978, v. 6, p. 72-73.

399 Relatórios sobre as forjas e fazendas Ipanema em São Paulo mostram uma população de 49 homens e 26 mulheres de todas as idades.

400 RMF, 1866. Anexos, tabela 108.

401 Estimativas feitas pelo visconde de Abaeté (Conselho de Estado Pleno, 1978, v. 6, p. 72).

O conselheiro Torres Homem observou a grande contradição embutida na posse de escravos pela Igreja:

> É também uma estranha anomalia que após dezoito séculos de Cristianismo, os conventos se ostentem possuidores de numerosa escravatura, quando a Igreja Católica constantemente impugnou, combateu e condenou em todos os tempos e lugares a escravidão como oposta ao espírito do Evangelho.[402]

Como servidores públicos, os padres defendiam posições que eram semelhantes a, se não ainda mais conservadoras, do que aquelas dos burocratas brasileiros. O fato de a Igreja Católica e do Estado-nação estarem unidos no mundo luso-brasileiro era característico dessa tradição. Não é surpresa que nenhuma manifestação abolicionista mais expressiva tenha se desenvolvido entre o clero brasileiro. Os padres eram leais às necessidades institucionais da Igreja e os escravos realizavam um grande número de tarefas nas propriedades eclesiásticas, nos conventos e nos mosteiros. Segundo o futuro líder abolicionista Joaquim Nabuco, a posse de homens e mulheres por conventos e pelos clérigos em geral desmoralizava completamente todos os sentimentos religiosos dos senhores e dos escravos (Nabuco, 1988, p. 132; Carvalho, 1988a).

O terceiro grupo, dos escravos que pertenciam a indivíduos ou grupos de particulares, era de longe o maior, contendo cerca de 1,5 milhão de indivíduos, de acordo com o censo de 1872. Representavam 15% a 20% do total da população brasileira em 1865. A população escrava era fragmentada por etnia, *status* e lealdades pessoais. Não existem registros precisos que forneçam um relato do número total de escravos no país em 1866. Antes do Código Comercial de 1866 não havia exigência legal de registrar compra e venda de escravos, exceto em situações extremas.[403] Não existiam censos demográficos nacionais até 1872, nem censos locais regulares, mas apenas estimativas baseadas nos distritos e províncias nas quais listas eram produzidas devido a alguma demanda. Uma ampla resistência enraizada em todas as classes confrontou a expansão dos registros civis. Isso evitou que o governo soubesse precisamente o número

402 Estimativas feitas pelo visconde de Abaeté (Conselho de Estado Pleno, 1978, v. 6, p. 89).

403 Segundo Conrad (1972, p. 55), em 1862 o embaixador britânico no Brasil calculou que existisse meio milhão de escravos mantidos ilegalmente no país.

de escravos aptos ao alistamento. Ele não podia "ver como um Estado", para usar a famosa expressão de James Scott.[404] Dados de um censo da província e do município neutro do Rio de Janeiro realizado em 1849 registraram uma população de 450 mil escravos, um número maior que o de Cuba naquela época. Alguns conselheiros, de maneira otimista, acreditavam que cerca de 24 mil soldados podiam ser obtidos dos proprietários ao recrutar apenas 5% do total estimado.[405]

Porém, esses escravos eram homens entre 12 e 50 anos de idade, no auge de suas vidas produtivas. Essas circunstâncias os tornavam tão essenciais para os fazendeiros brasileiros quanto para um Exército que necessitava de reposições. A situação do governo se tornava ainda mais difícil porque, em meados da década de 1860, o fim do tráfico internacional de escravos, baixas taxas de natalidade e a mortalidade infantil elevada transformaram os trabalhadores saudáveis num bem escasso nas plantações. O suprimento de trabalho escravo enfrentou sua pior crise na história brasileira. A tabela 4 mostra que mais da metade da população de escravos estava concentrada na atual região Sudeste, local das plantações de café e também de extensas unidades de produção para o mercado interno. Consequentemente, a resistência ao recrutamento de escravos cresceu entre os fazendeiros, particularmente aqueles com grandes posses.

Os debates se concentraram na questão de como libertar os escravos que seriam posteriormente recrutados para o serviço militar. Muitos conselheiros condenaram a expropriação sem compensação. O marquês de Olinda temia que tal medida pudesse trazer consequências inesperadas porque "a escravidão é uma chaga em que não se deve tocar". Para outros, a libertação dos escravos estava perigosamente ligada à perspectiva de emancipação imediata. Finalmente, um terceiro grupo, mais preocupado com a administração pública do que com os direitos de propriedade, temia que o delicado estado das finanças do país impedisse o governo de compensar, de forma efetiva, os proprietários de escravos que concordassem em cooperar com o governo, uma apreensão pertinente tendo em vista as dificuldades financeiras do Império naquele momento.

---

404 A expressão "vendo como um Estado" se refere ao título do livro de James C. Scott, *Seeing like a State: how certain schemes to improve the human condition have failed* (1998).

405 O visconde de Abaeté, um conselheiro comprometido com a utilização e generalização de estatísticas, defendia essa posição.

Tabela 4
População de escravos do Brasil por região (1872)

Províncias	Livres	%	Escravos	%	Total	%
Norte	573.354	84,2	107.680	15,8	681.034	100,0
Nordeste	3.753.239	89,6	435.687	10,4	4.188.926	100,0
Sul	624.982	83,4	124.949	16,6	749.931	100,0
Oeste	203.503	92,8	15.854	7,2	219.357	100,0
Sudoeste	2.839.519	77,81	809.575	22,2	3.649.094	100,0
Corte	226.033	82,8	47.084	17,2	273.117	100,0
Subtotais	8.220.620	84,2	1.540.829	15,8	9.761.449	100,0

Norte: Amazonas, Pará; Nordeste: Maranhão, Rio Grande do Norte, Paraíba, Pernambuco, Alagoas, Sergipe e Bahia; Sul: Rio Grande do Sul, Paraná, Santa Catarina; Sudoeste: São Paulo, Rio de Janeiro, Espírito Santo; Oeste: Goiás; Mato Grosso; Corte: Cidade do Rio de Janeiro.
Fonte: Directoria Geral de Estatística. Recenseamento da População do Império do Brasil de 1872 (Rio de Janeiro: Leuziger e Filhos, 1873-76).

Contudo, outros conselheiros encaravam o recrutamento de escravos como essencial para as necessidades militares da nação. O visconde do Abaeté chegou a propor a expropriação de escravos, de acordo com a necessidade, para a defesa nacional. O conselheiro Nabuco de Araújo previu que as dificuldades na mobilização dos setores livres aumentariam devido à distribuição dispersa da população, à ausência de forças regulares para capturar fugitivos, às intrigas políticas e a outras circunstâncias. Consequentemente, basear a força militar brasileira apenas nos setores livres resultaria num processo demorado e oneroso. O prolongamento da guerra retiraria mais força de trabalho da agricultura, agravando a escassez de trabalhadores livres e o desânimo geral da população, uma vez que o ânimo do povo brasileiro, segundo o mesmo conselheiro, seria caracterizado "pelo entusiasmo, não por sua perseverança". Nabuco defendia o alistamento de escravos, especialmente aqueles que entendia constituírem uma ameaça à ordem pública. Referia-se principalmente aos escravos urbanos, um grupo sujeito a regras menos rígidas de controle social. Os escravos urbanos se tornariam o principal alvo desses esforços de recrutamento. Não havia contradição nessa atitude, segundo Nabuco, porque

> os escravos comprados [pelo Estado] são libertos e por consequência cidadãos antes de serem soldados. Assim, ao mesmo tempo e pelo mesmo ato se faz um grande serviço à emancipação, que é a causa da civilização e outro serviço à Guerra, que

é a causa nacional; assim adquirem-se soldados dotados do reconhecimento da liberdade, disciplinados pelo seu hábito de obedecer.[406]

Com a necessidade urgente de mobilização, Nabuco viu uma oportunidade de retomar os debates sobre a abolição, que estavam praticamente paralisados desde 1850, quando o tráfico internacional foi abolido. Ele defendeu particularmente o recrutamento de escravos urbanos insubordinados, indivíduos como Carlos, o escravo descrito no início deste capítulo, que as autoridades civis tinham dificuldade para controlar. Concentrando-se em escravos urbanos, acreditava, o esforço de guerra reduziria um dos principais problemas de segurança do Brasil sem comprometer as atividades agrícolas tão importantes para a economia nacional. O recrutamento completaria assim a tarefa que o banimento do tráfico internacional de escravos havia adiantado: libertar as cidades da instabilidade e da ameaça que havia resultado das concentrações de escravos vivendo em permanente contato com membros livres e libertos da sociedade urbana. O conselheiro Pimenta Bueno também defendeu o alistamento de escravos, de uma perspectiva similar àquela exposta pelos homens de negócios de Boston e pelo governador de Iowa citados no capítulo anterior. Pimenta Bueno dividia sua resposta em cinco pontos:

1) Porque a política aconselha que, em vez de diminuir a população livre, pelo contrário, se diminua o número dos escravos.
2) Porque é um meio de emancipação, que desde logo dá destino e ocupação aos emancipados.
3) Porque embora esses braços façam alguma falta à lavoura, maior falta fazem os braços dos filhos, parentes, ou jornaleiros dos agricultores, muitos dos quais representam núcleos de futuras famílias trabalhadoras, núcleos que a Guerra vai extinguir.
4) Porque não sendo nossa sociedade homogênea é preferível poupar a classe mais civilizada e mais moralizada, e não a outra que é menos, e que pode ser perigosa. Entre males, cumpre escolher os menores. E finalmente,
5) Porque o recrutamento de homens livres será cada vez mais difícil, atentas as circunstâncias especiais do País.[407]

406 Conselho de Estado Pleno, 1978, v. 6, p. 132.
407 Conselho de Estado Pleno, 1978, v. 6, p. 75.

Na linha de argumentação de Pimenta Bueno, que era seu único defensor, a guerra traria o branqueamento da população brasileira, utilizando escravos como bucha de canhão. Esse ponto de vista reflete algumas posições dos *yankees* de alguns anos antes. Enviar escravos emancipados para as fileiras diminuiria as baixas entre os homens livres. Consequentemente, os sacrifícios da guerra, em sua opinião, recairiam sobre a porção que considerava menos civilizada e mais perigosa da população, simultaneamente equacionando as necessidades militares.[408]

Os opositores de qualquer política oficial de recrutamento de escravos apelaram tanto para argumentos materiais quanto morais. O visconde de Jequitinhonha classificou tal ação como "inconveniente, indecorosa, ineficaz e muito onerosa para os cofres públicos". Confrontado com a possível formação de batalhões de homens livres, Jequitinhonha chegou ao extremo de propor um retorno à utilização de mercenários estrangeiros, prática abandonada no Exército brasileiro desde as campanhas contra Rosas e Oribe. Jequitinhonha era apoiado na defesa desse "mal menor" pelo visconde de Itaboraí, para quem

> os [mercenários] estrangeiros eram menos perigosos do que os escravos retirados do estado abjeto em que viviam para serem armados no dia seguinte, aumentando em seus corações a má vontade, indisposição e a raiva que haviam acumulado durante seu cativeiro porque eles entendem que sua liberdade não decorreu do[s] sentimento[s] de justiça ou generosidade, mas apenas da necessidade de lançá-los contra os inimigos dos seus proprietários.[409]

Comparando sociedades escravocratas

Durante a reunião de 5 de novembro, os conselheiros apelaram constantemente para análises comparativas. A maioria dos exemplos citados era de países europeus e suas colônias. Os conselheiros ligavam a autoimagem nacional à

---

408 No livro *O negro no Brasil: da senzala à Guerra do Paraguai*, Chiavenatto (1982) superestimou o poder dessa perspectiva como o objetivo do recrutamento. Chiavenatto caracterizou o alistamento de escravos como uma prévia da "solução final" para a pluralidade étnica que prevalecia no Império. Vale destacar que a posição de Pimenta Bueno foi minoritária nos debates.

409 Conselho de Estado Pleno, 1978, v. 6, p. 73-75.

monarquia brasileira que espelhava os valores e as práticas das nações europeias. Porém, a recentemente encerrada Guerra Civil americana também constituiu um ponto de referência importante. Como as políticas de recrutamento norte-americanas emergiram a partir de circunstâncias semelhantes, elas foram objeto de questionamentos e comparações. Tanto defensores quanto oponentes do alistamento de escravos se referiram à situação norte-americana. Pimenta Bueno utilizou o exemplo dos EUA para defender o alistamento, associando a situação da União aos modelos clássicos da Grécia e de Roma, "que não se mostraram constrangidos em apelar à ajuda dos seus cativos em tempos conturbados". Nabuco de Araújo enfatizou a proclamação preliminar de Lincoln (setembro de 1862) e o Decreto de Emancipação final (janeiro de 1863) como aceitáveis para o Brasil. A partir dessa perspectiva, a experiência norte-americana mostrou que o recrutamento de escravos libertos poderia ser realizado sem gerar instabilidade social, garantindo a reposição das fileiras num momento importante da guerra.

Refutando as semelhanças entre as experiências norte-americana e brasileira, o conselheiro Torres Homem observou que o alistamento massivo de negros pela União estava associado à emancipação no Sul, um ponto central daquela luta. O recrutamento não era uma ameaça para a sociedade do Norte, que contava com um número relativamente pequeno de afrodescendentes. A liberdade concedida a todos os escravos do Sul não afetou as condições econômicas e sociais da União, onde a economia baseada no trabalho livre floresceu mesmo durante o período colonial. Antigos escravos que se alistaram lutavam por sua própria liberdade, o que constituía razão suficiente para manter uma disciplina estrita. Além disso, a emancipação seria (eventualmente) universal. Os escravos que não participaram da luta se beneficiariam da vitória e do esforço daqueles que integraram as tropas negras da União. No Brasil, em contraste, os escravos livres lutavam por uma sociedade que ainda sancionava a escravidão. A ausência de qualquer perspectiva imediata de abolição da escravatura encorajaria a revolta e não a cooperação social, principalmente entre aqueles que ficaram na retaguarda.

Em suas discussões sobre a motivação dos escravos, os conselheiros sempre superestimavam o comportamento de seus cativos supondo, frequentemente, que aqueles se comportariam como um único "grupo de interesse". Eles parecem não ter levado em conta que as relações pessoais, o clientelismo, a presença de diferenças étnicas e as lealdades parentais poderiam fragmentar a orientação social e racional dos cativos. Na mente dos conselheiros, as reações dos escravos eram medidas em termos de um "comportamento negro" monolítico, como se agissem na condição de um grupo de interesses racial. Era como se a situação de Santo Domingo pudesse se materializar novamente numa grande revolta escrava, o assim chamado haitianismo, mesmo que tardio.[410]

Curiosamente, os conselheiros não discutiam exemplos dos países hispano-americanos. Na América do Sul, muitas das repúblicas de língua espanhola utilizaram escravos libertos como soldados durante a primeira metade do século XIX.[411] Simón Bolívar utilizou extensamente ex-escravos e negros livres em suas campanhas contra os monarquistas. Juan Manuel de Rosas também "apelou" para a população negra de Buenos Aires ao organizar regimentos para lutar contra as províncias rebeldes e também no apoio a Oribe durante a Guerra Grande no Uruguai.[412] O explorador britânico Richard Burton observou em suas "Cartas" que tanto a Argentina quanto o Uruguai esvaziaram suas populações negras locais utilizando-as como bucha de canhão, mas não chegou a explicar como essa "limpeza étnica" teria ocorrido (Burton, 1870, p. 122).[413] Durante a Guerra da Tríplice Aliança, o Paraguai utilizou sua pequena população negra, libertando os escravos para servir no Exército.[414] Boa parte desse grupo não sobreviveria à guerra. A única referência às repúblicas vizinhas foi feita pelo conselheiro Torres Homem, que temia a impressão que esse tipo especial de recrutamento produziria "nas repúblicas vizinhas e no mundo civilizado". Torres Homem receava que o Império fosse criticado por recrutar escravos para lutar contra uma das menores nações das Américas. Os conselheiros também temiam que o recrutamento fomentasse rebeliões entre os escravos que permanecessem nas fazendas, perturbando assim as atividades econômicas. Para garantir a estabilidade da monarquia, os conselheiros insis-

410 Sobre o conceito de haitianismo como uma retórica política baseada em estereótipos raciais, ver Morel (2017).

411 Para estudos de caso sobre recrutamento de escravos e libertos na América do Sul, ver, entre outros, Lasso (2006) e Echevery (2017, p. 157-190). Sobre a população afro-argentina, ver Andrews (1980), em que a mobilização para a guerra contra o Paraguai é discutida nas páginas 113-137. Para o México, ver Vinson III (2001, p. 85-131).

412 Sobre as retóricas rosistas e seus apelos à população de cor, ver Myers (2011, p. 11-122).

413 Para uma abordagem recente sobre a relação entre a escravidão e o serviço militar no rio da Prata, ver Mallo e Telesca (2010).

414 Para um registro das comunidades afro-paraguaias, ver Cooney (1974) e Saeger (1981).

tiam que os escravos não deveriam confundir o recrutamento com a abolição imediata. Torres Homem enfatizou que não fazia diferença se os escravos eram libertos pelo Estado em nome da civilização ou para produzir soldados para a guerra; os efeitos morais sobre os escravos remanescentes seriam os mesmos. Ele também destacou o ressentimento dos soldados livres, que, de repente, se encontrariam nas fileiras em igualdade de condições com os ex-escravos, uma questão ainda não devidamente abordada pela historiografia da Guerra do Paraguai.

Após refletir sobre as opiniões dos conselheiros e, levando em conta o estado precário das forças em operações no Prata, o imperador chegou à decisão sobre o alistamento de escravos. Duas medidas foram tomadas para deixar claro que o alistamento não significava a emancipação. Simultaneamente à reunião seguinte do conselho, o imperador alforriou todos os escravos mantidos pelo Estado e pelas ordens religiosas através do Decreto nº 3.725. O decreto enfatizou que os escravos seriam libertados com a condição de que imediatamente entrassem para o Exército e servissem por um período de nove anos. As esposas dos soldados seriam automaticamente libertadas pelo mesmo decreto. Uma decisão importante fora tomada, e agora o imperador teria de enfrentar suas consequências. Apesar de transformar os escravos da nação em uma ferramenta para reforçar o Exército, o decreto não feria os interesses dos proprietários. As sensibilidades nesse terreno eram fortes, e a postura do governo foi, desde o início, a de negociar com os senhores a libertação de alguns indivíduos mediante pagamentos. Aparentemente, o decreto imperial procurava estimular a cooperação pelo exemplo. Uma estratégia que visava animar comportamentos individuais a partir da atitude imperial.

Extraindo mão de obra dos proprietários de escravos

Embora o número de indivíduos libertados na primeira leva tenha sido pequeno, ainda havia resistência ao plano do governo, particularmente por parte da Igreja. A ordem carmelita ilustra a falta de cooperação que as autoridades do Império encontraram mesmo nos setores mais profundamente conectados à monarquia. Em uma carta oficial de dezembro de 1865, o arcebispo da Bahia informou ao ministro da Guerra que "devido ao estado deplorável das propriedades dos carmelitas não seria possível fornecer um número significativo de indivíduos". Ele declarou que dos 106 escravos vivendo na melhor fazenda dos carmelitas, apenas oito estavam em condições de marchar. Embora a ordem dos beneditinos tenha fornecido 10 escravos no mesmo período, o arcebispo enfatizou que "fornecer oito indivíduos, pobres como eram aqueles oferecidos pelos carmelitas, representava muito mais do que aqueles fornecidos pela Ordem mais rica dos Beneditinos".[415] Uma extensa carta de 1866, assinada por "um servo leal de sua majestade" lançou dúvida sobre o argumento dos carmelitas:

> Possui a corporação Carmelitana cerca de mil escravos de ambos os sexos e de diferentes idades nas províncias do Rio de Janeiro, de São Paulo, do Espírito Santo, e do Pará, de onde se pode tirar para o Exército muita gente. Porém, o atual visitador da Ordem arrendou muitas fazendas com muito boa escravatura a vários especuladores, de onde se podia tirar um luzido contingente para o Exército. Portanto, cumpre-me prevenir ao governo, que não aceite toda e qualquer desculpa que o mesmo der, a fim de frustrar as vistas do governo, alegando que os melhores escravos foram libertados pelos religiosos; quando é certo, Ex.mo. Sr., que a nossa melhor escravatura acha-se quase toda arrendada pelo atual visitador; pois ele há de empregar todos os seus esforços para sustentar todos esses contratos de arrendamento de escravos, que foram feitos sem ciência da comunidade e com enormíssima lesão para o patrimônio da ordem. Convém, Ex.mo. Sr., que o governo mande rescindir esses contratos fraudulentos e encarregue à pessoa idônea e conhecedora dos escravos a comissão de escolher os mais aptos para o serviço militar, com o que muito lucrará o país e a civilização.[416]

Parece que o autor estava correto em suas críticas. Em abril de 1867, um superior do convento dos Carmelitas anunciou que a ordem poderia libertar 45 indivíduos, distribuídos entre várias propriedades, alguns dos quais arrendados,

---

415 Dom Manuel Joaquim Silveira para João Lustosa da Cunha Paranaguá. Salvador, 13 dez. 1866. Museu Imperial - 82 - I-DPP-14.5.866-Sil-c-1-7 (BIS-AR).

416 Anônimo para marquês de Paranaguá. Rio de Janeiro, 20 nov. 1866. AN/SPE, códice 572, doc. 6, fl. 19.

aumentando em seis vezes sua oferta inicial.[417] Também digno de nota foi o fato de os mosteiros carmelitas na Corte e na província do Pará terem oferecido mais indivíduos do que aqueles de São Paulo e Rio de Janeiro. Em outra carta, os carmelitas lembraram ao governo imperial sobre a compensação necessária, pois, dos 40 escravos libertos, apenas 36 foram objeto de indenização. As autoridades eclesiásticas se opuseram à expropriação pura e simples dos seus quatro escravos e exigiram dinheiro em troca de seus servos. Os relatórios finais registram um total de 95 recrutas vindos dos conventos e mosteiros de diversas ordens eclesiásticas. Esses recrutas eram retirados das fazendas e mosteiros diretamente pelo chefe de polícia de cada uma das localidades.

Se o governo enfrentou problemas para obter escravos-soldados da Igreja, como responderam os proprietários particulares? Claramente o conselho não desejava pressionar os proprietários de escravos. Em nenhum momento durante a guerra, os escravos foram recrutados contra a vontade de seus donos. Ao contrário, os funcionários do governo fizeram uma "série de apelos" destinados expressamente ao convencimento dos senhores, a fim de que doassem voluntariamente os escravos para a nação. Poucos desses apelos foram positivamente respondidos e praticamente nenhum o foi sem a contrapartida: a compra do escravo pelo governo, tal como registrado na correspondência do fazendeiro Jobim, apresentada no início deste capítulo.

Joaquim José de Souza Breves, um dos mais ricos fazendeiros e provavelmente o maior proprietário de escravos da província do Rio de Janeiro, oferece um bom exemplo da falta de cooperação desse grupo. Sua resposta a uma carta oficial do presidente da província expressa um argumento comum contra as solicitações do governo:

> No ano próximo passado [...] destinei seis escravos para esse fim. Porém, esses manifestaram "má vontade" e, em seguida, se empenharam com amigos meus e recusaram os benefícios da liberdade [...] ao mesmo tempo em que onze outros

---

417 Segundo um documento exarado em abril de 1867, seis dos escravos da ordem dos carmelitas estavam trabalhando em fazendas alugadas a proprietários particulares. Ver AHMI, DPP – 96 – 25.4867. A distribuição final dos escravos libertados pela ordem foi: Pará (17), Corte (14) e São Paulo (14). O relatório do Ministério da Guerra de 1872 apontou um número total de 95 escravos libertados, provenientes dos mosteiros e conventos, ou seja, 2,4% do número total de soldados listados naquele mesmo relatório. Ver "Mappa da Força com que cada uma das províncias do Império concorreu para a Guerra do Paraguai...", RMG, 1872.

> dos meus escravos pardos e crioulos, tendo cometido pequenas faltas, se evadiram de minhas fazendas, constando-me logo que seis destes foram assentar praça de voluntários, oferecendo-se como livres, e como tais marcharam para o teatro de Guerra. Julgo, pois que neste sentido justifico a minha intenção de acolher sempre tão justas quanto patrióticas solicitações.[418]

A urgência para obter novos recrutas e o caráter imediatista da liderança imperial desnudaram a falta de preparativos para a recepção dos cativos. Assim, para os poucos chefes locais que consentiram em voluntariamente doar alguns escravos, surgiram outras questões, normalmente de ordem prática. Quem transportaria os escravos para a Corte? Expressando preocupação sobre esse problema, o presidente de São Paulo declarou que, "se os proprietários tiverem que pagar, nenhum enviaria seus escravos para a Corte arriscando-se a recebê-los de volta se fossem recusados".[419] A despeito da intenção de colaborar, expressa por alguns poucos fazendeiros, o número de escravos libertados foi pequeno, um ou dois por fazendeiro. Um total de 799 escravos foi doado livremente, junto com 948 escolhidos como substitutos. Isso representava cerca de metade do número de 1.807 indivíduos que foram libertados por verbas públicas. O governo imperial percebeu que, se a situação militar não melhorasse, ocorreriam dificuldades graves no ano seguinte, uma vez que os fazendeiros e seus associados nas principais cidades se tornavam cada vez menos dispostos a cooperar com os esforços para libertar e alistar escravos. Em nenhum lugar esse contraste era mais evidente do que na província do Ceará: os governos imperial e da província libertaram 350 escravos, mas apenas um foi libertado por um proprietário privado.[420]

Entretanto, para alívio geral, a maré da guerra virou a favor do Império. A partir de dezembro de 1867, uma série de vitórias levou à captura da fortaleza de Humaitá em agosto de 1868. Depois disso, os paraguaios não conseguiram mais reunir resistência suficiente para alterar o resultado dos eventos. Para

---

418 Joaquim José de Souza Breves para Esperidião Eloy de Barros Pimentel. Fazenda São Joaquim, 2 fev. 1867. AN/IG1/146, cx. 582, fl. 63. Para uma discussão do poder e da influência dos Breves, ver Pessoa (2018, p. 145-172).

419 José Tavares Bastos para João Lustosa da Cunha Paranaguá. São Paulo, 2 mar. 1867. AN/SPE/IG-159, cx. 587, maço 1867, fl. 820.

420 Diogo Velho Cavalcanti para barão de Muritiba. Fortaleza, 23 jan. 1869. AN/SPE/IG1-40 (CE), n. 20.

todos os efeitos, a guerra estava ganha, e a conquista das posições paraguaias remanescentes era apenas uma questão de tempo, persistência e condições climáticas adequadas. Ainda que as novas etapas continuassem dolorosas, o nível de esforço militar tornou-se compatível com o tamanho dos contingentes, diminuindo a demanda por novos soldados.

Cifras no alistamento de soldados

Os problemas para determinar o número de soldados libertados que serviram durante a Guerra do Paraguai são os mesmos daqueles relacionados à determinação do número de recrutas livres. Os números gerados pelo Ministério da Guerra são imprecisos. No relatório de 1872, as autoridades tentaram uniformizar esse oceano de dados, resumindo os totais para os cinco anos do combate. A maioria dos esforços de emancipação esteve concentrada nas instituições ligadas ao governo. Mais da metade (56%) de todos os indivíduos emancipados vinham de doações imperiais, da casa imperial, de suas fazendas ou de instituições indiretamente relacionadas, tais como a Igreja. Metade das contribuições privadas foi preenchida como substituições. Doações privadas representavam apenas 2%, aproximadamente, de todos os esforços de recrutamento.

A baixa disposição dos fazendeiros para contribuir voluntariamente com escravos pode ser atribuída à permanente crise de mão de obra escrava. Porém, mesmo considerando as dificuldades no interior da economia de *plantation*, a cooperação desse setor foi muito menor do que as projeções mais céticas dos conselheiros. Não houve qualquer expropriação, embora alguns escravos tenham sido erroneamente tomados de seus proprietários por recrutadores ambiciosos ou desavisados. No geral, o Estado assumiu o fardo mais pesado do recrutamento e, contudo, também fracassou em obter um número significativo de indivíduos. Informações sobre a divisão territorial do recrutamento apoiam essas conclusões.

Esses dados mostram a grande contribuição da cidade do Rio de Janeiro para os esforços de guerra. Aparentemente, eles parecem confirmar a suposição do conselheiro Nabuco de Araújo de que o recrutamento de escravos deveria se concentrar nos escravos urbanos, especialmente naqueles da capital do Império. Porém, uma análise mais cuidadosa indica que a proximidade da Corte e da máquina do Estado foi o fator que auxiliou no esforço de recrutamento. Na sua condição de capital do Império, a Corte do Rio era muito sensível às pressões políticas, e seus escravos mais suscetíveis às alforrias imperiais. Do total de 2.196 escravos libertados para recrutamento na cidade do Rio de Janeiro, 60,5% vieram de atividades relacionadas ao Estado, a maioria deles comprada ou libertada pelo governo (ver tabela 5).

A distribuição regional do recrutamento acompanhou os mesmos padrões apresentados pelo tráfico interno de escravos. O Nordeste e o Sul contribuíram proporcionalmente muito mais do que o Sudeste, que detinha metade da população de escravos do país. Essas evidências apoiam a hipótese de que os fazendeiros escravistas não cooperaram da maneira esperada, retendo seus escravos apesar das exigências do governo imperial. Aos 4.003 escravos oficialmente libertados para o Exército, devem ser acrescentados mais 2.257 que se alistaram na Marinha, totalizando 6.260 indivíduos. Esse número corresponde a 4,4% dos 91.298 soldados que lutaram na guerra, de acordo com o relatório de 1872. Os números reais, entretanto, são provavelmente muito maiores, embora as proporções entre indivíduos livres e libertos possam ser as mesmas quando feitas as devidas correções.[421]

Essa pequena proporção se torna mais significativa, entretanto, quando comparada ao número decrescente de soldados enviados à frente de batalha entre novembro de 1866 e agosto de 1868, os anos finais da mobilização para a guerra, quando as alforrias para o Exército foram oficialmente suspensas. Listas alternativas fornecidas pelos relatórios do Ministério da Guerra mostram que durante 1867 e 1868 apenas 15 mil soldados foram enviados ao *front*, 3.897 dos

421 Pesquisas realizadas nos últimos 20 anos enfatizaram a ausência de uniformidade nos preços pagos pelos escravos a serem libertos para o alistamento. Souza (1996, p. 72) registrou na Corte um valor médio de $ 1.985.000 (US$ 913). Graden (1991, p. 72) encontrou como preço médio na Bahia o valor de $ 1.300.000 (US$ 600) e concluiu que os proprietários de escravos recebiam valores mais altos que os do mercado ao alforriar seus cativos para a guerra. Kraay (1997, p. 240) apresentou os seguintes preços médios: Maranhão: $ 1.272.542 (US$ 585); Pará: $ 1.133.333 (US$ 604); Pernambuco: $ 1.382.979 (US$ 610). Os preços no Rio de Janeiro e Bahia oscilavam dependendo das circunstâncias. Segundo Moreira (1996, p. 65), para a cidade de Porto Alegre os preços variavam entre $ 800.000 (US$ 368) e $ 1.300.000 (US$ 598). Finalmente, Salles (1990, p. 68) sugere que o custo dos escravos em 1870 variava entre $ 2.000.000 e $ 3.000.000 (ou US$ 920 a US$ 1.380).

quais eram escravos libertos (26%). Em 1868, aproximadamente 1.873 escravos foram recrutados. Eles representaram 23% dos 8.241 soldados enviados ao Paraguai naquele ano. Assim, o recrutamento de escravos libertos manteve o suprimento de novos soldados em níveis aceitáveis e foi fundamental para a vitória brasileira. Se por um lado os escravos libertos representaram uma proporção relativamente pequena do contingente total do Exército, por outro eles foram essenciais durante os três últimos anos da campanha, quando as fontes de soldados livres escasseavam. É muito provável que os escravos libertos tenham desempenhado um papel crucial na ocupação do Paraguai após o final da Guerra. O que começou como uma campanha voluntária patriótica se transformou em uma luta de escravos libertos e de recrutados à força.

Repercussões políticas imediatas do alistamento

Durante a última guerra internacional do Império, problemas surgiram em relação ao recrutamento e sobre as maneiras como os escravos poderiam eventualmente ser libertados para apoiar os contingentes que eram arregimentados. O alistamento de escravos se tornou um componente importante no debate sobre o futuro da escravidão no Brasil. A libertação de escravos nas colônias britânicas, francesas e dinamarquesas, e a vitória da União na Guerra Civil americana, fizeram com que grupos brasileiros poderosos percebessem que as condições haviam decisivamente se voltado contra a escravidão. Qualquer defesa explícita dessa instituição não seria bem-sucedida. Os cafeicultores, fortemente dependentes do trabalho escravo, perceberam que haveria negociações para restringir o uso do trabalho compulsório, mas as discussões sobre esses termos levaram a tensões entre os fazendeiros, o Partido Conservador e o imperador, problemas que refletiam frustrações de longa data.

A condução da Guerra do Paraguai refletia a atitude imperial em relação à escravidão. Durante a guerra, a escravidão foi vista como prejudicial para os esforços militares, pois dificultou a mobilização e estimulou temores no *front* doméstico. Tais preocupações foram acrescentadas à crítica internacional de longo prazo à falta de disposição do Brasil em acabar com uma instituição amplamente condenada na Europa e agora nos Estados Unidos.

Tabela 5
Recrutamento de escravos por região (1865-1869)

Região	Número	Porcentagem
Norte	66	1,8
Nordeste	985	24,6
Centro-Oeste	0	0
Sul	396	9,9
Sudeste	359	8,9
Corte	2.196	54,8
Total	4.003	100,0

Fonte: "Mappa da Força...". Relatório do Ministério da Guerra, 1872.

Não por acaso, o futuro da escravidão era discutido ao longo dos esforços de guerra. O conflito parecia demonstrar que a nação não podia ser forte enquanto houvesse escravos em seus domínios, prontos para se rebelar. Nessas circunstâncias, os políticos brasileiros refletiram sobre a experiência dos Estados Unidos e discutiram sobre as semelhanças e diferenças entre os dois países. Em geral, os representantes dos proprietários de escravos defendiam uma via adequada à sua compreensão específica sobre o funcionamento da sociedade brasileira.

Essa atitude amargurou profundamente o imperador, abalou sua confiança nos apoiadores da monarquia e o levou a desafiar as práticas dos seus representantes no Parlamento brasileiro. Desde 1864, Pedro II se preocupava com o resultado da Guerra Civil americana. Em uma conversa privada com seu recentemente indicado primeiro-ministro liberal, Zacharias de Góis e Vasconcelos, o imperador afirmou que os eventos nos Estados Unidos obrigavam o governo brasileiro a abordar o futuro da escravidão (Lyra, 1940, v. II, p. 235-236).[422]

Em 1867, o terceiro ano da Guerra do Paraguai, o alistamento de escravos se tornou uma estratégia fundamental para a defesa do Estado imperial. Isso levou a uma nova série de discussões concentradas na iniciativa da Coroa, introduzida pelo imperador Pedro II. Em sua "Fala do Trono" de maio de 1867, Pedro II claramente assinalou sua posição a favor da abolição. O governo brasileiro informou aos interessados em nome do imperador que medidas seriam tomadas para a abolição assim que a guerra terminasse: "O elemento

422 Acerca dos efeitos da Guerra Civil americana sobre a escravidão brasileira, ver Marquese (2015). Sobre o alinhamento de alguns cafeicultores com setores do Norte dos EUA, ver Saba (2021, p. 219-264).

cativo no Império merecerá nossa consideração a ponto de serem levados em conta os maiores interesses associados à abolição, respeitando a propriedade atual e sem provocar grande instabilidade para nossa indústria e agricultura".[423] Escrevendo 16 anos depois, o líder abolicionista Joaquim Nabuco declarou que o "Discurso do Trono" foi para a emancipação "como um raio num céu sem nuvens". Tal iniciativa, vinda da maior autoridade brasileira quatro meses após a alforria da maioria dos escravos do Estado, alarmou os fazendeiros e os apoiadores da escravidão em todo o país. Esses barões temiam que o governo estivesse se movendo rápido demais na direção da abolição. Não havia medo de interferência imediata no mercado de escravos, mas houve um impacto profundo na disposição do poderoso grupo de fazendeiros escravistas, que se sentiu ameaçado pelo que considerava como um Estado nacional excessivamente autônomo e autoritário. Se os interesses imediatos dos fazendeiros não eram inteiramente homogêneos, a defesa da escravidão os unificava em torno de políticas de longo prazo convergentes.

Um dos mais fortes críticos da posição do imperador era o escritor e político do Ceará José Martiniano de Alencar. Referindo-se aos gastos elevados relacionados ao conflito com o Paraguai, Alencar chamou Pedro II de "a alma da Guerra", culpando-o pela persistência da campanha e pelos sacrifícios que havia imposto ao povo brasileiro. Alencar era especialmente crítico da "Fala do Trono", que ele descrevia como uma rendição dos interesses nacionais ao "fanatismo do progresso". Seu argumento era útil não apenas em apoio aos princípios constitucionais, mas principalmente em apoio à posição escravocrata (Carvalho, 1988a, p. 287-309; Parron, 2008). Alencar defendia os proprietários de escravos com argumentos que lembravam aqueles utilizados por Thomas Dew e George Fitzhugh no Sul dos EUA antes da Guerra Civil.[424] Ele acusava

---

423 Fala do Trono em 22 de maio de 1867. In: *Falas do Trono desde o ano de 1823 até o ano de 1889*. Org. e rev. Joaquim Campelo Marques, Cristiano Ferreira e Segraf. Brasília: Senado Federal, 2019. v. 269, p. 488-489.

424 A Thomas Dew é comumente atribuída a redação do primeiro tratado sistemático pró-escravidão em 1832. Para uma visão mais ampla, ver Elliott (1968). George Fitzhugh foi o mais conhecido defensor da escravidão no Sul antes da guerra, e seus escritos iam muito além de sua Virgínia nativa. Algumas de suas comparações entre os trabalhos escravo e assalariado ainda são úteis para os debates sobre os argumentos materialistas da defesa da escravidão nos EUA. Seus trabalhos mais importantes são *Cannibals all! or slaves without masters* e *Sociology for the South, or the failure of free society*. Análises dos trabalhos de Fitzhugh incluem Wish (1943), Genovese (1969, especialmente a parte 2: "The logical outcome of the slaveholders' philosophy") e Faust (1981, p. 168-205, 272-300).

o imperador de favorecer "paixões estrangeiras" em detrimento dos interesses dos fazendeiros brasileiros: "Va. Exa. nada fez para libertar o país da infecção da moralidade. Sua falta de interesse por tudo que não esteja ligado à guerra e sua obstinação sobre a mesma o leva a tolerar coisas que são terríveis para aqueles que admiram o seu caráter" (Alencar, 1883, p. 7).[425] Evidentemente a posição do romancista não era isolada. Ela representava o ressentimento dos grupos senhoriais que se sentiam ameaçados tanto pelas propostas de libertação dos cativos para a guerra quanto pela tomada de posição da Coroa no sentido de extinguir a escravidão no médio prazo. Segundo Tamis Parron (2008, p. 34-35), "as novas cartas de Erasmo criticaram a intromissão imperial como abusiva e inepta nos dois assuntos magnos do Império, a Guerra do Paraguai e a escravidão, derivando de uma profunda inflexão na maneira como os líderes conservadores entendiam o Poder Moderador".

Como observou alguns anos mais tarde Joaquim Nabuco (1988, p. 136), "trabalho todo dos escravagistas consistiu sempre em identificar o Brasil com a escravidão. Quem a ataca é logo suspeito de conivência com o estrangeiro, de inimigo das instituições do seu próprio país".

A situação enfrentada pelo Império brasileiro apresenta semelhanças e diferenças em comparação com aquela da União durante a Guerra Civil americana. Os soldados negros serviram à União em batalhões segregados, arregimentados principalmente nos dois últimos anos do conflito. Em contraste, os afrodescendentes no Exército brasileiro eram numerosos desde o início, com membros livres e libertos servindo ao lado de brancos, indígenas e mestiços. Os escravos libertados se tornaram o centro da política imperial quando os escravos do Estado foram libertados e apelos pela alforria foram direcionados aos proprietários privados de escravos ao final do segundo ano da guerra. Porém, a determinação da monarquia em travar a guerra até seu oneroso final lentamente foi alienando os fazendeiros escravistas, reticentes desde o início do conflito, fortalecendo uma atitude amarga daqueles escravagistas e dos líderes conservadores a eles relacionados em relação às demandas do imperador e de seu núcleo mais próximo.

---

425 Para uma avaliação resumida das ideias de Alencar sobre a escravidão, ver os seguintes textos: "Carta ao visconde de Itaboraí sobre a crise financeira de 1866" (Alencar, 1960, p. 113-123); "A propriedade" e, especialmente, a introdução, por Wanderley Guilherme dos Santos, com o título "A teoria da democracia proporcional de José de Alencar" (1960, p. 9-50). As cartas relacionadas à escravidão foram mais recentemente reunidas em Carvalho (2009).

A participação na Guerra Civil americana ajudou a consolidar a emancipação nos estados do Sul dos Estados Unidos. Entretanto, os escravos libertos que serviram no Exército imperial retornaram para uma sociedade pouco desenvolvida e inalterada, no interior da qual ainda vigiam os valores e práticas da escravidão. Eles eram livres, é claro, e o governo central estava motivado a protegê-los contra seus antigos proprietários. Porém, essas mudanças vieram muito lentamente para alcançar esses veteranos. O precário estado das finanças do Império não ajudou. As promessas de recompensas feitas aos voluntários foram difíceis de serem cumpridas, especialmente o pagamento de pensões e outras formas de apoio que poderiam ter fortalecido a posição do veterano comum, daquele soldado que foi desligado do Exército após o final da guerra.

Se os benefícios sociais e raciais de longo prazo foram diferentes nos dois países, o emprego de soldados retirados da escravidão foi fundamental para ambos os exércitos vitoriosos. O alistamento de afro-americanos ajudou a manter a superioridade militar da União contra um Sul enfraquecido, porém não vencido. Dos 198 mil afro-americanos alistados, aproximadamente 140 mil vieram dos estados confederados. Após o final da guerra, em torno de 80 mil soldados negros foram mantidos no Sul como um Exército de ocupação. Mesmo que sua desmobilização tenha ocorrido durante o governo do presidente Andrew Johnson (1865-1869), sua presença fortaleceu a luta por justiça e equidade nessa região.

Ainda que os números brutos nos Estados Unidos sejam mais impressionantes, os exércitos do Brasil também dependiam dos setores mais pobres da população, alistando muitos indivíduos relacionados de algum modo à escravidão, descendendo muitas vezes de escravos. O Exército da União enfrentou dilemas estratégicos semelhantes àqueles do Exército imperial. No Império, assim como na União, o recrutamento de soldados negros se tornou fundamental para manter a força dos exércitos de invasão que enfrentavam a resistência de inimigos determinados.

Conclusão: processos, efeitos e distorções

Defendo que não controlei os eventos, mas confesso abertamente que os eventos me controlaram. Agora, ao final de três anos de lutas, a condição da nação não é a que nenhuma das partes ou qualquer pessoa havia previsto ou esperado. Apenas Deus pode reivindicar isso.

Abraham Lincoln

É lamentável que a política partidária [...] tenha levado à compreensão de que a vingança da Nação seja um monopólio de alguma facção política.

Marquês de Caxias

Como os capítulos anteriores demonstraram, tanto o Brasil como os Estados Unidos se encontraram em situações sem precedentes, porém semelhantes, em resposta às guerras dos anos de 1860. A necessidade crítica de soldados e suprimentos forçou cada Estado-nação à centralização para o fortalecimento do recrutamento militar. O triunfo ambíguo da centralização sobre as persistentes formas de localismo afetou ambas as sociedades, apesar das diferenças demográficas, no âmbito do preconceito racial e na intensidade da participação política popular.

O deslocamento para uma estrutura de governo mais centralizada foi dificultado em ambos os países pelo déficit burocrático aliado à precária organização militar. Os esforços para consolidar a autoridade política e extrair recursos e indivíduos levaram a conflitos internos, a críticas populares e a rebeliões, que ilustraram a capacidade limitada dos governos centrais de adquirir o apoio material necessário. A autonomia dos agentes do recrutamento nacional se mostrou especialmente problemática ao provocar o ressentimento entre as autoridades locais e seus eleitores. As tentativas de expandir o recrutamento comprometeram a coesão social e a unidade nacional em ambos os casos. Enquanto a União possuía ferramentas políticas mais sofisticadas para confrontar a resistência popular, os recursos inadequados do império limitavam a capacidade da monarquia de fazer exigências aos seus súditos.[426]

As semelhanças entre os anos de 1863 nos Estados Unidos e 1867 no Brasil justificam uma comparação cuidadosa. Nesses anos, os funcionários de cada um dos governos centrais enfrentaram crises inesperadas resultantes da expansão das ações do Estado. Ambos os governos optaram por defender a vitória militar total apesar dos severos obstáculos e dos custos humanos elevados que esta opção exigia. A resistência incansável de cada inimigo forçou os governos da União e do Império a irem além dos objetivos originais de vitória e simultaneamente prepararem o caminho para compromissos internos adicionais.

Os recrutamentos forçados e a abolição da escravidão foram temas centrais dos debates sobre a mobilização. Rebeliões armadas no interior do Brasil, bem como multidões antialistamento nos Estados Unidos, eram encaradas como ameaças perigosas ao progresso e à estabilidade social. Entretanto, as ameaças representadas pela resistência local eram mais simbólicas do que reais, refletindo atitudes desesperadas diante das mudanças, e raramente representaram um risco real à ordem social. Ainda assim, elas ameaçaram a capacidade de cada Estado de conduzir a guerra e, desse modo, afetaram a elaboração de políticas públicas nas décadas seguintes. No Brasil, elas levaram a novas propostas para a organização do Exército e à gradual abolição da Guarda Nacional. Nos

---

426 Defino "unidade nacional" como a preservação da integridade territorial, isto é, a consolidação e manutenção do controle administrativo de grandes porções de um território extenso por um centro político. Ela inclui a criação de um conjunto de instituições autônomas e diferenciadas que reivindicam a soberania e o monopólio sobre as tarefas de coerção e extração. Esse controle foi historicamente alcançado por meio da difusão e aceitação da autoridade central por diferentes grupos de habitantes em regiões específicas. Ele envolveu o aprimoramento de símbolos, rituais e costumes nacionais. Desse modo, forjou-se uma concepção mais ampla de nacionalidade, baseada na integração territorial, que cresceu simultaneamente ao aumento do orgulho de fazer parte de uma estrutura maior. Dois registros importantes sobre esse tema são os trabalhos de Breuilly (1994) e Hechter (2000).

Estados Unidos, levaram à expansão do poder federal no Sul, bem como ao nascimento de uma cidadania nacional, com a extensão do direito de voto aos antigos escravos e negros libertos nos cinco anos que se seguiram ao final da contenda.[427]

Os conflitos sociais que emergiram em cada caso nos ajudam a entender os limites da ação do Estado durante períodos de emergência nacional, especialmente quando demandas centrípetas nacionalistas confrontaram os interesses locais. A maioria desses conflitos resultou da ampliação do recrutamento e suas consequências para a estabilidade social. Grandes debates envolvendo o esforço de guerra e suas consequências moldaram cada uma das sociedades vitoriosas no pós-guerra.

Diferenças entre os Estados Unidos e o Brasil

A Guerra Civil americana e a Guerra da Tríplice Aliança emergiram a partir de disputas de longa data muito diferentes. A Guerra Civil americana foi o ápice de tensões políticas internas e regionais provocadas por diferentes visões da organização social, da distribuição do poder político e da força das hierarquias raciais. Ela foi a resposta a muitas inconsistências e ineficiências dos documentos que fundaram o governo americano (embora não o racismo ou a desigualdade), que haviam sido agravadas pela expansão territorial durante a primeira metade do século XIX. Durante a guerra, o Congresso impôs tarifas, decisões econômicas centralizadas, colocou moeda em circulação e expandiu o acesso às terras do Oeste, uma agenda apoiada pelo Norte desde a década de 1820. Assim, a Guerra Civil americana teve início em resposta a muitos problemas práticos que contribuíram para sua deflagração. Como observou Miguel Maria Lisboa, ministro brasileiro em Washington, "a principal bandeira que atualmente guia a política dominante destes estados é a substituição do princípio

427 No Brasil, uma nova lei do recrutamento foi aprovada pelo ministro Oliveira Junqueira em 1874, abolindo a punição corporal e tornando o serviço militar compulsório. Uma loteria selecionaria aqueles homens para o serviço, minimizando, assim, os problemas da conscrição. A Lei da Cumbuca, como ficou popularmente conhecida, não teve qualquer efeito objetivo. Na prática, o recrutamento foi modificado apenas em 1916, durante a Primeira Guerra Mundial (Schulz, 1994, p. 76-93; Dudley, 1972, p. 126-180). Para a lei de 1916, ver McCann (1977).

do Direito dos Estados, do decantado governo próprio (*self-government*), por uma administração centralizada e forte".[428]

A Guerra da Tríplice Aliança foi um conflito internacional ligado ao processo de formação de Estados na região do rio da Prata. Ela reuniu o Império brasileiro, a Confederação Argentina e a República Oriental do Uruguai em oposição à República paraguaia. A maioria das ações ocorreu fora do território brasileiro, longe dos grandes centros agrícolas. Com exceção das províncias do Mato Grosso e do Rio Grande do Sul, o território brasileiro foi poupado de invasão, saque e pilhagem. Entretanto, a população brasileira não foi poupada das agruras e privações causadas pelos esforços de guerra. O alistamento não interrompeu apenas as vidas dos guardas nacionais e dos recrutas; ele também desorganizou famílias, a vida social no interior das comunidades e a sociedade em geral. A guerra não teve uma influência direta nas mudanças que ocorriam na agricultura desde a década de 1850. A interrupção do tráfico internacional de escravos ampliou o tráfico interno, concentrando os escravos nas áreas de plantio do atual Sudeste e estimulando a utilização de homens livres e pobres na região Nordeste do país. A agricultura foi mais afetada nas províncias do atual Nordeste em razão das exigências por recursos humanos e financeiros dos proprietários de terras.

Semelhanças entre o Brasil e os Estados Unidos

Para as lideranças republicanas e imperiais, a integridade territorial era fundamental. Para os brasileiros, proteger a integridade territorial significava uma articulação com o passado colonial, bem como a preservação da maior conquista do Império: o Brasil constituía a única região da América Latina a manter praticamente intacto o desenho territorial herdado dos portugueses. Com exceção da Cisplatina (atual Uruguai), todas as outras províncias permaneceram sob o guarda-chuva centralizador do Império. Durante as décadas de 1830 e 1840, a monarquia e seus aliados locais derrotaram cada uma das

---

428 Miguel Maria Lisboa para conselheiro Francisco Xavier Paes Barreto. Washington, 15 abr. 1864. AHI 233/3/12, Ofício 15. Citado em *Cadernos do CHDD*, ano 15, n. 29, p. 171, 2º sem. 2016.

revoltas separatistas nas províncias.[429] Em 1860, a unidade nacional estava além de qualquer disputa.

Apesar das divisões internas, poucos temas unificavam a população brasileira ao seu imperador tão prontamente quanto a integridade territorial. Um editorial publicado em um jornal do Ceará alguns meses após o início da mobilização mostra o apelo da integridade territorial mesmo entre as províncias localizadas longe dos campos de batalha: "As nações, assim como os indivíduos, têm seus dias de sacrifício, de perigo, de sofrimento; bem como seus dias de segurança, de satisfação, e de glória. A vida dos estados depende de sua unidade e honra; consistindo de sua integridade territorial e autonomia de poder".[430]

Para os homens da União, a integridade territorial implicava a sobrevivência de princípios vistos como essenciais para a política norte-americana. Muitos desses princípios eram associados a noções do excepcionalismo norte-americano, o "nacionalismo místico" do presidente Abraham Lincoln (Degler, 1997, p. 63).[431] Em sua mensagem anual ao Congresso, em dezembro de 1862, Lincoln enfatizou os significados simbólico e prático da preservação territorial em termos que soariam familiares a um burocrata do Império brasileiro: "O Território é a única parte [de uma nação] que possui certa durabilidade [...]. É de suprema importância considerar e estimar devidamente essa parte sempre duradoura".[432]

Mobilização e resistência

As guerras contra a Confederação e contra o Paraguai forçaram os governos da União e do Império a expandirem seus Exércitos profissionais, recrutando homens de todas as regiões. A expansão do Exército pressionou a hierarquia de comando e a burocracia central de cada um desses países até o limite da sua capacidade. Tanto os sucessos quanto os fracassos se tornaram vitais para reforçar

---

429 Sobre as revoltas ver, entre outros, Ribeiro (2011) e a coletânea organizada por Dantas (2019, p. 7-68).

430 *O Cearense*. Fortaleza, 7 abr. 1865 (apud Souza, 2007, p. 15).

431 Alexander Stephen, o vice-presidente da Confederação e antigo colega de Lincoln nas fileiras *whigs*, declarou após a guerra que, para Lincoln, "a União [...] em sentimento alcançou a sublimidade de um misticismo religioso".

432 Abraham Lincoln. Annual Message to Congress, 1º dez. 1862 (apud Fehrenbacher, 1964, p. 202-203).

a resposta dos exércitos da União e do Império. Como resultado das grandes mobilizações, a centralização se tornou uma realidade das circunstâncias, reforçando o papel dos governos nacionais na coordenação do recrutamento, armamento, transporte e fornecimento de soldados para as frentes de batalha.

A rápida organização de tropas profissionais aumentou as tensões entre os interesses militares e nacionais, de um lado, e as prerrogativas locais do outro. Uma etapa crucial na expansão do Exército foi o recrutamento militar centralizado, no qual indivíduos trabalharam para alistar soldados independentemente das influências agrárias e locais. O recrutamento se tornou crucial quando as milícias tradicionais fracassaram no intuito de prover uma força consistente para as duras batalhas nos *fronts*. Os esforços posteriores de alistamento estavam menos relacionados ao futuro da organização militar nacional do que às necessidades temporárias de campanhas extremamente desgastantes. Entretanto, esses esforços impuseram níveis inéditos de remoção de civis, e aqueles que foram mais afetados por essas mudanças pensaram que seu mundo havia sido virado de cabeça para baixo por forças externas poderosas. Nenhuma interferência externa foi mais impopular no Brasil do que a transferência de unidades da Guarda Nacional para os campos de batalha. A Guarda Nacional havia sido uma instituição essencial para a repressão das revoltas de escravos e para a manutenção da paz interna no Brasil. Os chefes políticos locais comandavam as milícias da guarda e abasteciam seus clientes com armas. Esses chefes possuíam o armamento e a autoridade para utilizá-lo. Tais direitos eram encarados como um privilégio cívico. A transferência dos homens da Guarda Nacional para unidades do Exército comprometeu temporariamente a eficácia do sistema de controle social, gerando um problema que era potencialmente mais grave do que havia sido armar escravos libertos. Ela comprometeu principalmente o prestígio de muitos desses comandantes, questão basilar para o exercício de sua autoridade.

A interferência do Estado em uma área totalmente conectada aos interesses locais, privados, era encarada como uma ameaça à administração paroquial do recrutamento. Ela criou muitos conflitos em relação ao comando da guarda e à utilização de soldados. Em 1866, muitos senhores acreditavam que uma rebelião de escravos ameaçava o Império e consideravam a Guarda Nacional como essencial para a manutenção da paz interna. Esses temores eram exagerados, mas as percepções faziam diferença mesmo quando utilizadas de forma retórica, visando pressionar o governo. Adicionalmente, a presença das tropas no interior reforçava a autoridade desses comandantes sobre os subordinados, regulando os contatos com os trabalhadores livres e pobres.

Do mesmo modo, o Decreto de Alistamento (Enrollment Act) ameaçou o controle local do recrutamento nos Estados Unidos. As práticas democráticas associadas à disciplina e hierarquia militares, práticas que ligavam os oficiais aos seus subordinados, pareciam vulneráveis diante das exigências nacionais. Uma onda de revoltas expulsou as escoltas de recrutamento de vilas e cidades, nas quais os sacrifícios pareciam inacreditavelmente altos. A suspensão do direito de *habeas corpus* e outras medidas de emergência tomadas pelo governo federal comprometeram o apoio dessas comunidades à guerra. O Decreto de Alistamento atuou simultaneamente como um estímulo e como uma punição para as comunidades que se esforçavam para preencher as cotas através de substituição ou troca, práticas que evitavam os alistamentos à força, mas que alteraram a composição dos exércitos de voluntários arregimentados pela União.

O crescimento temporário das instituições militares afetou as operações das redes de clientelismo que foram tão importantes para as organizações militares. Acima de tudo, no Brasil, os chefes locais se opuseram ao alistamento dos seus clientes e protegidos. Esses homens temiam uma extensão permanente dos poderes centrais e encaravam mesmo as menores mudanças com suspeita. Do mesmo modo, nos Estados Unidos, os indivíduos e comunidades da União perceberam mudanças em suas relações com o governo federal. Uma minoria apoiava a necessidade de um governo mais forte, mas essa agenda era difícil de ser defendida, mesmo entre os apoiadores do Partido Republicano. No Brasil, após o segundo ano de guerra, era difícil encontrar mesmo simpatizantes dos esforços de guerra fora dos grupos ligados ao gabinete imperial e da imprensa que os apoiava. Um artigo publicado em 1869 revelou o desânimo presente em partes do país: "Não existe mais um Exército aqui, o que existe é um povo raivoso e descontente, sem esperança, sem confiança. Nos quartéis e nas ruas os próprios soldados reclamam amargamente da direção e procrastinação da Guerra".[433]

Alguns grupos reagiram de acordo com sua capacidade de evitar sua transferência para o campo de batalha. Eles apelaram para os chefes de partido

433 *O Cearense*. Fortaleza, 8 mar. 1869 (apud Souza, 2007, p. 15).

e líderes da comunidade, buscaram isenções legais e levantaram fundos ou simplesmente se rebelaram quando alguma dessas possibilidades se mostrou fútil. Nos Estados Unidos, manifestações antialistamento foram comuns no Nordeste bem como em algumas cidades do Leste, tais como Nova York e Filadélfia. No Brasil, a insatisfação coletiva era basicamente um fenômeno rural. Algumas dessas rebeliões colocaram do mesmo lado desertores e escravos fugitivos, como ocorreu em Vianna, no Maranhão, ameaçando as hierarquias sociais e a estabilidade política. O pavor causado pela rebelião de Vianna levou à volta dos guardas nacionais originalmente designados, um dos poucos retornos antecipados registrados durante o período.

Recrutamento e socialização dos homens libertos

Uma diferença mais marcante pode ser encontrada no impacto do recrutamento de escravos libertos em cada sociedade. Essa diferença foi especialmente evidente nas lutas norte-americanas pela emancipação. A Guerra Civil americana criou o ambiente necessário para a emancipação nos estados confederados, e nenhum grupo foi mais afetado pelas mudanças forjadas pela guerra que os afro-americanos do Sul. Conflitos envolvendo a nacionalização da cidadania marcaram os Estados Unidos pós-guerra. Esses conflitos foram inflamados pela emergência de cidadãos afro-americanos e eleitores que se aproveitaram da crescente intervenção do governo federal para obter direitos civis e políticos tanto no Sul pós-guerra quanto no Norte vitorioso, onde os negros eram minoria.

Durante a guerra, uma cidadania nacional ampliada emergiu nos Estados Unidos. Ao contrário do seu antecessor do pré-guerra, o Estado que emergiu do conflito seccional exibia um forte compromisso em criar uma cidadania baseada em direitos iguais, pelo menos durante algum tempo após o final da Guerra Civil americana. Embora essa organização tenha refletido as contradições da coalizão de interesses que apoiava a União, ela compensou essa deficiência mediante o exercício de uma autoridade vitoriosa, um mandato sangrento para reforçar as transformações sociais e raciais na Confederação derrotada.[434]

---

434 O trabalho clássico sobre o tema é o livro de Eric Foner (1988), *Reconstruction: America's unfinished revolution, 1863-1877*. Trabalhos mais recentes incluem a coletânea editada por Downs e Masur (2015). Esse livro explorou em maior profundidade as questões relacionadas à governança e

Nada comparável ocorreu no Brasil após sua vitória sobre a República paraguaia. O Exército havia recrutado negros livres desde a independência brasileira. A inclusão de escravos nas forças militares de mar e terra durante períodos de emergência havia muito era praticada e continuou a ser feita durante a Guerra do Paraguai. Os escravos libertados condicionalmente para servir no Exército estavam sujeitos a controles que impediam que seu recrutamento se tornasse uma chave para a emancipação, até porque a guerra não se transformou numa cruzada pela abolição. Em função dessas diferenças de experiência, encontramos fortes distinções entre o poder do Estado e as transformações raciais nos Estados Unidos e no Brasil durante os últimos anos dos conflitos e o imediato período pós-guerra.

Os proprietários de escravos brasileiros tinham uma visão peculiar sobre a realidade social. Para eles, os interesses econômicos privados deveriam limitar as ações do Estado. O Estado deveria defender os proprietários de escravos da interferência internacional. A intervenção do Estado não seria encarada como uma transgressão contra o *laissez-faire* vigente se ela protegesse o *status quo* social e econômico. Os proprietários de escravos, como um grupo, não negavam a importância da guerra; em vez disso, encaravam-na como uma questão secundária e tentaram impedir a ação imperial quando esta ameaçou afetar seus interesses imediatos.[435] Como os proprietários de escravos do Sul no período anterior à guerra, os fazendeiros brasileiros queriam que o Estado nacional protegesse seus interesses. Eles estavam insatisfeitos com a crescente carência de trabalhadores e temiam que sua voz não fosse ouvida na devida medida pelos tomadores de decisões no Rio de Janeiro.

Porém, o mundo havia mudado muito em 1867. A escravidão nos Estados do Sul fora totalmente destruída pela Guerra Civil americana. O declínio dos confederados deixou Cuba, ainda uma colônia espanhola, como a única outra economia escravocrata remanescente nas Américas. As condições internacionais

ao exercício da política no pós-guerra. Já a coletânea organizada por Link (2019) explorou o impacto da reconstrução no Brasil, na Jamaica e no México. Mais recentemente, Evan C. Rothera propôs uma comparação entre as guerras civis do México e dos Estados Unidos e as guerras de unificação na Argentina. Ver Rothera (2022).

435 É claro que essa interpretação particular do liberalismo, associada aos direitos de propriedade e à exclusão social e racial, não se estendeu a ponto de gerar uma defesa universalista dos direitos individuais. Os fazendeiros se comportavam como um corpo coletivo que encarava o Estado como defensor dos seus interesses particulares, isto é, seus interesses em manter escravos e financiar a produção.

tornaram impossível restaurar a escravidão brasileira ao que ela havia sido no seu ápice. A guerra afetou a confiança dos proprietários de terras no Estado imperial em um momento em que os interesses dos proprietários de escravos tinham se enfraquecido pelas enormes mudanças ocorridas no mercado de escravos e dos bens produzidos pelos escravos. O esforço de guerra deu aos fazendeiros a impressão de que a expropriação – um fantasma que assombrava a oligarquia brasileira desde a independência – seria a próxima etapa. Os pronunciamentos do imperador e suas políticas em apoio à Lei do Ventre Livre, que libertava os filhos de escravos, aprovada em setembro de 1871, isto é, após o final da guerra, logo criariam ressentimento nas principais regiões agrícolas do país. Surgiram suspeitas de que o estado imperial havia se desvinculado dos interesses dos grupos reacionários que dominavam a política local e iria interferir paulatinamente nos interesses privados e representativos. A substituição de um gabinete liberal-progressista por um unicamente conservador, em julho de 1868, aplacou as suspeitas, mas não resolveu o problema.

Uma cronologia das mudanças

Os resultados de longo prazo para a escravidão – emancipação imediata e cidadania nos Estados Unidos; emancipação adiada com poucos direitos políticos no Brasil – podem ser acompanhados cronologicamente: Lincoln apresentou sua proclamação de emancipação em setembro de 1862, decretando que todos os escravos sob a autoridade dos rebeldes seriam libertados em 1º de janeiro de 1863. Em fevereiro de 1865 a 13ª Emenda libertou todos os escravos remanescentes, incluindo aqueles que ainda pertenciam aos senhores leais nos *border states*. Seguiram-se a 14ª Emenda, de 1868, que garantia a cidadania nacional para todos os indivíduos, inclusive os negros, e a 15ª Emenda, de 1870, que assegurava o direito de voto, independentemente de classe, localização geográfica ou cor da pele. O governo imperial brasileiro promulgou a Lei do Ventre Livre em 1871, apesar de fortes críticas dos proprietários de escravos e dos líderes do Partido Conservador, que a viam como uma ameaça; e dos abolicionistas, que encararam a medida como morosa. Dezessete anos ainda passariam antes da promulgação da Lei Áurea, libertando mais de um milhão e meio de escravos.

Nos Estados Unidos, a ação de Lincoln teve o apoio de uma maioria republicana. Ela foi cuidadosamente equilibrada contra a opinião pública do Norte. O preconceito racial era forte na União, mas o esforço de guerra e as necessidades do Exército ajudaram a contornar o sentimento público e a levar Lincoln à reeleição em novembro de 1864. No final, as vitórias militares prevaleceram contra fortes bolsões de resistência no Norte, que eram contrários à Proclamação da Emancipação e à efetivação dessa medida através da 13ª Emenda.

No Brasil, entretanto, a intervenção do imperador Pedro II enfraqueceu o sistema político. Diferenças políticas e pessoais interferiram com cada vez mais força no desempenho do Exército no campo de batalha. Os apelos patrióticos imperiais entraram em conflito com as necessidades mais utilitárias dos proprietários de escravos e de outros grupos de poderosos locais. A falta de cooperação dos barões e a tímida retaliação do governo desagradaram os oficiais militares profissionais que arriscaram suas vidas no Paraguai.[436] Quando o imperador substituiu os liberais-progressistas pelos conservadores e propôs mudanças legais que promovessem a abolição gradual, os partidos e a monarquia foram atingidos de modo fundamental, com a divisão do Partido Liberal e a crescente descrença no poder da monarquia como árbitro nos conflitos entre grupos e regiões.

Uma possível explicação para essas diferenças pode ser encontrada no modo como os esforços de guerra confrontaram os interesses da elite em cada país. No Brasil, a emancipação e o recrutamento de escravos libertos foram encarados como um ataque aos defensores do regime. Esses proprietários de terras foram afetados por mudanças na natureza da posse de escravos, especialmente pela falta de braços de reposição, após o final do tráfico internacional de escravos. Consequentemente, esses fazendeiros se sentiram prejudicados pelo recrutamento de escravos, especialmente nas áreas das plantações mais importantes, mesmo quando a possibilidade de ter seus escravos recrutados não passou de uma ameaça.

Em 1863, os republicanos do Norte viam a si mesmos como atacando a Confederação ao emancipar os escravos e colocá-los no Exército. À medida que a guerra avançava, muitos republicanos se convenceram de que o Sul não poderia voltar ao *status* anterior à guerra e procuraram utilizar a vitória

436 Para os fundamentos da questão militar, ver Costa (1996).

militar como um modo de revolucionar os estados conquistados. Nos 10 anos seguintes, o governo nacional foi o maior defensor dos direitos civis, em uma clara inversão das doutrinas jeffersonianas que haviam prevalecido nos Estados Unidos antes da guerra. Duas instituições administradas pelo governo federal estenderam a iniciativa do governo pela mudança: o Exército e a Secretaria dos Libertos (Freedmen's Bureau).

Se levarmos em conta as enormes transformações impulsionadas pelo esforço de guerra em todos os Estados Unidos e as comparássemos à falta de mudanças estruturais no Brasil, isso coloca a Guerra Civil americana em uma perspectiva diferente. Alguns historiadores analisaram a guerra em termos da dificuldade do governo para obter recrutas. Se, em vez disso, levássemos em conta as transformações sociais e políticas e comparássemos a extensão e a natureza dessas transformações, a Guerra Civil americana deve ser considerada uma guerra total, mais do que a guerra do Brasil contra o Paraguai, em que as mudanças foram mais graduais e não tão substanciais.

Escravos, libertos e o Exército

Durante a Guerra Civil americana, os escravos que escaparam para se alistar encontraram uma instituição regulada por valores diferentes daqueles das fazendas. O Exército da União expressava as ambivalências da construção racial no Norte. Até a Guerra Civil, o serviço militar era um privilégio de raça. Durante os primeiros 18 meses da guerra, os negros do Norte não podiam servir oficialmente como soldados. Muitos "contrabandos" do Sul foram devolvidos aos seus proprietários antes de sua contribuição ser considerada uma ferramenta relevante contra a Confederação. O número de soldados negros aumentou após 1862, mas eles eram segregados nos acampamentos. Esse tratamento injusto levou muitos soldados a utilizar as oportunidades criadas pela guerra para avançar na sua luta pela cidadania. Foi o que aconteceu nos casos que emergiram dos conflitos em torno das condições desiguais de pagamento e promoção. Os membros alfabetizados das tropas negras (United States Colored Troops: USCTs) escreveram cartas aos jornais e congressistas, em um testemunho do seu desejo de mudar as condições arbitrárias que lhes eram oferecidas nos acampamentos. O serviço no Exército permitiu-lhes uma oportunidade valiosa de contestar décadas de preconceito racial. O sistema político aumentou suas chances de obter direitos sociais e políticos e de realizar uma transformação social. Essas mudanças não ocorreram sem conflitos. Alguns daqueles que protestaram foram severamente punidos, chegando mesmo a ser fuzilados por insubordinação. Mas ao final, a igualdade de pagamentos foi conquistada, ainda que o racismo permanecesse forte na relação com os oficiais.

Os efeitos da diferença regional foram mais evidentes para os antigos escravos no Sul do que para a população de afro-americanos livres, que provinha majoritariamente dos estados do Norte. Os negros do Sul obtiveram ganhos que não puderam ser retirados. Entre eles, se destacam a reorganização das famílias negras, a criação de igrejas negras e a liberdade de movimento. Em um grau não desprezível, as populações de afro-americanos foram capazes de obter vantagens democráticas contra os pressupostos racistas da cultura cívica norte-americana.

Nada semelhante aconteceu no Brasil. Não havia uma nação a ser reconstruída, nenhuma aliança política com grupos desfavorecidos e nenhuma assimilação de líderes políticos alternativos aos debates nacionais dominantes.[437] Homens livres ou libertos, os negros brasileiros que haviam servido no Exército imperial retornaram a um país que permanecia inalterado, um país que não oferecia à maioria deles os meios necessários para superar as barreiras hierárquicas prevalentes na sociedade. Embora alguns indivíduos tenham se juntado a antigos companheiros na defesa de demandas específicas pelo reconhecimento imperial, tais casos foram pouco numerosos e excepcionais. Ao final da guerra, o sistema político imperial foi severamente prejudicado por conflitos pessoais e de facções. Suas finanças estavam exauridas devido ao pagamento de empréstimos a investidores estrangeiros, e não havia recursos para oferecer ajuda a veteranos exaustos. As iniciativas por reformas estavam restritas ao círculo interno do imperador e os debates ocorreram no interior dos mesmos círculos fechados que existiram durante a guerra. O Conselho de Estado e o Parlamento eram as arenas em que as forças políticas representativas respondiam às iniciativas

437 É claro, havia o Paraguai. A reconstrução do Paraguai foi analisada por Warren (1978) e, mais recentemente, por Florentín (2010). Mas é pouco provável que essa ocupação tenha exercido alguma influência na política interna brasileira. Ela certamente impactou as relações entre o Brasil e a Argentina, que já vinham fraturadas desde a ascensão de Domingo Faustino Sarmiento à presidência daquela República.

do Estado. Não havia qualquer expansão do direito de voto, nem a reforma eleitoral, quando veio, resultou em aumento da participação popular.

Como tradicionalmente acontecia, a iniciativa por reformas partiu do governo, não da opinião pública. Consequentemente, os debates sobre a natureza da nação no Brasil eram acanhados e menos propositivos do que os panfletos da União na Guerra Civil americana. Escritores tão diferentes quanto José de Alencar, Menênio Agrippa e Saldanha Marinho publicaram fortes críticas ao imperador e ao que eles consideravam como despotismo da Coroa em nome da guerra. Eles criticavam as decisões que consideravam injustas, mas não eram capazes de utilizar a guerra para propor mudanças de longo prazo. De muitas maneiras, esses críticos restringiram suas reflexões aos limites apresentados pelos debates imperiais. Assim, não foi possível retirar da guerra lições mais abrangentes sobre o futuro da nação ou incluir um grande número dos seus cidadãos no sistema político a partir dos sacrifícios feitos nos campos de batalha. Nem foi possível desenvolver e aumentar a infraestrutura nacional por meio de melhoras materiais que poderiam acrescentar dinamismo à economia do país.

A década do pós-guerra no Brasil assistiu à realização do primeiro censo, bem como à introdução do sistema métrico, à promulgação da Lei do Ventre Livre e a uma ampliação do sistema ferroviário. Porém, a Guerra da Tríplice Aliança não moldou o Brasil da mesma maneira que a Guerra Civil mudou os Estados Unidos. Nos Estados Unidos, a industrialização e a participação política ampliada haviam sido alcançadas antes da guerra e eram ferramentas eficazes na obtenção de apoio social às reformas da União. Os brasileiros, enquanto isso, permaneceram conectados a uma economia agrária menos propícia a mudanças estruturais. O sistema ferroviário brasileiro não era ainda significativo o suficiente e não funcionava como uma ferramenta para a integração nacional.[438] Os soldados tinham de ser transportados para a Argentina por barco e, depois de desembarcar, marchavam ao longo de um território devastado. Um viajante norte-americano percebeu o paradoxo de uma campanha que não financiou a construção de uma infraestrutura crítica:

> Se o Brasil tivesse investido metade do dinheiro que desperdiçou para enriquecer esses aliados mercenários na construção de uma ferrovia para Mato Grosso a partir

438 Sobre as estradas de ferro brasileiras, ver Summerhill (1998).

> da capital, ele teria economizado dinheiro e as vidas de centenas de milhares dos seus cidadãos que, assim como o dinheiro, ele não poderia se dar ao luxo de perder [Codman, 1867, p. 210].

Em comparação, a organização política norte-americana ofereceu mais alternativas ao governo federal. A virtude do sistema partidário do Norte se baseava em fortes ligações entre as organizações locais e nacionais e na vitalidade do Partido Republicano. O partido se tornou um instrumento fundamental para a maximização do esforço de guerra. A combinação da estrutura política do Partido Republicano com o progresso material tornou possível misturar o apoio à guerra com a modernização econômica, acelerando e concentrando as decisões econômicas de maneiras não inteiramente compreendidas pelos contemporâneos. No Brasil, por outro lado, a iniciativa militar era um aparato do Estado central sem qualquer agenda ideológica. Aqueles que estavam no poder recrutariam seus adversários e vice-versa. Nenhuma lógica moral ou política essencial unificava os esforços provinciais e nacionais para além do incipiente patriotismo demonstrado nos meses iniciais da guerra. Como concluiu Joaquim Nabuco (1988, p. 136) a partir das ideias de José Bonifácio, o esforço de guerra produziu um patriotismo de casta, isto é, um sentimento que mais dividiu do que uniu os diferentes segmentos da população. Esse cenário nos ajuda a compreender por que os apelos patrióticos levavam a conflitos políticos, o que, por sua vez, comprometia os esforços de recrutamento. Além disso, nenhuma facção política era capaz de carregar o fardo das medidas mais impopulares da guerra. O descontentamento político e social era direcionado ao imperador e à monarquia, exemplificado pelos protestos que acompanharam o alistamento de escravos (Graham, 1990, p. 195-238).

Embora o governo norte-americano tenha ultrapassado seus poderes constitucionais formais durante a Guerra Civil, suas ações permaneceram consistentes com as tradições liberais do país. Além disso, os custos políticos da guerra podiam ser mais igualmente divididos entre o governo e o partido. Os esforços de guerra ajudaram a centralizar o funcionamento dos negócios. A administração de ferrovias, indústrias têxteis e minas de carvão se tornou muito mais padronizada do que antes no que diz respeito à modernização da economia. De acordo com Phillipe Paludan (1988), esse não foi um processo liderado pelo Estado, mas levou a resultados semelhantes. Os negócios responderam às exigências do governo por eficiência, centralizando seus cronogramas e procedimentos por meio de mecanismos que subverteram a administração independente de atividades industriais. Em termos políticos, a centralização da administração também reforçou o comando nacional republicano. O partido atuou como uma poderosa força motivacional nos níveis local e nacional, mantendo a aliança com uma parte substancial da população nas cidades e estados. Esse papel foi exercido durante os debates sobre a permuta e substituição de soldados. Com a permuta sendo encarada como um triunfo da ideia de "uma guerra do homem rico, mas uma luta do homem pobre", outras fontes de soldados tiveram de ser encontradas. O recrutamento de negros funcionou como uma válvula de escape para manter o apoio republicano vivo ao aliviar o fardo dos homens brancos pobres. Essas características foram estimuladas pelo desenvolvimento econômico e pelo intenso uso das redes industriais e de transporte em apoio aos esforços de guerra. Isso reforçou o que o general William T. Sherman (apud Royster, 1991, p. 39) considerava como parte "do processo pelo qual os norte-americanos estavam ligados ao seu país. Essa união crucial; de cidadãos, não apenas de estados".

Repercussões políticas imediatas do recrutamento

Quais foram as principais mudanças nas relações entre o Estado e a sociedade no Brasil e nos Estados Unidos como resultado da mobilização de soldados? A maior parte da literatura comparativa sobre a construção de Estados discute os efeitos das guerras europeias em países como França e Alemanha, confirmando a correlação entre mobilização militar e um aumento do poder do Estado nesses cenários nacionais específicos. Nos casos norte-americano e brasileiro, no entanto, tais conexões foram fracas. Nenhum dos países atendia aos padrões demonstrados pelos exemplos dos europeus de organização militar nem adotavam o ciclo de extração/coerção que constituiu a característica mais visível dos processos europeus de construção do Estado. Os norte-americanos rejeitavam a centralização militar europeia por suas conexões com o despotismo e a corrupção cívica, enquanto as elites brasileiras careciam de um Estado nacional forte o suficiente para impor esses padrões à sua população. A centralização era tortuosa ou indesejada; consequentemente, a capacidade das elites de criar burocracias impessoais e impor um "tributo de sangue" às populações desprivilegiadas era limitada. Os esforços do governo alcançaram pouco em termos de desenvolvimento burocrático, contornando práticas aceitas apenas para obter um número maior de recrutas. Nos Estados Unidos, a ameaça de recrutamento mobilizou comunidades a preencher suas cotas a fim de evitar os riscos associados ao recrutamento forçado. No Brasil, os desequilíbrios regionais pouparam as áreas mais conturbadas, concentrando o recrutamento nas províncias do Nordeste e no Rio Grande do Sul. Nessas regiões, elites mais fracas se mostravam menos capazes de proteger os trabalhadores livres do que aquelas do vale do Paraíba e Minas Gerais, no Sudeste. E, no Rio Grande do Sul, a tradição militar e os incentivos oferecidos aos comandantes da Guarda Nacional ajudaram a manter o recrutamento ativo enquanto foi necessário, proporcionando à elite local a oportunidade de ascender a posições de liderança no cenário nacional. Os esforços de guerra demonstraram os limites dos partidos políticos, das cortes de justiça e das organizações cívicas em relação às enormes possibilidades associadas à organização de exércitos de grandes proporções. Após o final de cada um dos conflitos, os governos nacionais se retiraram da linha de frente, com exceção das forças de ocupação, que permaneceram no Paraguai e nos antigos estados confederados. No geral, as economias permaneceram não reguladas.

Uma das poucas consequências produtivas das guerras foi o desenvolvimento de uma estrutura de autoridade diferente e de uma burocracia especializada que implantaria estratégias contínuas mais racionais para taxar cidadãos e recrutar soldados. Se tal estrutura já estivesse presente, as experiências de guerra do Brasil e dos Estados Unidos teriam sido muito diferentes. Como observado por Charles Tilly (1994, p. 131-146), os Estados nacionais europeus passaram por essa trajetória, desenvolvendo estruturas burocráticas a partir da equação "guerra mais preparação para a guerra". As exigências da guerra reformularam governos, incluindo a coleta de tributos que financiariam e sustentariam um Exército regular. As guerras europeias ajudaram a formar os Estados modernos porque exigiram uma eficiência que poderia ser fornecida apenas pelas estruturas políticas mais sofisticadas. Nos Estados Unidos, tal papel foi realizado pelos partidos políticos e pelas cortes de justiça, bem como pelos elementos burocráticos do Exército regular, tais como o Departamento de Intendência Geral. Embora o governo da União não possuísse uma organização especializada, ele dependia de um aparato institucional, permitindo que as autoridades vissem a sociedade "como um Estado" (Scott, 1998, p. 53-84). Censos decenais eram realizados desde a década de 1790, e os partidos políticos e organizações cívicas ajudaram a conectar as ilhas de comunidades através dos correios e dos sistemas de transporte.

Nada podia ser mais diferente da perspectiva de Tilly do que a situação brasileira. Depois que o entusiasmo inicial desapareceu, os esforços de recrutamento enfrentaram obstáculos permanentes, e as populações do interior reagiram como se o verdadeiro invasor fosse o governo imperial, não os paraguaios. A guerra não ajudou a desenvolver a capacidade extrativa do Estado. Os agentes imperiais foram capazes de obter os recursos necessários apenas por meio dos esforços renovados e repetidos, à base de muita negociação. Mesmo assim, alguns recursos, como a libertação dos escravos que serviram no Exército, não foram obtidos, mas comprados com fundos públicos ou emancipados pela casa imperial. As demandas da guerra contra o Paraguai criaram oportunidade para a inovação. Porém, os esforços de guerra não enfraqueceram as alianças locais, nem fortaleceram as ligações entre a população e o Estado-nação. Como demonstrado por Miguel Centeno (2002a), a capacidade do Estado não é um fenômeno absoluto, mas relacional. Não é uma questão de força, baseada unicamente na relação direta entre coerção e extração; ela depende também da capacidade da sociedade para aceitar e colaborar com a interferência do Estado, criando assim as bases para uma cidadania ampliada.

A Guerra Civil americana criou um ambiente propício para a expansão das estruturas das organizações produtivas que existiam no Norte no período anterior. As exigências da guerra também se baseavam no comando dos interesses da economia, incluindo ferrovias e minas de carvão. No curto prazo, e num contexto raramente verificado, elas unificaram as exigências do mercado às demandas por inclusão legal. Em contraste, as atividades econômicas no Brasil não foram potencializadas pela ação do Estado durante a guerra. Esse fracasso provavelmente ocorreu porque muitos membros da elite política imperial não eram a favor de continuar a guerra após a expulsão dos paraguaios do território brasileiro. Outro fator em jogo foi a imagem negativa do serviço militar entre a população, uma imagem que foi reforçada diante de uma longa campanha, travada longe do centro da nação. O caso brasileiro mostrou o fracasso do governo central e de seus agentes nas províncias na tarefa de se infiltrarem na sociedade rural, enquanto a União exerceu sua influência em toda a sociedade. O melhor que o Império poderia fazer era lutar uma guerra limitada. As capacidades para obtenção de recursos permaneceram limitadas e o Estado nacional forneceu a maioria dos recursos necessários, contribuindo para uma dívida nacional que empobreceu o país.[439]

As duas guerras nas Américas levaram a diferentes resultados. A Guerra Civil dos Estados Unidos assinalou o início de uma experiência de expansão capitalista. Além disso, a preservação da União e a abolição da escravidão se tornaram marcos no panteão das conquistas cívicas norte-americanas e ajudaram a unificar o país (exceto o Sul) em torno do sacrifício compartilhado e do triunfo de um projeto liberal de nação. Em contraste, a Guerra da Tríplice Aliança não teve efeito no equilíbrio desastroso entre os vários poderes e interesses sociais que regulavam a política brasileira. As circunstâncias permaneceram imutáveis; os esforços imperiais não foram capazes de transformar a sociedade. De fato, eles fracassaram em convencer a população a apoiar a mobilização massiva enquanto a guerra durasse. Os esforços de guerra brasileiros geraram dívidas, ressentimentos e poucos benefícios práticos ou princípios ideológicos que pudessem justificar a vitória militar sangrenta.

439 O conceito de guerra limitada foi formulado por Miguel Centeno (2002a, p. 20-26) em *Blood and debt*.

Bibliografia

Periódicos

A Semana Ilustrada, 1866-71, Rio de Janeiro, Brasil.

A Sentinela do Sul, 1865-67, Porto Alegre, Brasil.

Cabichui, 1867-68 Passo Pucú, Paraguay.

Charleston Mercury, 1860-61, South Carolina Congressional Globe, Washington, D.C.

Douglass' Monthly, 1861-62, Rochester, Nova York.

El Centinela, 1867-68, Assunção, Paraguai.

Frank Leslie's Illustrated Newspaper, 1861-65, Nova York.

Madison Wisconsin Daily State Journal, 1861.

New York Times, 1861-65, Nova York.

O Cabrião, 1866-68, São Paulo, Brasil.

O Cearense, 1864-1869, Fortaleza, Brasil.

Vida Fluminense, 1866, Rio de Janeiro, Brasil.

Fontes impressas

ADAMS, Virginia M. (Org.). *On the altar of freedom*: a black soldier's war letters from the front; corporal James Henry Gooding. Amherst: University of Massachusetts Press, 1991.

AGÜERO, Alejandro. Ancient constitution or paternal government? Extraordinary powers as legal response to political violence (Río de la Plata, 1810-

1860). *Research Paper Series*, Max Planck Institute for European Legal History, n. 2016-10, p. 1-31. Disponível online em out. 2019.

ALABART, Monica. Los desbandes de Basualdo y Toledo: hasta la fractura del federalismo entrerriano. In: SCHMIT, Roberto (Comp.). *Caudillos, política y instituciones en los orígenes de la nación argentina*. Buenos Aires: UNGS, 2015a. p. 101-131.

_____. Resistencias a la Guerra del Paraguay e identidad federal: los desbandes de Basualdo y Toledo. In: RABINOVICH, A.; ZUBIZARRETA, I. (Ed.). *La movilización militar y las formas de la política en el espacio rioplatense, 1810-1880*. Buenos Aires: UNGS, 2015b. p. 101-131.

_____; PÉREZ, Mariana. Conflicto político y alianza liberal durante la Guerra de la Triple Alianza en Entre Ríos, 1864-1867. *Revista de Indias*, Madri, v. LXXIX, n. 276, p. 551-580, 2019.

ALBERDI, Juan Bautista. *La Guerra del Paraguay*. Buenos Aires: Hispanoamerica, 1988.

_____. *Bases y puntos de partida para la organización política de la república Argentina*. Buenos Aires: Plus Ultra, 1990.

ALENCAR, José de. *Ao imperador*: novas cartas de Erasmo. Rio de Janeiro: Tip. de Pinheiro e Co., 1867.

_____. *A propriedade*. Rio de Janeiro: Garnier, 1883.

_____. Ao visconde de Itaboraí: carta de Erasmo sobre a crise financeira de 1866. In: _____. *Obra completa*. Rio de Janeiro: Aguilar, 1960. v. 4, p. 113-123.

ALENCASTRO. Memórias da Balaiada: introdução ao relato de Gonçalves de Magalhães. *Novos Estudos Cebrap*, n. 23, p. 7-13, 1989.

ALLUB, Leopoldo. Estado y sociedad civil: patrón de emergencia y desarrollo del Estado Argentino (1810-1930). In: ANSALDI, Waldo; MORENO, Jose Luis (Org.). *Estado nacional y sociedad en el pensamiento nacional*: antología conceptual para el analysis comparado. Buenos Aires: Cantaro, 1996. p. 109-157.

ALMADA, Vilma Paraíso Ferreira. *Escravismo e transição*: o Espírito Santo (1850- 1888). Rio de Janeiro: Graal, 1984.

ALONSO, Angela. *Flores, votos e balas*: o movimento abolicionista brasileiro (1868-88). São Paulo: Companhia das Letras, 2015.

ANDERSON, Fred. *A people's Army*: Massachusetts soldiers and society in the seven years' war. Chapel Hill: University of North Carolina Press, 1984.

ANDREW, John A. *Address of his excellency John A. Andrew to the two branches of the legislature of Massachusetts*: January 9, 1863. Boston: Wright & Potter, State Printers, 1864.

ANDREWS, George Reid. *The afro-argentines of Buenos Aires, 1800-1900*. Madison: University of Wisconsin Press, 1980.

ANDREWS, J. Cutler. *The north reports the Civil War*. Pittsburgh: University of Pittsburgh Press, 1955.

ANSALDI, Waldo; Moreno, Jose Luis (Org.). *Estado nacional y sociedad en el pensamiento nacional*: antologia conceptual para el analysis comparado. Buenos Aires: Cantaro, 1996.

ARAUJO, Mundinha. *Insurreição de escravos em Viana, 1867*. São Luís, MA: AVL, 2006.

ARGUELLO, A. M. *El rol de los esclavos negros en Paraguay*. Assunção: Centro Editorial Paraguayo SRL, 1992.

ASHWORTH, John. *Slavery, capitalism, and politics in the antebellum republic*. Nova York, NY: Cambridge University Press, 1995. 1.

______. *Slavery, capitalism, and politics in the antebellum republic*. Nova York, NY: Cambridge University Press, 2008. v. 2.

ASSUNÇÃO, Matthias Röhrig. *De caboclos a bem-te-vis*: formação do campesinato numa sociedade escravista – Maranhão, 1800-1850. São Paulo: Annablume, 2015.

AZEVEDO, Celia Maria M. *Onda negra, medo branco*: o negro no imaginário das elites – século XIX. Rio de Janeiro: Paz e Terra, 1995.

BAEZ, Adolfo J. *Yatayty-Corá*: una conferencia histórica. Buenos Aires: Imprenta y Papelería Juan Perroti, 1929.

BALDWIN, Lawrence M.; GRIMAUD, Michel. How new naming systems emerge: the prototypical case of Columbus and Washington. *Names*: journal of the American Name Society, v. 40, n. 3, p. 153-166, 1992.

BANDEIRA, Luiz Alberto Moniz. *O expansionismo brasileiro*: o papel do Brasil na bacia do Prata – da colonização ao Império. Rio de Janeiro: Philobiblion, 1985.

BARATTA, Maria Victoria. *La Guerra del Paraguay y la construcción de la identidad nacional*. Assunção: SB, 2019.

BARMAN, Roderick J. *Brazil*: the forging of a nation, 1798-1852. Stanford, CA: Stanford University Press, 1988.

_____. *Citizen emperor*: Pedro II and the making of Brazil, 1825-1891. Stanford, CA: Stanford University Press, 1999.

BARNES, Thurlow Weed. *Memoir of Thurlow Weed by his grandson Thurlow Weed Barnes*. Boston: Houghton, Mifflin and Co., 1884.

BARRERA, Mario Etchechury. Legionarios, enganchados y cautivos. Apuntes para uma investigación sobre las formas de reclutamiento transnacional durante la Guerra del Paraguay (1864-1870). In: GARAVAGLIA, Juan C.; FRADKIN, Raúl O. (Org.). *A 150 años de la Guerra de La Triple Alianza contra Paraguay*. Buenos Aires: Prometeo, 2016.

BARTON, Matthew M. *State, society, and the struggle for political authority in nineteenth-century Minas Gerais, Brazil*. Tese (doutorado) – University of Chicago, Chicago, 2012.

BARTON, Michael. *Goodmen*: the character of civil war soldiers. State College: Pennsylvania State University Press, 1981.

BASSET, George W. *A warning for the crises or popular errors involved in the present war*: an address delivered at the Court House at Ottawa, Illinois on February 2nd, 1863. Ottawa, IL: I. H. Legget, 1863.

BASSET, John S. (Ed.). *Correspondence of Andrew Jackson*. Washington, D.C.: Carnegie Institution of Washington, 1926. v. 2, p. 51-54.

BEALE, Howard K. (Org.). *Diary of Gideon Welles*: Secretary of the Navy under Lincoln and Johnson. Nova York: Norton, 1960.

BEARMAN, Peter S. Desertion as localism: Army unit solidarity and group norms in the U.S. Civil War. *Social Forces*, v. 70, n. 2, p. 321-341, 1991.

BEATTIE, Peter M. Conscription versus penal servitude: Army reform's influence on the Brazilian State's management of social control, 1870-1930. *Journal of Social History*, v. 32, n. 4, p. 847-873, 1999.

_____. *The tribute of blood*: Army, honor, race, and nation in Brazil, 1864-1945. Durham, NC: Duke University Press, 2001.

BECKERT, Sven. *Empire of cotton*: a global history. Nova York, NY: Alfred A. Knopf, 2015.

BELLOWS, Henry W. *Historical sketch of the Union League Club of New York*: its origin, organization and work, 1863-1879. Nova York, NY: Press of G. P. Putnam's Sons, 1879.

BELZ, Herman. Law, politics, and race in the struggle for equal pay during the Civil War. *Civil War History*, n. 22, p. 197-222, 1976.

_____. *Emancipation and equal rights*: politics and constitutionalism in the Civil War era. Nova York, NY: W.W. Norton, 1978.

BENDER, Thomas. *A nation among nations*: America's place in world history. Nova York, NY: Hill and Wang, 2006.

_____. Construyendo una nación. Estados Unidos: de Unión a Estado-nación, 1787-1877. In: PALACIOS, Guillermo; PANI, Erica (Org.). *El poder y la sangre*: guerra, estado y nación en la década de 1860. Mexico: Colegio de Mexico, 2014. p. 25-42.

BENSEL, Richard F. *Yankee Leviathan*: the origins of central state authority in America, 1859-1877. Nova York, NY: Cambridge University Press, 1990.

BERGAD, Laird W. *The comparative histories of slavery in Brazil, Cuba, and the United States*. Nova York, NY: Cambridge University Press, 2007.

BERLIN, Ira. *Slaves without masters*: the free negro in the antebellum South. Nova York, NY: Pantheon Books, 1974.

_____ (Org.). *The black military experience*: freedom, a documentary history of emancipation, 1861-1867. Nova York, NY: Cambridge University Press, 1982. v. 1, series II.

_____ (Org.). *The destruction of slavery*: freedom, a documentary history of emancipation, 1861-1867. Nova York, NY: Cambridge University Press, 1985. 1st ser., v. 1.

_____. *Gerações do cativeiro*: uma história da escravidão nos Estados Unidos. Rio de Janeiro: Record, 2003.

_____ et al. *Slaves no more*: three essays on emancipation and the Civil War. Nova York, NY: Cambridge University Press, 1992.

BERLINGER, Richard E. et al. *Why the South lost the Civil War*. Athens, GA: University of Georgia Press, 1986.

BERNSTEIN, Iver. *The New York city draft riots*: their significance for American society and politics in the age of the Civil War. Nova York, NY: Oxford University Press, 1990.

BERRY, Mary Frances. *Military necessity and civil rights policy*: black citizenship and the Constitution, 1861-1868. Port Washington, NY: Kennikat Press, 1977.

BEZERRA NETO, José Maia. Nos bastidores da guerra: fugas escravas e fugitivos na época da Guerra do Paraguai (Grão-Pará: 1864-1870). *História & Perspectivas*, Uberlândia, n. 20/21, p. 85-115, jan./dez. 1999.

BLACK, Andrew K. In the service of the United States: comparative mortality among african-american and white troops in the Union Army. *Journal of Negro History*, v. 79, n. 4, p. 317-333, 1994.

BLACKBURN, Robin. *A queda do escravismo colonial, 1776-1848*. Rio de Janeiro: Record, 2002.

BLASSINGAME, John W. The recruitment of colored troops in Kentucky, Maryland, and Missouri. *Historian*, n. 29, p. 533-545, 1967.

_____ (Org.). *Slave testimony*: two centuries of letters, speeches, interviews, and autobiographies. Baton Rouge: Louisiana State University Press, 1977.

BOGUE, Allan G. *The earnest men*: republicans of the Civil War Senate. Ithaca: Cornell University Press, 1981.

_____. *The Congressman's Civil War*. Nova York, NY: Cambridge University Press, 1989.

BOHIGAS, Núria Sales de. Some opinions on exemption from military service in nineteenth-century Europe. *Comparative Studies in Society and History*, v. 10, n. 3, p. 261-289, 1968.

_____. *Sobre esclavos, reclutas y mercaderes de quintos*. Barcelona: Ariel, 1974.

BOLSTER, Jeffrey W.; ANDERSON, Hilary. *Soldiers, sailors, slaves, and ships*: the Civil War photographs of Henry P. Moore. Concord: New Hampshire Historical Society, 1999.

BOXER, C. R. *The golden age of Brazil, 1865-1750*: growing pains of a colonial society. Berkeley: University of California Press, 1962.

_____. *The Portuguese seaborne empire, 1415-1825*. Nova York, NY: Alfred A. Knopf, 1969.

BRAGONI, Beatriz. Cuyo después de Pavón: consenso, rebelión y orden político, 1861-1874. In: _____; MÍGUEZ, Eduardo (Org.). *Un nuevo orden político*: provincias y Estado nacional, 1852-1880. Buenos Aires: Biblos, 2010. p. 24-25.

_____; MÍGUEZ, Eduardo (Org.). *Un nuevo orden político*: provincias y Estado nacional, 1852-1880. Buenos Aires: Biblos, 2010.

BREUILLY, John. *Nationalism and the State*. 2. ed. Chicago: University of Chicago Press, 1994.

BREZZO, Liliana. La historiografía paraguaya: del aislamiento a la separación de la mediterraneidad. *Diálogos*. Maringá, UEM, v. 7, n. 1, p. 157-175, 2003.

BRIGHT, Charles C. The State in the United States during the nineteenth century. In: _____; HARDING, Susan (Org.). *State making and social movements*: essays in history and theory. Ann Arbor: University of Michigan Press, 1984. p. 121-158.

BRUN, Diego Abente. The War of The Triple Alliance: three explanatory models. *Latin American Research Review*, v. 22, n. 2, p. 47-67, 1987.

BRUSTEIN, William; LEVI, Margaret. The geography of rebellion: rulers, rebels, and regions, 1500 to 1700. *Theory and Society*, v. 16, n. 4, p. 467-495, jul. 1987.

BRYANT II, James Kenneth. *A model regiment*: the 36th United States Colored Infantry in the Civil War. Dissertação (mestrado) – University of Vermont and State Agricultural College, Burlington, VT, 1996.

BUCKLEY, Roger Norman. *Slaves in red coats*: the British West India Regiments, 1795-1815. New Haven, CT: Yale University Press, 1979.

BURT, Silas Wright. *My memoirs of the military history of the State of New York during the War for the Union, 1861-1865*. Albany, NY: J. B. Lyon Company, 1902.

BURTON, Richard Francis. *Letters from the battle-fields of Paraguay*. Londres: Tinsley Brothers, 1870.

CALHOUN, Craig. *The roots of radicalism*: tradition, the public sphere and early nineteenth-century social movements. Chicago: University of Chicago Press, 2011.

CÂMARA DOS DEPUTADOS. *Anais do Parlamento brasileiro*. 1º ano da 3ª legislatura, sessão de 1867, t. 1. Rio de Janeiro: Typ. Imperial e Constitucional de J. Villeneuve, 1867.

CAPDEVILA, Luc. *Una guerra total*: Paraguay, 1864-1870. Buenos Aires: Sb, 2010.

CARDOZO, Efraín. Paraguay independiente. In: BALLESTEROS, Antonio; Beretta (Org.). *Historia de America y de los Pueblos Americanos*. Barcelona: Salvat, 1949. v. 21, p. 173-264.

CARVALHO, José Murilo de. *A construção da ordem*: a elite política imperial. Brasília: Ed. UnB, 1981.

_____. Escravidão e razão nacional. *Revista Dados*, v. 31, n. 3, p. 287-309, 1988a.

_____. *Teatro de sombras*: a política imperial. Rio de Janeiro: Vértice, 1988b.

_____. *José de Alencar*: cartas de Erasmo. Rio de Janeiro: ABL, 2009.

CARVALHO, Marcos de. De cativo a famoso artilheiro da Confederação do Equador: o caso do africano Francisco, 1824-1828. *Varia História*, v. 18 n. 27, p. 96-116, 2002.

_____. Os negros armados pelos brancos e suas independências no Nordeste, 1817-1848. In: JANCSÓ, István (Org.). *Independência*: história e historiografia. São Paulo: Hucitec, 2005. p. 881-914.

CASTRO, Adler Homero Fonseca de. *Notas sobre o armamento na Guerra do Paraguai*, 2006. Disponível online em out. 2019.

CASTRO, Celso. Entre Caxias e Osório: a criação do culto ao patrono do Exército brasileiro. *Estudos Históricos*, v. 14, n. 25, p. 103-118, 2000.

CASTRO, Jeanne Berrance de. O negro na Guarda Nacional. *Anais do Museu Paulista*, n. 23, p. 149-172, 1969.

_____. *A milícia cidadã*: a Guarda Nacional de 1831 a 1850. São Paulo: Ed. Nacional, 1979.

CENTENO, Miguel A. Symbols of State nationalism in Latin America. *European Review of Latin American and Caribbean Studies*, n. 66, p. 74-106, 1999.

_____. *Blood and debt*: war and the Nation-State in Latin America. University Park, PA: Pennsylvania State University Press, 2002a.

_____. The centre did not hold: war in Latin America and the monopolization of violence. In: DUNKERLEY, James (Org.). *Studies in the formation of the Nation State in Latin America*. Londres: Institute of Latin American Studies, 2002b. p. 54-76.

CERQUEIRA, Dionísio. *Reminiscências da Guerra do Paraguai*. Rio de Janeiro: Bibliex, 1980.

CHAMBERS II, John Whiteclay; PIEHLER, Kurt G. (Org.). *Major problems in American military history*. Boston, MA: Houghton Mifflin Co., 1999.

CHANNING, Steve. *Crisis of fear*: secession in South Carolina. Nova York, NY: Simon and Schuster, 1970.

CHEEK, William; CHEEK, Aimee Lee. White over black in union blue: reviews in American. *History*, v. 18, n. 3, p. 104-27, 1990.

CHIARAMONTE, José Carlos. *Nación y Estado en Iberoamérica*: el lenguaje político en tiempos de las independencias. Buenos Aires: Sudamericana, 2004. p. 75-81.

_____. *Ciudades, provincias, estados*: orígenes de la nación Argentina (1800-1846). Buenos Aires: Emecé, 2007.

CHIAVENATTO, Julio José. *O negro no Brasil*: da senzala à Guerra do Paraguai. São Paulo: Brasiliense, 1982.

CIMPRICH, John; MAINFORT Jr., Robert C. The Fort Pillow massacre: a statistical note. *Journal of American History*, v. 76, n. 3, p. 830-839, 1989.

CODMAN, John. *Ten months in Brazil*. Boston, MA: R. Grant and Son, 1867.

CONRAD, Robert Edgar. *Os últimos anos da escravatura no Brasil*. Rio de Janeiro: Civilização Brasileira, 1972.

CONSELHO DE ESTADO PLENO. *Atas*. Dir. geral, org. e introd. José Honório Rodrigues. Brasília: Centro Gráfico do Senado Federal, 1973-1978. 14 v.

COONEY, Jerry W. Abolition in the Republic of Paraguay: 1840-1870. *Jahrbuch fur Geschichte von Staat Wirtschaft und Gesellschaft*, n. 11, p. 149-66, 1974.

_____. Economy and manpower: Paraguay at war, 1864-69. In: WHIGHAM, V.; KRAAY, Hendrik (Org.). *I die with my country*: perspectives on the Paraguayan War, 1864-1870. Lincoln, NE: University of Nebraska Press, 2004. p. 23-43.

COOPER, Susan. Records of Civil War African American troops inspire major archival project. *The Record*, v. 3, n. 2, p. 9-11, 1996.

CORNISH, Dudley Taylor. *The sable arm*: negro troops in the Union Army, 1861-1865. Lawrence, KA: University Press of Kansas, 1987.

COSTA, Dora L.; KAHN, Matthew E. *Heroes and cowards*: the social face of war. Princeton, NJ: Princeton University Press, 2008.

COSTA, Fernando Dores. Os problemas do recrutamento militar no final do século XVIII e as questões da construção do estado e da nação. *Análise Social*, v. 30, n. 130, p. 121-55, 1995.

COSTA, Wilma Peres. *A espada de Dâmocles*: o Exército, a Guerra do Paraguai e a crise do império. São Paulo: Hucitec/Unicamp, 1996.

COTTA, Francis A. *No rastro dos dragões*: universo militar luso-brasileiro e as políticas de ordem nas Minas setecentistas. Tese (doutorado) – UFMG, Belo Horizonte, 2004.

CRESPO, Horacio. Com profundo dolor...: la campaña crítica de Juan Bautista Alberdi em la Guerra de la Triple Alianza contra El Paraguay. In: PALACIOS, Guillermo; PANI Erika (Org.). *El poder y la sangre*: guerra, Estado y nación en la década de 1860. México, DF: El Colegio de México, 2014. p. 279-312.

CROFTS, Daniel W. *Reluctant confederates*: upper South unionists in the secession crisis. Chapel Hill, NC: University of North Carolina Press, 1989.

CUNHA, Manuela Carneiro da. Silences of the law: customary law and positive law on the manumission of slaves in nineteenth-century Brazil. *History and Anthropology*, v. 1, n. 2, p. 427-43, 1985.

CURRY, Leonard P. Congressional democrats, 1861-1863. *Civil War History*, n. 12, p. 213-19, 1966.

_____. *Blueprint for modern America*: on-military legislation of the First Civil War Congress. Nashville, TN: Vanderbilt University Press, 1968.

CURRY, Richard O. The Union as it was: a critique of recent interpretations of the 'copperheads'. Civil *War History*, n. 13, p. 25-39, 1967.

DANTAS, Monica Duarte. *Revoltas, motins, revoluções*: homens livres, pobres e libertos no Brasil do século XIX. São Paulo: Alameda, 2019.

DAVIS, David Biron. *The problem of slavery in the age of revolution, 1770-1823*. Ithaca, NY: Cornell University Press, 1975.

DEAN, Warren. *Rio Claro*: um sistema brasileiro de grande lavoura. Rio de Janeiro: Paz e Terra, 1977.

DEGLER, Carl N. *Neither black nor white*: slavery and race relations in Brazil and the United States. Nova York, NY: Macmillan, 1971.

_____. The American Civil War and the German wars of unification: the problem of comparison. In: FÖSTER, Stig; NAGLER, Jorg (Org.). *On the road to total war*: the American Civil War and the German wars of unification, 1861-1871. Nova York, NY: Cambridge University Press, 1997. p. 53-74.

DE MARCO, Miguel Ángel. *La Guerra del Paraguay*. 2. ed. Buenos Aires: Booket, 2013.

DEW, Charles B. *Apostles of disunion*: southern secession commissioners and the causes of the Civil War. Charlottesville, VA: University of Virginia Press, 2002.

DEYLE, Steven. *Carry me back*: the domestic slave trade in American life. Nova York, NY: Oxford University Press, 2005.

DI MEGLIO, Gabriel. Un ejército de muchos nombres: la difícil formación de las fuerzas militares rioplatenses en la guerra entre las Provincias Unidas y el Imperio de Brasil. *Claves*: revista de historia, Montevidéu, v. 4, n. 7, p. 127-162, jul./dez. 2018.

DOLHNIKOFF, Miriam. O lugar das elites regionais. *Revista USP*, São Paulo, n. 58, p. 116-133, jun./ago. 2003.

DONALD, David Herbert (Org.). *Inside Lincoln's cabinet*: the Civil War diaries of Salomon P. Chase. Nova York, NY: Longmans, Green, 1954.

_____ (Org.). *Gone for a soldier*: the Civil War memoirs of private Alfred Bellard; from the Alec Thomas Archives. Boston, MA: Little, Brown, 1975.

DORATIOTO, Francisco. *Maldita guerra*: nova história da Guerra do Paraguai. São Paulo: Companhia das Letras, 2002.

_____. *General Osório*: a espada liberal do império. São Paulo: Companhia das Letras, 2008.

_____. Tentativas de paz na Guerra do Paraguai. *Revista Navigator*, v. 11, n. 21, p. 119-131, 2015.

DOUGLASS, Frederick. A battle of principles and ideas. In: PERMAN, Michael (Org.). *The coming of the Civil War*. Lexington, MA: D. C. Heat, 1973. p. 17.

_____. *The life and writings of Frederick Douglass*. Ed. Philip S. Foner. Nova York, NY: International Publishers, 1982. 4 v.

DOWNS, Gregory P.; MASUR, Kate. *The world the Civil War made*. Chapel Hill, NC: The University of North Carolina Press, 2015.

DOYLE, Don H. *Nations divided*: America, Italy, and the southern question. Athens, GA: University of Georgia Press, 2002.

_____. *The cause of all nations*: an international history of the American Civil War. Nova York, NY: Basic Books, 2015.

_____ (Org.). *American Civil Wars*: the United States, Latin America, Europe, and the crisis of the 1860s. Chapel Hill, NC: University of North Carolina Press, 2017.

DRESCHER, Seymour. Brazilian abolition in comparative perspective. In: SCOTT, Rebecca J. (Org.). *The abolition of slavery and the aftermath of emancipation in Brazil*. Durham: Duke University Press, 1988. p. 23-54.

_____. The ending of the slave trade and the evolution of European scientific racism. In: DRESCHER, Seymour (Ed.). *From slavery to freedom*: comparative studies in the rise and fall of atlantic slavery. Nova York, NY: New York University Press, 1999. p. 275-311.

DUARTE, Paulo de Queirós. *Os Voluntários da Pátria na Guerra do Paraguai*. Rio de Janeiro: Bibliex, 1980.

DU BOIS, W. E. B. *The souls of black folk*. Chicago: A. C. McClurg, 1903.

_____. *Black reconstruction in America*: an essay toward a history of the part which black folk played in the attempt to reconstruct democracy in America, 1860-1880. Nova York: Russel & Russel, 1935.

DUBOIS, Laurent. *Avengers of the new world*: the story of the Haitian Revolution. Cambridge, MA: Belknap Press of Harvard University Press, 2004.

DUDLEY, William S. *Reform and radicalism in the Brazilian Army, 1870-1889*. Tese (doutorado) – Columbia University, Nova York, 1972.

DUNCAN, J. MacLeod. *Slavery, race, and the American Revolution*. Nova York, NY: Cambridge University Press, 1975.

DUNCAN, Julian Smith. *Public and private operations of railways in Brazil*. Nova York, NY: Columbia University Press, 1932.

DUNCAN, Russel (Org.). *Blue-eyed child of fortune*: the Civil War letters of colonel Robert Gould Shaw. Athens, GA: University of Georgia Press, 1992.

DURDEN, Robert F. *The gray and the black*: the confederate debate on emancipation. Baton Rouge, LA: Louisiana State University Press, 1972.

ECHEVERY, Marcela. *Indian and slave royalists in the age of revolution*: reform, revolution and royalism in the Northern Andes, 1780-1825. Cambridge, MA: Cambridge University Press, 2017.

EINSENBERG, Peter L. Ficando livre: as alforrias em Campinas no século XIX. *Estudos Econômicos*, v. 17, n. 2, p. 175-226, 1976.

_____. *A mentalidade dos fazendeiros no congresso agrícola de 1878*: modos de produção e realidade brasileira. Ed. José Roberto do Amaral Lapa. Petrópolis: Vozes, 1980.

ELLIOTT, E. N. (Org.). *Cotton is king, and pro-slavery arguments*: comprising the writings of Hammond, Harper, Christy, Stringfellow, Hodge, Bledsoe, and Cartwright, on this important subject. Nova York, NY: Johnson Reprint, 1968.

EMILIO, Luis F. *A brave black regiment*: the history of the Fifty-Fourth Regiment of Massachusetts Volunteer Infantry, 1863-1865. Nova York, NY: Da Capo Press, 1995.

ESTRADA, Ezequiel Martínez. *X-Ray of the Pampa*. Austin, TX: University of Texas Press, 1971. p. 97-98.

EVANS, Ira C. *Revised register of the soldiers and sailors of New Hampshire in the War of the Rebellion, 1861-1866*. Concord, NH: Ira C. Evans, 1895.

EVANS, J. A. S. *Herodotus, explorer of the past*: three essays. Princeton: Princeton University Press, 1994.

FALA dirigida à Assembleia Legislativa Provincial das Alagoas no dia 5 de maio de 1865 pelo Ex. Sr. desembargador João Baptista Gonçalves Campos, presidente da província. Maceió: Typ. Progressista, 1865. Relatório do presidente de Alagoas.

FARINATTI, Luis Augusto. Cabedais militares: os recursos sociais dos potentados da fronteira meridional (1801-1845). In: POSSAMAI, Paulo (Org.). *Gente de guerra e fronteira*: estudos de história militar do Rio Grande do Sul. Pelotas: Ed. Upel, 2010. p. 81-100.

FAUST, Drew Gilpin (Org.). *The ideology of slavery*: proslavery thought in the antebellum South, 1830-1860. Baton Rouge, LA: Louisiana State University Press, 1981.

_____. *The creation of confederate nationalism*: ideology and identity in the Civil War South. Baton Rouge, LA: Louisiana State University Press, 1988.

FEHRENBACHER, Don E. (Org.). *Abraham Lincoln*: a documentary portrait through his speeches and writings. Stanford, CA: Stanford University Press, 1964.

FERRARO, William Michael. *Lives of quiet desperation*: community and polity in New England over four centuries – the cases of Portsmouth and Foster, Rhode Island. Tese (doutorado) – Brown University, Providence, RI, 1991.

FERTIG, André. *Clientelismo político em tempos belicosos*: a Guarda Nacional da província de São Pedro do Rio Grande do Sul na defesa do Império do Brasil (1850-1873). Santa Maria, RS: Ed. UFSM, 2010.

FITZ, Caitlin. *Our sister republics*: the United States in an age of American Revolutions. Nova York, NY: Norton, 2016.

FITZHUGH, George. *Cannibals all! or slaves without masters*. Cambridge, MA: Belknap Press of Harvard University Press, 1960.

_____. *Sociology for the South, or the failure of free society*. Nova York, NY: B. Franklin, 1965.

FLORENTÍN, Carlos Gomes. *El Paraguay de la post-guerra, 1870-1900*. Assunção: El Lector, 2010.

FLORENTINO, Manolo; GÓES, José Roberto. *A paz nas senzalas*: famílias escravas e tráfico atlântico, Rio de Janeiro, c.1770-c.1850. Rio de Janeiro: Civilização Brasileira, 1997.

_____. De escravos, forros e fujões no Rio de Janeiro imperial. *Revista USP*, São Paulo, n. 58, p. 104-115, jun./ago. 2003.

FLORY, Thomas. *Judge and jury in imperial Brazil, 1808-1871*: social control and political stability in the new State. Austin, TX: University of Texas Press, 1981.

FONER, Eric. The causes of the American Civil War: recent interpretations and new directions. *Civil War History*, n. 20, p. 215-28, 1974.

_____. *Free soil, free labor, free men*: the ideology of the Republican Party before the Civil War. Nova York, NY: Oxford University Press, 1979.

_____. *Politics and ideology in the age of the Civil War*. Nova York, NY: Oxford University Press, 1980.

_____. *Reconstruction*: America's unfinished revolution, 1863-1877. Nova York, NY: Harper & Row, 1988.

FONER, Philip; LEWIS, Ronald (Org.). *The black worker*: from colonial times to 1869: a documentary history. Filadélfia, PA: Temple University Press, 1969.

FOREST, Alan. *Soldiers of the French Revolution*. Durham, NC: Duke University Press, 1990.

FÖRSTER, Stig; NAGLER, Jorg (Org.). *On the road to total war*: the American Civil War and the German wars of unification, 1861-1871. Nova York, NY: Cambridge University Press, 1997.

FRAGOSO, Augusto Tasso. *História da guerra entre Tríplice Aliança e o Paraguai*. Rio de Janeiro: Imprensa do Estado-Maior do Exército, 1934. 3 v.

_____. *História da guerra entre a Tríplice Aliança e o Paraguai*. Rio de Janeiro: Imprensa do Estado-Maior do Exército, 1935.

FRAGOSO, João. A nobreza vive em bandos: a economia política das melhores famílias da terra do Rio de Janeiro, século XVI, algumas notas de pesquisa. *Tempo*, v. 8, n. 15, p. 11-35, 2003.

FRANKLIN, John Hope. *The Emancipation Proclamation*. Garden City, NY: Doubleday, 1963.

FREDRICKSON, George M. *The inner Civil War*: Northern intellectuals and the crisis of the Union. Nova York, NY: Harper & Row, 1965.

_____. *The black image in the white mind*. Hanover, NH: Wesleyan University Press, 1973.

_____. A man but not a brother: Abraham Lincoln and racial equality. *Journal of Southern History*, v. 41, n. 1, p. 30-58, 1975.

FREEHLING, William W. *The South vs. the South?* How anti-confederate southerners shaped the course of the Civil War. Nova York, NY: Oxford University Press, 2001.

_____; SIMPSON, Craig M. *Secession debated*: Georgia's showdown in 1860. Nova York, NY: Oxford University Press, 1992.

FREIDEL, Frank (Org.). *Union pamphlets of the Civil War, 1861-1865*. Cambridge, MA: Belknap Press of Harvard University Press, 1967.

FREY, Sylvia R. *Water from the rock*: black resistance in a revolutionary age. Princeton, NJ: Princeton University Press, 1991.

FRIEDRICH, Otto. We will not do duty any longer for seven dollars per month. *American Heritage*, v. 39, n. 1, p. 64-73, 1988.

FROST, Dan R. Blacks and emancipation: the decisive factors that resulted in Union victory in the Civil War. Dissertação (mestrado) – Fullerton State University, Fullerton, CA, 1987.

FUENTE, Ariel de la. *Children of Facundo*: caudillo and gaucho insurgency during the Argentine State formation process (La Rioja, 1853-1870). Durham, NC: Duke University Press, 2000.

GALLAGHER, Gary W. *The Confederate War*: how popular will, nationalism, and military strategy could not stave off defeat. Cambridge, MA: Harvard University Press, 1997.

GARAVAGLIA, Juan C.; FRADKIN, Raúl O. (Org.). *A 150 años de la Guerra de La Triple Alianza contra Paraguay*. Buenos Aires: Prometeo, 2016.

GEARY, James W. The enrollment act in the Thirty-Seventh Congress. *Historian*, v. 46, n. 4, p. 562-582, 1984.

_____. *We need men*: the Union draft in the Civil War. Dekalb. IL: Northern Illinois University Press, 1991a.

_____. Blacks in the American military: a review essay. *Ethnic Forum*, v. 11, n. 1, p. 59-68, 1991b.

GEGGUS, David Patrick. Slavery, war, and revolution in the greater Caribbean, 1789-1815. In: GASPAR, David Barry; GEGGUS, David Patric (Org.). *A turbulent time*: the French Revolution and the Greater Caribbean. Bloomington. IN: Indiana University Press, 1997. p. 1-50.

GENOVESE, Eugene. *The world the slaveholders made*: two essays in interpretation. Middletown, CT: Wesleyan University Press, 1969.

GERTEIS, Louis. *From contraband to freedmen*: Federal Policy toward southern blacks, 1861-1865. Westport, CT: Greenwood Press, 1969.

GEYER, Michael; BRIGHT, Charles. Global violence and nationalizing wars in Eurasia and America: the geopolitics of war in the mid-nineteenth century. *Comparative Studies in Society and History*, n. 38, p. 619-657, 1996.

GLATTHAAR, Joseph T. *Forged in battle*: the Civil War alliance of black soldiers and white officers. Nova York, NY: Meridian, 1990a.

______. *Partners in command*: the relationships between leaders in the Civil War. Nova York, NY: Free Press, 1990b.

GLEESON, David T.; LEWIS Simon (Org.). *The Civil War as global conflict*: transnational meanings of the American Civil War. Columbia, SC: University of South Carolina Press, 2014.

GOLDMAN, Noemi; SALVATORE, Ricardo (Org.). *Caudillismos rioplatenses*: nuevas miradas a un viejo problema. Buenos Aires: Eudeba, 2005.

GOLDONI, Aline C. *Embate e negociação*: o recrutamento da Guarda Nacional fluminense durante a Guerra do Paraguai. Dissertação (mestrado) – PPGHIS/UFRJ, Rio de Janeiro, 2010.

GOMES, Flávio dos Santos; MACHADO, Maria Helena T. Revoltas em três tempos: Rio de Janeiro, Maranhão e São Paulo (século XIX). In: REIS, João José; GOMES, Flávio dos Santos (Org.). *Revoltas escravas no Brasil*. São Paulo: Companhia das Letras, 2021. p. 588-646.

GRADEN, Dale T. *From slavery to freedom in Bahia, Brazil, 1791-1900*. Tese (doutorado) – University of Connecticut, Storrs, CT, 1991.

GRAEBNER, Norman A. (Org.). *The enduring Lincoln*: sesquicentennial lectures at the University of Illinois. Urbana, IL: University of Illinois Press, 1959.

GRAHAM, Richard. *Patronage and politics in Brazil*. Stanford, CA: Stanford University Press, 1990.

GREENBERG, Amy S. *A wicked war*: Polk, Clay, Lincoln, and the 1846 invasion of Mexico. Nova York, NY: Vintage, 2013.

GRIMSLEY, Mark. Conciliation and its failure, 1861-1862. *Civil War History*, v. 39, n. 4, p. 317-335, dez. 1993.

GRINBERG, Keila. Emancipación y guerra em el río de La Plata, 1840-1865: hacia una historia social de las relaciones internacionales. *Historia Mexicana*, n. LXIX, p. 693-741, 2019.

GROSS, Robert. *The minutemen and their world*. Nova York, NY: Hill and Wang, 1976.

GUAZZELLI, Cesar Augusto Barcellos. Regiões-província na Guerra da Tríplice Aliança. *Topoi*, v. 10, n. 19, p. 70-89, jul./dez. 2009.

_____. *O horizonte da província*: a república rio-grandense e os caudilhos do rio da Prata. Porto Alegre: Capa-Comum, 2013.

HAAS, Ernest. The balance of power: prescription, concept, and propaganda. In: ROSNEAU, James N. (Org.). *International politics and foreign policies*: a reader in research and theory. Nova York, NY: Free Press, 1961. p. 318-329.

HAHN, Steven. *The roots of southern populism*: yeoman farmers and the transformation of the Georgia upcountry, 1850-1890. Nova York, NY: Oxford University Press, 1983.

HALE, Laura Virginia. *Four valiant years in the lower Shenandoah valley, 1861-1865*. Strasburg, VA: Shenandoah, 1975.

HALLOCK, Judith Lee. The role of community in Civil War desertion. *Civil War History*, v. 29, n. 29, p. 123-34, 1983.

HANCOCK, Harold Bell. *Delaware during the Civil War*: a political history. Wilmington, DE: Historical Society of Delaware, 1961.

HARRIS, J. William. *Plain folk and gentry in a slave society*: white liberty and black slavery in Augusta's hinterlands. Middletown, CT: Wesleyan University Press, 1985.

HATTAWAY, Herman; JONES, Archer. *How the North won*: a military history of the Civil War. Urbana: University of Illinois Press, 1991.

HAWTHORNE, Nathaniel. *A letra escarlate* [1850]. São Paulo: Companhia das Letras, 2011.

HAY, John. *Lincoln and the Civil War in the diaries and letters of John Hay*. Selected and with an introduction by Tyler Dennet. Nova York, NY: Dodd, Mead & Company, 1939.

HECHTER, Michael. *Containing nationalism*. Oxford: Oxford University Press, 2000.

HERSCH, R. C. *American interest in the War of the Triple Alliance*. Tese (doutorado) – New York University, Nova York, 1974.

HESS, Earl J. *Virtue, and progress*: northerners and their war for the Union. Nova York, NY: New York University Press, 1988.

HESSELTINE, William Best. *Lincoln and the war governors*. Gloucester, MA: Peter Smith, 1972.

HICKEN, Victor. The record of Illinois' negro soldiers in the Civil War. *Journal of the Illinois State Historical Society*, v. 56, n. 3, p. 529-51, 1863.

HIGGINSON, Thomas Wentworth. *Army life in a Black Regiment*. Boston, MA: Beacon, 1970.

HOLLOWAY, Thomas H. *Policing Rio de Janeiro*: repression and resistance in a 19th century city. Stanford, CA: Stanford University Press, 1993.

HOLT, Michael F. *The rise and fall of the American Whig Party*: jacksonian politics and the onset of the Civil War. Nova York, NY: Oxford University Press, 1999.

HOWARD, Victor. The Civil War in Kentucky: the slave claims his freedom. *Journal of Negro History*, n. 67, p. 245-56, 1982.

HUBBEL, John T. Abraham Lincoln and the Recruitment of Black Soldiers. *Papers of the Abraham Lincoln Association* 2, p. 6-21, 1980.

HUCH, Ronald K. Fort Pillow massacre: the aftermath of Paducah. *Journal of the Illinois State Historical Society*, v. 66, n. 1, p. 62-70, 1973.

HUNER, Michael K. Liberal youth, exuberance, and calamity: aspirations for modern nationhood in Paraguay, 1850-1870. *Contra Corriente*: una revista de historia social y literatura de América Latina, v. 12, n. 2, p. 140-177, 2015.

IBGE (Instituto Brasileiro de Geografia e Estatística). *Estatísticas históricas do Brasil*. Rio de Janeiro: IBGE, 1990.

IZECKSOHN, Vitor. *O cerne da discórdia*: a Guerra do Paraguai e o núcleo profissional do Exército. Rio de Janeiro: E-papers, 2002.

______. Recrutamento militar no Rio de Janeiro durante a Guerra do Paraguai. In: CASTRO, Celso; IZECKSOHN, Vitor; KRAAY, Hendrik (Org.). *Nova história militar brasileira*. Rio de Janeiro: FGV Ed., 2004. p. 179-208.

______. Arrombando cadeias em nome da justiça: dilemas da autoridade e da classificação social em tempos de guerra. In: DEL PRIORE, Mary; MÜLLER, Angélica (Org.). *História dos crimes e da violência no Brasil*. São Paulo: Ed. Unesp, 2017a. p. 97-122.

______. A Guerra do Paraguai e a unificação argentina: uma reavaliação. *História Unisinos*, v. 21, n. 3, p. 365-377, set./dez. 2017b.

______; BEATTIE, Peter M. The Brazilian home front during the War of the Triple Alliance, 1864-1870. In: SANTONI, Pedro (Org.). *Daily lives of civilians in wartime Latin America*: from the wars of independence to the central american civil wars. Westport: CT: Grenwood, 2008. p. 123-146.

_____; MÜGGE, Miqueias H. A criação do Terceiro Corpo do Exército no Rio Grande do Sul: conflitos políticos resultantes da administração militar nos anos críticos da Guerra do Paraguai (1866-1867). *Revista Brasileira de História*, v. 36, n. 73, p. 1-26, 2016.

JIMERSON, Randall. *The private Civil War*: popular thought during the sectional conflict. Baton Rouge, LA: Louisiana State University Press, 1993.

JOHNSON, Michael. *Toward a patriarchal republic*: the secession of Georgia. Baton Rouge, LA: Louisiana State University Press, 1977.

JORDAN, Winthrop. *White over black*: American attitudes toward the negro, 1550-1812. Baltimore, MD: Penguin, 1969.

JORDAN JR., Ervin L. *Tumult and silence at second creek*: an inquiry into a Civil War slave conspiracy. Baton Rouge, LA: Louisiana State University Press, 1993.

_____. *Black confederates and afro-yankees in Civil War Virginia*. Charlottesville, VA: University Press of Virginia, 1995.

JOSHI, Manoj K.; REIDY, Joseph P. To come forward and aid in putting down this unholy rebellion: the officers of Louisiana's free black native guard during the Civil War era. *Southern Studies*, v. 21, n. 2, p. 326-42, 1983.

KAGAN, Donald. *On the origin of war and the preservation of peace*. Nova York, NY: Anchor Books, 1995.

KARASH, Mary C. *Slave life in Rio de Janeiro, 1808-1850*. Princeton, NJ: Princeton University Press, 1987.

KARP, Matthew. *This vast southern empire*: slaveholders at the helm of American Foreign Policy. Cambridge, MA: Harvard University Press, 2016.

KATZ, Mariana. Slavery in an authoritarian republic: the policing dissent and the rise of the state in Paraguay (1821-1840). *Slavery & Abolition*, v. 44, n. 4, p. 760-783, 2023.

KATZ, William Loren (Org.). U.S. *Department of Commerce, Bureau of the Census, Negro Population in the United States, 1790-1915*. Nova York, NY: Arno, 1968.

KEEGAN, John. *The face of battle*. Nova York: Penguin, 1978.

KINSLEY, Rufus. *Diary of a christian soldier*: Rufus Kinsley and the Civil War. Ed. David C. Rankin. Nova York, NY: Cambridge University Press, 2004.

KRAAY, Hendrik. Reconsidering recruitment in imperial Brazil. *The Americas*, v. 55, n. 1, p. 1-33, 1988.

_____. *Soldiers, officers, and society*: the Army in Bahia, Brazil, 1808-1889. Tese (doutorado) – University of Texas, Austin, TX, 1995.

_____. The Shelter of the Uniform: the Brazilian Army and runaway Slaves, 1800-1888. *Journal of Social History*, v. 29, n. 3, p. 637-657, 1996.

_____. Slavery, citizenship, and mobilization in Brazil's mobilization for the Paraguayan War. *Slavery and Abolition*, v. 18, n. 3, p. 228-256, 1997.

_____. Em outra coisa não falavam os pardos, cabras e crioulos: o 'recrutamento' de escravos na guerra de independência da Bahia. *Revista Brasileira de História*, v. 22, n. 43, p. 109-126, 2002.

_____. Os companheiros de dom Obá: os Zuavos baianos e outras companhias negras na Guerra do Paraguai. *Afro-Ásia*, n. 46, p. 121-161, 2012.

_____; WHIGHAM, Thomas L. (Org.). *I die with my country*: perspectives on the Paraguayan War, 1864-1870. Lincoln, NE: University of Nebraska Press, 2004.

KYNOCH, Gary. Terrible dilemmas: black enlistment in the Union Army during the American Civil War. *Frank Cass Journal*, v. 18, n. 2, p. 104-127, 1977.

LARA, Silvia Hunold. *Campos da violência*: escravos e senhores na capitania do Rio de Janeiro, 1750-1808. Rio de Janeiro: Paz e Terra, 1988.

LASSO, Marixa. Race war and nation in Caribbean Gran Colombia, Cartagena, 1810-1832. *American Historical Review*, v. 111, n. 2, p. 336-361, 2006.

LEDMAN, Paul L. *A town responds*: Cape Elizabeth, Maine, in the Civil War. Dissertação (mestrado) – University of New Hampshire, Durham, NH, 1999.

LEE, Basil Leo, F. S. C. *Discontent in New York City, 1861-1865*. Washington, D.C.: Catholic University of America Press, 1943.

LEMOS, Renato (Org.). *Cartas da Guerra do Paraguai*: Benjamin Constant na campanha do Paraguai. Rio de Janeiro: Iphan, 1999.

LEUCHARS, Chris. *To the bitter end*: Paraguay and the War of the Triple Alliance. Westport, CT: Greenwood, 2002.

LEVINE, Bruce. *Confederate emancipation*: southern plans to free and arm slaves during the Civil War. Nova York, NY: Oxford University Press, 2006.

LEVINE, Peter. Draft evasion in the North during the Civil War, 1863-1865. *Journal of American History*, n. 67, p. 816-834, 1981.

LIEBER, Francis. *No party now but all for our country*. Filadélfia, PA: Chrissy and Markley, 1863.

LIMA, Carlos A. M. Escravos de peleja: a instrumentalização da violência escrava na América Portuguesa (1580-1850). *Revista de Sociologia e Política*, n. 18, p. 131-152, 2002.

LINCOLN, Abraham. *The collected works of Abraham Lincoln*. Ed. Roy P. Basler. New Brunswick, NJ: Rutgers University Press for the Abraham Lincoln Association, Springfield, IL, 1953. 9 v.

LINDERMAN, Gerald F. *Embattled courage*: the experience of combat in the American Civil War. Nova York, NY: Free Press, 1987.

LINK, William A. (Org.). *United States reconstruction across the Americas*. Gainesville, FL: University of Florida Press, 2019.

LITWACK, Leon F. *North of slavery*: the negro in the free states, 1790-1860. Chicago, IL: University of Chicago Press, 1961.

_____. *Been in the storm so long*: the aftermath of slavery. Nova York, NY: Vintage, 1980.

LONG, E. B.; LONG, Barbara. *The Civil War day by day*: an almanac 1861-1865. Garden City, NY: Doubleday, 1971.

LONN, Ella. *Desertion in the Civil War*. Gloucester, MA: Peter Smith, 1966.

LOPACHER, Ulrich; TOBLER, Alfred. *Un suizo en la Guerra del Paraguay*. Assunção: Editorial del Centenario, 1969.

LÓPEZ-ALVES, Fernando. *State formation and democracy in Latin America, 1810-1900*. Durham, NC: Duke University Press, 2000.

LYNCH, John. The River Plate Republics. In: _____; BETHELL, Leslie (Ed.). *Spanish America after independence, c. 1820-1870*. Cambridge, MA: Cambridge University Press, 1987. p. 322-363.

LYRA, Heitor. *História do império de dom Pedro II*. São Paulo: Melhoramentos, 1940. 3 v.

MACDONALD, John. *Great battles of the Civil War*. Nova York, NY: Collier, 1992.

MAGALHÃES, Domingos José Gonçalves de. Memória histórica e documentada da revolução da província do Maranhão. *Novos Estudos Cebrap*, n. 23, p. 14-66, 1989.

MAGALHÃES JÚNIOR, Raimundo. *D. Pedro II e a condessa de Barral*. Rio de Janeiro: Civilização Brasileira, 1956.

MALLO, Silvia C.; TELESCA, Ignacio. *Negros de la patria*: los afrodescendientes en las luchas por la independencia en el antiguo virreinato del río de La Plata. Buenos Aires: SB, 2010.

MAMIGONIAN, Beatriz G. Conflicts over the meanings of freedom: the liberated africans' struggle for emancipation in Brazil (1840s-1860s). In: SHUTE, Rosemary Brana; SPARKS, Rand J. *Paths to freedom*: manumission in the atlantic world. Columbia, SC: University of South Carolina Press, 2009. p. 235-264.

_____. *Africanos livres*: a abolição do tráfico de escravos no Brasil. São Paulo: Companhia das Letras, 2017.

MARQUESE, Rafael. A Guerra Civil nos Estados Unidos e a escravidão no Brasil. *Afro-Ásia*, n. 51, p. 37-71, 2015.

_____; PARRON, Tamis; BERBEL Marcia (Org.). *Slavery and politics*: Brazil and Cuba, 1790-1850. Albuquerque, NM: University of New Mexico Press, 2015.

MARTINS, Maria Fernanda. *A velha arte de governar*: um estudo da política e elites a partir do Conselho de Estado (1842-1889). Rio de Janeiro: Presidência da República, Arquivo Nacional, 2007.

MARVEL, William. New Hampshire and the Draft, 1863. *Historical New Hampshire*, n. 36, p. 58-72, 1981.

_____. *Lincoln's mercenaries*: economic motivation among Union soldiers during the Civil War. Baton Rouge, LA: Louisiana University Press, 2018.

MASLOWSKI, Peter. National Policy toward the use of black troops in the revolution. *South Carolina Historical Magazine*, n. 73, p. 1-17, 1972.

MATTOS, Hebe. Henrique Dias: expansão e limites da justiça distributiva no Império português. In: VAINFAS, Ronaldo; SANTOS, Georgina Silva dos; NEVES, Guilherme Pereira das (Org.). *Retratos do Império*: trajetórias individuais no mundo português nos séculos XVI a XIX. Niterói: Eduff, 2006. p. 29-45.

MATTOS, Ilmar Rohloff de. *O tempo saquarema*. São Paulo: Hucitec, 1988.

MAY, Thomas. Continuity and change in the labor program of the Union Army and the Freedman's Bureau. *Civil War History*, v. 17, n. 3, p. 245-254, 1971.

MAYO, James M. War memorials as political memory. *Geographic Review*, v. 78, n. 1, p. 62-75, 1988.

MAYS, Joe H. Black *Americans and their contribution toward Union victory in the American Civil War, 1861-1865*. Tese (doutorado) – Middle Tennessee State University, Murfreesboro, TN, 1983.

MCCANN, Frank D. The nation in arms: obligatory military service during the old republic. In: ALDEN, Dauril; DEAN, Warren (Org.). *Essays concerning the socioeconomic history of Brazil and Portuguese India*. Gainesville, FL: University of Florida Press, 1977. p. 211-243.

MCCLELLAN, George B. *The Civil War papers of George B. McClellan*: selected correspondence, 1860-1865. Ed. Stephen W. Sears. Nova York, NY: Ticknor & Fields, 1989.

MCCURRY, Stephanie. *Confederate reckoning*: power and politics in the Civil War South. Cambridge, MA: Harvard University Press, 2010.

MCDONNEL, Michael A. *The politics of war*: race, class, and conflict in revolutionary Virginia. Chapel Hill, NC: University of North Carolina Press, 2007.

MCKITRICK, Eric L. Party politics and the Union and confederate war efforts. In: CHAMBERS, William N.; BURHAM, Walter Dean (Org.). *The American Party Systems*: stages of political development. Nova York, NY: Oxford University Press, 1975. p. 115-151.

MCLYNN, Franklin J. The causes of the Triple Alliance: an interpretation. *Inter-American Economic Affairs*, v. 23, n. 2, p. 21-44, 1979.

MCPHERSON, James M. *The struggle for equality*: abolitionists and the negro in the Civil War and reconstruction. Princeton, NJ: Princeton University Press, 1964.

_____. *Battle cry of freedom*: the civil war era. Nova York, NY: Ballantine, 1988.

_____. *The negro's Civil War*: how American blacks felt and acted during the war for the Union. Nova York, NY: Ballantine, 1991.

_____. *For cause and comrades*: why men fought in the Civil War. Nova York, NY: Oxford University Press, 1997.

MELLO, Christiane F. P. de. A guerra e o pacto: a política de intensa mobilização militar nas Minas Gerais. In: CASTRO, Celso; KRAAY, Hendrik; IZECKSOHN, Vitor (Org.) *Nova história militar brasileira*. Rio de Janeiro: FGV Ed., 2004. p. 67-86.

_____. *Forças militares no Brasil colonial*: corpos auxiliares e ordenanças na segunda metade do século XVIII. Rio de Janeiro: E-papers, 2009.

MELLO, Evaldo Cabral de. *Rubro veio*: o imaginário da restauração pernambucana. Rio de Janeiro: Topbooks, 1997.

______. *Olinda restaurada*: guerra e açúcar no Nordeste, 1630-1654. São Paulo: Ed. 34, 2007.

MENDES, Fábio F. *O tributo de sangue*: recrutamento militar e construção do estado no Brasil imperial. Tese (doutorado) – Iuperj, Rio de Janeiro, 1997.

______. *Recrutamento militar e construção do Estado no Brasil imperial*. Belo Horizonte: Argumentum, 2010.

MENDES, Raimundo Teixeira. *Benjamin Constant*: esboço de uma apreciação sintética da vida e da obra do fundador da República brasileira. Rio de Janeiro: Igreja Positivista do Brazil, 1894. v. 2: Peças justificativas.

MENEZES, Alfredo da Mota. *A guerra é nossa*: a Inglaterra não provocou a Guerra do Paraguai. São Paulo: Contexto, 2012.

MESSAGE OF the president of the United States to the Two Houses of Congress at the Commencement of the Second Section of the Thirty-Seventh Congress. 3 dez. 1861... Washington, D.C.: Government Printing Office, 1861. v. 2.

METZER, Jacob. The records of the U.S. colored troops as a historical source: an exploratory examination. *Historical Methods*, v. 14, n. 3, p. 123-132, 1981.

MEZNAR, Joan E. The ranks of the poor: military service and social differentiation in Northeast Brazil, 1839-1875. *Hispanic American Historical Review*, v. 72, n. 3, p. 335-351, 1992.

MIGUEZ, Eduardo. Guerra y orden social em los orígenes de la nación Argentina, 1810-1880. *Anuario* IEHS, Tandil, n. 18, 2003.

MILLER, Douglas. *The birth of modern America, 1820-1850*. Nova York, NY: Macmillan, 1985.

MISCELLANEOUS documents of the Senate of the United States for the First Session Thirty-Eighth Congress, Washington, D.C.: Government Printing Office, 1864.

MITCHELL, Reid. *Civil War soldiers*: their expectations and their experiences. Nova York, NY: Touchstone, 1988.

MOHR, Clarence L. *On the threshold of freedom*: masters and slaves in Civil War Virginia. Baton Rouge, LA: Louisiana State University Press, 1986.

MOORE, Albert Burton. *Conscription and conflict in the confederacy*. Nova York, NY: Macmillan, 1924.

MOREIRA, Luiz Felipe Viel. *Las experiencias de vida en el mundo del trabajo*: los sectores populares en el interior argentino (Córdoba, 1861-1914). Córdoba: Centro de Estudios Históricos Professor Carlos S. A. Segreti, 2005.

MOREIRA, Paulo R. S. *Faces da liberdade, máscaras do cativeiro*: experiências de liberdade e escravidão percebidas através das cartas de alforria – Porto Alegre (1858-1888). Porto Alegre: Ed. PUCRS, 1996.

MOREL, Marco. *A Revolução do Haiti e o Brasil escravista*: o que não deve ser dito. Rio de Janeiro: Paco, 2017.

MORENO, José Luis. Incorporación de la argentina al mercado mundial (1880-1930). In: ANSALDI, Waldo; MORENO, José Luis (Org.). *Estado nacional y sociedad en el pensamiento nacional*: antologia conceptual para el analysis comparado. Buenos Aires: Cantaro, 1996. p. 215-233.

MORGAN, Phillip D.; JACKSON, Andrew. Arming slaves in the American revolution. In: BROWN, Christopher Leslie; MORGAN, Philip D. *Arming slaves*: from classical times to the modern age. New Haven: Yale University Press, 2006. p. 180-208.

MÜGGE, Miquéias H.; COMISSOLI, Adriano (Org.). *Homens e armas*: recrutamento militar no Brasil no século XIX. São Leopoldo, RS: Oikos, 2011.

MURDOCK, Eugene C. *One million men*: the Civil War draft in the North. Madison, WI: State Historical Society of Wisconsin, 1967a.

______. *Patriotism limited, 1862-1865*: the Civil War and the bounty system. Kent, OH: Kent State University Press, 1967b.

MURRIN, John M. *War, revolution, and nation making*: the American Revolution versus the Civil War. Philadelphia, PA: Philadelphia Center for Early American Studies, 1984. Research paper.

MYERS, Jorge. *Orden y virtud*: el discurso republicano en el régimen rosista. Bernal: Universidad Nacional de Quilmes, 2011.

NABUCO, Joaquim. *Um estadista do Império*: Nabuco de Araújo, sua vida, suas opiniões, sua época. São Paulo: Companhia Editora Nacional, 1936.

______. *O abolicionismo*. 5. ed. Petrópolis: Vozes, 1988.

NASH, Gary B. *Freedom by degrees*: emancipation in Philadelphia and its aftermath. Nova York, NY: Oxford University Press, 1991.

NEEDELL, Jeffrey D. Party formation and state-making: the Conservative Party and the reconstruction of the Brazilian State, 1831-1840. *Hispanic American Historical Review*, v. 81, n. 2, p. 259-308, 2001.

______. *The party of order*: the conservatives, the State, and slavery in the Brazilian monarchy, 1831-1871. Palo Alto, CA: Stanford University Press, 2006.

NEIMEYER, Charles Patrick. *America goes to war*: a social history of the continental Army. Nova York, NY: New York University Press, 1996.

NELSON, Jacquelyn Sue. *Indiana quakers confront the Civil War*. Indianápolis, IN: Indiana State Historical Society, 1991.

NEVINS, Allan. *The war for the Union*: the organized war to victory, 1864-1865. Nova York, NY: Charles Scribner's Sons, 1960.

NIEMAN, Donald G. *Promises to keep*: African-Americans and the Constitutional Order, 1776 to the present. Nova York, NY: Oxford University Press, 1991.

NIVEN, John. *Connecticut for the Union*: the role of the state in the Civil War. New Haven, CT: Yale University Press, 1965.

O'LEARY, Juan E. *El Paraguay en la unificación argentina*. Assunção: Instituto Paraguayo de Cultura, 1976.

OLIVEIRA, Juliana Jardim de. *A Guerra Civil no espaço atlântico*: a secessão norte-americana nos debates parlamentares brasileiros (1861-1865). Tese (doutorado) – Ufop, Ouro Preto, MG, 2019.

OLIVEIRA, Manuel Lucas de. *Diário do coronel Manuel Lucas de Oliveira*. Ed. Paulo S. Moreira e Jorge R. Petersen. Porto Alegre: Edições EST, 1997.

OLMSTEAD, Frederick Law. *A journey on the seaboard slave states*. Nova York, NY: Dix and States, 1856.

OSHER, David. *Soldier citizens for a disciplined nation*: union conscription and the construction of the modern American Army. Tese (doutorado) – Columbia University, Nova York, 1992.

O'SULLIVAN, John; MECLER, Alan M. (Org.). *The draft and its enemies*: a documentary history. Urbana: University of Illinois Press, 1974.

PALACIOS, Guillermo. *A Guerra dos Marimbondos*: uma revolta camponesa no Brasil escravista (Pernambuco 1851-1852). Rio de Janeiro: CPDA/UFRJ, 1989. Mimeo.

______; PANI, Erika (Org.). *El poder y la sangre*: guerra, Estado y nación em la década de 1860. México, DF: El Colégio de México, 2014.

PALLADINO, Grace. *Another Civil War*: labor, capital, and the State in the anthracite regions of Pennsylvania, 1840-68. Urbana: University of Illinois Press, 1990.

PALUDAN, Phillip Shaw. *A people's contest*: the Union and the Civil War, 1861-1865. Lawrence: University of Kansas Press, 1988.

PARADIS, Michael James. *Strike the blow*: a study of the Sixth Regiment of United States Colored Infantry. Tese (doutorado) – Temple University, Filadélfia, PA, 1995.

PARKER, Geoffrey. *The military revolution*: military innovation and the rise of the West, 1500-1800. Cambridge, MA: Cambridge University Press, 2002.

PARRON, Tamis. *Cartas a favor da escravidão*. São Paulo: Hedra, 2008.

_____. *A política da escravidão no Império do Brasil*. Rio de Janeiro: Civilização Brasileira, 2011.

PEASE, Theodore Calvin; RANDALL, J. G. (Ed.). *The diary of Orville Hickman Browning*. Springfield: Trustees of the Illinois State Historical Library, 1925. v. 1: 1850-1864.

PENA, Maria V. J. O surgimento do imposto de renda: um estudo sobre a relação entre Estado e mercado no Brasil. *Dados*, v. 35, n. 3, p. 337-370, 1992.

PÉREZ, Mariana. Federales y blancos: formaciones nacionales y identidades político-partidarias en la región rioplatense durante la revolución de López Jordán de 1870. *Almanack*, n. 33, p. 1-34, 2023.

PERKINS, Howard Cecil (Org.). *Northern editorials on secession*. Nova York, NY: D. Appleton-Century Company, 1942.

PESSOA, Thiago Campos. *O Império da escravidão*: o complexo Breves no vale do Café (Rio de Janeiro, c. 1850-1888). Rio de Janeiro: Arquivo Nacional, 2018.

PIRES JR., Arnaldo Lucas. *A imprensa e a guerra*: caricaturas da Guerra do Paraguai. Rio de Janeiro: Multifoco, 2017.

_____. *Imagens da guerra*: imprensa, nacionalismo e formação do Estado brasileiro na Guerra do Paraguai. Tese (doutorado) – PPGH/UFRJ, Rio de Janeiro, 2019.

_____; IZECKSOHN, Vitor. Juan Bautista Alberdi, a Guerra do Paraguai e os revisionismos históricos. *Diálogos*, Maringá, PR, v. 24, n. 3, p. 132-154, set./dez. 2020.

PLA, Josefina. *Hermano negro*: la esclavitud en el Paraguay. Madrid: Paraninfo, 1972.

POMER, León. *Cinco años de Guerra Civil em la Argentina (1865-1870)*. Buenos Aires: Amorrotu, 1985.

POSSAMAI, Paulo (Org.). *Gente de guerra e fronteira*: estudos de história militar do Rio Grande do Sul. Pelotas, RS: Ed. Ufpel, 2010.

POTTER, David M. *Lincoln and his party in the secession crisis*. New Haven, CT: Yale University Press, 1942.

_____. *The South and the sectional conflict*. Baton Rouge, LA: Louisiana State University Press, 1968.

_____. *The impending crisis, 1848-1861*. Nova York, NY: Harper & Row, 1976.

POTTHAST, Barbara. Residentas, destinadas y otras heroínas: el nacionalismo paraguayo y el rol de las mujeres en la Guerra de La Triple Alianza. In: POTTHAST, Barbara; SCARZANELLA, Eugenia (Ed.). *Mujeres y naciones en América Latina*: problemas de inclusión y exclusión. Frankfurt am Main; Vervuet; Madri: Iberoamericana, 2001.

PREISSER, Thomas E. The Virginia decision to use negro soldiers in the Civil War, 1864-1865. *Virginia Magazine of History and Biography*, v. 82, n. 1, p. 98-113, 1975.

PROPOSTA e relatório do Ministério da Fazenda apresentados à Assembleia Geral Legislativa na quarta sessão da 12ª legislatura pelo ministro e secretário de Estado dos Negócios da Fazenda, João da Silva Carrão. Rio de Janeiro: Typ. Nacional, 1866.

PUNTONI, Pedro. *A guerra dos bárbaros*: povos indígenas e a colonização do sertão nordeste do Brasil, 1650-1720. São Paulo: Hucitec, 2002.

QUARLES, Benjamin. *The negro in the Civil War*. Nova York, NY: Da Capo, 1953.

_____. *The negro in the American Revolution*. Chapel Hill, NC: University of North Carolina Press, 1961.

RANKIN, David C. The impact of the Civil War on the free colored community of New Orleans. *Perspectives in American History*, n. 11, p. 379-416, 1977/1978.

REBER, Vera Blinn. Commerce and industry in nineteenth-century Paraguay. *The Americas*, v. 42, n. 1, p. 29-53, 1985.

_____. The demographics of Paraguay: a reinterpretation of the Great War, 1864-70. *Hispanic American Historical Review*, v. 68, n. 2, p. 283-319, 1988.

_____. Small farmers in the economy: the Paraguayan example, 1810-1865. *The Americas*, v. 51, n. 4, p. 424-495, abr. 1995.

_____. A case of total war: Paraguay, 1864-1879. *Journal of Iberian and Latin American Studies*, v. 5, n. 1, p. 15-40, 1999.

REDKEY, Edwin S. *A grand army of black men*: letters from African American soldiers in the Union Army, 1861-1865. Nova York, NY: Cambridge University Press, 1991.

REIS, João José; SILVA, Eduardo. *Negociação e conflito*: a resistência negra no Brasil escravista. São Paulo: Companhia das Letras, 1989.

RELATÓRIO apresentado à Assembleia Geral Legislativa na terceira sessão da 12ª legislatura pelo ministro e secretário de Estado dos Negócios da Guerra, visconde de Camamu. Rio de Janeiro: Typ. Universal de Laemmert, 1865.

RELATÓRIO apresentado à Assembleia Geral Legislativa na quarta sessão da 12ª legislatura pelo ministro e secretário de Estado dos Negócios da Guerra, Angelo Moniz da Silva Ferraz. Rio de Janeiro: Typ. Nacional, 1866.

RELATÓRIO apresentado à Assembleia Legislativa Provincial da Bahia pelo excelentíssimo senhor presidente, o comendador Manuel Pinto de Souza Dantas, no dia 1º de março de 1866. Salvador, BA: Typ. de Tourinho e C.e., 1866.

RELATÓRIO apresentado à Assembleia Geral Legislativa na primeira sessão da 13ª legislatura pelo respectivo ministro e secretário de Estado, Martim Francisco Ribeiro de Andrada. Rio de Janeiro: Typ. do Correio Mercantil, 1867.

RELATÓRIO apresentado à Assembleia Geral na primeira sessão da 13ª legislatura, pelo ministro e secretário d'Estado dos Negócios da Guerra, João Lustosa da Cunha Paranaguá. Rio de Janeiro: Typ. Nacional, 1867.

RELATÓRIO apresentado à Assembleia Legislativa Provincial do Rio de Janeiro na primeira sessão da 18ª legislatura no dia 15 de outubro de 1868 pelo presidente da mesma província, o conselheiro Benvenuto Augusto de Magalhães Taques. Rio de Janeiro: Typ. do Correio Mercantil, 1868.

RELATÓRIO apresentado à Assembleia Geral Legislativa na quarta sessão da 14ª legislatura pelo ministro e secretário de Estado interino dos Negócios da Guerra, visconde do Rio Branco. Rio de Janeiro: Typ. Universal de Laemmert, 1872.

RELATÓRIO com que o sr. conselheiro de Estado Bernardo de Souza Franco passou a administração da província do Rio de Janeiro a José Tavares Bastos. Niterói, 10 de maio de 1865.

RELATÓRIO com que o dr. Esperidião Eloy de Barros Pimentel, presidente da província das Alagoas, entregou a administração da mesma província, no dia 10 de abril de 1866, ao 1º vice-presidente, dr. Galdino Augusto da Natividade e Silva. Maceió, AL: Typ. do Bacharel Félix da Costa Moraes, 1866.

RELATÓRIO da Repartição dos Negócios Estrangeiros apresentado à Assembleia Geral Legislativa na terceira sessão da 12ª legislatura pelo respectivo ministro e secretário João Pedro Dias Vieira. Rio de Janeiro: Typ. Universal de Laemmert, 1865.

RELATÓRIO do Ministério da Justiça apresentado à Assembleia Geral Legislativa na quarta sessão da 12ª legislatura pelo respectivo ministro e secretário de Estado José Thomas Nabuco de Araújo. Rio de Janeiro: Typ. Universal Laemmert, 1866.

RELATÓRIO do Ministério da Justiça apresentado à Assembleia Geral Legislativa na segunda sessão da 13ª legislatura pelo respectivo ministro e secretário de Estado, Martim Francisco Ribeiro de Andrada. Rio de Janeiro: Typ. Perseverança, 1868.

RELATÓRIO que a Assembleia Legislativa Provincial de Minas Gerais apresentou, no ato da abertura da sessão ordinária de 1865, ao desembargador Pedro de Alcântara Cerqueira Leite, presidente da mesma província. Ouro Preto: Typ. de Minas Gerais, 1865.

RELATÓRIO que apresentou o ex. sr. vice-presidente da província de Minas Gerais, dr. Elias Pinto de Carvalho, por ocasião de passar a administração em 3 de julho de 1867. Rio de Janeiro: Typ. Perseverança, 1867.

RESQUIN, Francisco Isidoro. *Datos historicos de la Guerra del Paraguay contra la Triple Alianza*. Assunção: Compañia Sud-Americana de Billetes de Banco, 1895.

RIBEIRO, José Iran. *Quando o serviço os chamava*: milicianos e guardas nacionais no Rio Grande do Sul (1825-1845). Santa Maria, RS: Ed. UFSM, 2005.

_____. Tudo isto é indiada coronilha [...] não é como essa cuscada lá da corte: o serviço militar na cavalaria e a afirmação da identidade rio-grandense durante a Guerra dos Farrapos. In: POSSAMAI, Paulo (Org.). *Gente de guerra e fronteira*: estudos de história militar do Rio Grande do Sul. Pelotas: Ed. Ufpel, 2010. p. 117-137.

_____. *De tão longe para sustentar a honra nacional*: brasileiros nas guerras meridionais. Rio de Janeiro: Arquivo Nacional, 2011.

ROBERTS, Timothy M. *Distant revolutions*: 1848 and the challenge to American exceptionalism. Charlottesville, VA: University of Virginia Press, 2009.

ROCHA, Ilana Peliciari. *"Escravos da Nação"*: o público e o privado na escravidão brasileira, 1760-1876. Tese (doutorado), USP, São Paulo, 2012.

ROCHA, Justiniano José da. Ação; reação, transação. In: MAGALHÃES JÚNIOR, Raimundo. *Três panfletários do Segundo Reinado*. São Paulo: Editora Nacional (Brasiliana), 1956. p. 161-218.

ROCK, David. *Argentina, 1516-1982*: from Spanish colonization to the Falklands War. Berkeley, CA: University of California Press, 1985.

ROLLINS, Richard (Org.). *Black southerners in gray*: essays on afro-americans in confederate armies. Murfreesboro, TN: Southern Heritage Press, 1994.

ROSE, Willie Lee. *Rehearsal for reconstruction*: the Port Royal experiment. Indianápolis, IN: Bobbs-Merrill, 1964.

ROTHERA, Evan C. *Civil wars and reconstructions in the Americas*: the United States, Mexico, and Argentina, 1860-1880. Baton Rouge, LA: University of Louisiana Press, 2022.

ROTHMAN, Adam. West India Regiments at the Battle of New Orleans and Beyond. In: ENCONTRO ANNUAL DA AMERICAN HISTORICAL ASSOCIATION. *Proceedings*... Washington, D.C., jan. 1999. p. 7-10.

ROYSTER, Charles. *The destructive war*: William Tecumseh Sherman, Stonewall Jackson, and the Americans. Nova York, NY: Alfred A. Knopf, 1991.

RUBIN, Sarah A. *A shattered nation*: the rise and fall of The Confederacy, 1861-1868. Chapel Hill, NC: University of North Carolina Press, 2005.

RUTHERFORD, Phillip. Revolt in the Corps D'Afrique. *Civil War Times Illustrated*, v. 24, n. 2, p. 20-23, 1985.

SABA, Roberto. *American mirror*: the United States and Brazil in the age of emancipation. Princeton, NJ: Princeton University Press, 2021.

SÁBATO, Hilda. La fuerza de las armas: Estado, guerra y revoluciones en la Argentina de la década de 1860. In: PALACIOS, Guillermo; PANI, Erika (Org.). *El poder y la sangre*: guerra, estado y nación en la década de 1860. México, DF: El Colegio de México, 2014. p. 259-278.

SAEGER, James Schofield. Survival and abolition: the eighteenth century Paraguayan encomienda. *The Americas*, v. 38, n. 1, p. 59-85, 1981.

______. *Francisco Solano López and the ruination of Paraguay*: honor and egocentrism. Nova York, NY: Rowman & Littlefield, 2007.

SAINT-HILAIRE, August de. *Viagem pelas províncias do Rio de Janeiro e Minas Gerais*. Rio de Janeiro: Companhia Editora Nacional, 1938.

SALDANHA, Flávio Henrique Dias. *Os oficiais do povo*: a Guarda Nacional em Minas Gerais oitocentista, 1831-1850. São Paulo: Annablume, 2006.

SALLES, Ricardo. *Guerra do Paraguai*: escravidão e cidadania na formação do Exército. Rio de Janeiro: Paz e Terra, 1990.

_____. *Guerra do Paraguai*: memórias e imagens. Rio de Janeiro: Biblioteca Nacional, 2003.

_____. *E o vale era escravo*: Vassouras, século XIX – senhores e escravos no coração do Império. Rio de Janeiro: Civilização Brasileira, 2008.

SANTOS, Wanderley Guilherme dos. A Guerra do Paraguai: lição para os conflitos contemporâneos. *Dados*, v. 30, n. 3, p. 311-324, 1987.

_____. A teoria da democracia proporcional de José de Alencar. In: _____ (Org.). *Dois escritos democráticos de José de Alencar*. Rio de Janeiro: Ed. UFRJ, 1991. p. 9-50.

SCHNEIDER, Louis. *A Guerra da Tríplice Aliança contra o governo da República do Paraguai*. Porto Alegre: Pradense, 2009.

SCHOEN, Brian. *The fragile fabric of the Union*: cotton, federal politics, and the global origins of the Civil War. Baltimore, MD: The Johns Hopkins University Press, 2009.

SCHULZ, John. *O Exército na política*. São Paulo: Edusp, 1994.

SCHWARTZ, Stuart B. *Sugar plantations in the formation of Brazilian society*: Bahia, 1550-1835. Cambridge, MA: Cambridge University Press, 1985.

SCHWARTZ, Thomas F.; CHASE, Salmon P. Critiques first reading of the Emancipation Proclamation of president Lincoln. *Civil War History*, v. 33, n. 1, p. 84-87, 1987.

SCOTT, James. *Seeing like a State*: how certain schemes to improve the human condition have failed. New Haven, CT: Yale University Press, 1998.

SCOTT, Rebecca J. *Slave emancipation in Cuba*: the transition to free labor, 1860-1899. Princeton, NJ: Princeton University Press, 1986.

SERAILE, William. The struggle to raise black regiments in New York State, 1861-1864. *New-York Historical Society Quarterly*, v. 58, n. 3, p. 215-233, 1974.

SEYMOUR, Horatio. *Public record*: including speeches, messages, proclamations, official correspondence and other public utterances of Horatio Seymour. Org. Thomas Cook e Thomas Knox. Nova York, NY: I. W. England, 1868.

SHANNON, Fred A. *The organization and administration of the Union Army, 1861-1865*. Gloucester, MA: Peter Smith, 1965. 2 v.

SILBER, Nina (Org.). *Yankee correspondence*: Civil War letters between New England soldiers and the homefront. Charlottesville, VA: University of Virginia Press, 1996.

SILBEY, Joel H. *A respectable minority*: the Democratic Party in the Civil War era, 1860-1868. Nova York, NY: W. W. Norton, 1977.

SILVA, Eduardo. *Prince of the people*: the life and times of a Brazilian free man of color. Londres: Verso, 1993.

SILVA, Kalina Vanderlei. *O miserável soldo & a boa ordem da sociedade colonial*: militarização e marginalidade na capitania de Pernambuco dos séculos XVII e XVIII. Recife: Fundação de Cultura Cidade do Recife, 2001.

_____. Os Henriques nas vilas açucareiras do estado do Brasil: tropas de homens negros em Pernambuco, séculos XVII e XVIII. *Estudos de História*, v. 9, n. 2, p. 145-194, 2002.

SILVA, Luiz Geraldo. Gênese das milícias de pardos e pretos na América Portuguesa: Pernambuco e Minas Gerais, séculos XVII e XVIII. *Revista de História*, n. 169, p. 111-144, 2013.

_____. *De um a outro império*: sociabilidades, etnia e mobilização de forças militares: as tropas de pretos e pardos na América. CNPq, 2007. Projeto de pesquisa. Disponível online em jul. 2018.

SILVEIRA, Mauro Cesar. *A batalha de papel*: a Guerra do Paraguai através da caricatura. Porto Alegre: L&PM, 1966.

SKOWRONEK, Stephen. *Building a new American State*: the expansion of national administrative capacities, 1877-1920. Nova York, NY: Cambridge University Press, 1982.

SLENES, Robert W. *The demography and economics of Brazilian slavery, 1850-1880*. Tese (doutorado) – Stanford University, Palo Alto, CA, 1976.

SMITH, John David. The recruitment of negro soldiers in Kentucky, 1863-1865. *Register of the Kentucky Historical Society*, v. 72, n. 4, p. 364-390, 1974.

SMITH, Michael O. Raising a Black Regiment in Michigan: adversity and triumph. *Michigan Historical Society Review*, v. 16, n. 2, p. 22-41, 1990.

SOARES, Rodrigo Goyena (Org.). *Diário do conde d'Eu, comandante em chefe das tropas brasileiras em operação na República do Paraguai*. Rio de Janeiro; São Paulo: Paz e Terra, 2017.

SOUZA, Adriana Barreto de. *O Exército na consolidação do Império*: um estudo histórico sobre a política militar conservadora. Rio de Janeiro: Arquivo Nacional, 1999.

SOUZA, Jorge Prata de. *Escravidão ou morte*: os escravos brasileiros e a Guerra do Paraguai. Rio de Janeiro: Mauad, 1996.

SOUZA, Maria Regina Santos de. *Impactos da Guerra do Paraguai na província do Ceará (1865-1870)*. Tese (doutorado) – UFC, Fortaleza, 2007.

SOUZA, Susana Bleil de; PRADO, Fabrício Pereira. Brasileiros na fronteira uruguaia: economia e política no século XIX. In: GRIJÓ, Luiz Alberto; KUHN, Fábio; GUAZZELLI, César Augusto Barcellos; NEUMANN, Eduardo Santos (Org.) *Capítulos de história do Rio Grande do Sul*. Porto Alegre: Ed. UFRGS, 2004. p. 121-146.

STAMPP, Kenneth M. *The peculiar institution*: slavery in the ante-bellum South. Nova York, NY: Vintage, 1956.

_____. *And the war came*: the North and the secession crisis, 1860-1861. Baton Rouge, LA: Louisiana State University Press, 1967.

_____ (Org.). *The causes of the Civil War*. Nova York, NY: Simon & Schuster, 1991.

STANCHAK, John E. *Frank Leslie's Illustrated Civil War*. Jackson, MS: University of Mississippi Press, 1992.

STARK, William C. Forgotten heroes: black recipients of the United States Congressional Medal of Honor in the American Civil War, 1863-1865. *Lincoln Herald*, v. 88, n. 1, 1986, p. 70-80.

STATUTES at large, treaties, and proclamations of the United States of America. Boston: Little, Brown and Co., 1850-1873. 17 v.

STEIN, Arthur A.; RUSSET, Bruce M. Evaluating war: outcomes and consequences. In: GUN, Ted R. (Org.). *Handbook of political conflict*: theory and research. Nova York, NY: Free Press, 1980. p. 399-422.

STEIN, Stanley J. *Vassouras*: a Brazilian coffee county, 1850-1900. Princeton, NJ: Princeton University Press, 1985.

STEPHEN, Martin. *Jailed for peace*: the history of American draft law violators, 1658-1985. Westport, CT: Greenwood, 1986.

STERLING, Robert E. *Civil War draft resistance in the Middle West*. Tese (doutorado) – Northern Illinois University, DeKalb, IL, 1974.

STRICKLAND, Arvarh E. The Illinois background of Lincoln's attitude toward slavery and the negro. *Journal of the Illinois State Historical Society*, v. 56, n. 3, p. 474-494, 1963.

SUMMERHILL, William R. Railroads in imperial Brazil, 1854-1889. In: COASTWORTH, John H.; TAYLOR, Alan M. (Org.). *Latin America and the world economy since 1800*. Cambridge, MA: Harvard University Press, 1998. p. 383-405.

_____. *Inglorious revolution*: political institutions, sovereing debt, and financial underdevelopment in Imperial Brazil. New Heaven, CT: Yale University Press, 2015.

TADMAN, Michael. *Speculators and slaves*: masters, traders, and slaves in the old South. Madison, WI: The University of Wiconsin Press, 1989.

TANNENBAUM, Frank. *Slave and citizen*. Boston, MA: Beacon, 1992.

TAUNAY, Alfredo d'Escragnolle. *Cartas da campanha de Mato Grosso*. Rio de Janeiro: Biblioteca Militar, 1944.

_____. *A retirada da Laguna*. São Paulo: Tecnoprint, 1946.

_____. *Memórias*. São Paulo: Instituto Progresso Editorial, 1948.

TAYLOR, Alan. *The internal enemy*: slavery and war in Virginia, 1772-1832. Nova York: W. W. Norton & Co., 2013.

TAYLOR, Susie King. *Reminiscences of my life*: a black woman's Civil War memories. Ed. Patricia W. Romero e Willie Lee Rose. Nova York, NY: Markus Wiener, 1988.

TELESCA, Ignacio. Antes y después: del amor al espanto – construcciones históricas y historiográficas del Paraguay del siglo XIX. In: GARAVAGLIA, Juan C.; FRADKIN, Raúl O. (Org.). *A 150 años de la Guerra de La Triple Alianza contra Paraguay*. Buenos Aires: Prometeo, 2016. p. 171-200.

THOMAS, Tom (Org.). *Personal memoirs of Ulysses S. Grant*. Casselberry, FL: Black Oyster, 2012.

THOMPSON, George. *A Guerra do Paraguai*: com um esboço histórico do país e do povo paraguaio, e notas sobre a engenharia militar durante a guerra. Rio de Janeiro: Conquista, 1968.

THUCYDIDES. *History of the Peloponnesian War*. Londres: Penguin, 1972.

TILLY, Charles. *The contentious french*: four centuries of popular struggle. Cambridge, MA: Harvard University Press, 1986.

_____. *Coercion, capital, and European States, A.D. 990-1992*. Cambridge, MA: Blackwell, 1992.

_____. States and nationalism in Europe, 1492-1992. *Theory and Society*, v. 23, n. 1, p. 131-146, 1994.

TORAL, André A. de. *Imagens em desordem*: a iconografia da Guerra do Paraguai (1864-1870). São Paulo: Humanitas, 2001.

TRUDEAU, Noah Andre. *Like men of war*: black troops in the Civil War, 1862-1865. Boston, MA: Little, Brown, 1998.

TUNNEL, Ted. Free negroes and the freedmen: black politics in New Orleans during the Civil War. *Southern Studies*, v. 19, n. 1, p. 5-28, 1980.

TUTINO, John (Org.). *New countries*: capitalism, revolutions, and nations in the Americas, 1750-1870. Durham, NC: Duke University Press, 2016.

URWIN, Gregory J. W. We cannot treat negroes... as prisoners of war: racial atrocities and reprisals in Civil War Arkansas. *Civil War History*, v. 42, n. 3, p. 193-210, set. 1996.

VANDIVER, Frank E. *The long loom of Lincoln*. Fort Wayne, IN: Louis A. Warren Lincoln Library and Museum, 1987.

VASCONCELLOS, Zacarias de Góes e. *Da natureza e limites do poder moderador*. Rio de Janeiro: Laemmert, 1862.

VINSON III, Ben. *Bearing arms for his majesty*: the free colored militia in colonial Mexico. Stanford, CA: Stanford University Press, 2001.

VOEGELI, V. Jacque. *Free but not equal*: the Midwest and the negro during the Civil War. Nova York, NY: Harper and Row, 1977.

VOELZ, Peter M. *Slave and soldier*: the military impact of blacks in the colonial Americas. Nova York, NY: Garland, 1993.

VORENBERG, Michael. Abraham Lincoln and the politics of black colonization. *Journal of the Abraham Lincoln Association*, v. 14, n. 2, p. 23-45, 1993.

_____. *Final freedom*: the Civil War, the abolition of slavery, and the thirteenth amendment. Nova York, NY: Cambridge University Press, 2001.

WAR OF the rebellion: a compilation of the official records of the Union and Confederate Armies. Washington, D.C.: Government Printing Office, 1889-1901. 128 v.

WARREN, Harrys Gaylord. *Paraguay and the Triple Alliance*: the postwar decade, 1869-1878. Austin, TX: University of Texas Press, 1978.

WESTWOOD, Howard C. Captive black Union soldiers in Charleston: What to do? *Civil War History*, v. 21, n. 1, p. 29-44, 1982.

_____. Lincoln's position on black enlistments. *Lincoln Herald*, v. 86, n. 2, p. 101-112, 1984.

_____. The cause and consequence of a Union black soldier's mutiny and execution. *Civil War History*, v. 31, n. 3, p. 222-236, 1985.

WHIGHAM, Thomas. *The politics of river trade*: tradition and development in the Upper Plata, 1780-1870. Albuquerque: University of New Mexico Press, 1991.

_____. *The Paraguayan War*. Lincoln, NE: University of Nebraska Press, 2002. v. 1: Causes and early conduct.

_____. *The road to Armageddon*: Paraguay versus the Triple Alliance, 1866-70. Alberta: University of Calgary Press, 2017. Latin American and Caribbean Series.

_____; POTTASH, Barbara. The Paraguayan rosetta stone: new insights into the demographics of the Paraguayan War, 1864-1870. *Latin American Research Review*, v. 34, n. 1, p. 174-186, 1999.

WHISKER, James B. *The rise and decline of the American Militia system*. Cranbury, NJ: Susquehanna University Press, 1999.

WHITE, David O. *Connecticut's black soldiers, 1775-1783*. Chester, CT: Connecticut Historical Commission, 1973.

WHITE, Shane. *Somewhat more independent*: the end of slavery in New York City. Athens, GA: University of Georgia Press, 1991.

WIEBE, Robert H. *The search for order, 1877-1920*. Nova York, NY: Hill and Wang, 1995.

WILEY, Bell Irvin. *The life of Billy Yank*: the common soldier of the Union. Baton Rouge, LA: Louisiana State University Press, 1992.

WILLIAMS, John Hoyt. *The rise and fall of the Paraguayan Republic, 1800-1870*. Austin, TX: University of Texas Press, 1979.

_____. A swamp of blood: the Battle of Tuyuti. *Military History*, v. 17, n. 1, p. 58-64, 2000.

WILSON, Joseph T. *The Black Phalanx*: African American soldiers in the War of Independence, the War of 1812, and the Civil War. Nova York, NY: Da Capo, 1994.

WILSON, Mark. *The business of Civil War*: military mobilization and the State, 1861-1865. Baltimore, MD: Johns Hopkins University Press, 2006.

WISH, Harvey. *George Fitzhugh, propagandist of the old South*. Baton Rouge, LA: Louisiana State University Press, 1943.

WOODWARD, William E. *Meet general grant*. Nova York, NY: Liveright, 1946.

ZIKMUND II, Joseph. National anthems as political symbols. *Australian Journal of Politics and History*, v. 15, n. 3, p. 73-80, 1969.

Abreviações e arquivos

AHEX. Arquivo Histórico do Exército (Rio de Janeiro).
AHMI. Arquivo Histórico do Museu Imperial (Petrópolis).
AHRS. Arquivo Histórico do Rio Grande do Sul (Porto Alegre).
AN. Arquivo Nacional (Rio de Janeiro).
APRJ. Arquivo Público do Estado do Rio de Janeiro (Rio de Janeiro).
APRS. Arquivo Público do Estado do Rio Grande do Sul (Porto Alegre).
CBC. Museu Casa de Benjamin Constant (Rio de Janeiro).
CG. Congressional Globe.
DPP. Arquivo Pedro Paranaguá.
GCLO. Gilder Lehrman Institute of American History (Nova York).
IBGE. Instituto Brasileiro de Geografia e Estatística (Rio de Janeiro).
IHGB. Instituto Histórico e Geográfico Brasileiro (Rio de Janeiro).
MHN. Museu Histórico Nacional (Rio de Janeiro).
NARA. National Archives and Records Administration (Washington, D.C.).
OR. War of the Rebellion: a Compilation of the Official Records of the Union and Confederate Armies.
POB. Arquivo Pedro Orléans e Bragança.
RMG, 1865. Relatório apresentado à Assembleia Geral Legislativa na terceira sessão da décima segunda legislatura pelo ministro e secretário de Estado dos Negócios da Guerra, visconde de Camamu (Relatório do Ministério da Guerra).
RMG, 1866. Relatório apresentado à Assembleia Geral Legislativa na quarta sessão da décima segunda legislatura pelo ministro e secretário de Estado dos Negócios da Guerra, Angelo Moniz da Silva Ferraz.

RMG, 1867. Relatório apresentado à Assembleia Geral na primeira sessão da décima terceira legislatura, pelo ministro e secretário d'Estado dos Negócios da Guerra, João Lustosa da Cunha Paranaguá.

RMG, 1872. Relatório apresentado à Assembleia Geral Legislativa na quarta sessão da décima quarta legislatura pelo ministro e secretário de Estado Interino dos Negócios da Guerra, visconde do Rio Branco.

RMJ, 1866. Relatório do Ministério da Justiça apresentado à Assembleia Geral Legislativa na quarta sessão da décima segunda legislatura pelo respectivo ministro e secretário de Estado, José Thomas Nabuco de Araújo (Relatório do Ministério da Justiça).

RMJ, 1867. Relatório apresentado à Assembleia Geral Legislativa na primeira sessão da décima terceira legislatura pelo respectivo ministro e secretário de Estado, Martin Francisco Ribeiro de Andrada.

RMJ, 1868. Relatório do Ministério da Justiça apresentado à Assembleia Geral Legislativa na segunda sessão da décima terceira legislatura pelo respectivo ministro e secretário de Estado, Martim Francisco Ribeiro de Andrada.

RMT. Proposta e relatório do Ministério da Fazenda apresentados à Assembleia Geral Legislativa na quarta sessão da décima segunda legislatura pelo ministro e secretário de Estado dos Negócios da Fazenda, João da Silva Carrão (Relatório do Ministério da Fazenda).

RNE, 1865. Relatório da Repartição dos Negócios Estrangeiros apresentado à Assembleia Geral Legislativa na terceira sessão da décima segunda legislatura pelo respectivo ministro e secretário de estado João Pedro Dias Vieira (Relatório do Ministério das Relações Exteriores).

RPA, 1865. Fala dirigida à Assembleia Legislativa Provincial das Alagoas no dia 05 de maio de 1865 pelo ex. sr. desembargador João Baptista Gonçalves Campos, presidente da província (Relatório do presidente de Alagoas).

RPA, 1866. Relatório com que o dr. Esperidião Eloy de Barros Pimentel, presidente da província das Alagoas, entregou a administração da mesma província, no dia 10 de abril de 1866, ao 1º vice-presidente, dr. Galdino Augusto da Natividade e Silva.

SPE. Sessão Provincial e Estadual IG, Série Guerra.

Lista de figuras, gráficos, mapas e tabelas

Figuras

Gráficos

Mapas

Tabelas